中国国土资源统计年鉴

CHINA LAND AND RESOURCES STATISTICAL YEARBOOK

2009

中华人民共和国国土资源部 编

Compiled by the Ministry of Land and Resources P. R. C

地质出版社

Geological Publishing House

· 北 京 ·

Beijing

图书在版编目（CIP）数据

中国国土资源统计年鉴. 2009 / 中华人民共和国国土资源部编. —北京：地质出版社，2009. 11
ISBN 978-7-116-06393-8

Ⅰ. ①中… Ⅱ. ①中… Ⅲ. ①国土资源－统计资料－中国－2009－年鉴 Ⅳ. ①F129. 9－54

中国版本图书馆 CIP 数据核字（2009）第 208395 号

责任编辑：何　蔓　蔡　莹
责任校对：杜　悦
出版发行：地质出版社
社址邮编：北京海淀区学院路 31 号，100083
电　　话：（010）82324508（邮购部）；（010）82324580（编辑室）
网　　址：http：//www. gph. com. cn
电子邮箱：zbs@ gph. com. cn
传　　真：（010）82310759
印　　刷：北京朝阳印刷厂有限责任公司
开　　本：890mm × 1240mm 1/16
印　　张：25.5　　　插页：10 面
字　　数：700 千字
版　　次：2009 年 11 月北京第 1 版 · 第 1 次印刷
定　　价：198. 00 元
书　　号：ISBN 978-7-116-06393-8

《中国国土资源统计年鉴 2009》编委会

《中国国土资源统计年鉴 2009》编辑部

土地资源状况　Land Resources

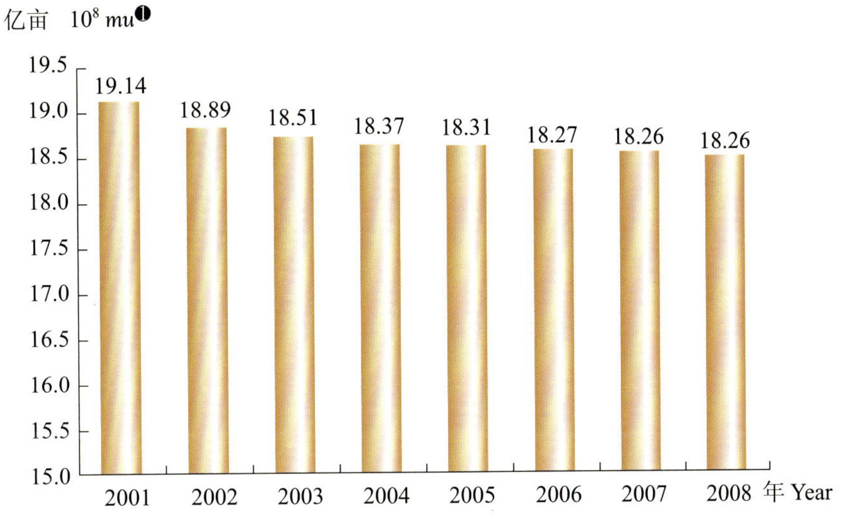

图1　2001～2008年全国耕地面积变化情况
Fig.1　Cultivated Land Area in 2001～2008

国土资源调查　Land and Resources Survey

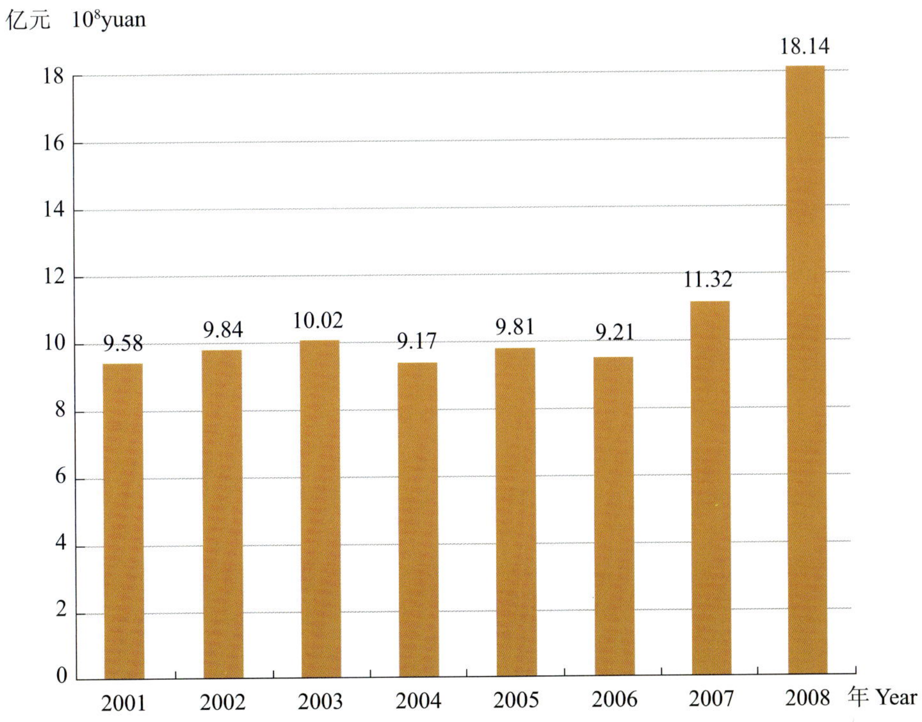

图2　2001～2008年全国国土资源调查经费情况
Fig.2　Expenditures for China' s land and resources survey in 2001～2008

❶ 1亩=0.067公顷
1mu=0.067 hectares

矿产资源勘查 Mineral Resources Exploration

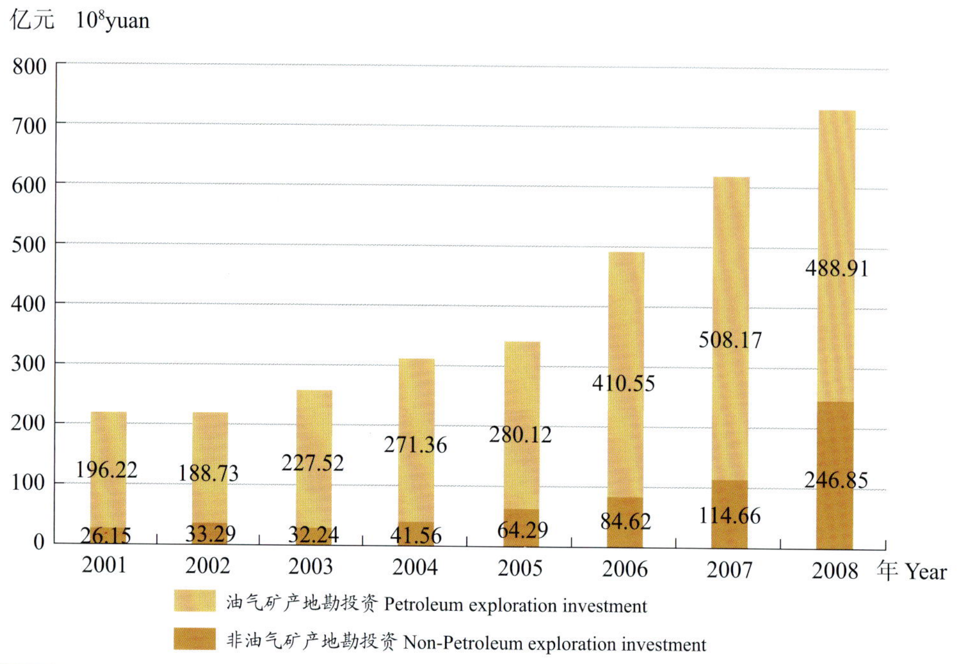

图3 2001～2008年全国地质勘查投资情况
Fig.3 Investment in China' s geological exploration in 2001～2008

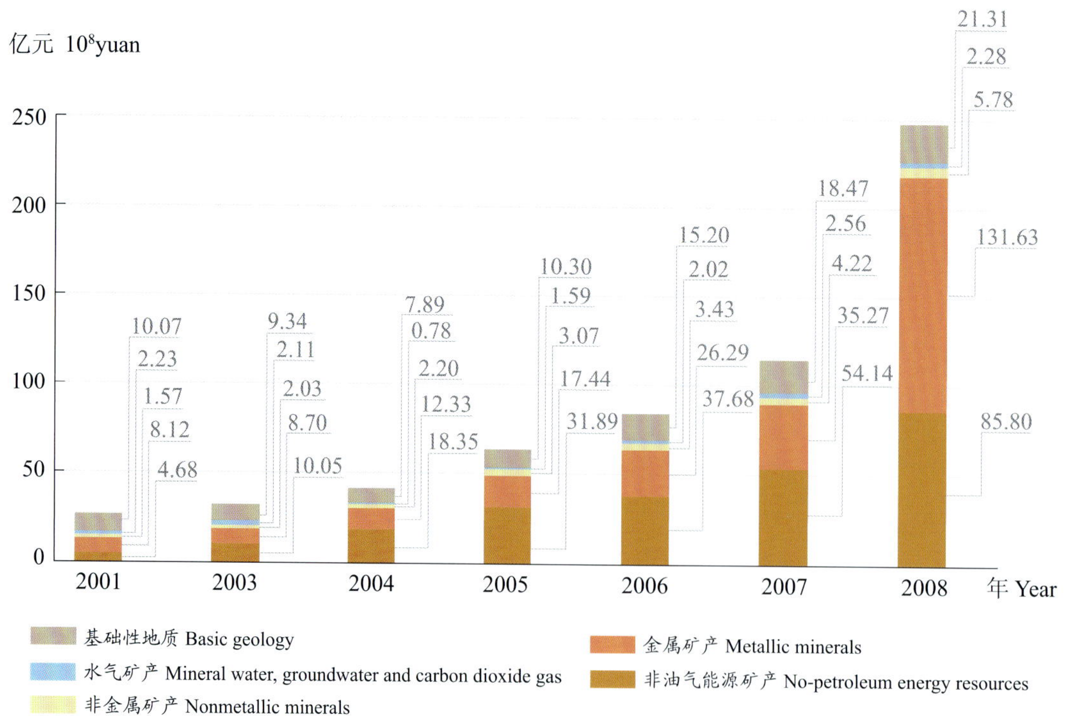

图4 2001～2008年全国非油气矿产地质勘查投资情况
Fig.4 Investment in China' s non-petroleum minerals exploration in 2001～2008

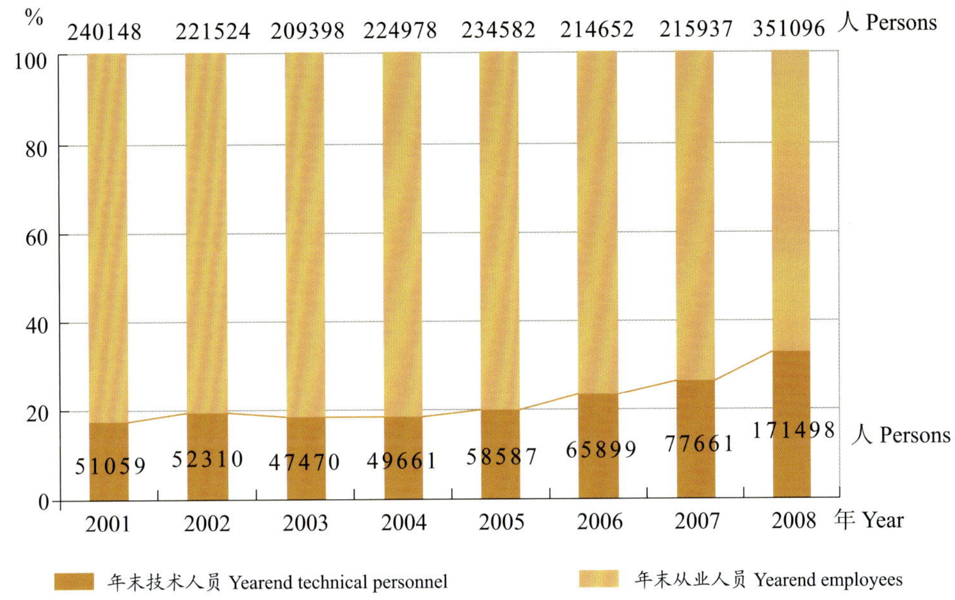

图5　2001～2008年全国地质勘查从业人员和技术人员及其结构情况

Fig.5　Employees and technical personnel engaged in China' s geological exploration in 2001～2008

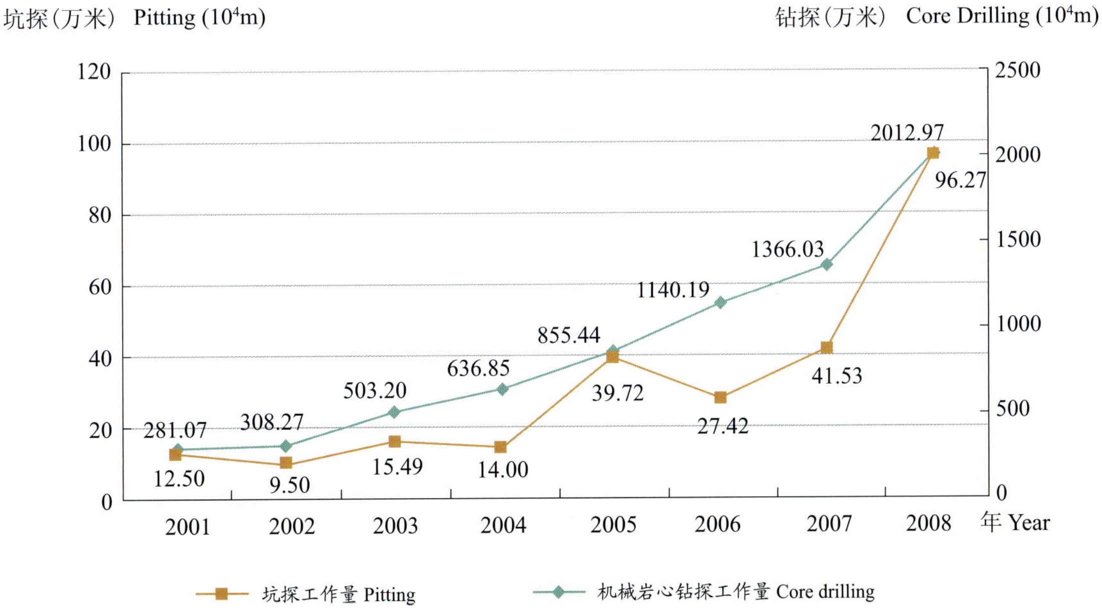

图6　2001～2008年我国地质勘查坑探和机械岩心钻探工作量的变化情况

Fig.6　Footage of pitting and core drilling for China' s geological exploration in 2001～2008

土地资源开发利用 Land Resources Development and Utilization

图7 2001～2008年土地整理、复垦、开发增加农用地面积情况

Fig.7 Area of agricultural land increased by land consolidation, reclamation and development in 2001～2008

国土资源管理机构 Land and Resources Administrative Agencies

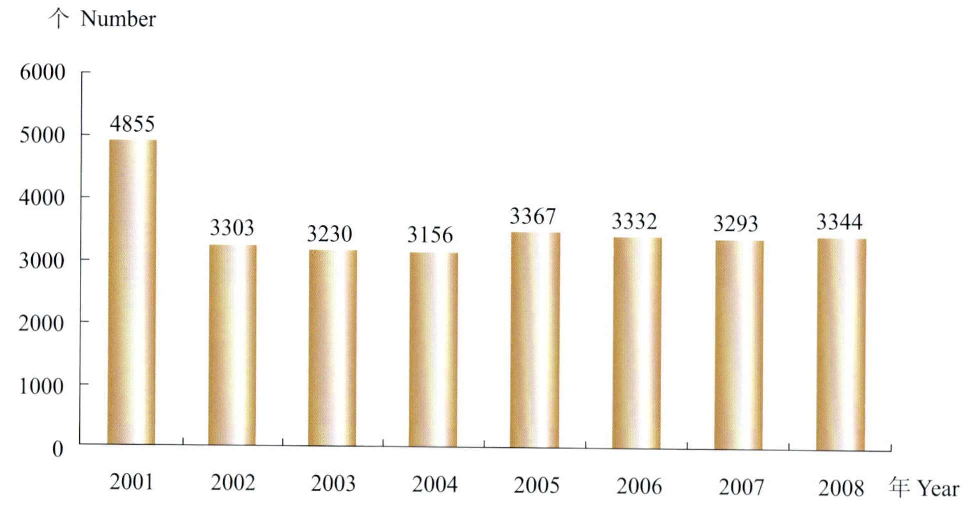

图8 2001～2008年全国省、市、县国土资源管理机构数

Fig.8 Number of land and resources administrative agencies of provincial, municipal and county level of China in 2001～2008

土地资源管理 Land Resources Administration

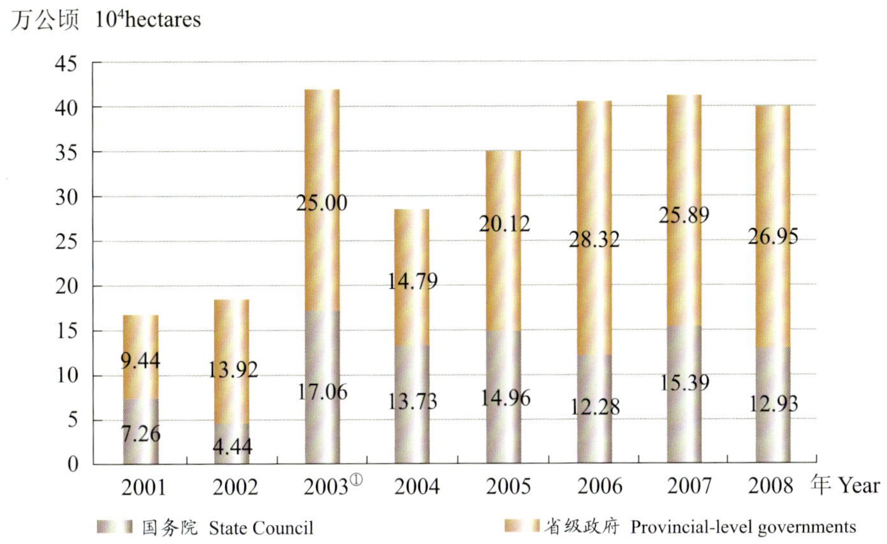

图9　2001～2008年审批建设用地情况❶

Fig.9　Examination and approval of land for construction in 2001～2008

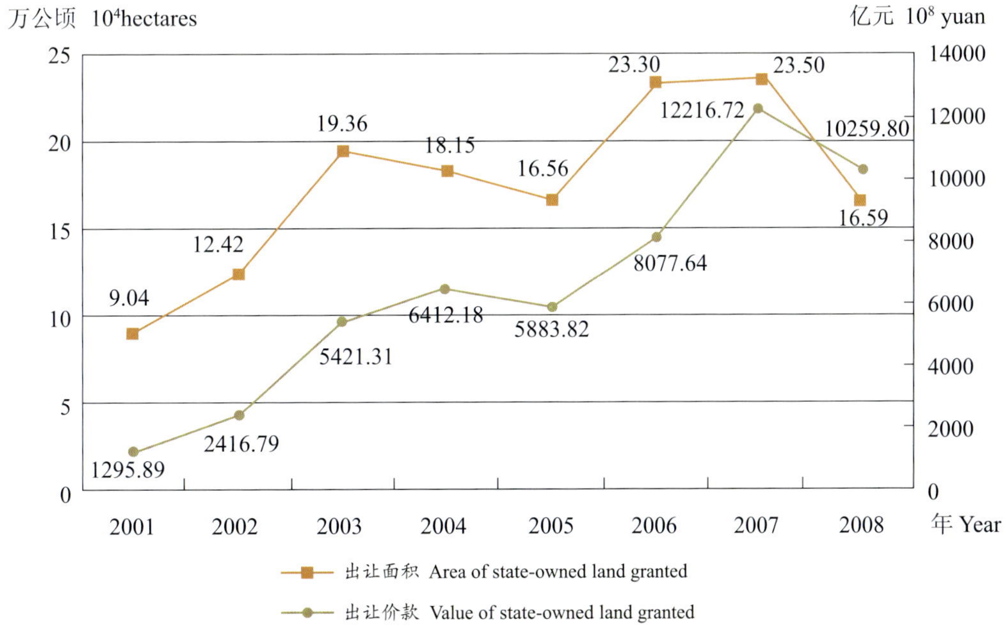

图10　2001～2008年国有土地供应出让情况

Fig.10　Stat-owned land use rights granted in 2001～2008

注❶：2003年批准用地面积中含三峡库区淹没用地面积10.13万公顷。

Note: The land-use area approved in 2003 included 101,300 hectares of inundated land in the Three Gorges Reservoir area.

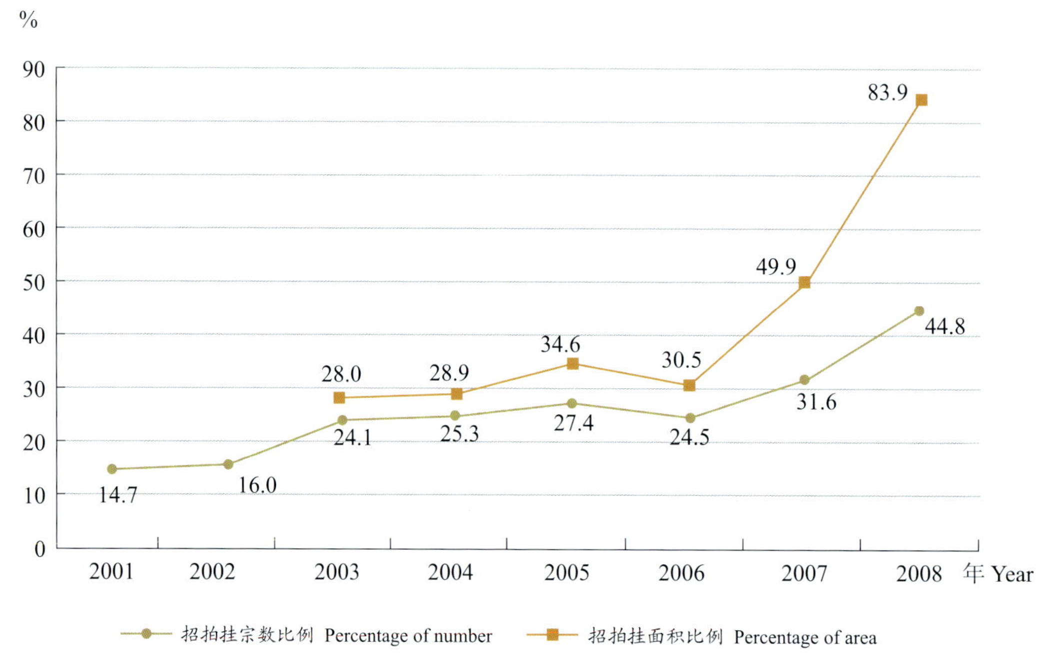

图11　2001～2008年国有土地招标拍卖挂牌出让宗数、
面积占出让总宗数、总面积的比例情况
Fig.11　Percentages of the number of plots and area of state-owned land use rights granted by bidding, auction and listing in the total number of plots and area granted in 2001～2008

矿产资源管理　Mineral Resources Administration

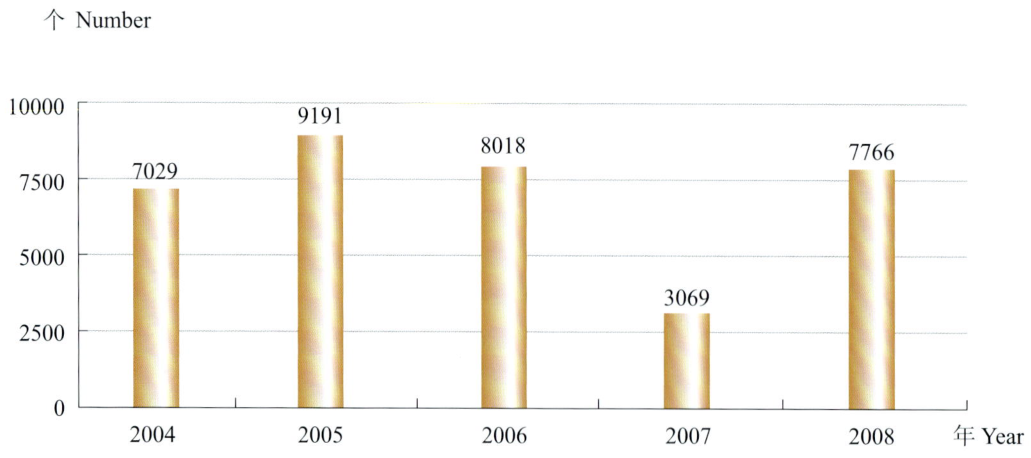

图12　2004～2008年勘查许可证发证情况（新发证）
Fig.12　Exploration licenses issued in 2004～2008 (newly issued licenses)

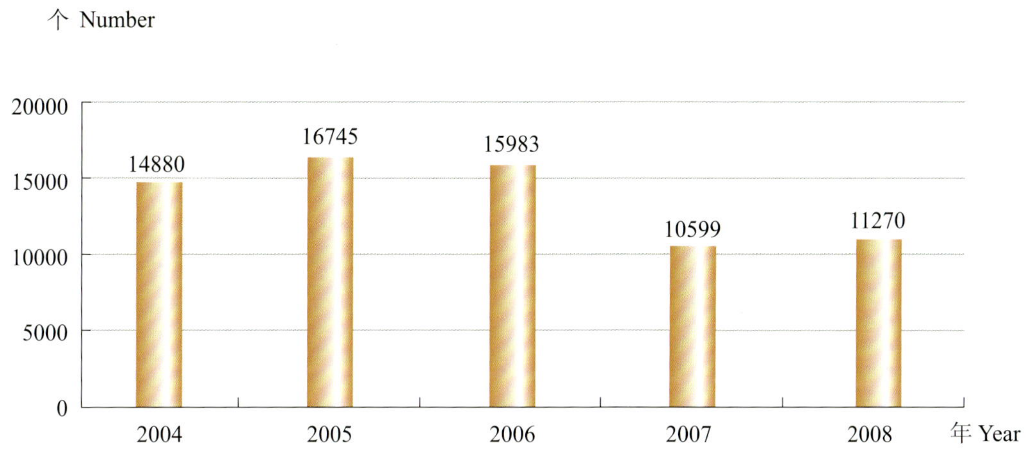

图13　2004～2008年采矿许可证发证情况（新发证）
Fig.13　Mining licenses issued in 2004～2008 (newly issued licenses)

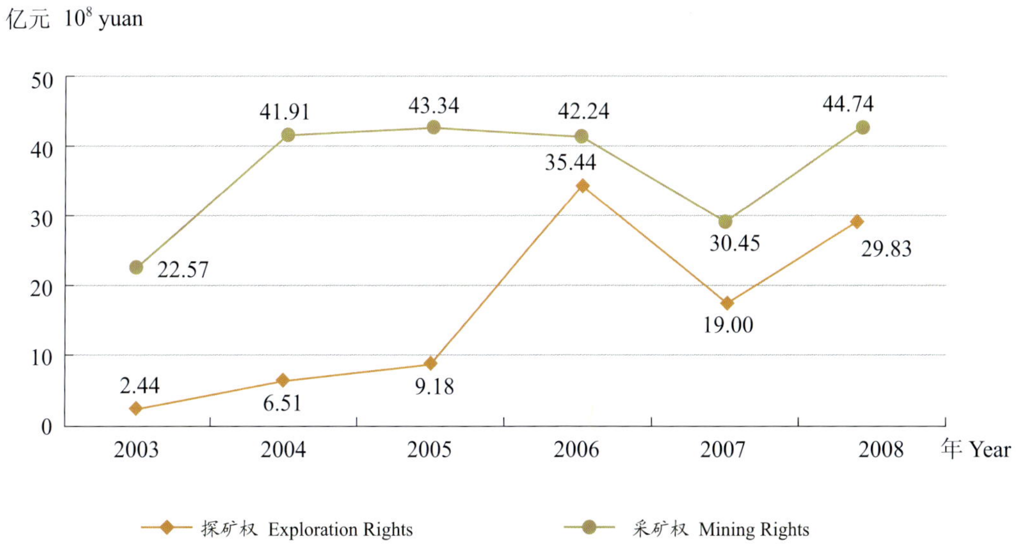

图14　2003～2008年探矿权、采矿权招拍挂出让合同金额
Fig.14　Contract value of exploration rights and mining rights granted through bidding, auction and listing in 2003～2008

地质环境管理 Geo-environmental Management

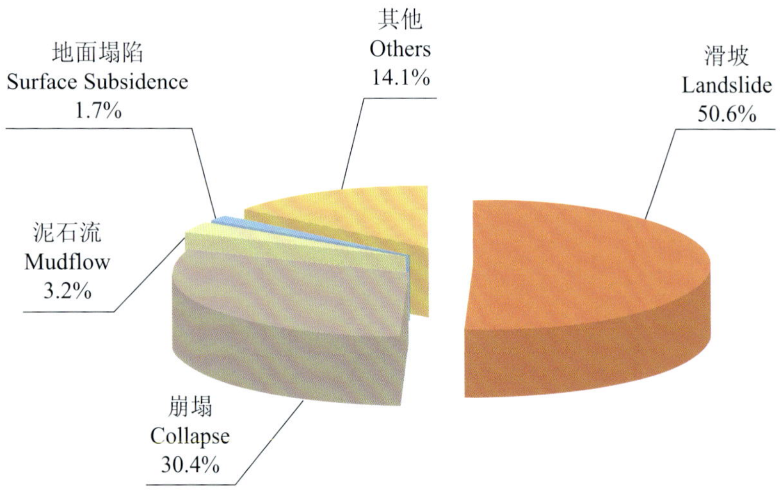

图15　2008年发生地质灾害构成情况

Fig.15　Composition of geological hazards occurring in 2008

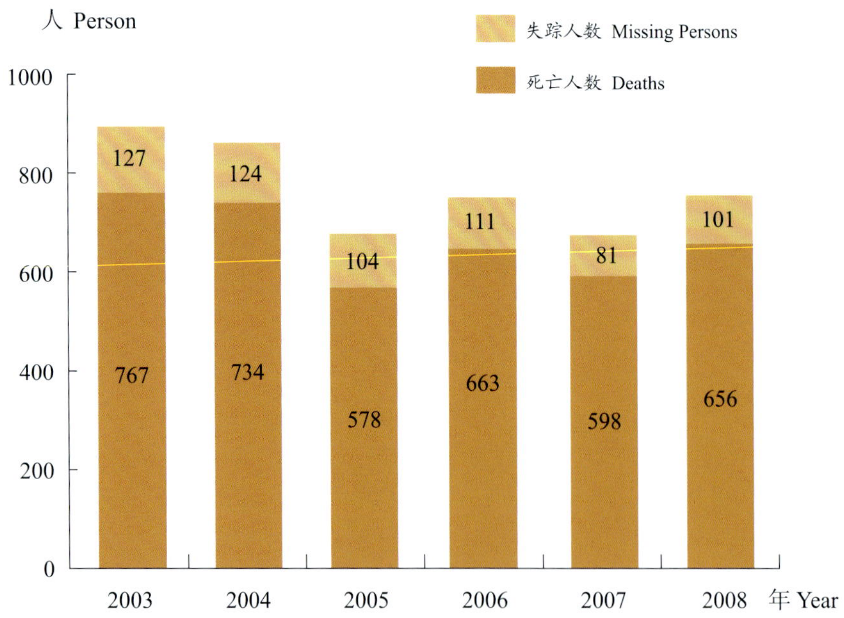

图16　2003～2008年地质灾害造成人员死亡和失踪情况

Fig.16　Deaths and missing persons caused by geological hazards in 2003～2008

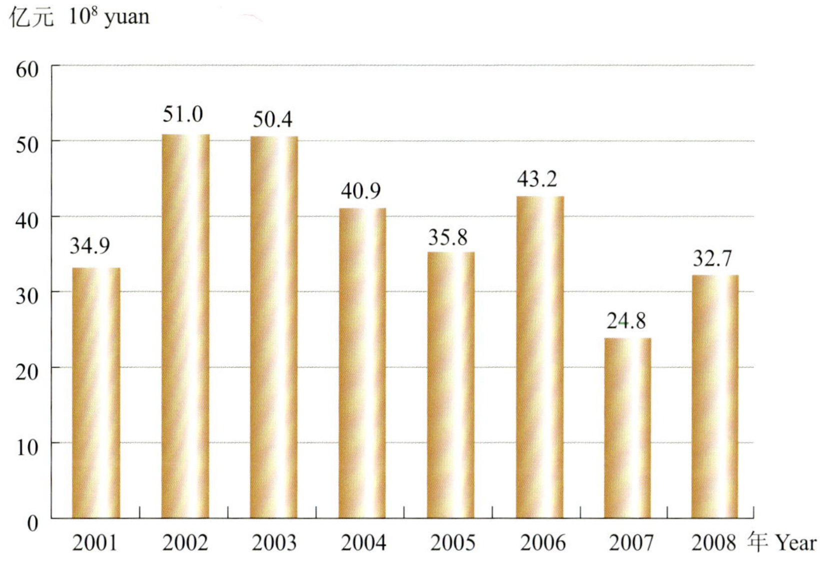

图17 2001～2008年地质灾害造成直接经济损失情况
Fig.17 Direct economic loss caused by geological hazards in 2001～2008

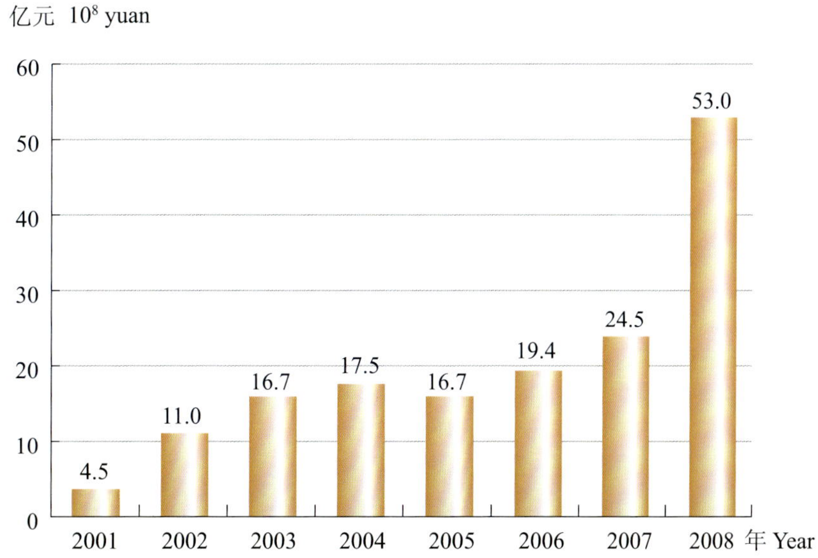

图18 2001～2008年地质灾害防治投入资金情况
Fig.18 Funds invested in the prevention and control of geological hazards in 2001～2008

矿产品进出口情况 Imports and Exports of Mineral Commodities

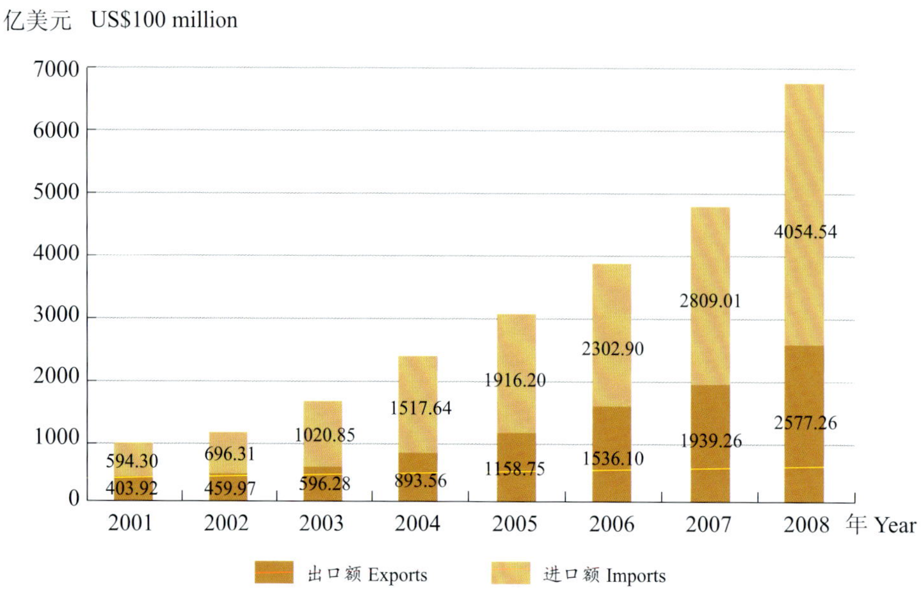

图19 2001～2008年我国矿产品及其相关产品的进出口贸易额变化趋势

Fig.19 Values of imports and exports of mineral commodities and related commodities of China in 2001～2008

编者说明

一、《中国国土资源统计年鉴2009》是一部全面反映中华人民共和国国土资源状况和国土资源行政管理情况的资料性年鉴。本书收录了全国和各省、自治区、直辖市2008年国土资源及行政管理各方面大量的统计数据，以及2001年以来8年的国土资源主要统计数据。

二、本年鉴的统计范围是全国土地资源、矿产资源、海洋资源，国土资源调查、勘查，国家、省（自治区、直辖市）、市（地）、县四级国土资源行政主管部门对土地资源、矿产资源的行政管理和国家对海洋资源的行政管理，国土资源科学技术研究和国土测绘。

三、本年鉴资料内容包括国土资源概况、国土资源调查、土地资源开发利用、国土资源行政管理、国土资源科学技术研究、测绘和其他资料共七部分。各章节后附有主要国土资源综合统计指标解释，对主要国土资源综合统计指标的含义、统计范围、统计口径、计算方法等作了简要说明。

四、本年鉴资料主要来源于国土资源部、全国各省（自治区、直辖市）国土资源行政主管单位、国家海洋局、国家测绘局、中国地质调查局、中国土地勘测规划院、国土资源部信息中心、中国地质环境监测院以及各地勘主管单位上报的国土资源综合统计年报。部分资料摘自《中国统计年鉴》。

五、本年鉴的全国性统计数据均未包括香港特别行政区、澳门特别行政区和台湾省。

六、一些数据的合计数或相对数，因受进位的影响，不一定等于分项的累加。

七、本年鉴各表中，有关对全表的注解均在该表上方，对表中部分指标的注解则在该表下方。凡带续表的资料，对部分指标的注解一律在最后一张续表的下方。

八、本年鉴表中的符号使用说明："空格"表示该项统计指标数据不详或无该项数据；"①"表示本表下有注解。

PREFACE

Ⅰ. The *China Land and Resources Statistical Yearbook* is an informative yearbook reflecting comprehensively the status of land and resources of the People's Republic of China and their administration. The *China Land and Resources Statistical Yearbook 2009* collects a wealth of statistical data of land and resources and their administration of the whole country and all the provinces, autonomous regions, and municipalities directly under the central government in 2008, as well as the main statistical data of land and resources over eight years since 2001.

Ⅱ. Statistics in the yearbook cover the national land, mineral, and marine resources, land and resources survey and exploration, administration of land and mineral resources by competent administrative departments of land and resources at the state, provincial (autonomous region, and municipality directly under the central government), municipal (prefectural), and county levels, and administration of marine resources by the state, scientific and technological research on land and resources, and land surveying and mapping.

Ⅲ. The yearbook contains seven chapters: general status of land and resources, land resources survey and mineral resources exploration, land and resources development and utilization, land and resources administration, scientific and technological research on land and resources, surveying and mapping, and other data. In addition, explanatory notes on main statistical indicators follow each chapter, which give brief descriptions of the connotations, statistical scope, statistical approaches, and calculation methods of the main land and resources statistical indicators.

Ⅳ. The principal sources of the yearbook are annual comprehensive statistical reports on land and resources submitted by the competent land and resources administrative departments of the Ministry of Land and Resources and various provinces (autonomous regions and municipalities directly under the central government) throughout China, State Oceanic Administration, State Bureau of Surveying and Mapping, China Geological Survey, China Land and Survey Planning Institute, Information Center of the Ministry of Land and Resources, China Institute for Geo – Environmental Monitoring, and various departments in charge of geological exploration. Individual data are extracted from the *China Statistical Yearbook.*

Ⅴ. The national statistical data involved in the yearbook do not include those of the Hong Kong Special Administrative Region, Macao Special Administrative Region, and Taiwan Province.

Ⅵ. Some aggregations or rates/ratios may not add up to the sum of the series because of rounding.

Ⅶ. The notes concerning the whole table are placed at the upper part of the table, while the notes concerning individual indicators are placed at the lower part. If the table is a continued one, the footnotes are placed in the last page.

Ⅷ. Notations used in the yearbook: "blank" indicates that the data of the statistical indicator of the item are either non – applicable or unavailable; "①" means "see footnotes below".

目　次

CONTENTS

一、概况
Chapter 1　General

二、国土资源调查、勘查
Chapter 2　Land and Resources Survey and Mineral Resources Exploration

三、国土资源开发利用

Chapter 3　Land and Resources Development and Utilization

四、国土资源行政管理

Chapter 4 Land and Resources Administration

五、国土资源科学技术研究
Chapter 5　Scientific and Technological Research on Land and Resources

六、测绘
Chapter 6　Surveying and Mapping

附：其他资料
Appendix：Other Data

一、概　况
Chapter 1　General

国　土　状　况
Territory Conditions

项　目	Item	计量单位	Unit	2007
国土面积	Area of Territory	万平方千米	$10000km^2$	960
海域面积	Area of Sea	万平方千米	$10000km^2$	473
海洋平均深度	Average Depth of Sea	米	m	961
海洋最大深度	Maximum Depth of Sea	米	m	5377
岸线总长度	Length of Coastline	千米	km	32000
大陆岸线长度	Mainland Shore	千米	km	18000
岛屿岸线长度	Island Shore	千米	km	14000
岛屿个数	Number of Islands	个	Number	5400
岛屿面积	Area of Islands	万平方千米	$10000km^2$	3.87

注：岛屿面积未包括香港、澳门特别行政区和台湾省。

资料来源于《中国统计年鉴 2008》。

Note: Island area does not include that of Hong Kong Special Administrative Region, Macao Special Administrative Region and Taiwan Province.

Source: *China Statistical Yearbook 2008.*

土地状况——按地形、地高分
Land Characteristics by Topography and Altitude

单位：万平方千米　　Unit: $10000km^2$

项　目	Item	面积 Area	占总面积（%）Percentage to Total Area（%）
总 面 积	**Total Land Area**	**960.0**	**100.00**
按地形分	**By Topography**		
山地	Mountains	320.0	33.33
高原	Plateaus	250.0	26.04
盆地	Basins	180.0	18.75
平原	Plains	115.0	11.98
丘陵	Hills	95.0	9.90
按地高分	**By Altitude**		
500 米以下	Under 500m	241.7	25.18
500～1000 米	500～1000m	162.5	16.93
1000～2000 米	1000～2000m	239.9	24.99
2000～3000 米	2000～3000m	67.6	7.04
3000 米以上	Above 3000m	248.3	25.86

注：本表数字多为过去清查数。

资料来源于《中国统计年鉴 2008》。

Note: Most figures in this table were obtained from surveys in previous years.

Source: *China Statistical Yearbook 2008.*

土地资源状况
Land Resources Conditions

项 目	Item	2008年面积（万公顷） Area in 2008 （10000 hectares）	占总面积（%） Percentage to Total Area（%）
总 面 积	**Total Land Area**		
耕 地	Cultivated Land	12171.6	12.80
园 地	Garden Land	1179.1	1.24
林 地	Forest Land	23609.2	24.83
牧草地	Pasture Land	26183.5	27.54
其他农用地	Other Agricultural Land	2544.3	2.68
居民点及独立工矿用地	Land for Residential, Industrial/Mining Sites	2691.6	2.83
交通运输用地	Land for Transport	249.6	0.26
水利设施用地	Land for Water Conservancy Facilities	364.5	0.38
未利用地	Unused Land		

注：2008年土地变更调查的统一时点为12月31日。

Notes: The statistical time of The Land-use Alteration Survey in 2008 is changed to the end of Dec.31th.

二、国土资源调查、勘查

Chapter 2 Land and Resources Survey and Mineral Resources Exploration

国土资源调查

Land and Resources Survey

国土资源调
Land and Resources

年份/专业性质	Year/Work	累计完成国土资源调查费（万元） Sum of Cumulative Expenditures for Land and Resources Survey Completed (10000 yuan)	国土资源调查经费[①] Cumulative Expenditures for Land and Resources Survey	本年完成 Completed Current Year	完成国土资源调查 Completed Area of Land 1:100 万 1:1000 thousand	1:50 万 1:500 thousand
	2001	230197.62		95845.60	1020000	1870889
	2002	336003.88		98393.45	202640	1970000
	2003	433920.79	414244.23	100173.95	234000	1191808
	2004	534584.98	506343.54	91701.83	341000	
	2005	642809.68	590456.81	98145.59	278000	
	2006	749093.39	678589.63	92061.99	142100	
	2007	870168.92	808469.17	112837.29	9600000	1190000
	2008	1057805.07	989851.03	181381.86		
矿产资源调查评价	**Mineral Resources Survey and Evaluation**	**304768.99**	**297804.74**	**48143.03**		
能源矿产地质调查	Energy Minerals Geoloical Survey	27221.93	26971.94	5080.14		
其中：石油地质调查	Petroleum Geological Survey	1848.37	1848.37	1038.30		
金属矿产地质勘查	Metallic Minerals Exploration	225285.45	225272.08	39334.25		
非金属矿产地质勘查	Nonmetallic Minerals Exploration	12555.77	10138.04	2101.09		
水气矿产地质勘查	Mineral Water, Groundwater and Carbon Dioxide Gas Exploration	39705.84	35422.68	1627.55		
海洋地质调查	**Marine Geological Survey**	**68104.01**	**56284.01**	**5244.44**		
水文、工程、环境地质勘查	**Hydrogeological, Engineering-geological, and Environmental-geological Survey**	**70525.25**	**59833.05**	**16275.96**		
水文地质	Hydrogeological Survey	15075.91	12154.69	4504.12		
工程地质	Engineering-geological Survey	319.13	319.13			
环境地质	Environmental-geological Survey	38844.93	31731.82	6661.59		
水文工程环境地质综合调查	Integrated Hydrogeological, Engineering-geological, and Environmental-geological Survey	16285.28	15627.41	5110.25		
区域地质调查	**Regional Geological Survey**	**164414.20**	**155435.07**	**21815.18**		
地球物理、地球化学勘查	**Geophysical and Geochemical Survey**	**105790.16**	**79416.18**	**18218.83**		
地面物探	Surface Geophysical Survey	14995.10	14982.91	3303.98		
地面化探	Surface Geochemical Survey	71467.57	46322.87	10167.36		
航空物探	Airborne Geophysical Survey	17149.46	15932.37	2768.74		
物化探综合勘查	Geophysical-Geochemical Survey	2178.03	2178.03	1978.75		
遥感	**Remote Sensing**	**18572.71**	**18185.64**	**5841.43**		

查完成情况
Survey Completed

面积（平方千米） and Resources Survey (square kilometer)						完成土地监测调查评价市、县[②](个) Cities and Counties That Have Completed Land Monitoring, Survey, and Evaluation	年末从业人员 Yearend Employees		累计提交调查报告 Cumulative Survey Reports Submitted	
1:25 万	1:20 万	1:10 万	1:5 万	1:2.5 万	1:1 万		(人) (person)	技术人员 Technical Personnel	(份) (number)	本年 Current Year
1:250 thousand	1:200 thousand	1:100 thousand	1:50 thousand	1:25 thousand	1:10 thousand					
4980937	442866	358769	1333273	3358	17171	2937	48337		11260	8186
958031	1306687	2499160	1977971	630672	1018930	295	147280		12257	1013
1263802	338468	73121	164339	3864	3137418	1547	28980		13202	945
1161940	70147	54704	135878	3422	1510298	252	14855		13994	792
1100437	126637	92576	168657	6211	1372310	373	16335		14799	757
271760	290849	305204	199405	30008	1153826	551	18300		16043	1245
305151	233973	3000	1101521	157957	3236788	1407	105562	76503	19601	3020
187159	549584	36783	1133211	2106	3281123	1532	30426	23384	23504	4397
			27048	**80**	**616**		**3357**	**2533**	**545**	**51**
							471	335	38	
							29	29	2	
			27048	80	616		2632	1979	432	23
							113	106	31	7
							141	113	44	21
							186	**148**	**20**	**5**
95952		**36783**	**92612**	**1070**			**1597**	**1298**	**148**	**21**
27600		24500	69093				415	337	42	1
									1	
68352		12283	23519	1070			587	491	85	13
							595	470	20	7
37602			**76615**				**1894**	**1623**	**425**	**61**
53605	**549584**		**127528**	**956**	**1443**		**1349**	**1094**	**187**	**17**
	189531		34874	956	1443		337	238	83	5
53605	235485		91619				805	662	87	8
	124568		1035				84	84	17	4
							123	110		
							365	**309**	**37**	**2**

国土资源调
Land and Resources

年份/专业性质	Year/Work	累计完成国土资源调查费（万元） Sum of Cumulative Expenditures for Land and Resources Survey Completed (10000 yuan)			完成国土资源调查 Completed Area of Land	
			国土资源调查经费[1] Cumulative Expenditures for Land and Resources Survey		1:100 万	1:50 万
				本年完成 Completed Current Year	1:1000 thousand	1:500 thousand
矿产资源	Mineral Resources	18312.11	17925.04	5669.43		
土地资源	Land Resources	260.60	260.60	172.00		
地质灾害预警工程	**Geological Hazard Earlywarning Engineering**	**62739.21**	**61577.89**	**11864.02**		
地质灾害调查	Geological Hazard Investigation	53198.12	52201.98	11284.80		
地质灾害治理	Geological Hazard Control	9541.09	9375.91	579.22		
土地资源监测调查评价	**Land Resources Monitoring, Survey, and Evaluation**	**84621.76**	**84621.76**	**8879.26**		
土地资源监测	Land Resources Monitoring	35695.00	35695.00	3052.00		
土地资源调查	Land Resources Survey	23358.00	23358.00	1368.00		
土地资源评价	Land Resources Evaluation	11494.90	11494.90	1110.90		
土地市场调查	Land Market Survey	9846.00	9846.00	1594.00		
土地资源技术与标准	Land Resources Technology and Standards	4227.86	4227.86	1754.36		
数字国土工程	**Digital Land Project**	**37395.70**	**36651.48**	**9076.71**		
信息化标准建设	IT Application Standards Construction	5758.53	5758.53	3708.22		
地矿基础数据库建设	Geological and Mining Basic Database Construction	19240.82	18517.17	3253.26		
土地基础数据库建设	Land Basic Database Construction	56.50	56.50			
国土资源网络系统建设	Land and Resources Network System Construction	12339.85	12319.28	2115.23		
国土资源科学研究	**Scientific Research on Land and Resources**	**37783.17**	**37642.97**	**13796.70**		
地质科学研究	Geoscience Research	37361.46	37221.26	13498.29		
土地科学研究	Land Science Research	421.71	421.71	298.41		
地矿技术发展工程	**Geological and Mineral Resources Technological Development Engineering**	**57599.06**	**57367.39**	**10422.85**		
地矿技术发展工程	Geological and Mineral Resources Technological Development Engineering	57599.06	57367.39	10422.85		
其他	**Others**	**45490.85**	**45030.85**	**11803.45**		

注：① 为2003年新增指标；② 为2000年附加指标。

Note: ① Newly added indicator in 2003; ② Newly added indicator in 2000.

查完成情况 续表

Survey Completed Continued

面积（平方千米） and Resources Survey (square kilometer)						完成土地监测调查评价市、县②(个) Cities and Counties That Have Completed Land Monitoring, Survey, and Evaluation	年末从业人员 Yearend Employees		累计提交调查报告 Cumulative Survey Reports Submitted	
1:25 万 1:250 thousand	1:20 万 1:200 thousand	1:10 万 1:100 thousand	1:5 万 1:50 thousand	1:2.5 万 1:25 thousand	1:1 万 1:10 thousand		(人) (person)	技术人员 Technical Personnel	(份) (number)	本年 Current Year
							353	297	37	2
							12	12		
			59408		**1231**		**1012**	**892**	**403**	**21**
			59408		1231		922	804	348	20
							90	88	55	1
			750000		**3277833**	**1532**	**16580**	**11859**	**21026**	**4145**
					30916	23	7	7	2991	3
					99210	43	95	66	11109	
			750000			40	6510	3810	1236	73
					37707	240	4612	3734	5487	4017
					3110000	1186	5356	4242	203	52
							394	**335**	**285**	**31**
							55	45	29	
							203	155	228	31
							136	135	28	
							1597	**1487**	**99**	**13**
							1536	1426	98	12
							61	61	1	1
							1043	**961**	**268**	**17**
							1043	961	268	17
							1052	**845**	**61**	**13**

国土资源调查取得成果

Achievements Made in Land and Resources Survey

年份/矿种名称	Year/Mineral Resources	新发现矿产地（处）Newly Discovered Mineral Prospect (occurrence)	新增资源量 Newly increased resources				
			计量单位	Unit	控制的资源量 Controlled Resources	推断的资源量 Inferred Resources	预测的资源量 Predicted Resources
	2001	140					
	2002	78					
	2003	80					
	2004	37					
	2005	47					
	2006	59					
	2007	32					
	2008	20					
一、能源矿产	**1. Energy Minerals**						
其中：煤	Coal		千吨	1000t		714900	3580000
二、金属矿产	**2. Metallic Minerals**	**18**					
（一）黑色金属矿产	**a. Ferrous Minerals**	**7**					
铁矿	Iron	6	矿石万吨	10000t (ore)			
锰矿	Manganese	1	矿石万吨	10000t (ore)			
（二）有色金属矿产	**b. Nonferrous Minerals**	**11**					
铜矿	Copper	4	金属吨	t (metal)		16235	194711
铅矿	Lead		金属吨	t (metal)	7450	304770	846416
锌矿	Zinc		金属吨	t (metal)	10090	548638	940167
铝土矿	Bauxite	2	矿石吨	t (ore)			
钨矿	Tungsten	1	三氧化钨吨	t (WO_3)			
锡矿	Tin	4	金属吨	t (metal)		285924	377639
铋矿	Bismuth		金属吨	t (metal)		11694	93071
（三）贵金属矿产	**c. Noble Metal Minerals**						
金矿	Gold		金属千克	kg (metal)		2530	
银矿	Silver		金属吨	t (metal)	15	984	2063
三、非金属矿产	**3. Nonmetallic Minerals**	**2**					
石墨	Graphite	2	矿物万吨	10000t (mineral)			42
叶蜡石	Pyrophyllite		矿石万吨	10000t (ore)		1222	
沸石	Zeolite		矿石万吨	10000t (ore)		14326	

主要统计指标解释

累计完成国土资源调查费 是指自国土资源调查项目开始工作起至报告期止实际完成的项目费用。包括国土资源大调查经费和其他各种资金的投入。该项应等于历年完成国土资源调查费之和。

累计完成国土资源调查经费 是指累计完成的国土资源大调查经费(由国家财政收支预算国土资源调查经费科目列支的)。

本年完成国土资源调查经费 是指报告期实际完成的国土资源大调查经费。

完成国土资源调查面积 是指报告期采用各种方法（如测量、物探、化探、遥感等）实际完成的区域性国土资源调查的面积数。包括土地资源调查、地质矿产资源调查、水文地质、工程地质、环境地质调查、海洋资源调查和国土资源综合调查等。调查工作的比例尺有 1:100 万、1:50 万、1:25 万、1:20 万、1:10 万、1:5 万、1:2.5 万、1:1 万。

年末从业人员 是指年末在国土资源调查项目中从事工作的，并取得劳动报酬的全部人员。

技术人员 是指在国土资源调查项目中从事工作并取得劳动报酬的，具有初级及初级以上地质勘查或土地勘测技术职称的专业技术人员。包括地质技术人员、工程技术人员、物化探技术人员、土地勘测、测绘、岩矿鉴定、化验等技术人员。

累计提交调查报告 是指自国土资源调查工作开始起至报告期止实际提交并经上级主管单位验收的各类正式国土资源调查项目报告数。

本年提交调查报告 是指报告期实际提交并经上级主管单位验收的各类正式国土资源调查项目报告数。

新发现的矿产地 是指报告期内在区域地质调查、矿产普查、物化探异常和成矿远景地段等信息基础上，新发现或根据已知矿点（包括以往已否定的矿点）及群采线索，经初步工作新发现的具有工业价值或有进一步工作价值的矿产地。主要要求：① 对矿体分布和埋藏情况有一定的地质调查和必要的工程揭露、控制；② 对矿石质量有正规取样化验资料，矿石品位符合现行矿产工业开采利用要求；③ 矿产地的矿产资源规模要达到《矿产资源储量规模划分标准》小型规模上限的二分之一；④ 矿产资源/储量级别主要为控制的资源量（332）、推断的资源量（333）和预测的资源量（334_1）；⑤ 要提交相应的平面地质图、剖面图、工程编录、取样位置图及简要说明书等资料。

控制的资源量 是指在勘查工作程度已达到详查阶段要求，地质可靠程度为控制的，可行性研究仅作了概略研究，经济意义介于经济的——次边界经济的范围内，计算的资源量可信度高，可行性评价可信度低（332）。

推断的资源量 是指在勘查工作程度只达到普查阶段要求，地质可靠程度为推断的，资源量只根据有限的数据计算的，其可信度低。可行性研究仅做了概略研究，经济意义介于经济的——次边界经济的范围内，可行性评价可信度低（333）。

预测的资源量 是指依据区域地质研究成果，航空、遥感、地球物理、地球化学等异常或极少量工程资料，确定具有矿化潜力的地区，并和已知矿床类比而估计的资源量，属于潜在矿产资源，有无经济意义尚不确定（334）。

Explanatory Notes on Main Statistical Indicators

Sum of Cumulative Expenditures for Land and Resources Survey Completed — refers to the total expenditures completed actually for the land and resources survey projects from the beginning of the survey to the reporting period, including expenditures and other fund inputs for the land and resources survey. This item should be equal to the sum of expenditures for land and resources survey completed over the years.

Cumulative Expenditures for Land and Resources Survey — refer to the expenditures completed cumulatively for the land and resources survey (listed and paid by the State Budget Land and Resources Survey Fund Section).

Expenditures for Land and Resources Survey Completed Current Year — refer to the expenditures completed actually for the land and resources survey during the reporting period.

Completed Area of Land and Resources Survey — refers to the actual acreage (expressed as square kilometers) completed for the regional land and resources survey using various methods (e.g. measurements, geophysical and geochemical methods, and remote sensing techniques) during the reporting period. The survey includes land resources survey, mineral resources survey, hydrogeological survey, engineering geological survey, environmental geological survey, marine resources survey and comprehensive land and resources survey. The scales of these surveys are 1:1 million, 1:500,000, 1:250,000, 1:200,000, 1:100,000, 1:50,000, 1:25,000, and 1:10,000.

Yearend Employees — refer to all the persons who work for the land and resources survey at the year end and receive payment.

Technical Personnel — refer to professional technical persons who work for the land and resources survey for payment and have technical titles of geological survey or land survey at and above the junior level. They include geological technical personnel, engineering technical personnel, geophysical and geochemical technical personnel, land surveying personnel, surveying and mapping personnel, and technical personnel for identification and chemical analysis of rocks and minerals.

Cumulative Survey Reports Submitted — refer to the number of various formal reports on land and resources survey submitted actually from the beginning of the land and resources survey to the reporting period and checked and accepted by competent administrative departments at a higher level.

Survey Reports Submitted in the Current Year — refer to the number of various formal reports on land and resources survey submitted actually during the reporting period and checked and accepted by competent administrative departments at a higher level.

Newly Discovered Mineral Prospect — denotes a mineral occurrence of commercial value or value for further work, which has been recently found on the basis of the information obtained by regional geological survey, mineral reconnaissance, geophysical and geochemical anomalies and mineral potentials, or found on the basis of known mineral occurrences (including previously negated ones) and clues furnished by the local people engaged in mining and through preliminary work during the reporting period. The main requirements are as follows: ① the distribution and burial conditions of orebodies have been revealed and controlled by some geological survey and necessary engineering work; ② ore has been regularly sampled and analyzed and the ore grade meets current requirements for commercial exploitation and utilization of ore;③ the amount of mineral resources in a prospect should reach 1/2 of the upper limit of a small size in the "Criteria for the Size Classification of Mineral Resources and Reserves"; ④ the categories of mineral resources/reserves are mainly assigned to controlled resources (332), inferred resources (333) and predicted resources (334_1); ⑤ relevant data such as geological plan maps, sections, engineering documents, sampling location maps and brief explanatory notes should be submitted.

Controlled Resources — refer to that part of resources for which the degree of exploration has met the requirements for detailed exploration, the geological assurance is controlled, the feasibility study has been only roughly conducted, the economic value lies in an economic to submarginal economic range, the degree of reliability of calculated resources is high, and the degree of feasibility evaluation is low (332).

Inferred Resources — refer to that part of resources for which the degree of exploration has only met the requirements for reconnaissance, the geological assurance is inferred, and the resources are calculated only according to limited data with a low degree of reliability, and only a rough feasibility study has been conducted and the economic value ranges between the economic and submarginal economic value (333).

Predicted Resources — refer to that part of resources estimated in an area with mineralization potential determined on the basis of the regional geological research results and aerial survey, remote sensing, geophysical, and geochemical anomalies or very small quantities of engineering data, as well as by analogue with the known deposits. They belong to potential mineral resources and it is uncertain whether they are economic (334).

土地资源

Land Resources

耕地增减

Changes in

单位：亩①

年份/地区	Year/Region	年初耕地面积 Cultivated Land Area at Year Beginning	年内增加耕地面积 Increase of Cultivated Land Area During the Year					年内 Decrease of
			小计 Subtotal	整理 Land Consolidation	复垦 Land Reclamation	开发 Land Development	农业结构调整 Agricultural Restructuring	小计 Subtotal
2001		1923647002.9	3989155.8	654171.6	366760.8	2018191.8	950031.6	13399026.0
2002		1914237132.7	5117852.2	787197.1	525643.2	2598570.0	1206441.9	30411004.3
2003		1888943980.6	5154047.0	965558.0	487711.5	3208830.2	491947.3	43214877.7
2004		1850883149.9	7955493.2	861694.6	895663.0	3427085.7	2771049.9	22174810.4
2005		1836663832.7	9343521.9	1070570.2	1059953.3	2469481.5	4743516.9	14768006.9
2006		1831240000.8	10796850.3	1183417.1	954687.2	3369816.9	5288929.1	15398781.8
2007		1826638069.3	4499778.8	683452.3	395189.9	1858892.0	1562244.6	5109865.3
2008③		1826027982.8	3880581.2	928642.2	440010.7	2075454.7	436473.6	4170186.9
北京	Beijing	3482810.0	29767.3	16831.2	444.7	11785.7	705.7	37254.0
天津	Tianjin	6655144.6	56831.0	8100.6	723.3	48007.1		95629.8
河北	Hebei	94727101.9	237162.1	47330.2	21309.0	123653.2	44869.7	204803.7
山西	Shanxi	60801716.5	81443.2	6009.0	2059.4	71411.8	1963.0	45808.3
内蒙古	Inner Mongolia	107194196.3	76694.3	15544.4	8239.0	45537.4	7373.5	62245.0
辽宁	Liaoning	61277519.6	76430.7	6839.1	1180.6	67773.4	637.6	74698.1
吉林	Jilin	83025334.6	67238.8	27014.9	5798.4	34425.5		72908.5
黑龙江	Heilongjiang	177575475.7	101022.2	24471.4	7868.2	55543.2	13139.4	224683.2
上海	Shanghai	3894513.3	47140.5	9646.5	15355.2	13.1	22125.7	282260.9
江苏	Jiangsu	71456624.8	334924.9	49669.4	102968.7	182284.4	2.4	334656.8
浙江	Zhejiang	28763041.7	365681.9	145782.7	35232.9	146278.8	38387.5	315901.4
安徽	Anhui	85922292.9	179114.8	30003.4	63294.8	72077.7	13738.9	148576.9
福建	Fujian	19996135.1	60711.9	5782.6	542.6	53711.9	674.8	105287.9
江西	Jiangxi	42401215.8	91283.6	5976.3	380.9	82880.7	2045.7	86207.1
山东	Shandong	112605923.5	346227.8	119674.7	40210.7	128421.2	57921.2	222561.3
河南	Henan	118890406.8	156469.1	26863.8	22025.7	104874.9	2704.7	151261.6
湖北	Hubei	69950328.8	132878.1	37062.5	27267.4	66585.4	1962.8	121385.4
湖南	Hunan	56834558.6	98084.0	18925.9	1139.6	76819.4	1199.1	92030.1
广东	Guangdong	42714886.6	80866.5	12272.1	1888.2	62833.7	3872.5	334781.0
广西	Guangxi	63220455.7	117135.3	10788.5	278.9	97836.1	8231.8	74794.6
海南	Hainan	10912491.5	24021.1	13763.8		9976.1	281.2	23879.5
重庆	Chongqing	33586232.8	107740.7	67470.7	4588.6	32652.8	3028.6	154993.3
四川	Sichuan	89251815.1	294224.7	156566.0	7176.3	47722.0	82760.4	335061.5
贵州	Guizhou	67311828.8	82069.9	3307.5	5088.7	73065.7	608.0	114439.9
云南	Yunnan	91085369.6	174858.1	8127.0	16609.4	107959.1	42162.6	179328.5
西藏	Tibet	5417085.4	12264.1	1709.0	429.7	9631.9	493.5	4880.1
陕西	Shaanxi	60735668.2	147514.5	18349.5	37558.5	89008.6	2597.9	127968.0
甘肃	Gansu	69896304.7	50434.1	15391.2	5481.5	27425.7	2135.7	65226.5
青海	Qinghai	8133029.8	19176.7	1563.0	101.6	17465.3	46.8	11417.6
宁夏	Ningxia	16595099.5	40244.6	2651.1	33.1	26224.5	11335.9	29412.6
新疆	Xinjiang	61713374.6	190924.7	15154.2	4735.1	101568.4	69467.0	35843.8

注：① 1亩=0.067公顷；② 为2004年附加指标；③ 2008年度土地变更调查统计周期为2007年11月1日至2008年12月31日。

Notes: ① 1 mu=0.067 hectares; ② Newly added indicator in 2004; ③ The statistical time of The Land-use Alteration Survey in 2008 is from Nov.1st,

变 动 情 况
Cultivated Land

Unit: mu[①]

减少耕地面积 Cultivated Land Area During the Year					年末耕地面积 Cultivated Land Area at Yearend
建设占用 Land for Construction Use	往年未变更上报[②] Used in Previous Years and Reported Current Year	灾毁耕地 Destroyed by Natural Hazards	生态退耕 Turned to Ecological Uses	农业结构调整 Agricultural Restructuring	
2454809.3		458685.4	8860339.1	1625192.2	1914237132.7
2947494.0		845079.7	21383287.3	5235143.3	1888943980.6
3436585.8		756374.6	33559636.1	5462281.2	1850883149.9
4392053.9	2215713.0	949250.6	10992988.3	5840517.6	1836663832.7
3181673.1	1101254.4	802562.5	5854828.0	4928943.3	1831240000.8
3878093.2	1367569.6	537955.0	5090852.3	5891881.3	1826638069.3
2824289.4		268863.2	381686.4	1635026.3	1826027982.8
2873522.9		372047.7	113973.3	810643.0	1825738377.1
30408.2			2561.3	4284.5	3475323.3
56822.2		38804.8		2.8	6616345.8
112907.6		172.2	41442.3	50281.6	94759460.3
45199.2		68.8	77.6	462.7	60837351.4
44476.4		15065.9	3.0	2699.7	107208645.6
73649.0			693.0	356.1	61279252.2
64256.9		3.1	4950.0	3698.5	83019664.9
75554.0		278.0	18.4	148832.8	177451814.7
108167.2		1828.3	6989.2	165276.2	3659392.9
334656.8					71456892.9
306939.3		1134.7	324.0	7503.4	28812822.2
133439.9		61.0	3184.1	11891.9	85952830.8
97494.5		3824.4	49.6	3919.4	19951559.1
85445.6		175.8	60.0	525.7	42406292.3
203331.2		418.4	3765.6	15046.1	112729590.0
146686.2			1016.2	3559.2	118895614.3
103104.3		3261.4	507.1	14512.6	69961821.5
89405.6		1007.8	109.7	1507.0	56840612.5
53211.7		8008.0	5575.3	267986.0	42460972.1
68499.4		2425.1	1511.7	2358.4	63262796.4
9035.3		851.6	934.5	13058.1	10912633.1
75526.7		66246.6	2523.3	10696.7	33538980.2
184136.0		137378.4	4713.1	8834.0	89210978.3
53876.4		47551.9	8583.8	4427.8	67279458.8
130279.1		30438.7	3079.0	15531.7	91080899.2
2925.6		849.7	671.2	433.6	5424469.4
92106.8		3201.0	8845.8	23814.4	60755214.7
38809.4		8627.7	3196.1	14593.3	69881512.3
11166.8			2.4	248.4	8140788.9
22903.8		4.9	413.3	6090.6	16605931.5
19101.8		359.5	8172.7	8209.8	61868455.5

2007 to Dec.31th,2008 .

主要统计指标解释

耕地 指种植农作物的土地，包括熟地、新开发复垦整理地、休闲地、轮歇地、草田轮作地；以种植农作物为主，间有零星果树、桑树或其他树木的土地；平均每年能保证收获一季的已垦滩地和海涂。耕地中还包括南方宽<1.0 米，北方宽<2.0 米的沟、渠、路和田埂。

年初（末）耕地面积 是指年初（末）统计区域内实有的全部耕地面积。

年内增加耕地面积 是指本年度因土地整理、复垦、开发、农业结构调整而增加的耕地面积。

土地整理 是指在一定区域内，按照土地利用规划或城市规划确定的目标和用途，采取行政、经济、法律和工程技术手段，对土地利用状况进行调整改造、综合整治，提高土地利用率和产出率，改善生产、生活条件和生态环境的过程。包括农用地整理和建设用地整理。其内容主要包括调整用地结构，归并零散地块，平整土地，道路、渠道等的综合治理，村庄及乡村企业用地的集中、搬迁和内部改造等。

土地复垦 是指对在生产建设过程中，因挖损、塌陷、压占等造成破坏的土地，采取整治措施，使其恢复到可供利用状态的活动。

土地开发 是指对未利用的土地进行整治、加工和配套建设，使其变为可供建设或农业使用的土地。

农业结构调整 是指由于经济发展和保护生态环境需要,在报告期对原有种植业、林业、牧业、水产养殖业、副业等所占土地在农业生产中所占比例进行调整。

农业结构调整增加耕地 是指由于农业结构调整，将原其他农业用途的土地改为耕地的面积数。

年内减少耕地面积 是指本年度因建设占用、自然灾害损毁、生态退耕和农业结构调整而减少的耕地面积。

建设占用 是指因各类建设占用而减少的耕地面积。

灾害损毁 是指因水冲、沙压、山崩、泥石流、沟蚀、地震等自然灾害破坏，不能耕种的耕地面积。

生态退耕 是指因生态环境建设需要，按照规划、计划、实际退耕还林、还牧、还湖的耕地。

农业结构调整减少耕地 是指由于农业结构调整，将原耕地改为其他农业用途的土地的面积数。

Explanatory Notes on Main Statistical Indicators

Cultivated Land — refers to the farmland used for growing crops, including cultivated land, newly developed, reclaimed and consolidated land, fallow land, land farmed in rotation, land for forage and crop rotation, land mainly used for growing crops with fruit trees, mulberry trees or other trees mix-planted sporadically, and cultivated beach land and lake land from which one season harvest per year can be reaped guaranteed. In addition, it also includes field furrows, ditches, and ridges, which are less than1.0 m wide in southern China and less than 2.0 m wide in northern China.

Cultivated Land Area at Year Beginning (yearend) — refers to the area of cultivated land available within a geographic area of statistical survey at the beginning (end) of the year.

Increase of Cultivated Land Area During the Year — refers to the area of cultivated land increased during the year as a result of land consolidation, reclamation, new development, and agricultural restructuring.

Land Consolidation — refers to the process of adjusting, changing, and improving the status of land use in a particular region according to the goals and uses stipulated by land use planning or urban planning and by using the economic, legal, and technical engineering means in order to improve the land utilization rate and productivity, production and living conditions, and ecological environment. It includes agricultural land consolidation and land consolidation for state construction. The content mainly includes land-use structure adjustment, scattered land parcels adjustment, land leveling, road and ditch improvements, concentration, relocation, and internal modification of land used for the construction of villages and village/town-owned enterprises.

Land Reclamation — refers to the process and activities of restoring the land damaged by excavation, collapse, and surface land occupation for its future use.

Land Development — refers to the process of turning unused land into applicable land for construction and agricultural purposes.

Agricultural Restructuring — refers to the adjustment of the percentages of lands used by crop growing, forestry, livestock farming, aquatic products farming, and side-line occupation in agricultural production during the reporting period to meet the requirements for the economic development and eco-environmental protection.

Cultivated Land Increased As a Result of Agricultural Restructuring — refers to the area of cultivated land increased by changing land for other agricultural uses into cultivated land as a result of agricultural restructuring.

Decrease of Cultivated Land Area During the Year — refers to the area of cultivated land decreased during the year as a result of damage by natural hazards, transfer of productive cultivated land to ecological preservation uses, and agricultural restructuring.

Land for Construction Use — refers to the area of cultivated land decreased as a result of various construction uses.

Destroyed by Natural Hazards — refers to the area of cultivated land that cannot be cultivated because of damage by natural disasters such as water erosion, sand coverage, landslides, mudflows, rill erosion, earthquakes and etc.

Turned to Ecological Uses — refers to cultivated land returned to forest, grassland, and lakes according to the planning in order to meet the requirements of eco-environmental construction.

Cultivated Land Decreased As a Result of Agricultural Restructuring — refers to the area of cultivated land decreased by changing cultivated land into land for other agricultural uses as a result of agricultural restructuring.

矿产资源勘查

Mineral Resources Exploration

新发现矿产地

Newly Discovered Mineral

年份/地区	Year/Region	合计 Total	属地化单位 Localized Departments	冶金部门 Metallurgy Sector	武警黄金 Gold Headquarters	石油天然气 Oil & Natural Gas Sector	海洋石油 Marine Petroleum Sector
2001		198	137	14	5	8	6
2002		245	125	3	10	8	9
2003		228	121	11	3	7	3
2004		253	128	3	3	4	
2005		177	106	1	5	6	4
2006		237	145	5	5	3	
2007		256	162	2	3	5	3
2008		257	149	1	5	6	4
北 京	Beijing						
天 津	Tianjin	6	2				4
河 北	Hebei	9	7				
山 西	Shanxi	10	8				
内蒙古	Inner Mongolia	9	5			2	
辽 宁	Liaoning	13	9				
吉 林	Jilin	20	15				
黑龙江	Heilongjiang	1			1		
上 海	Shanghai						
江 苏	Jiangsu	4	1				
浙 江	Zhejiang	5	2				
安 徽	Anhui	1	1				
福 建	Fujian	5	2				
江 西	Jiangxi						
山 东	Shandong	10	6		1		
河 南	Henan	17	6				
湖 北	Hubei	10	3				
湖 南	Hunan	12	5		1		
广 东	Guangdong	8	4				
广 西	Guangxi	10	4				
海 南	Hainan	7	7				
重 庆	Chongqing	11	10			1	
四 川	Sichuan	13	8				
贵 州	Guizhou	7	3				
云 南	Yunnan	14	6				
西 藏	Tibet	2	2				
陕 西	Shaanxi	3	1				
甘 肃	Gansu	7	4		1		
青 海	Qinghai	11	3				
宁 夏	Ningxia	4	4				
新 疆	Xinjiang	27	21		1	3	
海 域	Sea area						
国 外	Abroad	1		1			

——按地区分列
Prospects by Region

石油化工 Petro-Chemical Industry sector	煤炭部门 Coal Sector	核工业部门 Nuclear Industry sector	化工部门 Chemical Industry Sector	建材部门 Building Materials Sector	有色部门 Nonferrous Metals Sector	中国地质调查局 China Geological Survey
	2		11	15		
70			9	11		
19			8	52	4	
20	2		9	81	3	
2			9	44		
20			10	43	4	2
17	6	3	10	40	4	1
17	1		11	62	1	
				2		
	1			1		
				1	1	
				4		
2				3		
2				1		
			3			
			1	2		
2			1			
4			2	5		
2			1	4		
			3	3		
				4		
				6		
2				3		
				4		
1				7		
				2		
				2		
				8		
2						

新发现矿产地——
Newly Discovered Mineral

矿种	Mineral	合计 Total	属地化单位 Localized Departments	冶金部门 Metallurgy Sector	武警黄金 Gold Headquarters	石油天然气 Oil & Natural Gas Sector	海洋石油 Marine Petroleum Sector
总计	**Grand Total**	257	149	1	5	6	4
煤	Coal	35	34				
油页岩	Oil Shale	1	1				
陆地石油	Oil, Onshore	13				3	
海域石油	Oil, Offshore	2					2
天然气	Natural Gas	12				3	2
石煤	Stone coal	2	2				
地热	Geothermals	2	2				
铁矿	Iron	20	18	1			
锰矿	Manganese	3	3				
钛矿	Titanium	3	3				
铜矿	Copper	3	3				
铅矿	Lead	5	3				
锌矿	Zinc	5	4				
铅锌矿	Lead-zinc	8	8				
铝土矿	Bauxite	7	7				
镍矿	Nickel	3	2				
钴矿	Cobalt	1	1				
钨矿	Tungsten	5	4		1		
锡矿	Tin	1	1				
钼矿	Molybdenum	5	5				
锑矿	Antimony	2	1				
金矿	Gold	23	17		4		
银矿	Silver	1	1				
锂矿	Lithium	1	1				
锆矿	Zirconium	3	3				
蓝晶石	Kyanite	1					
菱镁矿	Magnesite	1	1				
萤石（普通）	Fluorite (Common)	3	3				
萤石（氟化钙）	Calcium Fluorite	1					

按矿种分列（2008年）
Prospects by Mineral (2008)

石油化工 Petro-Chemical Industry Sector	煤炭部门 Coal Sector	核工业部门 Nuclear Industry Sector	化工部门 Chemical Industry Sector	建材部门 Building Materials Sector	有色部门 Nonferrous Metals Sector	中国地质调查局 China Geological Survey
17	1		11	62	1	
	1					
10						
7						
				1		
			2			
			1			
					1	
				1		
			2			
				1		
			1			

新发现矿产地——
Newly Discovered Mineral

矿 种	Mineral	合计 Total	属地化单位 Localized Departments	冶金部门 Metallurgy Sector	武警黄金 Gold Headquarters	石油天然气 Oil & Natural Gas Sector	海洋石油 Marine Petroleum Sector
冶金用白云岩	Metallurgical, Dolomite	1	1				
钠硝石	Nitratite	1	1				
重晶石	Barite	1	1				
电石石灰岩	Tourmaline Limestone	1					
化工用大理石	Marble for Chemical Industry	1					
含钾岩石	K-bearing Rock	1	1				
岩盐	Halite	1	1				
硼矿	Phosphate Rock	1	1				
磷矿	Phosphate Rock	5	3				
石墨	Graphite	2	1				
硅灰石	Wollastonite	1	1				
滑石	Talc	1	1				
叶蜡石	Pyrophyllite	1	1				
玉石	Jade	3	1				
水泥用灰岩	Limestone for Cement	45	3				
建筑石料用灰岩	Limestone for Building Stone	1					
玻璃用石英岩	Quartzite for Glass	1					
水泥配料用砂	Sand for Cement	1					
硅藻土	Diatomite	2	2				
陶粒页岩	Haydite Shale	1	1				
膨润土	Bentonite	2					
水泥配料用粘土	Clay for Cement	2					
饰面用蛇纹岩	Facing Serpentinite	3					
建筑用花岗岩	Granite for Building	1					
饰面用板岩	Facing Slate	1					
水泥用大理石	Marble for Cement	1					
化工用石灰岩	Limestone for Chemical Industry	1					
饰面用花岗岩	Facing Granite	1					
地下水	Groundwater	1	1				

按矿种分列（2008年） 续表

Prospects by Mineral (2008) Continued

石油化工 Petro-Chemical Industry Sector	煤炭部门 Coal Sector	核工业部门 Nuclear Industry Sector	化工部门 Chemical Industry Sector	建材部门 Building Materials Sector	有色部门 Nonferrous Metals Sector	中国地质调查局 China Geological Survey
				1		
			1			
			2			
				1		
				2		
			1	41		
				1		
				1		
				1		
				2		
				2		
				3		
				1		
				1		
				1		
			1			
				1		

新查明矿产资源——
Newly Identified Mineral

矿种	Mineral	计量单位	Unit	总 基础储量 Reserve Base
煤	Coal	千吨	1000t	2830582
油页岩	Oil Shale	千吨	1000t	
陆地石油	Oil, Onshore	原油千吨	1000t (rude oil)	941570
海域石油	Oil, Offshore	原油千吨	1000t (rude oil)	54062
天然气	Natural Gas	万立方米	$10000m^3$	48474500
石煤	Stone Coal	千吨	1000t	
地热	Geothermals	万立方米	$10000m^3$	
铁矿	Iron	矿石万吨	10000t (ore)	14775
锰矿	Manganese	矿石万吨	10000t (ore)	
钛矿	Titanium	氧化钛吨	t (TiO_2)	770261
钒矿	Vanadium	五氧化二钒吨	t (V_2O_5)	426
铜矿	Copper	金属吨	t (metal)	9444
铅矿	Lead	金属吨	t (metal)	513000
锌矿	Zinc	金属吨	t (metal)	26208
铅锌矿	Lead-zinc	金属吨	t (metal)	63625
铝土矿	Bauxite	矿石万吨	10000t (ore)	
镍矿	Nickel	金属吨	t (metal)	835
钴矿	Cobalt	金属吨	t (metal)	
钨矿	Tungsten	三氧化钨吨	t (WO_3)	
锡矿	Tin	金属吨	t (metal)	
钼矿	Molybdenum	金属吨	t (metal)	199103
锑矿	Antimony	金属吨	t (metal)	
铂矿	Platinum	金属千克	kg (metal)	
金矿	Gold	金属千克	kg (metal)	110596
银矿	Silver	金属吨	t (metal)	
锆矿	Zirconium	锆英石吨	t (ore)	185668
蓝晶石	Kyanite	矿物万吨	10000t(mineral)	
菱镁矿	Magnesite	矿石万吨	10000t (ore)	
萤石（普通）	Fluorite (Common)	矿石万吨	10000t (ore)	45
熔剂用石灰岩	Limestone for Flux	矿石万吨	10000t (ore)	
冶金用白云岩	Metallurgical, Dolomite	矿石万吨	10000t (ore)	1357
耐火粘土	Fireclay	矿石万吨	10000t (ore)	
铁矾土	Ferruginous Bauxite	矿石万吨	10000t (ore)	

按矿种分列（2008 年）
Resources by Mineral (2008)

计 Total		属地化单位 Localized Departments			地勘行业部门、地调局 Geological Sector and China Geological Survey		
储量 Reserves	资源量 Resources	基础储量 Reserve Base	储量 Reserves	资源量 Resources	基础储量 Reserve Base	储量 Reserves	资源量 Resources
70447	23037315	927415	70447	21969511	1903167		1067804
	330000			330000			
45502					941570	45502	
177853					54062	177853	
3648200					48474500	3648200	
	738080			738080			
	7310			7310			
12209	126552	14775	12209	125078			1474
	2307			2307			
	1616387	770261		1616387			
	77564085	426		77564085			
1922	8160302	9444	1922	7746753			413549
228300	2188539	508500	228300	2172508	4500		16031
	2530330	5400		2489555	20808		40775
	1509978	63625		1509978			
	46620			45337			1283
591	996	835	591	996			
	2420			2420			
	150477			150477			
	29153			29153			
190773	744514	199103	190773	685892			58622
	66613			53770			12843
	130			130			
105483	370022	110596	105483	234536			135486
	6849			6849			
	381413	185668		381413			
	108						108
	19700			19700			
	209	45		187			22
	7357			6724			633
1289	1664				1357	1289	1664
	833			833			
	506			506			

新查明矿产资源——
Newly Identified Mineral

矿种	Mineral	计量单位	Unit	总
				基础储量 Reserve Base
硫铁矿	Greigite	矿石万吨	10000t (ore)	
芒硝（含钙芒硝）	Mirabilite(Including Glauberite)	硫酸钠万吨	10000t (Na_2SO_4)	35589
重晶石	Barite	矿石万吨	10000t (ore)	521
毒重石	Witherite	矿石万吨	10000t (ore)	
电石石灰岩	Tourmaline Limestone	矿石万吨	10000t (ore)	
含钾岩石	K-bearing Rock	矿石万吨	10000t (ore)	257
磷矿	Phosphate Rock	矿石千吨	1000t(ore)	29954
硅灰石	Wollastonite	矿物万吨	10000t(mineral)	69
滑石	Talc	矿石万吨	10000t (ore)	
石榴子石	Garnet	矿物吨	t(mineral)	
叶蜡石	Pyrophyllite	矿石万吨	10000t (ore)	
石膏	Gypsum	矿石万吨	10000t (ore)	76
方解石	Calcite	矿石万吨	10000t (ore)	
玉石	Jade	矿石千吨	1000t(ore)	
水泥用灰岩	Limestone for Cement	矿石万吨	10000t (ore)	64560
建筑石料用灰岩	Limestone for Building Stone	矿石万吨	10000t (ore)	
泥灰岩	Marlstone	矿石万吨	10000t (ore)	10
玻璃用白云岩	Dolomite for Glass	矿石万吨	10000t (ore)	
水泥配料用砂	Sandstone for Cement	矿石万吨	10000t (ore)	
硅藻土	Diatomite	矿石万吨	10000t (ore)	311
陶粒页岩	Earthenware Shale	矿石万吨	10000t (ore)	599
砖瓦用页岩	Shale for Bricks and Tiles	矿石万立方米	$10000m^3$(ore)	
高岭土	Kaolin	粘土量万吨	10000t (clays)	738
海泡石粘土	Sepiolite Clay	矿石万吨	10000t (ore)	
伊利石粘土	Illite Clay	矿石万吨	10000t (ore)	
膨润土	Bentonite	矿石万吨	10000t (ore)	137
建筑用花岗岩	Granite for Building	矿石万立方米	$10000m^3$ (ore)	566
火山渣	Volcanic Cinder	矿石万吨	10000t (ore)	499
水泥用大理石	Marble for Cement	矿石万吨	10000t (ore)	
矿泉水	Mineral Water	方/日	m^3/d	
地下水	Groundwater	方/日	m^3/d	55000
其他	Others	金属吨	t (metal)	

按矿种分列（2008年） 续表

Resources by Mineral (2008) Continued

计 Total		属地化单位 Localized Departments			地勘行业部门、地调局 Geological Sector and China Geological Survey		
储量 Reserves	资源量 Resources	基础储量 Reserve Base	储量 Reserves	资源量 Resources	基础储量 Reserve Base	储量 Reserves	资源量 Resources
	572			572			
	33573	35589		33573			
5	210	521	5	210			
	2304			2304			
	98			98			
232	220	257	232	220			
	130241	29954		130241			
	70177			70130	69		47
	14287			14160			127
	1601300						1601300
61	23342	76	61	7531			15811
	207						207
	1						1
25698	527494			9715	64560	25698	517779
	50049						50049
9	38				10	9	38
	430			430			
	1672						1672
232	828				311	232	828
569	10112	599	569	2018			8094
	16222			6840			9382
	8732	374		6429	364		2303
	50						50
	4			4			
	198				137		198
566	12315	566	566	566			11749
399	130				499	399	130
	4146			82			4064
394			394				
		55000					
	20088			624			19464

新查明矿产资源——
Newly Identified Mineral Resources

矿种	Mineral	计量单位	Unit	总 Total 基础储量 Reserve Base	
					储量 Reserves
煤	**Coal**	**千吨**	**1000t**	**2830582**	**70447**
河北	Hebei	千吨	1000t	270700	
山西	Shanxi	千吨	1000t	1245642	
内蒙古	Inner Mongolia	千吨	1000t		
吉林	Jilin	千吨	1000t	20963	7435
江苏	Jiangsu	千吨	1000t	19254	
安徽	Anhui	千吨	1000t		
福建	Fujian	千吨	1000t		
山东	Shandong	千吨	1000t	87150	61980
河南	Henan	千吨	1000t	7298	
重庆	Chongqing	千吨	1000t	42750	
四川	Sichuan	千吨	1000t	1032	1032
贵州	Guizhou	千吨	1000t		
云南	Yunnan	千吨	1000t	345700	
甘肃	Gansu	千吨	1000t		
青海	Qinghai	千吨	1000t	49533	
宁夏	Ningxia	千吨	1000t	740560	
新疆	Xinjiang	千吨	1000t		
油页岩	**Oil Shale**	**千吨**	**1000t**		
河北	Hebei	千吨	1000t		
陆地石油	**Oil, Onshore**	**原油千吨**	**1000t(crude oil)**	**941570**	**45502**
河北	Hebei	原油千吨	1000t(crude oil)	25544	
内蒙古	Inner Mongolia	原油千吨	1000t(crude oil)	106041	
吉林	Jilin	原油千吨	1000t(crude oil)	98587	3133
黑龙江	Heilongjiang	原油千吨	1000t(crude oil)	41602	
江苏	Jiangsu	原油千吨	1000t(crude oil)	11583	2179
山东	Shandong	原油千吨	1000t(crude oil)	104080	21842
河南	Henan	原油千吨	1000t(crude oil)	25037	4881
湖北	Hubei	原油千吨	1000t(crude oil)	9330	1807
重庆	Chongqing	原油千吨	1000t(crude oil)	1829	
四川	Sichuan	原油千吨	1000t(crude oil)	756	
陕西	Shaanxi	原油千吨	1000t(crude oil)	206189	
甘肃	Gansu	原油千吨	1000t(crude oil)	1112	
新疆	Xinjiang	原油千吨	1000t(crude oil)	309880	11660
海域石油	**Oil, Offshore**	**原油千吨**	**1000t(crude oil)**	**54062**	**177853**
渤海	Bohai sea	原油千吨	1000t(crude oil)	15842	53750
南海	South China sea	原油千吨	1000t(crude oil)	38220	124103
天然气	**Natural Gas**	**万立方米**	**$10000m^3$**	**48474500**	**3648200**
渤海	Bohai	万立方米	$10000m^3$	649100	201000

按矿种和地区分列（2008年）
by Mineral and Region (2008)

计	属地化单位 Localized Departments			地勘行业部门、地调局 Geological Sector and China Geological Survey				
资源量 Resources	基础储量 Reserve Base	储量 Reserves	资源量 Resources	基础储量 Reserve Base	储量 Reserves	资源量 Resources	备注	Remarks
23037315	**927415**	**70447**	**21969511**	**1903167**		**1067804**		
				270700			中煤地质总局	CNACG
620094				1245642		620094	中煤地质总局	CNACG
2585000			2585000					
48236	9293	7435	25116	11670		23120	中建地勘中心	GECCBMI
				19254			中煤地质总局	CNACG
1111000			1111000					
71850			71850					
158300	87150	61980	100280			58020	中冶地勘总局	SBMGE
443720			443720	7298			中煤地质总局	CNACG
398925	42750		398925					
381392	1032	1032	381392					
660762			660762					
451694	345700		451694					
3723480			3723480					
217570				49533		217570	中煤地质总局	CNACG
421490	441490		421490	299070			中煤地质总局	CNACG
11743802			11594802			149000	中冶地勘总局	SBMGE
330000			**330000**					
330000			330000					
				941570	**45502**			
				25544			中石油集团	PetroChina
				106041			中石油集团	PetroChina
				98587	3133		中石化公司	Sinopec
				41602			中石油集团	PetroChina
				11583	2179		中石化公司	Sinopec
				104080	21842		中石化公司	Sinopec
				25037	4881		中石化公司	Sinopec
				9330	1807		中石化公司	Sinopec
				1829			中石油集团	PetroChina
				756			中石油集团	Sinopec
				206189			中石油集团	PetroChina
				1112			中石油集团	PetroChina
				309880	11660		中石化公司	Sinopec
				54062	**177853**			
				15842	53750		中海油总公司	CNOOC
				38220	124103		中海油总公司	CNOOC
				48474500	**3648200**			
				649100	201000		中海油总公司	CNOOC

新查明矿产资源——
Newly Identified Mineral Resources

矿种	Mineral	计量单位	Unit	总 Total	
				基础储量 Reserve Base	储量 Reserves
河北	Hebei	万立方米	$10000m^3$	110200	
内蒙古	Inner Mongolia	万立方米	$10000m^3$	12254700	
吉林	Jilin	万立方米	$10000m^3$	540500	255300
山东	Shandong	万立方米	$10000m^3$	45000	21600
河南	Henan	万立方米	$10000m^3$	2292600	1146500
南海	Nanhai	万立方米	$10000m^3$	752500	369600
重庆	Chongqing	万立方米	$10000m^3$	8374300	
四川	Sichuan	万立方米	$10000m^3$	3463900	
云南	Yunnan	万立方米	$10000m^3$	2382200	1548400
陕西	Shaanxi	万立方米	$10000m^3$	153000	
新疆	Xinjiang	万立方米	$10000m^3$	17456500	105800
石煤	**Stone Coal**	**千吨**	**1000t**		
湖南	Hunan	千吨	1000t		
地热	**Geothermals**	**万立方米**	**$10000m^3$**		
江西	Jiangxi	万立方米	$10000m^3$		
重庆	Chongqing	万立方米	$10000m^3$		
铁矿	**Iron**	**矿石万吨**	**10000t (ore)**	**14775**	**12209**
河北	Hebei	矿石万吨	10000t (ore)	13011	10871
山西	Shanxi	矿石万吨	10000t (ore)		
内蒙古	Inner Mongolia	矿石万吨	10000t (ore)		
辽宁	Liaoning	矿石万吨	10000t (ore)		
吉林	Jilin	矿石万吨	10000t (ore)	1468	1286
安徽	Anhui	矿石万吨	10000t (ore)		
福建	Fujian	矿石万吨	10000t (ore)		
江西	Jiangxi	矿石万吨	10000t (ore)		
山东	Shandong	矿石万吨	10000t (ore)	296	52
湖北	Hubei	矿石万吨	10000t (ore)		
湖南	Hunan	矿石万吨	10000t (ore)		
广东	Guangdong	矿石万吨	10000t (ore)		
重庆	Chongqing	矿石万吨	10000t (ore)		
四川	Sichuan	矿石万吨	10000t (ore)		
云南	Yunnan	矿石万吨	10000t (ore)		
甘肃	Gansu	矿石万吨	10000t (ore)		
青海	Qinghai	矿石万吨	10000t (ore)		
新疆	Xinjiang	矿石万吨	10000t (ore)		
锰矿	**Manganese**	**矿石万吨**	**10000t (ore)**		
福建	Fujian	矿石万吨	10000t (ore)		
湖南	Hunan	矿石万吨	10000t (ore)		
重庆	Chongqing	矿石万吨	10000t (ore)		

按矿种和地区分列（2008年） 续表1

by Mineral and Region (2008) Continued 1

计	属地化单位 Localized Departments			地勘行业部门、地调局 Geological Sector and China Geological Survey				
资源量 Resources	基础储量 Reserve Base	储量 Reserves	资源量 Resources	基础储量 Reserve Base	储量 Reserves	资源量 Resources	备注	Remarks
				110200			中石油集团	PetroChina
				12254700			中石油集团	PetroChina
				540500	255300		中石化公司	Sinopec
				45000	21600		中石化公司	Sinopec
				2292600	1146500		中石化公司	Sinopec
				752500	369600		中海油总公司	CNOOC
				8374300			中石油集团	PetroChina
				3463900			中石油集团	PetroChina
				2382200	1548400		中石化公司	Sinopec
				153000			中石油集团	PetroChina
				17456500	105800		中石化公司	Sinopec
738080			**738080**					
738080			738080					
7310			**7310**					
2200			2200					
5110			5110					
126552	**14775**	**12209**	**125078**			**1474**		
34231	13011	10871	34231					
7046			7046					
598			598					
2582			2582					
1504	1468	1286	1504					
7218			7218					
195			195					
96			96					
59358	296	52	59358					
3178			3178					
1318			1318					
1123			1123					
26			26					
3542			3542					
513						513	中冶地勘总局	SBMGE
17						17	中建地勘中心	GECCBMI
3063			3063					
944						944	中冶地勘总局	SBMGE
2307			**2307**					
44			44					
50			50					
342			342					

新查明矿产资源——
Newly Identified Mineral Resources

矿 种	Mineral	计量单位	Unit	总 Total	
				基础储量 Reserve Base	
					储量 Reserves
四川	Sichuan	矿石万吨	10000t (ore)		
贵州	Guizhou	矿石万吨	10000t (ore)		
甘肃	Gansu	矿石万吨	10000t (ore)		
钛矿	**Titanium**	**氧化钛吨**	**t (TiO_2)**	**770261**	
海南	Hainan	氧化钛吨	t (TiO_3)	770261	
钒矿	**Vanadium**	**五氧化二钒吨**	**t (V_2O_5)**	**426**	
江西	Jiangxi	五氧化二钒吨	t (V_2O_5)		
湖南	Hunan	五氧化二钒吨	t (V_2O_5)	426	
重庆	Chongqing	五氧化二钒吨	t (V_2O_5)		
四川	Sichuan	五氧化二钒吨	t (V_2O_5)		
贵州	Guizhou	五氧化二钒吨	t (V_2O_5)		
铜矿	**Copper**	**金属吨**	**t (metal)**	**9444**	**1922**
吉林	Jilin	金属吨	t (metal)	1173	1056
安徽	Anhui	金属吨	t (metal)		
福建	Fujian	金属吨	t (metal)		
江西	Jiangxi	金属吨	t (metal)		
山东	Shandong	金属吨	t (metal)		
湖北	Hubei	金属吨	t (metal)	1578	
湖南	Hunan	金属吨	t (metal)		
四川	Sichuan	金属吨	t (metal)		
云南	Yunnan	金属吨	t (metal)	6693	866
西藏	Tibet	金属吨	t (metal)		
甘肃	Gansu	金属吨	t (metal)		
青海	Qinghai	金属吨	t (metal)		
新疆	Xinjiang	金属吨	t (metal)		
铅矿	**Lead**	**金属吨**	**t (metal)**	**513000**	**228300**
内蒙古	Inner Mongolia	金属吨	t (metal)	17500	6300
安徽	Anhui	金属吨	t (metal)		
江西	Jiangxi	金属吨	t (metal)		
山东	Shandong	金属吨	t (metal)	491000	222000
湖北	Hubei	金属吨	t (metal)	4500	
广东	Guangdong	金属吨	t (metal)		
四川	Sichuan	金属吨	t (metal)		
西藏	Tibet	金属吨	t (metal)		
甘肃	Gansu	金属吨	t (metal)		
青海	Qinghai	金属吨	t (metal)		
锌矿	**Zinc**	**金属吨**	**t (metal)**	**26208**	
安徽	Anhui	金属吨	t (metal)		
江西	Jiangxi	金属吨	t (metal)		

按矿种和地区分列（2008年） 续表2
by Mineral and Region (2008) Continued 2

计	属地化单位 Localized Departments			地勘行业部门、地调局 Geological Sector and China Geological Survey				
资源量 Resources	基础储量 Reserve Base	储量 Reserves	资源量 Resources	基础储量 Reserve Base	储量 Reserves	资源量 Resources	备注	Remarks
209			209					
1444			1444					
218			218					
1616387	**770261**		**1616387**					
1616387	770261		1616387					
77564085	**426**		**77564085**					
44197			44197					
2853036	426		2853036					
33852			33852					
3000			3000					
74630000			74630000					
8160302	**9444**	**1922**	**7746753**			**413549**		
1582	1173	1056	1582					
50000			50000					
3313			3313					
21514			21514					
2763			2763					
9590	1578		9590					
33885			33885					
133874			133874					
51243	6693	866	51243					
7471334			7267785			203549	中冶地勘总局	SBMGE
4			4					
171200			171200					
210000						210000	中冶地勘总局	SBMGE
2188539	**508500**	**228300**	**2172508**	**4500**		**16031**		
18800	17500	6300	18800					
88000			88000					
238930			238930					
723000	491000	222000	723000					
16031				4500		16031	中冶地勘总局	SBMGE
2793			2793					
30737			30737					
583315			583315					
86933			86933					
400000			400000					
2530330	**5400**		**2489555**	**20808**		**40775**	**中冶地勘总局**	SBMGE
310000			310000					
465854			465854					

新查明矿产资源——
Newly Identified Mineral Resources

矿种	Mineral	计量单位	Unit	总 Total 基础储量 Reserve Base	储量 Reserves
湖北	Hubei	金属吨	t (metal)	20808	
广东	Guangdong	金属吨	t (metal)		
四川	Sichuan	金属吨	t (metal)		
西藏	Tibet	金属吨	t (metal)		
甘肃	Gansu	金属吨	t (metal)	5400	
青海	Qinghai	金属吨	t (metal)		
铅锌矿	**Lead-zinc**	**金属吨**	**t (metal)**	**63625**	
福建	Fujian	金属吨	t (metal)		
湖南	Hunan	金属吨	t (metal)		
广西	Guangxi	金属吨	t (metal)	63625	
四川	Sichuan	金属吨	t (metal)		
云南	Yunnan	金属吨	t (metal)		
西藏	Tibet	金属吨	t (metal)		
铝土矿	**Bauxite**	**矿石万吨**	**10000t (ore)**		
山西	Shanxi	矿石万吨	10000t (ore)		
广西	Guangxi	矿石万吨	10000t (ore)		
国外	Abroad	矿石万吨	10000t (ore)		
镍矿	**Nickel**	**金属吨**	**t (metal)**	**835**	**591**
吉林	Jilin	金属吨	t (metal)	657	591
湖南	Hunan	金属吨	t (metal)	178	
钴矿	**Cobalt**	**金属吨**	**t (metal)**		
四川	Sichuan	金属吨	t (metal)		
青海	Qinghai	金属吨	t (metal)		
钨矿	**Tungsten**	**三氧化钨吨**	**t (WO_3)**		
吉林	Jilin	三氧化钨吨	t (WO_3)		
安徽	Anhui	三氧化钨吨	t (WO_3)		
江西	Jiangxi	三氧化钨吨	t (WO_3)		
湖南	Hunan	三氧化钨吨	t (WO_3)		
广西	Guangxi	三氧化钨吨	t (WO_3)		
锡矿	**Tin**	**三氧化钨吨**	**t (WO_3)**		
湖南	Hunan	三氧化钨吨	t (WO_3)		
广东	Guangdong	三氧化钨吨	t (WO_3)		
广西	Guangxi	三氧化钨吨	t (WO_3)		
钼矿	**Molybdenum**	**金属吨**	**t (metal)**	**199103**	**190773**
河北	Hebei	金属吨	t (metal)		
内蒙古	Inner Mongolia	金属吨	t (metal)		
吉林	Jilin	金属吨	t (metal)	198722	190773
浙江	Zhejiang	金属吨	t (metal)		
福建	Fujian	金属吨	t (metal)		

按矿种和地区分列（2008年） 续表3
by Mineral and Region (2008) Continued 3

计	属地化单位 Localized Departments			地勘行业部门、地调局 Geological Sector and China Geological Survey				
资源量 Resources	基础储量 Reserve Base	储量 Reserves	资源量 Resources	基础储量 Reserve Base	储量 Reserves	资源量 Resources	备注	Remarks
40775				20808		40775	中冶地勘总局	SBMGE
3042			3042					
46487			46487					
547935			547935					
166237	5400		166237					
950000			950000					
1509978	**63625**		**1509978**					
407900			407900					
316592			316592					
302400	63625		302400					
345331			345331					
73455			73455					
64300			64300					
46620			**45337**			**1283**		
24615			24615					
20722			20722					
1283						1283	中建地勘中心	GECCBMI
996	**835**	**591**	**996**					
804	657	591	804					
192	178		192					
2420			**2420**					
263			263					
2157			2157					
150477			**150477**					
113459			113459					
15000			15000					
550			550					
17922			17922					
3546			3546					
29153			**29153**					
1037			1037					
27268			27268					
848			848					
744514	**199103**	**190773**	**685892**			**58622**		
4027			4027					
100000			100000					
46374	198722	190773	46374					
1800			1800					
4180			4180					

新查明矿产资源——
Newly Identified Mineral Resources

矿种	Mineral	计量单位	Unit	总 Total 基础储量 Reserve Base	储量 Reserves
江西	Jiangxi	金属吨	t (metal)		
山东	Shandong	金属吨	t (metal)		
河南	Henan	金属吨	t (metal)		
湖北	Hubei	金属吨	t (metal)		
湖南	Hunan	金属吨	t (metal)	381	
海南	Hainan	金属吨	t (metal)		
重庆	Chongqing	金属吨	t (metal)		
西藏	Tibet	金属吨	t (metal)		
青海	Qinghai	金属吨	t (metal)		
锑矿	**Antimony**	**金属吨**	**t (metal)**		
西藏	Tibet	金属吨	t (metal)		
甘肃	Gansu	金属吨	t (metal)		
铂矿	**Platinum**	**金属吨**	**t (metal)**		
内蒙古	Inner Mongolia	金属吨	t (metal)		
金矿	**Gold**	**金属千克**	**kg (metal)**	**110596**	**105483**
河北	Hebei	金属千克	kg (metal)		
内蒙古	Inner Mongolia	金属千克	kg (metal)		
辽宁	Liaoning	金属千克	kg (metal)		
吉林	Jilin	金属千克	kg (metal)		
黑龙江	Heilongjiang	金属千克	kg (metal)		
安徽	Anhui	金属千克	kg (metal)		
山东	Shandong	金属千克	kg (metal)	105483	105483
河南	Henan	金属千克	kg (metal)		
湖北	Hubei	金属千克	kg (metal)		
湖南	Hunan	金属千克	kg (metal)		
广东	Guangdong	金属千克	kg (metal)		
广西	Guangxi	金属千克	kg (metal)		
四川	Sichuan	金属千克	kg (metal)		
贵州	Guizhou	金属千克	kg (metal)		
云南	Yunnan	金属千克	kg (metal)	168	
陕西	Shaanxi	金属千克	kg (metal)	4945	
甘肃	Gansu	金属千克	kg (metal)		
青海	Qinghai	金属千克	kg (metal)		
新疆	Xinjiang	金属千克	kg (metal)		
银矿	**Silver**	**金属吨**	**t (metal)**		
江西	Jiangxi	金属吨	t (metal)		
湖北	Hubei	金属吨	t (metal)		
广东	Guangdong	金属吨	t (metal)		
西藏	Tibet	金属吨	t (metal)		
甘肃	Gansu	金属吨	t (metal)		
锆矿	**Zirconium**	**金属吨**	**t (metal)**	**185668**	

按矿种和地区分列（2008 年） 续表 4
by Mineral and Region (2008) Continued 4

计	属地化单位 Localized Departments			地勘行业部门、地调局 Geological Sector and China Geological Survey				
资源量 Resources	基础储量 Reserve Base	储量 Reserves	资源量 Resources	基础储量 Reserve Base	储量 Reserves	资源量 Resources	备 注	Remarks
2039			2039					
6822						6822	中冶地勘总局	SBMGE
93700			41900			51800	武警黄金	Gold Hdqrs.
455			455					
728	381		728					
38373			38373					
2418			2418					
356398			356398					
87200			87200					
66613			**53770**			**12843**		
53770			53770					
12843						12843	中建地勘中心	GECCBMI
130			**130**					
130			130					
370022	**110596**	**105483**	**234536**			**135486**		
1961						1961	武警黄金	Gold Hdqrs.
16139						16139	武警黄金	Gold Hdqrs.
119			119					
3820			166			3654	武警黄金	Gold Hdqrs.
4446						4446	武警黄金	Gold Hdqrs.
20131			20131					
182700	105483	105483	123625			59075	中冶地勘总局	SBMGE
151			151					
8472			8472					
10802			82			10720	武警黄金	Gold Hdqrs.
1810			1810					
7803			1576			6227	中冶地勘总局	SBMGE
12914			12914					
22812			22812					
13110	168		13110					
10004	4945		8320			1684	武警黄金	Gold Hdqrs.
24717			1248			23469	武警黄金	Gold Hdqrs.
20000			20000					
8111						8111	武警黄金	Gold Hdqrs.
6849			**6849**					
679			679					
280			280					
3			3					
4492			4492					
1395			1395					
381413	**185668**		**381413**					

新查明矿产资源——
Newly Identified Mineral Resources

矿 种	Mineral	计量单位	Unit	总 Total	
				基础储量 Reserve Base	
					储量 Reserves
海南	Hainan	金属吨	t (metal)	185668	
蓝晶石	**Kyanite**	**金属吨**	**t (metal)**		
云南	Yunnan	金属吨	t (metal)		
菱镁矿	**Magnesite**	**金属吨**	**t (metal)**		
辽宁	Liaoning	金属吨	t (metal)		
萤石(普通)	**Fluorite (common)**	**矿石万吨**	**10000t (ore)**	**45**	
浙江	Zhejiang	矿石万吨	10000t (ore)	45	
福建	Fujian	矿石万吨	10000t (ore)		
江西	Jiangxi	矿石万吨	10000t (ore)		
广东	Guangdong	矿石万吨	10000t (ore)		
熔剂用石灰岩	**Limestone for Flux**	**矿石万吨**	**10000t (ore)**		
山西	Shanxi	矿石万吨	10000t (ore)		
湖北	Hubei	矿石万吨	10000t (ore)		
冶金用白云岩	**Metallurgical, Dolomite**	**矿石万吨**	**10000t (ore)**	**1357**	**1289**
吉林	Jilin	矿石万吨	10000t (ore)	1357	1289
耐火粘土	**Fireclay**	**矿石万吨**	**10000t (ore)**		
重庆	Chongqing	矿石万吨	10000t (ore)		
四川	Sichuan	矿石万吨	10000t (ore)		
铁矾土	**Ferruginous Bauxite**	**矿石万吨**	**10000t (ore)**		
重庆	Chongqing	矿石万吨	10000t (ore)		
硫铁矿	**Greigite**	**矿石万吨**	**10000t (ore)**		
重庆	Chongqing	矿石万吨	10000t (ore)		
芒硝(含钙芒硝)	**Mirabilite (Including Glauberite)**	**硫酸钠万吨**	**10000t (Na_2SO_4)**	**35589**	
湖南	Hunan	硫酸钠万吨	10000t (Na_2SO_4)	35589	
重晶石	**Barite**	**矿石万吨**	**10000t (ore)**	**521**	**5**
河南	Henan	矿石万吨	10000t (ore)	204	5
广西	Guangxi	矿石万吨	10000t (ore)	317	
毒重石	**Witherite**	**矿石万吨**	**10000t (ore)**		
重庆	Chongqing	矿石万吨	10000t (ore)		
电石石灰岩	**Tourmaline Limestone**	**矿石万吨**	**10000t (ore)**		
广东	Guangdong	矿石万吨	10000t (ore)		
含钾岩石	**K-bearing Rock**	**矿石万吨**	**10000t (ore)**	**257**	**232**
吉林	Jilin	矿石万吨	10000t (ore)	257	232
磷矿	**Phosphate Rock**	**矿石万吨**	**10000t (ore)**	**29954**	
湖北	Hubei	矿石万吨	10000t (ore)	29954	
四川	Sichuan	矿石万吨	10000t (ore)		
陕西	Shaanxi	矿石万吨	10000t (ore)		
硅灰石	**Wollastonite**	**矿石万吨**	**10000t (ore)**	**69**	
辽宁	Liaoning	矿石万吨	10000t (ore)		
广西	Guangxi	矿石万吨	10000t (ore)	69	
滑石	**Talc**	**矿石万吨**	**10000t (ore)**		

按矿种和地区分列（2008年） 续表5
by Mineral and Region (2008) Continued 5

计	属地化单位 Localized Departments			地勘行业部门、地调局 Geological Sector and China Geological Survey				
资源量 Resources	基础储量 Reserve Base	储量 Reserves	资源量 Resources	基础储量 Reserve Base	储量 Reserves	资源量 Resources	备 注	Remarks
381413	185668		381413					
108						**108**	**中建地勘中心**	GECCBMI
108						108	中建地勘中心	GECCBMI
19700			**19700**					
19700			19700					
209	**45**		**187**			**22**		
152	45		152					
15			15					
38			16			22	中建地勘中心	GECCBMI
4			4					
7357			**6724**			**633**		
633						633	中建地勘中心	GECCBMI
6724			6724					
1664	**1357**	**1289**	**1664**					
1664	1357	1289	1664					
833			**833**					
383			383					
450			450					
506			**506**					
506			506					
572			**572**					
572			572					
33573	**35589**		**33573**					
33573	35589		33573					
210	**521**	**5**	**210**					
210	204	5	210					
	317							
2304			**2304**					
2304			2304					
98			**98**					
98			98					
220	**257**	**232**	**220**					
220	257	232	220					
130241	**29954**		**130241**					
119834	29954		119834					
10137			10137					
270			270					
70177			**70130**	**69**		**47**		
70130			70130					
47				69		47	中建地勘中心	GECCBMI
14287			**14160**			**127**	**中建地勘中心**	GECCBMI

新查明矿产资源——
Newly Identified Mineral Resources

矿种	Mineral	计量单位	Unit	总 Total 基础储量 Reserve Base	储量 Reserves
河北	Hebei	矿石万吨	10000t (ore)		
辽宁	Liaoning	矿石万吨	10000t (ore)		
广西	Guangxi	矿石万吨	10000t (ore)		
石榴子石	**Garnet**	**矿石万吨**	**10000t (ore)**		
河北	Hebei	矿石万吨	10000t (ore)		
叶蜡石	**Pyrophyllite**	**矿石万吨**	**10000t (ore)**		
浙江	Zhejiang	矿石万吨	10000t (ore)		
石膏	**Gypsum**	**矿石万吨**	**10000t (ore)**	**76**	**61**
吉林	Jilin	矿石万吨	10000t (ore)	76	61
山东	Shandong	矿石万吨	10000t (ore)		
湖北	Hubei	矿石万吨	10000t (ore)		
湖南	Hunan	矿石万吨	10000t (ore)		
方解石	**Calcite**	**矿石万吨**	**10000t (ore)**		
吉林	Jilin	矿石万吨	10000t (ore)		
玉石	**Jade**	**矿石万吨**	10000t (ore)		
新疆	Xinjiang	矿石万吨	10000t (ore)		
水泥用灰岩	**Limestone for Cement**	**矿石万吨**	**10000t (ore)**	**64560**	**25698**
山西	Shanxi	矿石万吨	10000t (ore)		
吉林	Jilin	矿石万吨	10000t (ore)	46129	25698
江苏	Jiangsu	矿石万吨	10000t (ore)		
浙江	Zhejiang	矿石万吨	10000t (ore)		
安徽	Anhui	矿石万吨	10000t (ore)		
福建	Fujian	矿石万吨	10000t (ore)		
河南	Henan	矿石万吨	10000t (ore)		
广东	Guangdong	矿石万吨	10000t (ore)		
广西	Guangxi	矿石万吨	10000t (ore)	18431	
重庆	Chongqing	矿石万吨	10000t (ore)		
四川	Sichuan	矿石万吨	10000t (ore)		
贵州	Guizhou	矿石万吨	10000t (ore)		
云南	Yunnan	矿石万吨	10000t (ore)		
陕西	Shaanxi	矿石万吨	10000t (ore)		
甘肃	Gansu	矿石万吨	10000t (ore)		
宁夏	Ningxia	矿石万吨	10000t (ore)		
国外	Abroad	矿石万吨	10000t (ore)		
建筑石料用灰岩	**Limestone for Building Stone**	**矿石万吨**	**10000t (ore)**		
云南	Yunnan	矿石万吨	10000t (ore)		
泥灰岩	**Marlstone**	**矿石万吨**	**10000t (ore)**	**10**	**9**
吉林	Jilin	矿石万吨	10000t (ore)	10	9
玻璃用白云岩	**Dolomite for Glass**	**矿石万吨**	**10000t (ore)**		
福建	Fujian	矿石万吨	10000t (ore)		
水泥配料用砂	**SandStone for Cement**	**矿石万吨**	**10000t (ore)**		

按矿种和地区分列（2008年） 续表6

by Mineral and Region (2008) Continued 6

计	属地化单位 Localized Departments			地勘行业部门、地调局 Geological Sector and China Geological Survey				
资源量 Resources	基础储量 Reserve Base	储量 Reserves	资源量 Resources	基础储量 Reserve Base	储量 Reserves	资源量 Resources	备注	Remarks
124						124	中建地勘中心	GECCBMI
14160			14160					
3						3	中建地勘中心	GECCBMI
1601300						**1601300**		
1601300						1601300	中建地勘中心	GECCBMI
537			**537**					
537			537					
23342	**76**	**61**	**7531**			**15811**		
171	76	61	171					
15811						15811	中建地勘中心	GECCBMI
2632			2632					
4728			4728					
207			**207**					
207			207					
1						**1**		
1						1	中建地勘中心	GECCBMI
527494	**21488**	**20413**	**57275**	**43072**	**5285**	**470219**		
2048						2048	中建地勘中心	GECCBMI
97102	21488	20413	47560	24641	5285	49542	中建地勘中心	GECCBMI
3315						3315	中建地勘中心	GECCBMI
1440						1440	中建地勘中心	GECCBMI
138344						138344	中建地勘中心	GECCBMI
10013						10013	中建地勘中心	GECCBMI
13038						13038	中建地勘中心	GECCBMI
90841			550			90291	中建地勘中心	GECCBMI
4540				18431		4540	中建地勘中心	GECCBMI
9165			9165					
7608						7608	中建地勘中心	GECCBMI
22206						22206	中建地勘中心	GECCBMI
9494						9494	中建地勘中心	GECCBMI
76311						76311	中建地勘中心	GECCBMI
10926						10926	中建地勘中心	GECCBMI
5340						5340	中建地勘中心	GECCBMI
25763						25763	中建地勘中心	GECCBMI
50049						**50049**		
50049						50049	中建地勘中心	GECCBMI
38	**10**	**9**	**38**					
38	10	9	38					
430			**430**					
430			430					
1672						**1672**		

新查明矿产资源——
Newly Identified Mineral Resources

矿种	Mineral	计量单位	Unit	总 Total 基础储量 Reserve Base	储量 Reserves
湖北	Hubei	矿石万吨	10000t (ore)		
硅藻土	**Diatomite**	**矿石万吨**	**10000t (ore)**	**311**	**232**
吉林	Jilin	矿石万吨	10000t (ore)	311	232
陶粒页岩	**Haydite Shale**	**矿石万吨**	**10000t (ore)**	**599**	**569**
吉林	Jilin	矿石万吨	10000t (ore)	599	569
青海	Qinghai	矿石万吨	10000t (ore)		
砖瓦用页岩	**Shale for Bricks and Tiles**	**万立方米**	**$10000m^3$**		
天津	Tianjin	万立方米	$10000m^3$		
河北	Hebei	万立方米	$10000m^3$		
高岭土	**Kaolin**	**粘土量万吨**	**10000t (clays)**	**738**	
河北	Hebei	粘土量万吨	10000t (clays)		
内蒙古	Inner Mongolia	粘土量万吨	10000t (clays)	364	
吉林	Jilin	粘土量万吨	10000t (clays)		
湖北	Hubei	粘土量万吨	10000t (clays)	302	
湖南	Hunan	粘土量万吨	10000t (clays)	72	
广东	Guangdong	粘土量万吨	10000t (clays)		
广西	Guangxi	粘土量万吨	10000t (clays)		
海泡石粘土	**Sepiolite Clay**	**矿石万吨**	**10000t (ore)**		
甘肃	Gansu	矿石万吨	10000t (ore)		
伊利石粘土	**Illite Clay**	**矿石万吨**	**10000t (ore)**		
浙江	Zhejiang	矿石万吨	10000t (ore)		
膨润土	**Bentonite**	**矿石万吨**	**10000t (ore)**	**137**	
湖北	Hubei	矿石万吨	10000t (ore)	137	
建筑用花岗岩	**Granite for Building**	**矿石万立方米**	**$10000m^3$ (ore)**	**566**	**566**
广东	Guangdong	矿石万立方米	$10000m^3$ (ore)	566	566
火山渣	**Volcanic Cinder**	**矿石万吨**	**10000t (ore)**	**499**	**399**
吉林	Jilin	矿石万吨	10000t (ore)	499	399
水泥用大理石	**Marble for Cement**	**矿石万吨**	**10000t (ore)**		
福建	Fujian	矿石万吨	10000t (ore)		
甘肃	Gansu	矿石万吨	10000t (ore)		
矿泉水	**Mineral Water**	**方/日**	**m^3/d**		**394**
广东	Guangdong	方/日	m^3/d		394
地下水	**Groundwater**	**方/日**	**m^3/d**	**55000**	
天津	Tianjin	方/日	m^3/d	55000	
其他	**Others**	**方/日**	**m^3/d**		
内蒙古	Inner Mongolia	方/日	m^3/d		
江西	Jiangxi	方/日	m^3/d		
甘肃	Gansu	方/日	m^3/d		
青海	Qinghai	方/日	m^3/d		
宁夏	Ningxia	方/日	m^3/d		
新疆	Xinjiang	方/日	m^3/d		

按矿种和地区分列（2008年） 续表7
by Mineral and Region (2008) Continued 7

计	属地化单位 Localized Departments			地勘行业部门、地调局 Geological Sector and China Geological Survey				
资源量 Resources	基础储量 Reserve Base	储量 Reserves	资源量 Resources	基础储量 Reserve Base	储量 Reserves	资源量 Resources	备注	Remarks
1672						1672	中建地勘中心	GECCBMI
828	**311**	**232**	**828**				中建地勘中心	GECCBMI
828	311	232	828				中建地勘中心	GECCBMI
10112	**599**	**569**	**2018**			**8094**		
2018	599	569	2018					
8094						8094	中建地勘中心	GECCBMI
16222			**6840**			**9382**		
6840			6840					
9382						9382	中建地勘中心	GECCBMI
8732	**374**		**6429**	**364**		**2303**		
3536			3536					
1754				364		1754	中建地勘中心	GECCBMI
6			6					
691	302		691					
942	72		393			549	中建地勘中心	GECCBMI
104			104					
1699			1699					
50						**50**		
50						50	中建地勘中心	GECCBMI
4			**4**					
4			4					
198				**137**		**198**		
198				137		198	中建地勘中心	GECCBMI
12315	**566**	**566**	**566**			**11749**		
12315	566	566	566			11749	中建地勘中心	GECCBMI
130	**499**	**399**	**130**					
130	499	399	130					
4146			**82**			**4064**		
82			82					
4064						4064	中建地勘中心	GECCBMI
		394						
		394						
	55000							
	55000							
20088			**624**			**19464**		
15900						15900		
583			583					
478						478		
41			41					
483						483		
2603						2603		

坑探工作量——按矿种和部门分列
Footage of Pitting by Mineral and Sector

单位：米 Unit: m

年份/矿种	Year/Mineral	合计 Total	属地化单位 Localized Departments	冶金部门 Metallurgy Sector	有色部门 Nonferrous Metals Sector	中国地质调查局 China Geological Survey	武警黄金 Gold Headquarters	化工部门 Chemical Industry Sector	建材部门 Building Materials Sector
	2001	124986	104796	11387			8263	540	
	2002	95031	79782	6885		348	6181	1835	
	2003	154887	133392	12955	1173	400	6355	522	90
	2004	139974	122222	5948	1144	1261	5645	1467	2287
	2005	397177	379311	7029	535	926	8170	896	310
	2006	274254	250268	13123	3660	1150	2720	1987	1346
	2007	415348	392307	5753	3515	1724	4402	6472	1175
	2008	962670	914240	31153	5372		6064	4689	1152
煤	Coal	94354	94354						
铁矿	Iron	81948	76811	4927					210
锰矿	Manganese	22157	13599	8558					
铬铁矿	Chromite	2900	2900						
钒矿	Vanadium	9282	9282						
铜矿	Copper	125868	120391	2377	3100				
镍矿	Nickel	4364	4364						
铅矿	Lead	2436	1930						506
锌矿	Zinc	153	153						
铝土矿	Bauxite	3602	3592	10					
钨矿	Tungsten	15397	15397						
锡矿	Tin	9913	9526	387					
钼矿	Molybdenum	36689	35644	1045					
锑矿	Antimony	10016	10016						

坑探工作量——按矿种和部门分列　续表

Footage of Pitting by Mineral and Sector　Continued

单位：米　　　　Unit: m

年份/矿种	Year/Mineral	合计 Total	属地化单位 Localized Departments	冶金部门 Metallurgy Sector	有色部门 Nonferrous Metals Sector	中国地质调查局 China Geological Survey	武警黄金 Gold Headquarters	化工部门 Chemical Industry Sector	建材部门 Building Materials Sector
铅锌矿	Lead-zinc	202515	193763	8234				518	
多金属矿	Polymetallic Ore	46680	46480	200					
金矿	Gold	242601	232526	3039	972		6064		
银矿	Silver	19277	15601	2376	1300				
铂矿	Platinum	2700	2700						
铌钽矿	Nb-ta Ore	132	132						
锂矿	Lithium	385	385						
萤石(普通)	Fluorite (Common)	1171	1057					114	
冶金用白云岩	Metallurgical , Dolomite	1945	1945						
耐火粘土	Fire Clay	248	248						
磷矿	Phosphate Roch	3916	757					3159	
石墨	Graphite	892	696						196
硅灰石	Wollastonite	6	6						
滑石	Talc	35							35
石榴子石	Garnet	15							15
宝石	Gem	3810	3810						
水泥用灰岩	Limestone for Cement	4458	4458						
陶粒用粘土	Haydite Clay	3450	3450						
花岗岩	Granite	700	700						
地下水	Groundwater	656	656						
不能分矿种	Others	7999	6911					898	190

机械岩心钻探工作量——
Footage of Core Drilling by

单位：米

年份/地区	Year/Region	合计 Total	属地化单位 Localized Departments	冶金部门 Metallurgy Sector	有色部门 Nonferrous Metals Sector	中国地质调查局 China Geological Survey	武警黄金 Gold Headquarters
	2001	2810690	836290①	37403			38895
	2002	3082697	1037682	47634		1872	33794
	2003	5032030	1322808	64823	2376	4776	39199
	2004	6368500	2218665	118936	4528	8075	41135
	2005	8554379	3520273	155138	7858	10078	47554
	2006	11401868	5798933	241202	11876	16178	48934
	2007	13660347	7439660	303852	36472	34557	50568
	2008	20129743	13466106	445092	71975	12378	91291
北　京	Beijing	71692	11380				
天　津	Tianjin	255974	11380				
河　北	Hebei	1131594	226652	49010	5883		
山　西	Shanxi	914239	804695	31164			
内蒙古	Inner Mongolia	2853313	2080584	28699	21509	7273	35058
辽　宁	Liaoning	828801	610822				1006
吉　林	Jilin	880876	623451				
黑龙江	Heilongjiang	583332	168965				15420
上　海	Shanghai						
江　苏	Jiangsu	171406	14146		160	1600	
浙　江	Zhejiang	96207	79928	5270			
安　徽	Anhui	625041	590173	6648			2102
福　建	Fujian	350413	326981	1845			
江　西	Jiangxi	283946	213417				
山　东	Shandong	1264439	1134951	111065			6882
河　南	Henan	594771	585802				2993
湖　北	Hubei	176639	89031	43171		800	
湖　南	Hunan	437724	352283	6694	2214		3604
广　东	Guangdong	299731	155948		165		
广　西	Guangxi	208814	152209	28195			
海　南	Hainan	59525	58686				839
重　庆	Chongqing	160907	156837				
四　川	Sichuan	441578	194429	3512			
贵　州	Guizhou	565219	527432	3505			
云　南	Yunnan	602807	555002	31654	3514		1061
西　藏	Tibet	145304	133793	11511			
陕　西	Shaanxi	1295333	627041	6780		1337	1573
甘　肃	Gansu	960957	380161	3342			14459
青　海	Qinghai	393574	232822	3112	6100		
宁　夏	Ningxia	648527	553494				
新　疆	Xinjiang	2827060	1813611	69915	32430	1368	6294

注：① 指原地矿部门（包括现地调局）。

Note: ① Refers to the original geology and mineral resources sector (including the present China Geological Survey).

按地区和部门分列
Region and Sector

Unit: m

煤炭部门 Coal Sector	石油天然气 Oil and Natural Gas Sector	海洋石油 Marine Petroleum Sector	石油化工 Petro-chemical Industry Sector	核工业部门 Nuclear Industry Sector	化工部门 Chemical Industry Sector	建材部门 Building Materials Sector	中联煤层气 CUCBM
11619	1671461	111906	16394	69261	1704	11504	4255
73858	1576757	143700	8308	108560	5864	40395	4273
138858	3111594	111928	9120	135686	11884	78072	906
312265	3246369	128676	10055	129169	36369	89297	24961
490366	3698432	130918	7519	185350	51677	60077	189139
601144	3866890	129467	4088	372398	63247	78009	169502
663724	4174567	177592	8431	466155	114673	113945	76151
646310	4275534	201241	6394	497569	142088	177351	96414
60312							
	157023	87571					
380953	438328				27318	3450	
	6186					5000	67194
	440775			188689	27431	23295	
	191011			9104	890	15968	
	247022		457			9946	
	398244					703	
119755	33822		520			1403	
					6682	4327	
						15518	10600
					9284	12303	
				61622		4941	3966
			398		5767	1326	4050
			2695		345	690	2246
			200		40140	3297	
				56464	2050	14415	
		113670		19069		10879	
16605					925	10880	
	4070						
	229066		1420	9561		3590	
					18436	15846	
					1822	4423	5331
	584639			67704		3232	3027
	560636					2359	
68685	80353					2502	
	93623					1410	
	810736		704	85356	998	5648	

机械岩心钻探工作量——
Footage of Core Drilling by

单位：米

矿 种	Mineral	合计 Total	属地化单位 Localized Departments	冶金部门 Metallurgy Sector	有色部门 Nonferrous Metals Sector	中国地质调查局 China Geological Survey	武警黄金 Gold Headquarters
总 计	**Grand Total**	**20129743**	**13466106**	**445092**	**71975**	**12378**	**91291**
煤	Coal	6654170	6014505	32071			
油页岩	Oil Shale	14431	14431				
陆地石油	Oil, Onshore	4302297	20369				
海域石油	Oil, Offshore	201241					
煤层气	Coal-bed Methane	159652	63238				
石煤	Stone Coal	1142	1142				
地热	Geothermals	8177	8177				
铁矿	Iron	1640492	1493191	134644			
锰矿	Manganese	108581	95641	11164	999	777	
铬铁矿	Chromite	3828	3828				
钛矿	Titanium	1321	1219	102			
钒矿	Vanadium	7530	6650	880			
铜矿	Copper	1163794	1077786	39286	43725		
铅矿	Lead	19023	19023				
锌矿	Zinc	10174	9112				
铝土矿	Bauxite	290941	285071	5870			
镁矿	Magnesium	619	619				
镍矿	Nickel	79803	73640	1332	4367		
钨矿	Tungsten	146618	130330	11288		5000	
锡矿	Tin	84272	83774				
钼矿	Molybdenum	502439	475219	11029	11993		
铋矿	Bismuth	841	841				
汞矿	Mercury	412	412				
锑矿	Antimony	19936	9405				
铅锌矿	Lead-Zinc	1232950	1203670	24459	1369	247	
多金属矿	Polymetallic Ore	112961	91458	20382		1121	
铂矿	Platinum	1399	1399				
金矿	Gold	1433098	1170773	131752	9019		91291
银矿	Silver	791905	783049	7553	503	800	
铌钽矿	Nb-ta Ore	1010	1010				

按矿种和部门分列（2008年）

Mineral and Sector (2008)

Unit: m

煤炭部门 Coal Sector	石油天然气 Oil and Natural Gas Sector	海洋石油 Marine Petroleum Sector	石油化工 Petro-chemical Industry Sector	核工业部门 Nuclear Industry Sector	化工部门 Chemical Industry Sector	建材部门 Building Materials Sector	中联煤层气 CUCBM
646310	**4275534**	**201241**	**6394**	**497569**	**142088**	**177351**	**96414**
596856					2540	8198	
	4275534		6394				
		201241					
							96414
					11379	1278	
				614	2383		
					1062		
						464	
					498		
						4198	
						10531	
					3205		
9438					20825		

机械岩心钻探工作量——
Footage of Core Drilling by

单位：米

矿 种	Mineral	合计 Total	属地化单位 Localized Departments	冶金部门 Metallurgy Sector	有色部门 Nonferrous Metals Sector	中国地质调查局 China Geological Survey	武警黄金 Gold Headquarters
锂矿	Lithium	920	920				
铼矿	Rhenium	2142					
硒矿	Selenium	2	2				
蓝晶石	Kyanite	497					
菱镁矿	Magnesite	198	198				
萤石（普通）	Fluorite (Common)	14589	6162	598			
熔剂用石灰岩	Limestone for Flux	652	434				
冶金用白云岩	Metallurgical, Dolomite	3775					
耐火粘土	Fireclay	405	405				
自然硫	Native Sulphur	2363	61				
硫铁矿	Greigite	5761	961				
钠硝石	Nitatite	306	306				
芒硝（含钙芒硝）	Mirabilite (Including Glauberite)	98	98				
重晶石	Barite	263	263				
电石石灰岩	Tourmaline Limestone	5138	37				
化肥用石灰岩	Limestone for Fertilizer	1250	227				
含钾砂页岩	K-bearing Sandshale	73	73				
岩盐	Halite	38279	1463				
钾盐	Potash	1993	1374				
硼矿	Boron	1278	388				
磷矿	Phosphate Rock	97030	14015	2402			
金刚石	Diamond	177	177				
石墨	Graphite	5453	373				
硅灰石	Wollastonite	1263	1263				
滑石	Talc	3639	50				
长石	Feldspar	475					
石榴子石	Garnet	750					
叶蜡石	Pyrophyllite	1122					
透辉石	Diopside	450					

按矿种和部门分列（2008 年） 续表 1

Mineral and Sector (2008) Continued 1

Unit: m

煤炭部门 Coal Sector	石油天然气 Oil and Natural Gas Sector	海洋石油 Marine Petroleum Sector	石油化工 Petro-chemical Industry Sector	核工业部门 Nuclear Industry Sector	化工部门 Chemical Industry Sector	建材部门 Building Materials Sector	中联煤层气 CUCBM
				2142			
						497	
					5920	1909	
						218	
						3775	
					2302		
4016					784		
						5101	
					1023		
36000					816		
					518	101	
					890		
					80613		
					2982	2098	
						3589	
						475	
						750	
					222	900	
						450	

机械岩心钻探工作量——
Footage of Core Drilling by

单位：米

矿 种	Mineral	合计 Total	属地化单位 Localized Departments	冶金部门 Metallurgy Sector	有色部门 Nonferrous Metals Sector	中国地质调查局 China Geological Survey	武警黄金 Gold Headquarters
透闪石	Tremolite	55	55				
石膏	Gypsum	11554	5504				
方解石	Calcite	58	58				
宝石	Gem	298	298				
玉石	Jade	509	509				
水泥用灰岩	Limestone for Cement	107467	5863	1315			
泥灰岩	Marl stone	609	609				
建筑用白云岩	Dolomite for Building	2680		2680			
玻璃用石英岩	Quartzite for Glass	310	310				
玻璃用砂岩	Sandstone for Glass	421	421				
玻璃用砂	Sand for Glass	55	55				
建筑用砂	Sand for Building	708					
玻璃用脉石英	Vein Quartz for Glass	46	46				
粉石英	Powdery Quartz	925					
硅藻土	Diatomite	1999	370				
陶粒页岩	Haydite Shale	757	757				
高岭土	Kaolin	18220	1864				
陶瓷土	Ceramic Clay	51	51				
海泡石粘土	Sepiolite Clay	430					
膨润土	Bentonite	565	446				
砖瓦粘土	Clay for Brick and Tiles	671	671				
玄武岩	Basalt	530	530				
建筑用花岗岩	Granite for Building	1308					
饰面用花岗岩	Facing Granite	984	230				
大理石	Marble	892	133				
水泥用大理石	Marble for Cement	1127					
建筑用大理岩	Marble for Building	34	34				
矿泉水	Mineral Water	668	668				
地下水	Groundwater	25498	24938			560	
不能分矿种	Others	764916	253454	6285		3873	

按矿种和部门分列（2008年）　续表2

Mineral and Sector (2008)　Continued 2

Unit: m

煤炭部门 Coal Sector	石油天然气 Oil and Natural Gas Sector	海洋石油 Marine Petroleum Sector	石油化工 Petro-chemical Industry Sector	核工业部门 Nuclear Industry Sector	化工部门 Chemical Industry Sector	建材部门 Building Materials Sector	中联煤层气 CUCBM
						6050	
					711	99578	
						708	
					925		
						1629	
						16356	
						430	
						119	
						1308	
						754	
					759		
						1127	
			494813		1731	4760	

地质勘查投入情况
Input in Geological

年份/地区	Year/Region	地质勘查 Expenditures for Geological						
		合计 Total	中央财政拨款 Central Budgetary Allocations		地方财政拨款 Local Budgetary Allocations		企事业 Funds from Enterprises	
				矿产资源补偿费① Mineral Resources Compensation Fees		矿产资源补偿费① Mineral Resources Compensation Fees	小计 Subtotal	国内企事业 Funds from Domestic Enterprises and Institutions Institutions
	2001	2223651.41	91025.62		54605.54	7507.65	2063155.30	1853770.29
	2002	2220272.75	100364.77		72399.66	14327.87	2032814.00	1919886.43
	2003	2597619.34	98490.75	23300.65	62449.05	18480.03	2430056.24	2284330.02
	2004	3129145.96	108114.56	40120.47	87010.68	19996.69	2917321.30	2758027.85
	2005	3444127.26	125081.45	42405.09	146633.05	45167.56	3160857.16	2996221.62
	2006	4951694.68	178709.14	52914.34	199273.10	53890.43	4554310.06	4331986.06
	2007	6228345.24	281043.86	43307.79	295253.26	71549.60	5605262.17	5407068.26
	2008	7357583.93	351500.00	23550.50	572400.00	86432.40	6433683.93	6329514.23
北京	Beijing	66866.67	19109.10	93.57	90.34		46282.93	43396.93
天津	Tianjin	393337.25	1653.36	1000.92	3622.97	3610.46	427894.44	422567.44
河北	Hebei	563756.15	15623.60	2501.86	40689.53	34311.86	556072.55	549774.80
山西	Shanxi	124629.22	4670.11		71980.87	7689.54	56243.47	36563.19
内蒙古	Inner Mongolia	971357.91	19177.80	894.80	110540.36	632.41	380692.11	380032.72
辽宁	Liaoning	231490.27	17684.02	7026.73	7747.94	572.68	234266.20	233078.66
吉林	Jilin	266206.12	3878.67	45.50	28034.81		272888.27	263543.98
黑龙江	Heilongjiang	265053.31	7787.11	827.95	15541.37	10559.93	222266.29	221550.68
上海	Shanghai	19174.756	521.14		2432.63		16053.79	16023.88
江苏	Jiangsu	130807.54	4417.52	12.94	6914.48		118710.78	118710.78
浙江	Zhejiang	25648.86	1390.91	33.59	3637.87	1033.58	17928.68	17691.71
安徽	Anhui	79214.38	3740.59	718.54	22461.82		45487.50	42016.90
福建	Fujian	44677.86	4899.95		13618.79		25942.63	25106.63
江西	Jiangxi	37902.37	16058.30	1320.76	4586.07	306.66	13525.35	11209.85
山东	Shandong	413686.97	17652.15	271.77	10109.61	8191.90	494056.46	493945.51
河南	Henan	199565.33	4505.16	4.09	38902.91	996.53	172700.95	172286.22
湖北	Hubei	94036.33	7723.10	523.21	5510.84		76412.86	76077.86
湖南	Hunan	49165.60	12696.13	277.07	14967.04		18687.03	16752.63
广东	Guangdong	353765.99	27032.53	253.57	11720.86		364054.03	362737.94
广西	Guangxi	40642.56	3781.38	1046.88	9400.44		39730.51	38250.03
海南	Hainan	23060.32	542.96		1304.02		5509.16	5509.16
重庆	Chongqing	35076.24	3249.26	136.49	24075.66	8491.45	13564.57	12009.59
四川	Sichuan	857065.97	13113.96	363.06	24560.69		861887.59	859860.07
贵州	Guizhou	47280.69	2645.82	3.03	11192.44	250.12	37218.69	24386.79
云南	Yunnan	104601.90	8828.09	2999.10	38732.76		78095.46	76625.46
西藏	Tibet	42075.97	4921.29	19.26	35.84		16900.27	16900.27
陕西	Shaanxi	262128.64	12210.09	459.97	1238.29	153.64	268779.87	267094.91
甘肃	Gansu	229159.34	4192.52		11064.21	2592.69	229143.21	222753.46
青海	Qinghai	151377.17	6995.85	136.49	24168.96	261.18	131094.56	122993.86
宁夏	Ningxia	51997.72	593.86	333.64	3330.05		53161.82	52607.82
新疆	Xinjiang	1105733.40	23162.56	2245.71	10185.53	6777.77	1138431.90	1127454.50
其他	Else	77041.11	77041.11					

注：①②为 2003 年新增指标。

Note: ①②newly added indicators in 2003.

——按地区分列

Exploration by Region

经 费（万 元） Exploration (10000 yuan)					勘查人员（人） Exploration Personnel			
资 金 and Institutions					年末从业人员 Yearend Employees in Exploration			
港澳台商[2] Investment from Hong Kong, Macao and Taiwan	外 商 Foreign Investment	其他投入 Other Investments	机械岩心钻探工作量（米） Footage of Core Drilling (meter)	坑探工作量（米） Footage of Pitting (meter)		技术人员 Technical Personnel	平均从业人员 Average Employees	劳动报酬（万元） Remuneration of Labor (10000 yuan)
	209372.01	14864.95	2810690	124986	240148	51059	231002	462244.33
	112927.57	14694.32	3082697	95031	221524	52310	212026	471539.21
762.77	144963.45	6623.30	5032030	154887	209398	47470	193454	487421.07
571.00	158722.45	16698.42	6368500	139974	224978	49661	221257	660542.32
384.00	164251.54	11555.60	8554379	397177	234582	58587	232491	736691.51
611.37	221712.63	19402.38	11401868	274254	214652	65899	229522	857240.65
8209.29	189984.62	46785.95	13660347	415348	215937	77661	216525	882573.73
7564.43	35651.16	60954.11	20129743	962670	351096	171498	342443	1222292.04
231.00	2626.00	29.00	71692		10496	7623	9920	28757.80
	5327.00		255974		12631	4466	12413	82127.66
4163.00	358.00	1776.75	1131594	26576	31631	12563	31257	121900.39
	18028.52	1651.76	914239	44595	9041	5222	9080	15567.59
		659.39	2853313	1695	11488	4406	11503	11890.27
	74.50	1113.04	828801	5449	17134	7120	14814	76983.19
		9344.29	880876	1533	26289	8456	26469	170834.03
		715.61	583332	1033	21261	6875	20919	50277.53
	29.91				1361	766	1299	5846.20
			171406	821	11907	5432	10350	28220.86
	150.00	86.97	96207	7227	3331	2561	3434	4036.77
	2612.60	858.00	625041	400	8468	5263	8120	11062.41
		836.00	350413	8018	5476	3659	5745	7263.27
	1621.60	693.90	283946	7457	10296	6879	10042	7288.92
		110.95	1264439	2289	27531	13457	26907	70192.04
		414.73	594771	6083	25035	12376	23504	60071.30
	335.00		176639	2909	10358	6034	9423	21495.62
350.00		1584.40	437724	24632	7836	5205	6723	8274.61
407.00	889.09	20.00	299731	1051	7947	6073	7773	11805.49
1078.00	402.48		208814	7473	4366	3144	4249	10420.11
			59525		1147	1065	1154	1260.23
		1554.98	160907	22648	2704	1838	2453	9111.50
	82.00	1945.52	441578	45101	24513	10799	23380	86920.23
1335.43	25.50	11470.97	565219	1611	4075	2716	4400	10761.96
	1470.00		602807	1974181	6430	5006	6065	16816.34
			145304	4334	745	700	823	4316.54
	1195.96	489.00	1295333	53939	19288	8835	19499	78926.19
		6389.75	960957	39799	7267	3504	7252	83870.22
		8100.70	393574	11559	3185	2376	2970	12674.41
	423.00	131.00	648527	562	1781	1242	1688	1908.71
		10977.40	2827060	8343	16078	5837	18815	111409.65

地质勘查投入情况

Input in Geological

部门	Sector	地质勘查 Expenditures for Geological						
		合计 Total	中央财政拨款 Central Budgetary Allocations		地方财政拨款 Local Budgetary Allocations		企事业 Funds from Enterprises	
				矿产资源补偿费 Mineral Resources Compensation Fees		矿产资源补偿费 Mineral Resources Compensation Fees	小计 Subtotal	国内企事业 Funds from Domestic Enterprises and Institutions
总计	**Grand Total**	**7357583.93**	**351500.00**	**23550.50**	**572400.00**	**86432.40**	**6433683.93**	**6329514.23**
属地化单位	Localized Departments	2189779.48	220530.67	18654.68	550240.56	80742.14	1422893.30	1358861.23
冶金部门	Metallurgy Sector	51651.21	9729.70	1402.20	5739.17	3155.99	35007.22	35007.22
有色部门	Nonferrous Metals Sector	9513.00	1925.00		1006.00		6452.00	6452.00
中国地质调查局	China Geological Survey	59530.41	54169.81	2517.80	968.50		4392.10	4392.10
武警黄金	Gold Headquarters	11800.00	6500.00		5300.00	463.40		
煤炭部门	Coal Sector	104657.00	3485.00		3601.00		97571.00	90551.00
石油天然气	Oil and Natural Gas Sector	3003204.00					3003204.00	3003204.00
海洋石油	Marine Petroleum Sector	533104.00					533104.00	527459.00
石油化工	Petrochemical Industry Sector	1275328.00					1275328.00	1275328.00
核工业部门	Nuclear Industry Sector	49421.00	46439.00	502.00	531.00	357.00	2451.00	2093.00
化工部门	Chemical Industry Sector	12393.90	2177.02	138.82	1338.77	637.87	8480.23	8480.23
建材部门	Building Materials Sector	26983.00	5180.00	335.00	3675.00	1076.00	15946.00	14518.00
中联煤层气	CUCBM	30218.93	1363.80				28855.13	3168.45

——按部门分列（2008 年）

Exploration by Sector (2008)

经 费（万 元）Exploration (10000 yuan)			机械岩心钻探工作量（米）Footage of Core Drilling (meter)	坑探工作量（米）Footage of Pitting (meter)	勘查人员（人）Exploration Personnel			劳动报酬（万元）Remuneration of Labor (10000 yuan)
资 金 and Institutions					年末从业人员 Yearend Employees in Exploration		平均从业人员 Average Employees	
港澳台商 Investment from Hong Kong, Macao and Taiwan	外 商 Foreign Investment	其他投入 Other Investments				技术人员 Technical Personnel		
7564.43	**35651.16**	**60954.11**	**20129743**	**962670**	**351096**	**171498**	**342443**	**1222292.04**
1742.43	1335.48	57028.85	13466106	914240	179270	109619	176889	320555.08
		1215.38	445092	31153	7878	7878	7773	7356.76
		130.00	71975	5372	392	288	387	1027.00
			12378		4507	1240	4447	7946.40
			91291	6064	4077	4051	4023	
4394.00	2626.00		646310		7732	4421	7629	19610.00
			4275534		92434	21662	90998	635034.00
	5645.00		201241		1693	1238	1586	15760.89
			6394		44583	16331	40290	192746.00
	358.00		497569		2020	1816	1993	10199.33
		397.88	142088	4689	2327	1597	2296	3090.14
1428.00		2182.00	177351	1152	3914	3125	3862	7148.00
	25686.68		96414		269	93	269	1818.44

地质勘查投入情况
Input in Geological

矿 种	Mineral	地质勘查 Expenditures for Geological					
		合 计 Total	中央财政拨款 Central Budgetary Allocations		地方财政拨款 Local Budgetary Allocations		企事业 Funds from
				矿产资源补偿费 Mineral Resources Compensation Fees		矿产资源补偿费 Mineral Resources Compensation Fees	小 计 Subtotal
总 计	**Grand Total**	**7357583.93**	**351500.00**	**23550.50**	**572400.00**	**86432.40**	**6433683.93**
一、能源矿产	**1. Energy Minerals**	**5687153.37**	**51422.54**	**1562.26**	**252740.05**	**24095.20**	**5382990.78**
煤	Coal	786762.84	23048.98	449.87	245736.18	23054.91	517977.68
油页岩	Oil Shale	3700.83	43.50	65.97	2786.33		871.00
陆地石油	Oil, Onshore	4287477.48	2683.90				4284793.58
海域石油	Oil, Offshore	545356.10	12252.10				533104.00
天然气	Natural Gas	1466.60	1453.00				13.60
煤层气	Coal-bed Methane	45500.38	1487.35		1258.93		42754.10
石煤	Stone Coal	460.40					460.40
地热	Geothermals	7084.23	1109.20	1046.42	2958.61	1040.29	3016.42
天然气水合物	Natural Gas Hydrate	9344.51	9344.51				
二、金属矿产	**2. Metallic Minerals**	**1316339.32**	**130143.19**	**9244.04**	**195855.91**	**39809.74**	**990340.22**
黑色金属矿产	**Ferrous Minerals**	**241229.27**	**16849.41**	**837.53**	**44165.49**	**21119.62**	**180214.37**
铁矿	Iron	216311.23	14489.00	687.00	41067.21	20199.49	160755.02
锰矿	Manganese	17286.88	1560.00	136.49	1499.72	382.40	14227.16
铬铁矿	Chromite	2403.17	791.15				1612.02
钛矿	Titanium	494.56			375.08		119.48
钒矿	Vanadium	4733.43	9.26	14.04	1223.48	537.73	3500.69
有色金属矿产	**Nonferrous Minerals**	**779329.48**	**70255.03**	**6162.41**	**102695.25**	**8381.20**	**606379.20**
铜矿	Copper	202178.59	27733.20	1813.34	24106.05	3695.48	150339.34
铅矿	Lead	4634.86	128.05		1170.74		3336.07
锌矿	Zinc	1608.09	573.30		232.04	85.88	802.75
铝土矿	Bauxite	31788.36	2325.00	121.32	11973.46	493.17	17489.90
镁矿	Magnesium	294.94			238.60	366.58	56.34
镍矿	Nickel	12329.92	2106.33	404.01	974.57	276.54	9249.02
钴矿	Cobalt	28.60					28.60
钨矿	Tungsten	21888.46	6005.59	617.54	7011.38		8871.49
锡矿	Tin	10732.54	1740.00	74.31	1899.40	144.42	7093.14
钼矿	Molybdenum	58700.98	1019.90		6681.60	505.16	50999.48

——按矿种分列（2008 年）
Exploration by Mineral (2008)

经费（万元）Exploration (10000 yuan)				机械岩心钻探工作量（米）Footage of Core Drilling (meter)	坑探工作量（米）Footage of Pitting (meter)	勘查人员（人）Exploration Personnel			劳动报酬（万元）Remuneration of Labor (10000 yuan)
资金 Enterprises and Institutions			其他投入 Other Investments			年末从业人员 Yearend Employees in Exploration		平均从业人员 Average Employees	
国内企事业 Funds from Domestic Enterprises and Institutions	港澳台商 Investment from Hong Kong, Macao and Taiwan	外商 Foreign Investment					技术人员 Technical Personnel		
6329514.23	**7564.43**	**35651.16**	**60954.11**	**20129743**	**962670**	**351096**	**171498**	**342443**	**1222292.04**
5324587.20	**4694.89**	**33957.68**	**19751.01**	**11341110**	**94354**	**202770**	**71028**	**225344**	**966751.52**
491630.09	4694.89	2626.00	19026.70	6654170	94354	57345	29383	48416	112458.94
671.00			200.00	14431		844	312	598	1601.58
4284793.58				4302297		138479	38286	171102	827945.85
527459.00		5645.00		201241		2412	1424	2448	17297.09
13.60						44	13	18	64.00
16893.11		25686.68	174.31	159652		1470	205	1326	2998.34
159.40			301.00	1142		108	39	54	120.00
2967.42			49.00	8177		1086	1119	827	2054.72
						982	247	555	2211.00
953084.97	**1009.96**	**1349.62**	**34895.67**	**7657011**	**839015**	**105644**	**65044**	**83308**	**181204.79**
171995.59	**167.00**		**8051.78**	**1761752**	**116287**	**29268**	**13317**	**22606**	**55740.92**
152590.47	167.00		7997.55	1640492	81948	27161	11708	21227	52990.19
14172.93			54.23	108581	22157	1276	995	772	1222.76
1612.02				3828	2900	181	89	140	455.00
119.48				1321		82	53	44	110.24
3500.69				7530	9282	568	472	423	962.73
589191.71	**842.96**	**264.14**	**16080.39**	**3664783**	**457633**	**50893**	**33301**	**39393**	**85829.27**
145137.22		150.00	5052.12	1163794	125868	12370	8077	10093	24253.36
3276.39			59.68	19023	2436	1068	794	778	1587.85
802.75				10174	153	214	215	172	474.90
16870.64	602.96		16.30	290941	3602	1394	1122	1102	2671.91
56.34				619		137	138	123	42.80
8936.88		114.14	198.00	79803	4364	2635	1148	1899	2135.65
28.60						72	107	58	13.50
8871.49				146618	15397	3127	2072	2350	3398.85
7093.14				84272	9913	708	586	488	1457.49
44169.18			6830.30	502439	36689	6657	4354	5391	12139.31

地质勘查投入情况
Input in Geological

矿种	Mineral	地质勘查 Expenditures for Geological					
		合计 Total	中央财政拨款 Central Budgetary Allocations		地方财政拨款 Local Budgetary Allocations		企事业 Funds from
				矿产资源补偿费 Mineral Resources Compensation Fees		矿产资源补偿费 Mineral Resources Compensation Fees	小计 Subtotal
铋矿	Bismuth	124.50			120.00		4.50
汞矿	Mercury	202.20					202.20
锑矿	Antimony	2969.41	534.80	86.90	38.90		2395.71
铅锌矿	Lead-Zinc	372473.80	14508.43	821.06	18642.70	1427.31	339322.67
多金属矿	Polymetallic Ore	59374.23	13580.43	2223.93	29605.81	1386.66	16187.99
贵金属矿产	**Noble Metal Minerals**	**293738.70**	**42776.83**	**2210.86**	**48055.30**	**10308.92**	**202906.57**
铂矿	Platinum	1067.82			171.52		896.30
金矿	Gold	281649.29	42491.83	2201.49	45196.08	10186.13	193961.38
银矿	Silver	11021.59	285.00	9.37	2687.70	122.79	8048.89
稀有金属矿产	**Rare Metal Minerals**	**1532.95**	**240.00**		**507.87**		**785.08**
铌钽矿	Nb-ta Ore	778.87			480.00		298.87
铍矿	Beryllium	77.87			27.87		50.00
锂矿	Lithium	676.21	240.00				436.21
稀土金属矿产	**Rare Earths**	**64.00**	**9.00**	**13.65**			**55.00**
轻稀土矿	Light Rare Earths	64.00	9.00	13.65			55.00
稀散元素矿产	**Scattered Elements Minerals**	**444.92**	**12.92**	**19.59**	**432.00**		
铼矿	Rhenium	171.00			171.00		
硒矿	Selenium	273.92	12.92	19.59	261.00		
三、非金属矿产	**3. Nonmetallic Minerals**	**57769.48**	**8298.11**	**1585.62**	**14628.01**	**2592.98**	**34843.36**
冶金辅助材料	**Auxiliary Raw Material for Metallurgy**	**5259.55**	**694.26**	**420.31**	**1429.65**	**411.35**	**3135.64**
蓝晶石	Kyanite	77.00	77.00	116.77			
矽线石	Silimanite	8.00					8.00
菱镁矿	Magnesite	90.94					90.94
萤石（普通）	Fluorite (Common)	3584.55	609.26	303.54	1139.75	411.35	1835.54
熔剂用石灰岩	Limestone for Flux	205.50	8.00				197.50

——按矿种分列（2008 年） 续表 1
Exploration by Mineral (2008) Continued 1

经 费（万 元）Exploration (10000 yuan)				机械岩心钻探工作量（米）Footage of Core Drilling (meter)	坑探工作量（米）Footage of Pitting (meter)	勘查人员（人）Exploration Personnel			劳动报酬（万元）Remuneration of Labor (10000 yuan)
资 金 Enterprises and Institutions			其他投入 Other Investments			年末从业人员 Yearend Employees in Exploration		平均从业人员 Average Employees	
国内企事业 Funds from Domestic Enterprises and Institutions Institutions	港澳台商 Investment from Hong Kong, Macao and Taiwan	外 商 Foreign Investment					技术人员 Technical Personnel		
4.50				841		8	13	3	4.10
202.20				412		10	5	9	31.50
2395.71				19936	10016	3488	1411	2690	5269.09
336496.06	240.00		2586.61	1232950	202515	10237	7320	7878	17406.01
14850.61			1337.38	112961	46680	8768	5939	6359	14942.95
191235.80		**1085.48**	**10585.29**	**2226402**	**264578**	**25211**	**18148**	**21060**	**39077.91**
814.30		82.00		1399	2700	105	115	93	213.67
183198.61		402.48	10360.29	1433098	242601	20870	15781	17602	32237.58
7222.89		601.00	225.00	791905	19277	4236	2252	3365	6626.66
606.87			**178.21**	**1930**	**517**	**237**	**243**	**216**	**478.50**
298.87				1010	132	97	82	83	277.00
50.00						5	8	5	20.20
258.00			178.21	920	385	135	153	128	181.30
55.00						**7**	**5**	**4**	**9.80**
55.00						7	5	4	9.80
				2144		**28**	**30**	**29**	**68.39**
				2142		12	11	20	45.00
				2		16	19	9	23.39
31858.90	**1428.00**		**1556.46**	**340540**	**20646**	**9796**	**6866**	**7440**	**13724.12**
2976.64			**159.00**	**20116**	**3364**	**761**	**657**	**578**	**1197.40**
				497		4	6	5	23.00
8.00						3	4	1	0.90
90.94				198		76	84	56	16.80
1765.54			70.00	14589	1171	432	346	334	830.67
136.50			61.00	652		110	123	82	89.76

地质勘查投入情况
Input in Geological

矿种	Mineral	地质勘查 Expenditures for Geological					
		合计 Total	中央财政拨款 Central Budgetary Allocations		地方财政拨款 Local Budgetary Allocations		企事业 Funds from
				矿产资源补偿费 Mineral Resources Compensation Fees		矿产资源补偿费 Mineral Resources Compensation Fees	小计 Subtotal
冶金用白云岩	Metallurgical, Dolomite	793.41			217.90		575.51
冶金用石英岩	Metallurgical, Quartzite	258.15					258.15
冶金用砂岩	Sandstone for Metallurgy	72.00			72.00		
耐火粘土	Fireclay	170.00					170.00
化工原料矿产	**Chemical Material Minerals**	**24209.65**	**3676.16**	**642.09**	**7208.99**	**484.16**	**13324.50**
自然硫	Native Sulphur	65.25	49.12	74.49	1.13	1.74	15.00
硫铁矿	Greigite	447.68	23.68		120.00		304.00
钠硝石	Nitatite	93.00					93.00
芒硝（含钙芒硝）	Mirabilite (Including Glauberite)	44.80			13.80		31.00
重晶石	Barite	158.64	87.81				70.83
电石石灰岩	Tourmaline Limestone	184.80			178.00		6.80
化肥用石灰岩	Limestone for Fertilizer	86.99			50.00		36.99
化肥用石英岩	Quartzite for Fertilizer	4.00			4.00	6.14	
含钾岩石	Potassium bearing Rock	84.00			84.00	46.09	
含钾砂页岩	K-bearing Sandshale	70.00					70.00
岩盐	Halite	8413.39			2558.73		5854.66
钾盐	Potash	3537.92	620.00		2897.92	322.64	20.00
硼矿	Boron	640.50	350.00	530.79	158.50		132.00
磷矿	Phosphate Rock	10378.68	2545.55	36.81	1142.91	107.55	6690.22
特种非金属	**Special Non-metallic Mineral**	**186.00**	**76.00**		**96.00**	**147.49**	**14.00**
金刚石	Diamond	186.00	76.00		96.00	147.49	14.00
建材及其他非金属	**Building Materials and Other Non-metallic Minerals**	**28114.28**	**3851.69**	**523.22**	**5893.37**	**1549.98**	**18369.22**
石墨	Graphite	1321.77	555.70	45.50	271.00	81.43	495.07

——按矿种分列（2008年） 续表2
Exploration by Mineral (2008) Continued 2

经费（万元）Exploration (10000 yuan)				机械岩心钻探工作量（米）Footage of Core Drilling (meter)	坑探工作量（米）Footage of Pitting (meter)	勘查人员（人）Exploration Personnel			劳动报酬（万元）Remuneration of Labor (10000 yuan)
资金 Enterprises and Institutions			其他投入 Other Investments			年末从业人员 Yearend Employees in Exploration		平均从业人员 Average Employees	
国内企事业 Funds from Domestic Enterprises and Institutions Institutions	港澳台商 Investment from Hong Kong, Macao and Taiwan	外商 Foreign Investment					技术人员 Technical Personnel		
575.51				3775	1945	67	49	60	149.82
230.15			28.00			8	3	14	53.45
						24	22	7	15.00
170.00				405	248	37	20	19	18.00
13227.90			**96.60**	**153832**	**3916**	**3633**	**2220**	**2684**	**4749.30**
15.00				2363		31	23	16	28.60
304.00				5761		218	193	155	136.02
			93.00	306		3	5	5	26.00
31.00				98		32	21	16	29.50
70.83				263		39	34	23	64.39
6.80				5138		19	21	56	36.00
36.99				1250		13	10	9	27.40
						2	2	1	2.85
						29	21	19	39.28
70.00				73		19	8	8	23.00
5854.66				38279		362	121	272	775.07
20.00				1993		317	107	231	312.42
132.00				1278		300	152	221	179.50
6686.62			3.60	97030	3916	2249	1502	1652	3069.27
14.00				**177**		**16**	**26**	**14**	**33.60**
14.00				177		16	26	14	33.60
15640.36	**1428.00**		**1300.86**	**166415**	**13366**	**5386**	**3963**	**4164**	**7743.82**
495.07				5453	892	158	154	109	342.61

地质勘查投入情况
Input in Geological

矿种	Mineral	地质勘查 Expenditures for Geological					
		合计 Total	中央财政拨款 Central Budgetary Allocations		地方财政拨款 Local Budgetary Allocations		企事业 Funds from
				矿产资源补偿费 Mineral Resources Compensation Fees		矿产资源补偿费 Mineral Resources Compensation Fees	小计 Subtotal
硅灰石	Wollastonite	497.00			398.00		99.00
滑石	Talc	478.50	190.00	288.15	233.00	357.97	55.50
石棉（温石棉）	Asbestos	7.00					7.00
长石	Feldspar	83.00			70.00	107.55	13.00
电气石	Tourmaline	20.00					20.00
石榴子石	Garnet	72.00			72.00	110.62	
叶蜡石	Pyrophyllite	60.00					60.00
透辉石	Diopside	58.00	30.00	45.50			28.00
透闪石	Tremolite	20.00					20.00
石膏	Gypsum	1344.80	13.00		251.80	24.58	1080.00
方解石	Calcite	22.60					22.60
宝石	Gem	276.35			160.00	122.91	116.35
玉石	Jade	258.50			186.50		72.00
水泥用灰岩	Limestone for Cement	15757.68	2092.00		3008.81	400.99	10656.87
建筑石料用灰岩	Limestone for Building Stone	369.00					369.00
泥灰岩	Marl stone	180.00					180.00
建筑用白云岩	Dolomite for Building	105.26					105.26
玻璃用石英岩	Quartzite for Glass	97.00	80.00	121.32			17.00
玻璃用砂岩	Sandstone for Glass	83.60					83.60
陶瓷用砂岩	Sandstone for Ceramic	46.00					46.00
玻璃用砂	Sand for Glass	28.00					28.00
建筑用砂	Sand for Building	112.00					112.00
玻璃用脉石英	Vein Quartz for Glass	89.20			80.00		9.20
粉石英	Powdery Quartz	37.00					37.00
硅藻土	Diatomite	453.00	119.00		105.00		229.00
陶粒页岩	Haydite Shale	290.00					290.00

——按矿种分列（2008年） 续表3
Exploration by Mineral (2008) Continued 3

经 费（万 元） Exploration (10000 yuan)				机械岩心钻探工作量（米） Footage of Core Drilling (meter)	坑探工作量（米） Footage of Pitting (meter)	勘查人员（人） Exploration Personnel			劳动报酬（万元） Remuneration of Labor (10000 yuan)
资 金 Enterprises and Institutions			其他投入 Other Investments			年末从业人员 Yearend Employees in Exploration		平均从业人员 Average Employees	
国内企事业 Funds from Domestic Enterprises and Institutions Institutions	港澳台商 Investment from Hong Kong, Macao and Taiwan	外 商 Foreign Investment					技术人员 Technical Personnel		
99.00				1263	6	18	25	14	46.00
18.00			37.50	3639	35	71	44	48	110.20
7.00						18	22	13	12.00
13.00				475		47	32	29	40.00
20.00						3	4	1	3.71
				750	15	18	11	10	19.00
60.00				1122		23	12	12	24.48
28.00				450		16	8	10	25.00
20.00				55		54	38	44	12.00
1063.00			17.00	11554		163	140	122	276.77
22.60				58		19	5	18	12.70
116.35				298	3810	27	13	27	107.00
18.00			54.00	509		94	105	73	91.06
8274.87	1428.00		954.00	107467	4458	2718	1828	2113	4489.89
369.00						47	46	34	97.70
180.00				609		6	3	6	18.00
105.26				2680		29	15	9	30.48
17.00				310		14	20	10	19.30
83.60				421		13	13	9	28.32
46.00						9	11	8	28.00
28.00				55		3	5	3	8.04
112.00				708		50	24	31	68.00
9.20				46		37	23	27	8.47
37.00				925		13	6	6	22.30
229.00				1999		232	170	172	116.00
240.00			50.00	757		259	182	207	135.00

地质勘查投入情况
Input in Geological

矿 种	Mineral	合 计 Total	地 质 勘 查 Expenditures for Geological 中央财政拨款 Central Budgetary Allocations	矿产资源补偿费 Mineral Resources Compensation Fees	地方财政拨款 Local Budgetary Allocations	矿产资源补偿费 Mineral Resources Compensation Fees	企 事 业 Funds from 小 计 Subtotal
砖瓦用页岩	Shale for Bricks and Tiles	131.00			131.00	156.71	
水泥配料用页岩	Shale for Cement	41.00			40.00	61.45	1.00
高岭土	Kaolin	2718.18	449.00	22.75	220.34	4.61	2048.84
陶瓷土	Ceramic Clay	74.99			28.99		46.00
海泡石粘土	Sepiolite Clay	80.00					80.00
膨润土	Bentonite	596.94	322.99		78.86	121.16	195.09
砖瓦用粘土	Clay for Bricks and Tiles	130.00			130.00		
陶粒用粘土	Haydite Clay	13.00			13.00		
水泥配料用粘土	Clay for Cement	7.00					7.00
饰面用蛇纹岩	Facing Serpentinite	57.00					57.00
玄武岩	Basalt	417.27			322.27		95.00
花岗岩	Granite	333.35					333.35
建筑用花岗岩	Granite for Building	405.58					405.58
饰面用花岗岩	Facing Granite	482.20					482.20
火山渣	Volcanic Cinder	3.78					3.78
大理石	Marble	163.93			73.00		90.93
饰面用大理石	Facing Marble	19.80			19.80		
建筑用大理石	Marble for Building	40.00					40.00
水泥用大理石	Marble for Cement	232.00					232.00
四、水气矿产	**4. Mineral Water,Ground-Water and Carbon Dioxide Gas**	**22754.81**	**1375.74**		**7333.22**	**654.49**	**14045.85**
矿泉水	Mineral Water	165.00					165.00
地下水	Groundwater	22589.81	1375.74		7333.22	654.49	13880.85
五、不能分矿种	**5. Others**	**273566.95**	**160260.42**	**11158.58**	**101842.81**	**19279.99**	**11463.72**

——按矿种分列（2008年） 续表4
Exploration by Mineral (2008) Continued 4

经 费（万 元） Exploration (10000 yuan)				机械岩心钻探工作量（米） Footage of Core Drilling (meter)	坑探工作量（米） Footage of Pitting (meter)	勘查人员（人） Exploration Personnel			劳动报酬（万元） Remuneration of Labor (10000 yuan)
资 金 Enterprises and Institutions			其他投入 Other Investments			年末从业人员 Yearend Employees in Exploration		平均从业人员 Average Employees	
国内企事业 Funds from Domestic Enterprises and Institutions Institutions	港澳台商 Investment from Hong Kong, Macao and Taiwan	外 商 Foreign Investment					技术人员 Technical Personnel		
						33	37	25	33.00
1.00						27	19	17	21.90
2044.68			4.16	18220		265	234	242	502.94
46.00				51		11	13	10	35.97
80.00				430		13	11	9	33.00
195.09				565		83	92	60	181.51
				671		24	15	18	42.00
					3450	3	3	1	5.00
7.00						3	5	1	4.00
			57.00				16	10	34.00
95.00				530		75	82	61	23.70
333.35					700	56	66	45	95.30
405.58				1308		72	76	78	191.74
380.00			102.20	984		260	135	201	140.00
3.78							2	1	3.20
90.93				892		32	45	23	78.53
				1127		5	5	3	5.00
40.00				34		178	51	144	23.00
207.00			25.00			87	97	50	98.00
14045.85				**26166**	**656**	**2589**	**1169**	**2189**	**4184.62**
165.00				668		18	20	14	16.00
13880.85				25498	656	2571	1149	2175	4168.62
5937.31	**431.58**	**343.86**	**4750.97**	**764916**	**7999**	**30297**	**27391**	**24162**	**56426.99**

地质勘查费用
Expenditures for Geological

单位：万元

年份/地区	Year/Region	合计 Total	属地化单位 Localized Departments	冶金部门 Metallurgy Sector	有色部门 Nonferrous Metals Sector	中国地质调查局 China Geological Survey	武警黄金 Gold Headquarters
2001		2223651.41	198535.19①	17210.82		11660.00	6297.21
2002		2220272.75	255974.08	18900.10		15118.00	5207.18
2003		2597619.34	253296.49	6579.30	1085.00	17800.00	4639.80
2004		3129144.96	316644.03	12554.99	2275.50	15934.00	6368.47
2005		3444127.26	485178.16	17590.43	2190.80	21281.00	5906.36
2006		4951694.68	680665.81	26776.61	3516.88	35830.49	6985.45
2007		6228345.24	945755.92	30083.92	6916.00	107081.60	5000.00
2008		7357583.93	2189779.48	51651.21	9513.00	11800.00	59530.41
北 京	Beijing	66866.67	9050.11			202.00	14151.57
天 津	Tianjin	393337.25	2554.92				1289.32
河 北	Hebei	563756.15	52600.94	4061.64	579.00	312.00	1026.66
山 西	Shanxi	124629.22	94816.50	6906.50			12.70
内蒙古	Inner Mongolia	971357.91	673073.87	4282.27	2550.00	4978.00	1325.13
辽 宁	Liaoning	231490.27	50593.99			285.50	690.27
吉 林	Jilin	266206.12	54426.65			95.00	
黑龙江	Heilongjiang	265053.31	65070.10			1483.00	68.22
上 海	Shanghai	19174.76	4505.85				
江 苏	Jiangsu	130807.54	21392.59		30.00		1027.36
浙 江	Zhejiang	25648.86	17248.44	541.33			12.40
安 徽	Anhui	79214.38	73361.93	462.39		137.00	262.47
福 建	Fujian	44677.86	42557.71	204.84			
江 西	Jiangxi	37902.37	30095.94	39.30		16.00	95.52
山 东	Shandong	413686.96	68604.96	7177.88		417.00	11802.98
河 南	Henan	199565.33	58860.59			392.50	319.08
湖 北	Hubei	94036.33	23510.81	3881.45		46.00	4450.52
湖 南	Hunan	49165.60	41756.61	508.06	130.00	329.60	107.03
广 东	Guangdong	353765.99	21198.25		321.00	59.00	15276.65
广 西	Guangxi	40642.56	33748.57	1377.53			104.63
海 南	Hainan	23060.32	22894.32			166.00	
重 庆	Chongqing	35076.24	28913.24				
四 川	Sichuan	857065.97	74985.11	132.38		166.00	3122.49
贵 州	Guizhou	47280.69	44739.38	168.26			
云 南	Yunnan	104601.90	95036.27	5097.15	930.00	550.00	303.58
西 藏	Tibet	42075.97	37660.52	3507.63			907.83
陕 西	Shaanxi	262128.64	63986.40	1545.80		261.00	1729.54
甘 肃	Gansu	229159.34	54093.81	608.53	229.00	1322.00	
青 海	Qinghai	151377.17	48672.40	103.40	440.00	84.00	894.23
宁 夏	Ningxia	51997.72	29325.72				
新 疆	Xinjiang	1105733.40	173401.87	11044.89	4304.00	498.40	550.24
其 他	Else	77041.11	77041.11				

注：① 指原地矿部门（包括现中国地质调查局）。
Note: ① Refers to the original geology and mineral resources sector (including the present China Geological Survey).

——按地区和部门分列
Exploration by Region and Sector

Unit: 10000 yuan

煤炭部门 Coal Sector	石油天然气 Oil and Natural Gas Sector	海洋石油 Marine Petroleum Sector	石油化工 Petro-chemical Industry Sector	核工业部门 Nuclear Industry Sector	化工部门 Chemical Industry Sector	建材部门 Building Materials Sector	中联煤层气 CUCBM
3512.40	1009590.00	298189.00	652613.00	4631.00	4133.68	6494.60	10784.51
19919.90	933676.00	257926.00	685142.00	7099.60	5033.72	8101.00	8175.17
	1191361.00	256977.00	811718.00	9166.30	5513.23	8599.00	9791.22
	1533284.00	313651.00	852101.00	9357.70	7563.45	8537.00	20154.82
	1644703.00	251400.00	887220.00	13808.00	9647.62	7984.00	64060.89
	2556514.00	367659.00	1087833.00	29183.60	8100.38	14683.42	77774.44
	2910822.00	495662.00	1507557.00	40242.77	9798.23	19718.00	70191.10
104657.00	3003204.00	533104.00	1275328.00	49421.00	12393.90	26983.00	30218.93
9663.00	26390.00		4757.00	2166.00		487.00	
	179260.00	210233.00					
59969.00	436233.00			6107.00	2111.90	755.00	
	3003.00					904.00	18986.52
	267314.00			12901.00	2118.64	2815.00	
	176999.00			1442.00	63.50	1297.00	119.00
	128584.00		80423.00		148.47	2529.00	
	197550.00				20.00	862.00	
		10300.91	4368.00				
20519.00	14679.00		73027.00		40.59	92.00	
2006.00	4761.00				675.69	404.00	
						1478.00	3512.60
					909.31	1006.00	
				5690.00		344.00	1621.60
			323722.00		1363.15	249.00	350.00
			138671.00		491.16	500.00	331.00
			58875.00		1539.54	1398.00	335.00
				4935.00	246.30	1153.00	
		312570.09		3341.00		1000.00	
3959.00					96.84	1356.00	
	6163.00						
	435700.00		339401.00	1686.00		1873.00	
					1337.05	1036.00	
					362.11	812.00	1510.80
	185219.00			4554.00	489.50	1314.00	3029.41
	172227.00					679.00	
8541.00	91187.00				230.15	1225.00	
	21943.00					306.00	423.00
	655992.00		252084.00	6599.00	150.00	1109.00	

地质勘查费用——按矿种

Expenditures for Geological Exploration

单位：万元

矿　种	Mineral	合　计 Total	属地化单位 Localized Departments	冶金部门 Metallurgy Sector	有色部门 Nonferrous Metals Sector	中国地质调查局 China Geological Survey
总　计	**Grand Total**	**7357583.93**	**2189779.48**	**51651.21**	**9513.00**	**59530.41**
煤	Coal	786762.84	698199.96	2771.10		142.10
油页岩	Oil Shale	3700.83	3653.73			47.10
陆地石油	Oil, Onshore	4287477.48	6261.58			2683.90
海域石油	Oil, Offshore	545356.10				12252.10
天然气	Natural Gas	1466.60				1466.60
煤层气	Coal-bed Methane	45500.38	15281.45			
石煤	Stone Coal	460.40	301.00			159.40
地热	Geothermals	7084.23	7084.23			
天然气水合物	Natural Gas Hydrate	9344.51				9344.51
铁矿	Iron	216311.23	199891.27	14801.60	210.00	79.50
锰矿	Manganese	17286.88	14745.92	2385.96	100.00	52.00
铬铁矿	Chromite	2403.17	2271.17	126.00		6.00
钛矿	Titanium	494.56	416.08	78.48		
钒矿	Vanadium	4733.43	4400.33	205.00		101.00
铜矿	Copper	202178.59	186772.06	7245.68	5570.00	916.80
铅矿	Lead	4634.86	4432.18			
锌矿	Zinc	1608.09	1514.95			21.00
铝土矿	Bauxite	31788.36	31230.79	528.57		
镁矿	Magnesium	294.94	294.94			
镍矿	Nickel	12329.92	11006.38	151.14	1100.00	
钴矿	Cobalt	28.60	28.60			
钨矿	Tungsten	21888.46	20109.58	835.45		942.20
锡矿	Tin	10732.54	10504.62	70.00		81.00
钼矿	Molybdenum	58700.98	56556.61	884.37	777.00	
铋矿	Bismuth	124.50	124.50			
汞矿	Mercury	202.20	202.20			
锑矿	Antimony	2969.41	2346.41			
铅锌矿	Lead-Zinc	372473.80	368945.77	2469.89	275.00	429.00
多金属矿	Polymetallic Ore	59374.40	54965.28	4141.70		247.40
铂矿	Platinum	1067.82	1067.82			
金矿	Gold	281649.12	256566.89	9914.78	1060.00	369.20
银矿	Silver	11021.59	9852.30	618.19	421.00	130.10
铌钽矿	Nb-ta Ore	778.87	778.87			
锂矿	Lithium	676.21	676.21			
铍矿	Beryllium	77.87	77.87			
铼矿	Rhenium	171.00				
硒矿	Selenium	273.92	261.00			

和部门分列（2008年）
by Mineral and Sector (2008)

Unit: 10000 yuan

武警黄金 Gold Headquarters	煤炭部门 Coal Sector	石油天然气 Oil and Natural Gas Sector	海洋石油 Marine Petroleum Sector	石油化工 Petro-chemical Industry Sector	核工业部门 Nuclear Industry Sector	化工部门 Chemical Industry Sector	建材部门 Building Materials Sector	中联煤层气 CUCBM
11800.00	**104657.00**	**3003204.00**	**533104.00**	**1275328.00**	**49421.00**	**12393.90**	**26983.00**	**30218.93**
	84584.00					127.68	938.00	
		3003204.00		1275328.00				
			533104.00					
								30218.93
						753.86	575.00	
							3.00	
						27.10		
					96.00	1428.05	150.00	
						26.68	176.00	
						72.14		
						29.00		
						63.40		
							9.00	
						1.23		
						76.92		
							483.00	
							623.00	
						354.14		
						35.02		
11588.00	424.00					1244.25	482.00	
					171.00			
						12.92		

地质勘查费用——按矿种

Expenditures for Geological Exploration

单位：万元

矿种	Mineral	合计 Total	属地化单位 Localized Departments	冶金部门 Metallurgy Sector	有色部门 Nonferrous Metals Sector	中国地质调查局 China Geological Survey
轻稀土矿	Light Rare Earths	64.00	55.00			9.00
蓝晶石	Kyanite	77.00				
矽线石	Silimanite	8.00		8.00		
菱镁矿	Magnesite	90.94	90.94			
萤石（普通）	Fluorite (Common)	3584.55	3136.84	60.00		
熔剂用石灰岩	Limestone for Flux	205.50	129.50	7.00		
冶金用白云岩	Metallurgical, Dolomite	793.41	348.00	27.41		
冶金用砂岩	Sandstone for Metallurgy	72.00	72.00			
冶金用石英岩	Metallurgical, Quartzite	258.15				
耐火粘土	Fireclay	170.00	170.00			
自然硫	Native Sulphur	65.25	15.00			
硫铁矿	Greigite	447.68	266.00			
钠硝石	Nitatite	93.00	93.00			
芒硝（含钙芒硝）	Mirabilite (Including Glauberite)	44.80	13.80			
重晶石	Barite	158.64	70.83			
电石石灰岩	Tourmaline Limestone	184.80	6.80			
化肥用石灰岩	Limestone for Fertilizer	86.99	50.00			
化肥用石英岩	Quartzite for Fertilizer	4.00				
含钾岩石	K-bearing Rock	84.00	54.00			
含钾砂页岩	K-bearing Sandshale	70.00	70.00			
岩盐	Halite	8413.39	2558.73			
钾盐	Potash	3537.92	3180.00			
硼矿	Boron	640.50	577.00			
磷矿	Phosphate Rock	10378.68	6377.66	480.36		
金刚石	Diamond	186.00	186.00			
石墨	Graphite	1321.77	467.77			
硅灰石	Wollastonite	497.00	398.00			
滑石	Talc	478.50	37.50			
石棉（温石棉）	Asbestos	7.00				
长石	Feldspar	83.00		13.00		
电气石	Tourmaline	20.00		20.00		
石榴子石	Garnet	72.00				
叶蜡石	Pyrophyllite	60.00				
透辉石	Diopside	58.00				
透闪石	Tremolite	20.00	20.00			
石膏	Gypsum	1344.80	999.80			
方解石	Calcite	22.60	22.60			
宝石	Gem	276.35	276.35			

和部门分列（2008 年）　续表 1
by Mineral and Sector (2008)　Continued 1

Unit: 10000 yuan

武警黄金 Gold Headquarters	煤炭部门 Coal Sector	石油天然气 Oil and Natural Gas Sector	海洋石油 Marine Petroleum Sector	石油化工 Petro-chemical Industry Sector	核工业部门 Nuclear Industry Sector	化工部门 Chemical Industry Sector	建材部门 Building Materials Sector	中联煤层气 CUCBM
							77.00	
						59.71	328.00	
							69.00	
							418.00	
						230.15	28.00	
						50.25		
	126.00					55.68		
							31.00	
						87.81		
							178.00	
						36.99		
						4.00		
						30.00		
	5702.00					152.66		
						147.92	210.00	
						63.50		
						3520.66		
						248.00	606.00	
							99.00	
							431.00	
							7.00	
							70.00	
							72.00	
						30.00	30.00	
							58.00	
						16.00	329.00	

地质勘查费用——按矿种
Expenditures for Geological Exploration

单位：万元

矿　种	Mineral	合　计 Total	属地化单位 Localized Departments	冶金部门 Metallurgy Sector	有色部门 Nonferrous Metals Sector	中国地质调查局 China Geological Survey
玉石	Jade	258.50	204.50			
水泥用灰岩	Limestone for Cement	15757.68	2521.28	80.00		
建筑石料用灰岩	Limestone for Building Stone	369.00	318.00			
建筑用白云岩	Dolomite for Building	105.26	5.00	100.26		
玻璃用石英岩	Quartzite for Glass	97.00	97.00			
玻璃用砂岩	Sandstone for Glass	83.60	83.60			
陶瓷用砂岩	Sandstone for Ceramic	46.00				
陶瓷用砂	Sand for Cermamic	28.00	28.00			
建筑用砂	Sand for Building	112.00	7.00			
玻璃用脉石英	Vein Quartz for Glass	89.20	89.20			
粉石英	Powdery Quartz	37.00				
硅藻土	Diatomite	453.00	121.00			
陶粒页岩	Haydite Shale	290.00	240.00			
砖瓦用页岩	Shale for Bricks and Tiles	131.00	29.00			
水泥配料用页岩	Shale for Cement	41.00	1.00			
高岭土	Kaolin	2718.18	595.18			43.00
陶瓷土	Ceramic Clay	74.99	74.99			
海泡石粘土	Sepiolite Clay	80.00				
膨润土	Bentonite	596.94	260.03			
砖瓦用粘土	Clay for Bricks and Tiles	130.00	130.00			
陶粒用粘土	Haydite Clay	13.00	13.00			
水泥配料用粘土	Clay for Cement	7.00	7.00			
饰面用蛇纹岩	Facing Serpentinite	57.00				
泥灰岩	Marl stone	180.00	180.00			
玄武岩	Basalt	417.27	417.27			
花岗岩	Granite	333.35	333.35			
建筑用花岗岩	Granite for Building	405.58	155.58			
饰面用花岗岩	Facing Granite	482.20	242.20			
火山渣	Volcanic Cinder	3.78				
大理石	Marble	163.93	108.83			
饰面用大理石	Facing Marble	19.80	19.80			
水泥用大理石	Marble for Cement	232.00				
建筑用大理石	Marble for Building	40.00	40.00			
矿泉水	Mineral Water	165.00	165.00			
地下水	Groundwater	22589.81	14184.11			194.70
不能分矿种	Others	273566.95	178557.89	3617.27		29812.80

和部门分列（2008年）　续表2

by Mineral and Sector (2008)　Continued 2

Unit: 10000 yuan

武警黄金 Gold Headquarters	煤炭部门 Coal Sector	石油天然气 Oil and Natural Gas Sector	海洋石油 Marine Petroleum Sector	石油化工 Petro-chemical Industry Sector	核工业部门 Nuclear Industry Sector	化工部门 Chemical Industry Sector	建材部门 Building Materials Sector	中联煤层气 CUCBM
							54.00	
						33.40	13123.00	
							51.00	
							46.00	
							105.00	
						37.00		
							332.00	
							50.00	
							102.00	
							40.00	
							2080.00	
							80.00	
						140.91	196.00	
							57.00	
							250.00	
							240.00	
						3.78		
						55.10		
							232.00	
	8211.00							
212.00	5610.00				49154.00	3137.99	3465.00	

地质勘查年末从业人员
Yearend Employees in Geological

单位：人

年份/地区	Year/Region	合计 Total	属地化单位 Localized Departments	冶金部门 Metallurgy Sector	有色部门 Nonferrous Metals Sector	中国地质调查局 China Geological Survey	武警黄金 Gold Headquarters
2001		240148	45853[①]	4722		603	2886
2002		221524	44208	2631		1072	3583
2003		209398	38172	1074	187	852	3502
2004		224978	41532	824	240	980	3545
2005		234582	53122	1137	242	1217	3717
2006		214652	68431	1327	399	1394	3844
2007		215937	74427	1425	389	1440	3708
2008		351096	179270	7878	392	4507	4077
北 京	Beijing	10496	6684			786	27
天 津	Tianjin	12631	2230			137	
河 北	Hebei	31631	10815	761	13	133	31
山 西	Shanxi	9041	7234	1454		5	
内蒙古	Inner Mongolia	11488	8591	790	123	106	555
辽 宁	Liaoning	17134	5498			115	132
吉 林	Jilin	26289	6686				34
黑龙江	Heilongjiang	21261	12471			5	648
上 海	Shanghai	1361	564				
江 苏	Jiangsu	11907	4247		10	118	
浙 江	Zhejiang	3331	2776	147		2	
安 徽	Anhui	8468	8134	29		42	111
福 建	Fujian	5476	5115	50			
江 西	Jiangxi	10296	9975	7		25	21
山 东	Shandong	27531	12939	757		172	283
河 南	Henan	25035	11522			44	129
湖 北	Hubei	10358	4753	380		135	16
湖 南	Hunan	7836	6979	83	7	17	282
广 东	Guangdong	7947	5667		9	1669	44
广 西	Guangxi	4366	3708	208		22	
海 南	Hainan	1147	946				201
重 庆	Chongqing	2704	2704				
四 川	Sichuan	24513	10744	36		400	92
贵 州	Guizhou	4075	3833	29			
云 南	Yunnan	6430	4952	922	36	49	300
西 藏	Tibet	745	420	269		56	
陕 西	Shaanxi	19288	9974	136		339	129
甘 肃	Gansu	7267	4365	162	7		657
青 海	Qinghai	3185	1798	7	13	69	34
宁 夏	Ningxia	1781	1568				
新 疆	Xinjiang	16078	1378	1651	174	61	351

注：① 指原地矿部门（包括现中国地质调查局）。

Note: ① Refers to the orginal geological and mineral resources department (including the prensent China Geological Survey).

——按地区和部门分列
Exploration by Region and Sector

Unit: person

煤炭部门 Coal Sector	石油天然气 Oil and Natural Gas Sector	海洋石油 Marine Petroleum Sector	石油化工 Petro-chemical Industry Sector	核工业部门 Nuclear Industry Sector	化工部门 Chemical Industry Sector	建材部门 Building Materials Sector	中联煤层气 CUCBM
718	107341	6343	67087	1038	1678	1830	49
2422	90674	6073	65958	1333	1761	1757	52
2501	87190	6087	64781	1470	1672	1868	42
3414	99063	6479	63976	1408	1739	1720	58
2902	94248	6886	66298	1698	1658	1311	146
4186	94882	6938	28759	1621	834	1853	184
4785	87206	1374	35992	1871	931	2152	237
7732	92434	1693	44583	2020	2327	3914	269
793	196	205	1534	120		151	
	9196	1068					
4911	14147			219	479	122	
						162	186
	156			635	300	232	
	11167			74	5	133	10
	19143		204		26	196	
	7985				21	131	
		56	741				
1121			6321		52	38	
155					89	162	
						144	8
					135	176	
				144		118	6
			13009		206	158	7
			12998		89	244	9
			4726		248	92	8
				143	224	101	
		364		106		88	
319					39	70	
	8700		4216	86		239	
					156	57	
					78	79	14
	8323			147	133	92	15
	1907					169	
433	564				16	251	
						207	6
	10950		834	346	31	302	

地质勘查年末从业人员
Yearend Employees in Geological

单位：人

矿 种	Mineral	合计 Total	属地化单位 Localized Departments	冶金部门 Metallurgy Sector	有色部门 Nonferrous Metals Sector	中国地质调查局 China Geological Survey
总 计	**Grand Total**	**351096**	**179270**	**7878**	**392**	**4507**
煤	Coal	57345	50481	305		5
油页岩	Oil Shale	844	834			10
陆地石油	Oil, Onshore	138479	1334			128
海域石油	Oil, Offshore	2412				719
天然气	Natural Gas	44				44
煤层气	Coal-bed Methane	1470	1201			
石煤	Stone Coal	108	103			5
地热	Geothermals	1086	1086			
天然气水合物	Natural Gas Hydrate	982				982
铁矿	Iron	27161	24911	1915	8	20
锰矿	Manganese	1276	1013	231	7	20
铬铁矿	Chromite	181	156	17	3	5
钛矿	Titanium	82	65	17		
钒矿	Vanadium	568	497	41		15
铜矿	Copper	12370	10353	1369	275	145
铅矿	Lead	1068	1038			
锌矿	Zinc	214	181			5
铝土矿	Bauxite	1394	1282	95		
镁矿	Magnesium	137	137			
镍矿	Nickel	2635	2431	47	28	
钴矿	Cobalt	72	72			
钨矿	Tungsten	3127	2971	78		76
锡矿	Tin	708	662	14		17
钼矿	Molybdenum	6657	6498	95	26	
铋矿	Bismuth	8	8			
汞矿	Mercury	10	10			
锑矿	Antimony	3488	3479			
铅锌矿	Lead-Zinc	10237	9616	515	12	49
多金属矿	Polymetallic Ore	8768	8219	522		22
铂矿	Platinum	105	105			
金矿	Gold	20870	15095	1400	25	17
银矿	Silver	4236	4068	136	8	24
铌钽矿	Nb-ta Ore	97	97			
锂矿	Lithium	135	135			
铍矿	Beryllium	5	5			
铼矿	Rhenium	12				
轻稀土矿	Light Rare Earths	7	2			5
硒矿	Selenium	16	11			

——按矿种和部门分列（2008年）

Exploration by Mineral and Sector (2008)

Unit: person

武警黄金 Gold Headquarters	煤炭部门 Coal Sector	石油天然气 Oil and Natural Gas Sector	海洋石油 Marine Petroleum Sector	石油化工 Petro-chemical Industry Sector	核工业部门 Nuclear Industry Sector	化工部门 Chemical Industry Sector	建材部门 Building Materials Sector	中联煤层气 CUCBM
4077	**7732**	**92434**	**1693**	**44583**	**2020**	**2327**	**3914**	**269**
	6331					43	180	
		92434		44583				
			1693					
								269
						159	148	
							5	
						15		
					8	184	36	
						12	18	
						28		
						10	7	
						113	16	
						2		
						15		
							38	
							9	
						45		
						5		
4046	11					159	117	
					12			
						5		

地质勘查年末从业人员

Yearend Employees in Geological

单位：人

矿 种	Mineral	合计 Total	属地化单位 Localized Departments	冶金部门 Metallurgy Sector	有色部门 Nonferrous Metals Sector	中国地质调查局 China Geological Survey
蓝晶石	Kyanite	4				
矽线石	Silimanite	3		3		
菱镁矿	Magnesite	76	76			
萤石（普通）	Fluorite (Common)	432	272	14		
熔剂用石灰岩	Limestone for Flux	110	64	10		
冶金用白云岩	Metallurgical, Dolomite	67	35	3		
冶金用砂岩	Sandstone for Metallurgy	8	8			
冶金用石英岩	Metallurgical, Quartzite	24				
耐火粘土	Fireclay	37	37			
自然硫	Native Sulphur	31	13			
硫铁矿	Greigite	218	175			
钠硝石	Nitatite	3	3			
芒硝（含钙芒硝）	Mirabilite (Including Glauberite)	32	16			
重晶石	Barite	39	11			
电石石灰岩	Tourmaline Limestone	19	5			
化肥用石灰岩	Limestone for Fertilizer	13	6			
化肥用石英岩	Quartzite for Fertilizer	2				
含钾岩石	K-bearing Rock	29	16			
含钾砂页岩	K-bearing Sandshale	19	19			
岩盐	Halite	362	111			
钾盐	Potash	317	182			
硼矿	Boron	300	295			
磷矿	Phosphate Rock	2249	1618	92		
金刚石	Diamond	16	16			
石墨	Graphite	158	25			
硅灰石	Wollastonite	18	13			
滑石	Talc	71	5	3		
石棉（温石棉）	Asbestos	18				
长石	Feldspar	47		7		
电气石	Tourmaline	3		3		
石榴子石	Garnet	18				
叶蜡石	Pyrophyllite	23				
透辉石	Diopside	16				
透闪石	Tremolite	54	54			
石膏	Gypsum	163	119			
方解石	Calcite	19	19			

——按矿种和部门分列（2008 年） 续表 1
Exploration by Mineral and Sector (2008) Continued 1

Unit: person

武警黄金 Gold Headquarters	煤炭部门 Coal Sector	石油天然气 Oil and Natural Gas Sector	海洋石油 Marine Petroleum Sector	石油化工 Petro-chemical Industry Sector	核工业部门 Nuclear Industry Sector	化工部门 Chemical Industry Sector	建材部门 Building Materials Sector	中联煤层气 CUCBM
							4	
						20	126	
							36	
							29	
						15	9	
						18		
	15					28		
							16	
					28			
						14		
					7			
					2			
					13			
	241					10		
						83	52	
						5		
						539		
						48	85	
						5		
						63		
						18		
						40		
						18		
					5	18		
							16	
						3	41	

地质勘查年末从业人员
Yearend Employees in Geological

单位：人

矿 种	Mineral	合计 Total	属地化单位 Localized Departments	冶金部门 Metallurgy Sector	有色部门 Nonferrous Metals Sector	中国地质调查局 China Geological Survey
宝石	Gem	27	27			
玉石	Jade	94	80			
水泥用灰岩	Limestone for Cement	2718	974	17		
建筑石料用灰岩	Limestone for Building Stone	47	43			
泥灰岩	Marl stone	6	6			
建筑用白云岩	Dolomite for Building	29	2	27		
玻璃用石英岩	Quartzite for Glass	14	14			
玻璃用砂岩	Sandstone for Glass	13	13			
陶瓷用砂岩	Sandstone for Ceramic	9				
玻璃用砂	Sand for Glass	3	3			
建筑用砂	Sand for Building	50	3			
玻璃用脉石英	Vein Quartz for Glass	37	37			
粉石英	Powdery Quartz	13				
硅藻土	Diatomite	232	209			
陶粒页岩	Haydite Shale	259	245			
砖瓦用页岩	Shale for Bricks and Tiles	33	11			
水泥配料用页岩	Shale for Cement	27	2			
高岭土	Kaolin	265	83			
陶瓷土	Ceramic Clay	11	11			
海泡石粘土	Sepiolite Clay	13				
膨润土	Bentonite	83	33			
砖瓦用粘土	Clay for Bricks and Tiles	24	24			
陶粒用粘土	Haydite Clay	3	3			
水泥配料用粘土	Clay for Cement	3	3			
玄武岩	Basalt	75	75			
花岗岩	Granite	56	56			
建筑用花岗岩	Granite for Building	72	54			
饰面用花岗岩	Facing Granite	260	231			
大理石	Marble	32	22			
饰面用大理石	Facing for Marble	5	5			
水泥用大理石	Marble for Cement	87				
建筑用大理石	Marble for Building	178	178			
矿泉水	Mineral Water	18	18			
地下水	Groundwater	2571	2035			56
不能分矿种	Others	30297	23401	902		2136

——按矿种和部门分列（2008 年） 续表 2
Exploration by Mineral and Sector (2008) Continued 2

Unit: person

武警黄金 Gold Headquarters	煤炭部门 Coal Sector	石油天然气 Oil and Natural Gas Sector	海洋石油 Marine Petroleum Sector	石油化工 Petro-chemical Industry Sector	核工业部门 Nuclear Industry Sector	化工部门 Chemical Industry Sector	建材部门 Building Materials Sector	中联煤层气 CUCBM
							14	
						15	1712	
							4	
					3			
							9	
							47	
						13		
							23	
							14	
							22	
							25	
							180	
							13	
						23	27	
							18	
							29	
						10		
							87	
	480							
31	654				2000	647	526	

地质勘查年末技术人员

Yearend Technical Personnel in Geological

单位：人

年份/地区	Year/Region	合计 Total	属地化单位 Localized Departments	冶金部门 Metallurgy Sector	有色部门 Nonferrous Metals Sector	中国地质调查局 China Geological Survey	武警黄金 Gold Headquarters
	2001	51059	22381①	2791		406	692
	2002	52310	23202	1563		797	692
	2003	47470	19889	631	108	668	688
	2004	49661	20239	570	170	762	667
	2005	58587	24604	706	137	954	756
	2006	65899	30395	932	201	1206	841
	2007	77661	34045	899	188	1057	709
	2008	171498	109619	6017	288	1240	4051
北 京	Beijing	7623	5850			227	109
天 津	Tianjin	4466	1636			43	
河 北	Hebei	12563	4608	654	12	35	68
山 西	Shanxi	5222	3716	1262		2	
内蒙古	Inner Mongolia	4406	2144	678	114	33	624
辽 宁	Liaoning	7120	3983			36	100
吉 林	Jilin	8456	3825				32
黑龙江	Heilongjiang	6875	4864			2	624
上 海	Shanghai	766	458				
江 苏	Jiangsu	5432	3042		6	38	
浙 江	Zhejiang	2561	2223	119		1	
安 徽	Anhui	5263	5001	12		13	91
福 建	Fujian	3659	3344	45			
江 西	Jiangxi	6879	6574	4		8	46
山 东	Shandong	13457	7087	534		51	200
河 南	Henan	12376	7116			12	59
湖 北	Hubei	6034	4045	193		23	46
湖 南	Hunan	5205	4614	45	7	3	219
广 东	Guangdong	6073	5090		8	412	14
广 西	Guangxi	3144	2640	123		7	
海 南	Hainan	1065	978				87
重 庆	Chongqing	1838	1838				
四 川	Sichuan	10799	7276	17		120	201
贵 州	Guizhou	2716	2531	8			
云 南	Yunnan	5006	3749	678	8	16	415
西 藏	Tibet	700	477	206		17	
陕 西	Shaanxi	8835	5636	123		101	96
甘 肃	Gansu	3504	2185	136	7		583
青 海	Qinghai	2376	1496		11	21	59
宁 夏	Ningxia	1242	1039				
新 疆	Xinjiang	5837	554	1180	115	19	378

注：① 指原地矿部门（包括现中国地质调查局）。

Note: ① Refers to the original geology and mineral resources department (including the prensent China Geological Survey).

——按地区和部门分列
Exploration by Region and Sector

Unit: person

煤炭部门 Coal Sector	石油天然气 Oil and Natural Gas Sector	海洋石油 Marine Petroleum Sector	石油化工 Petro-chemical Industry Sector	核工业部门 Nuclear Industry Sector	化工部门 Chemical Industry Sector	建材部门 Building Materials Sector	中联煤层气 CUCBM
314	10198	3879	8686	708	555	420	29
630	10668	3645	8543	959	637	932	42
597	10872	3660	8050	847	525	903	32
709	11232	4781	8065	917	633	865	51
652	11091	5129	12701	1083		725	49
1186	11706	5177	11376	1107	577	1121	74
1567	19308	918	15831	1268	557	1215	99
4421	21662	1238	16331	1816	1597	3125	93
83	59	205	906	130		54	
	2128	659					
3003	3454			264	349	116	
						195	47
	63			339	213	198	
	2834			102	4	57	4
	4296		114		19	170	
	1234				13	138	
		56	252				
720			1550		41	35	
77					71	70	
						141	5
					105	165	
				198		46	3
			5328		164	89	4
			5008		73	103	5
			1551		56	114	6
				110	164	43	
		318		134		97	
275					26	73	
	1758		1193	99		135	
					90	87	
					64	68	8
	2466			165	110	130	8
	501					92	
263	244				11	271	
						200	3
	2625		429	275	24	238	

地质勘查年末技术人员

Yearend Technical Personnel in Geological

单位：人

矿 种	Mineral	合计 Total	属地化单位 Localized Departments	冶金部门 Metallurgy Sector	有色部门 Nonferrous Metals Sector	中国地质调查局 China Geological Survey
总 计	**Grand Total**	**171498**	**109619**	**6017**	**288**	**1240**
煤	Coal	29383	25218	226		2
油页岩	Oil Shale	312	309			3
陆地石油	Oil, Onshore	38286	255			38
海域石油	Oil, Offshore	1424				186
天然气	Natural Gas	13				13
煤层气	Coal-bed Methane	205	112			
石煤	Stone Coal	39	38			1
地热	Geothermals	1119	1119			
天然气水合物	Natural Gas Hydrate	247				247
铁矿	Iron	11708	10176	1307		6
锰矿	Manganese	995	771	206	7	5
铬铁矿	Chromite	89	87			2
钛矿	Titanium	53	36	17		
钒矿	Vanadium	472	414	41		4
铜矿	Copper	8077	6647	1048	134	45
铅矿	Lead	794	761			
锌矿	Zinc	215	192			1
铝土矿	Bauxite	1122	1016	99		
镁矿	Magnesium	138	138			
镍矿	Nickel	1148	1029	4	32	
钴矿	Cobalt	107	107			
钨矿	Tungsten	2072	2005	41		24
锡矿	Tin	586	557	12		4
钼矿	Molybdenum	4354	4198	74	44	
铋矿	Bismuth	13	13			
汞矿	Mercury	5	5			
锑矿	Antimony	1411	1397			
铅锌矿	Lead-Zinc	7320	6831	427	16	14
多金属矿	Polymetallic Ore	5939	5452	477		6
铂矿	Platinum	115	115			
金矿	Gold	15781	10605	937	41	5
银矿	Silver	2252	2112	119	14	7
铌钽矿	Nb-ta Ore	82	82			
锂矿	Lithium	153	153			
铍矿	Beryllium	8	8			

——按矿种和部门分列（2008年）
Exploration by Mineral and Sector (2008)

Unit: person

武警黄金 Gold Headquarters	煤炭部门 Coal Sector	石油天然气 Oil and Natural Gas Sector	海洋石油 Marine Petroleum Sector	石油化工 Petro-chemical Industry Sector	核工业部门 Nuclear Industry Sector	化工部门 Chemical Industry Sector	建材部门 Building Materials Sector	中联煤层气 CUCBM
4051	**4421**	**21662**	**1238**	**16331**	**1816**	**1597**	**3125**	**93**
	3810					30	97	
		21662		16331				
			1238					
								93
						116	103	
							6	
						13		
					9	151	43	
						11	22	
						22		
						7		
						75	8	
						2		
						13		
							38	
							14	
						32		
						4		
3923	10					114	146	

地质勘查年末技术人员

Yearend Technical Personnel in Geological

单位：人

矿种	Mineral	合计 Total	属地化单位 Localized Departments	冶金部门 Metallurgy Sector	有色部门 Nonferrous Metals Sector	中国地质调查局 China Geological Survey
铼矿	Rhenium	11				
轻稀土矿	Light Rare Earths	5	3			2
硒矿	Selenium	19	15			
蓝晶石	Kyanite	6				
矽线石	Silimanite	4		4		
菱镁矿	Magnesite	84	84			
萤石（普通）	Fluorite (Common)	346	258	17		
熔剂用石灰岩	Limestone for Flux	123	68	12		
冶金用白云岩	Metallurgical, Dolomite	49	23	4		
冶金用砂岩	Sandstone for Metallurgy	3	3			
冶金用石英岩	Metallurgical, Quartzite	22				
耐火粘土	Fireclay	20	20			
自然硫	Native Sulphur	23	8			
硫铁矿	Greigite	193	163			
钠硝石	Nitatite	5	5			
芒硝（含钙芒硝）	Mirabilite (Including Glauberite)	21	5			
重晶石	Barite	34	15			
电石石灰岩	Tourmaline Limestone	21	5			
化肥用石灰岩	Limestone for Fertilizer	10	3			
化肥用石英岩	Quartzite for Fertilizer	2				
含钾岩石	K-bearing Rock	21	10			
含钾砂页岩	K-bearing Sandshale	8	8			
岩盐	Halite	121	38			
钾盐	Potash	107	41			
硼矿	Boron	152	148			
磷矿	Phosphate Rock	1502	1131	74		
金刚石	Diamond	26	26			
石墨	Graphite	154	31			
硅灰石	Wollastonite	25	20			
滑石	Talc	44	5	4		
石棉（温石棉）	Asbestos	22				
长石	Feldspar	32		8		
电气石	Tourmaline	4		4		
石榴子石	Garnet	11				
叶蜡石	Pyrophyllite	12				
透辉石	Diopside	8				
透闪石	Tremolite	38	38			
石膏	Gypsum	140	105			

——按矿种和部门分列（2008年） 续表1
Exploration by Mineral and Sector (2008) Continued 1

Unit: person

武警黄金 Gold Headquarters	煤炭部门 Coal Sector	石油天然气 Oil and Natural Gas Sector	海洋石油 Marine Petroleum Sector	石油化工 Petro-chemical Industry Sector	核工业部门 Nuclear Industry Sector	化工部门 Chemical Industry Sector	建材部门 Building Materials Sector	中联煤层气 CUCBM
					11			
						4		
							6	
						17	54	
							43	
							22	
						11	11	
						15		
	6					24		
							16	
						19		
							16	
						7		
						2		
						11		
	74					9		
						39	27	
						4		
						297		
						39	84	
							5	
							35	
							22	
							24	
							11	
						4	8	
							8	
						2	33	

地质勘查年末技术人员
Yearend Technical Personnel in Geological

单位：人

矿　种	Mineral	合计 Total	属地化单位 Localized Departments	冶金部门 Metallurgy Sector	有色部门 Nonferrous Metals Sector	中国地质调查局 China Geological Survey
方解石	Calcite	5	5			
宝石	Gem	13	13			
玉石	Jade	105	89			
水泥用灰岩	Limestone for Cement	1828	393	17		
建筑石料用灰岩	Limestone for Building Stone	46	41			
泥灰岩	Marl stone	3	3			
建筑用白云岩	Dolomite for Building	15	3	12		
玻璃用石英岩	Quartzite for Glass	20	20			
玻璃用砂岩	Sandstone for Glass	13	13			
陶瓷用砂岩	Sandstone for Ceramic	11				
玻璃用砂	Sand for Glass	5	5			
建筑用砂	Sand for Building	24	5			
玻璃用脉石英	Vein Quartz for Glass	23	23			
粉石英	Powdery Quartz	6				
硅藻土	Diatomite	170	151			
陶粒页岩	Haydite Shale	182	166			
砖瓦用页岩	Shale for Bricks and Tiles	37	18			
水泥配料用页岩	Shale for Cement	19	3			
高岭土	Kaolin	234	84			1
陶瓷土	Ceramic Clay	13	13			
海泡石粘土	Sepiolite Clay	11				
膨润土	Bentonite	92	46			
砖瓦用粘土	Clay for Bricks and Tiles	15	15			
陶粒用粘土	Haydite Clay	3	3			
水泥配料用粘土	Clay for Cement	5	5			
饰面用蛇纹岩	Facing Serpentinite	16				
玄武岩	Basalt	82	82			
花岗岩	Granite	66	66			
建筑用花岗岩	Granite for Building	76	49			
饰面用花岗岩	Facing Granite	135	105			
火山渣	Volcanic Cinder	2				
大理石	Marble	45	36			
饰面用大理石	Facing Marble	5	5			
水泥用大理石	Marble for Cement	51				
建筑用大理石	Marble for Building	97	97			
矿泉水	Mineral Water	20	20			
地下水	Groundwater	1149	937			17
不能分矿种	Others	27391	22868	826		607

——按矿种和部门分列（2008 年） 续表 2
Exploration by Mineral and Sector (2008) Continued 2

Unit: person

武警黄金 Gold Headquarters	煤炭部门 Coal Sector	石油天然气 Oil and Natural Gas Sector	海洋石油 Marine Petroleum Sector	石油化工 Petro-chemical Industry Sector	核工业部门 Nuclear Industry Sector	化工部门 Chemical Industry Sector	建材部门 Building Materials Sector	中联煤层气 CUCBM
							16	
						11	1407	
							5	
							11	
							19	
						6		
							19	
							16	
							19	
							16	
							149	
							11	
						19	27	
							16	
							27	
							30	
						2		
						9		
							51	
	195							
128	326				1796	456	384	

主要统计指标解释

新发现的矿产地 是指报告期内在区域地质调查、矿产普查、物化探异常和成矿远景地段等信息基础上，新发现或根据已知矿点（包括以往已否定的矿点）及群采线索，经初步工作新发现的具有工业价值或有进一步工作价值的矿产地。主要要求：① 对矿体分布和埋藏情况有一定的地质调查和必要的工程揭露、控制；② 对矿石质量有正规取样化验资料，矿石品位符合现行矿产工业开采利用要求；③ 矿产地的矿产资源规模要达到《矿产资源储量规模划分标准》小型规模上限的二分之一；④ 矿产资源/储量级别主要为控制的资源量（332）、推断的资源量（333）和预测的资源量（334_1）；⑤ 要提交相应的平面地质图、剖面图、工程编录、取样位置图及简要说明书等资料。

储量 是指基础储量中的经济可采部分。在预可行性研究、可行性研究或编制年度采掘计划时，经过了对经济、开采、选冶、环境、法律、市场、社会和政府等诸因素的研究及相应修改，结果表明在当时是经济可采或已经开采的部分。依据地质可靠程度和可行性评价阶段不同，又可分为可采储量和预可采储量。

基础储量 是查明矿产资源的一部分。它能满足现行采矿和生产所需的指标要求（包括品位、质量、厚度、开采技术等），并经详查、勘探所获控制的、探明的并通过可行性研究、预可行性研究认为属于经济的、边际经济的部分。用未扣除设计、采矿损失的数量表述。依据可靠程度和可行性评价阶段不同，可分为探明的经济基础储量、控制的经济基础储量、探明的边际经济基础储量、控制的边际经济基础储量。

资源量 是指查明矿产资源的一部分和潜在矿产资源。包括经可行性研究或预可行性研究证实为次边际经济的矿产资源以及经过勘查而未进行可行性研究或预可行性研究的内蕴经济的矿产资源；以及经过预查后预测的矿产资源。

坑探工作量 是指用凿岩机械或人工开凿的各种地下坑道工程，以“米”计量，取整数。

机械岩心钻探工作量 是指用动力机械带动，回转或冲击回转钻进，并以取出岩心了解和研究地下地质情况为目的的钻探工作。如手轮给进钻机、油压钻机、石油钻机、海洋石油钻机、水文水井钻机以及汽车钻机等。以“米”计量，取整数。

地质勘查经费 是指报告期完成的来自各方面的地质勘查资金。包括完成的中央财政、地方财政地质勘查拨款，企事业单位、港澳台商、外商投入的地质勘查工作的资金以及其他资金。

中央财政拨款 是指报告期实际完成的由国家预算收支科目安排的直接用于地质勘查经费和矿产资源补偿费。

地方财政拨款 是指报告期实际完成的地方财政拨付的地质勘查经费和矿产资源补偿费。

矿产资源补偿费 是指中央、地方财政分成所得的矿产资源补偿费用于地质勘查工作的支出。中央财政分成的矿产资源补偿费计入中央财政拨款；地方财政分成的矿产资源补偿费计入地方财政拨款。

企事业资金 是指报告期完成的各类企事业单位投入的地质勘查工作的资金。

国内企事业资金 是指报告期完成的国有、集体企事业单位和私营企业投入地质勘查工作的资金。

港澳台商投资 是指港澳台企业和经济组织或个人按我国有关政策、法规，用现汇、实物、（折资）和技术等投入地质勘查工作资金。

外商投资 是指报告期内完成境外投入地质勘查工作的资金。包括外商直接投资、对外借贷、（外国政府贷款、国际金融组织贷款、出口信贷、外国银行商业贷款、对外发行债券和股票）及外商其他投资（包括补偿贸易和加工装配由外商提供的设备价款、国际租赁）。不包括我国自有外汇资金（包括国家外汇、地方外汇、流程外汇、调剂外汇和中国银行自有资金发行的外汇贷款等）。

其他投入 是指以地质成果转让收入、油田维护费、维简费、科研经费等投入地质勘查工作的资金。

勘查年末从业人员 是指年末从事地质勘查工作并取得劳动报酬的人员。

技术人员 是指年末从事地质勘查工作并取得劳动报酬的，具有初级及初级以上地质勘查技术职称的专业技术人员。包括地质技术人员、工程技术人员、物化探技术人员、测绘、岩矿鉴定、化验等技术人员。

平均从业人员 是指报告期内平均每天实有的从业人数。平均职工人数=（年初人数+年末人数）/2 或用年度各月平均人数之和除以 12。

劳动报酬 指在一定时期内直接支付给从事地勘工作就业人员的劳动报酬总额。包括职工工资总额和其他就业人员劳动报酬两部分。

Explanatory Notes on Main Statistical Indicators

Newly Discovered Mineral Prospect — denotes a mineral occurrence of commercial value or value for further work, which has been recently found on the basis of the information obtained by regional geological survey, mineral reconnaissance, geophysical and geochemical anomalies, and mineral potentials, or found on the basis of known mineral occurrences (including previously negated ones) and clues furnished by the local people engaged in mining and through preliminary work during the reporting period. The main requirements are as follows: ① the distribution and burial conditions of orebodies have been revealed and controlled by some geological survey and necessary engineering work; ② ore has been regularly sampled and analyzed and the ore grade meets current requirements for commercial exploitation and utilization of ore; ③ the amount of mineral resources in a prospect should reach 1/2 of the upper limit of a small size in the "Criteria for the Size Classification of Mineral Resources and Reserves"; ④ the categories of mineral resources/reserves are mainly assigned to controlled resources (332), inferred resources (333) and predicted resources (334_1); and ⑤ relevant data such as geological plan maps, sections, engineering documents, sampling location maps and brief explanatory notes should be submitted.

Reserves — refer to that part of the reserve base which could be economically extracted or produced. After studies of economic, mining, beneficiation and smelting, environmental, legal, market, social and governmental factors and consequential revision, it is indicated that that part of the reserve base is economically extractable or has been extracted at the time of prefeasibility study, feasibility study or formulation of an annual extraction plan. According to the degree of geological reliability and stages of the feasibility evaluation, reserves may be divided into extractable reserves and pre-extractable reserves.

Reserve Base — refers to that part of identified mineral resources that meet specified criteria related to current mining and production practices (including those for grade, quality, thickness and mining technology) and are controlled and demonstrated through detailed reconnaissance and exploration and considered currently economic and marginally economic through the feasibility study and prefeasibility study. The reserve base is expressed by a quantity from which the design loss and mining loss are not deducted. According to the degree of geological reliability and stages of the feasibility evaluation, the reserve base may be divided into the demonstrated economic reserve base, controlled economic reserve base, demonstrated marginally economic reserve base and controlled marginally economic reserve base.

Resources — refer to that part of identified mineral resources and potential mineral resources, including those considered submarginally economic through the feasibility study or prefeasibility study and those considered potentially economic through exploration but without a feasibility study or pre-feasibility study, as well as predicted mineral resources through regional reconnaissance.

Footage of Pitting — refers to the progress of various underground workings excavated by rock drills or man operations. It is calculated by "meters" and rounded off.

Footage of Core Drilling — refers to the penetration of rotary or percussive drilling driven by power machinery that recovers the core in order to study the underground geology. The drills include hand-lever feed drills, hydraulic feed drills, oil drills, marine oil drills, hydrological and water well drills, and truck-mounted drills. It is calculated by "meters" and rounded off.

Expenditures for Geological Exploration — refer to the expenditures for geological exploration operations from various sources completed during the reporting period. They include funds allocated from the central and local finances for geological exploration, funds invested by enterprises and institutions, Hong Kong, Macao and Taiwan businessmen, and foreign businessmen for geological exploration, and other funds.

Central Budgetary Allocations — refer to expenditures directly used for geological exploration and mineral resources compensation fees arranged by the state budgeted revenue and expenditure subject, which are actually completed during the reporting period.

Local Budgetary Allocations — refer to expenditures for geological exploration and mineral resources compensation fees allocated by local finance, which are actually completed during the reporting period.

Mineral Resources Compensation Fees — refer to the mineral resources compensation fees shared by central and local finances that are used for the expenditures of geological exploration. The share of mineral resources compensation fees obtained by central finance is included in the central budgetary allocations, and the share of mineral resources compensation fees obtained by local finance is included in the local budgetary allocations.

Funds from Enterprises and Institutions — refer to the funds invested by various enterprises and institutions for geological exploration, which are completed during the reporting period.

Funds from Domestic Enterprises and Institutions — refer to the funds invested by state-owned and collective-owned enterprises and institutions and private enterprises for geological exploration, which are completed during the reporting period.

Investments from Hong Kong, Macao, and Taiwan — refer to the funds invested by Hong Kong, Macao, and Taiwan enterprises or economic establishments or individuals in cash, kind (converted into money according to the price indices) and techniques for geological exploration according to relevant policies, laws and regulations of China.

Foreign Investments — refer to the funds invested from abroad for geological exploration, which are completed during the reporting period. They include foreign direct investments, foreign loans (loans from foreign governments, loans from international financial organizations, export loan, commercial loans from foreign banks, and bonds and stocks issued abroad) and other investments of foreigners (including compensation trade, processing and assembling for which the equipment funds are provided by foreign businessmen, and international leasing), but not include China's equity exchange capitals (including national exchanges, local exchanges, floating exchanges, accommodation exchanges, and foreign exchanges loans issued using the equity capital of the Bank of China).

Other Investments — refer to the funds invested as revenues from transfer of geological achievements, oilfield maintenance charges, maintenance fee for simple reproduction and funds for scientific and technological research for geological exploration.

Yearend Employees in Exploration — refer to all the persons who work for geological exploration and receive payments at year end.

Technical Personnel — refer to professional technical persons who work for the geological exploration and receive payment and have technical titles of geological exploration at and above the junior title. They include geological technical personnel, engineering technical personnel, geophysical and geochemical technical personnel, surveying and mapping personnel, and technical personnel for identification and chemical analysis of rocks and minerals.

Average Employees — refer to the average daily number of employees during the reporting period.

The average number of employees=(A+B)/2 or C/12.

A=number of employees at year beginning.

B=number of employees at year end.

C=the sum of the average monthly numbers during the current year.

Remuneration of Labor — refers to the total sum of payment of labor paid directly to the employees engaged in geological exploration during a particular period of time. It includes the sum of salaries and wages of staff and payment of other employees.

三、国土资源开发利用

Chapter 3 Land and Resources Development and Utilization

土地资源

Land Resources

土地整理——按地区分列
Land Consolidation by Region

年份/地区	Year/Region	项目数 Number of Projects	土地整理面积（公顷）Land Consolidation Area (hectare)			
				增加农用地 Increase of Agricultural Land	增加耕地 Increase of Cultivated Land	增加建设用地 Increase of Land for Construction Use
2001			78129.36	75351.69		2777.67
2002			98368.31	95069.14		3299.17
2003		5885	187346.40	83735.00	69577.70	8963.14
2004		4765	224796.99	82993.91	76071.89	3682.42
2005		5945	332321.35	85216.91	80836.61	2252.89
2006		4919	524178.39	100096.24	96519.61	3123.08
2007		4869	719339.43	126069.85	120029.17	3855.35
2008		4990	822826.04	133679.03	128165.09	3094.51
北京	Beijing	14	3439.04	584.54	580.24	
天津	Tianjin					
河北	Hebei	198	55379.09	10263.83	8219.04	
山西	Shanxi	107	10643.88	2988.50	2842.66	36.76
内蒙古	Inner Mongolia	90	24847.49	2841.34	6065.74	49.39
辽宁	Liaoning	52	23447.69	2117.43	1572.49	
吉林	Jilin	28	13425.43	9762.49	8783.08	163.26
黑龙江	Heilongjiang	30	42584.22	776.57	5044.60	1877.04
上海	Shanghai	130	6729.30	486.92	486.92	
江苏	Jiangsu	252	48212.61	4572.27	5385.81	159.84
浙江	Zhejiang	240	34518.55	4674.93	4554.41	
安徽	Anhui	237	6005.03	1916.16	1769.87	31.20
福建	Fujian	135	17053.83	3026.51	2168.00	
江西	Jiangxi	27	20009.49	1019.38	1019.38	
山东	Shandong	687	94708.69	18061.95	14772.05	112.63
河南	Henan	617	35273.94	8517.53	8487.03	20.36
湖北	Hubei	320	28497.52	5042.67	2595.86	14.91
湖南	Hunan	208	34487.00	2782.17	2361.42	41.20
广东	Guangdong	78	1230.37	239.51	150.26	244.87
广西	Guangxi	567	23096.94	2869.87	2850.70	
海南	Hainan	19	5516.13	726.91	963.70	6.87
重庆	Chongqing	248	54463.61	15103.16	12226.43	2.31
四川	Sichuan	255	158973.63	21821.85	21821.76	107.47
贵州	Guizhou	143	8725.57	1917.96	1434.86	
云南	Yunnan	66	32404.24	4972.50	4080.59	51.40
西藏	Tibet	7	113.93	113.93	113.93	
陕西	Shaanxi	136	8039.21	1880.95	1953.84	
甘肃	Gansu	73	18963.18	2220.48	3815.95	173.76
青海	Qinghai	3	189.85	117.75	118.62	
宁夏	Ningxia	11	6167.55	791.09	742.09	
新疆	Xinjiang	12	5679.03	1467.88	1183.76	1.24

注：“项目数”和“耕地”为2003年新增指标。

Notes: “Number of Projects” and “Cultivated Land” are newly added indicators in 2003.

土地整理——按省市分列（2008年）
Land Consolidation by Province, Autonomous Region and Municipality (2008)

年份/地区	Year/Region	项目数 Number of Projects	土地整理面积（公顷）Land Consolidation Area (hectare)			
				增加农用地 Increase of Agricultural Land	增加耕地 Increase of Cultivated Land	增加建设用地 Increase of Land for Construction Use
总　计	**Total**	**4990**	**822826.04**	**133679.03**	**128165.09**	**3094.51**
北京市	**Beijing**	**14**	**3439.04**	**584.54**	**580.24**	
河北省	**Hebei**	**198**	**55379.09**	**10263.83**	**8219.04**	
石家庄市	Shijiazhuang City	41	11697.47	1689.93	1699.10	
唐山市	Tangshan City	39	13646.20	5102.88	1232.81	
秦皇岛市	Qinhuangdao City	9	1225.32	138.15	138.15	
邯郸市	Handan City	10	2105.18	332.03	332.03	
邢台市	Xingtai City	7	4058.33	569.11	569.11	
保定市	Baoding City	9	1606.34	243.54	243.54	
张家口市	Zhangjiakou City	33	9403.37	962.79	913.75	
承德市	Chengde City	16	4030.46	589.55	2397.98	
沧州市	Cangzhou City	9	877.48	84.56	157.28	
廊坊市	Langfang City	16	3893.02	312.11	312.11	
衡水市	Hengshui City	9	2835.92	239.18	223.18	
山西省	**Shanxi**	**107**	**10643.88**	**2988.50**	**2842.66**	**36.76**
太原市	Taiyuan City	5	1279.10	214.93	214.93	
大同市	Datong City	3	1663.30	487.41	487.41	
阳泉市	Yangquan City	7	80.00	2.40	2.40	
长治市	Changzhi City	3	288.80	73.04	73.04	
晋城市	Jincheng City	31	1430.93	218.14	218.14	
晋中市	Jinzhong City	32	2500.11	826.84	826.84	
运城市	Yuncheng City	1	150.60	150.60	150.66	
忻州市	Xinzhou City	8	1168.18	374.72	342.72	
临汾市	Linfen City	14	1086.34	318.43	272.99	36.76
吕梁市	Lüliang City	3	996.52	321.99	253.53	
内蒙古	**Inner Mongolia**	**90**	**24847.49**	**2841.34**	**6065.74**	**49.39**
呼和浩特市	Hohhot City	12	4985.66	247.42	1354.92	
包头市	Baotou City	16	2290.92	96.29	191.48	35.87
乌海市	Wuhai City	1	166.67	62.15	62.15	
赤峰市	Chifeng City	7	2938.78	402.48	377.90	
通辽市	Tongliao City	19	1859.57	89.78	1272.88	13.52
鄂尔多斯市	Erdos City	7	4270.68	1218.02	2085.10	
呼伦贝尔市	Hulunbuir City	6	3091.05	312.54	385.33	
巴彦淖尔市	Bayannur City	7	889.03	200.91	93.04	
乌兰察布市	Ulanqab City	10	3819.95	200.04	200.04	
兴安盟	Xing'an League	3	198.20	11.71	11.71	

土地整理——按省市分列（2008年） 续表1
Land Consolidation by Province, Autonomous Region and Municipality (2008) Continued 1

年份/地区	Year/Region	项目数 Number of Projects	土地整理面积（公顷）Land Consolidation Area (hectare)			
				增加农用地 Increase of Agricultural Land	增加耕地 Increase of Cultivated Land	增加建设用地 Increase of Land for Construction Use
阿拉善盟	Alxa League	2	336.98		31.19	
辽宁省	**Liaoning**	**52**	**23447.69**	**2117.43**	**1572.49**	
沈阳市	Shenyang City	4	2881.57	520.41	520.41	
本溪市	Benxi City	5	180.40	25.15	25.15	
丹东市	Dandong City	3	443.56	14.67	14.67	
盘锦市	Panjin City	7	6173.50	267.20	267.20	
铁岭市	Tieling City	23	9437.46	220.34	220.34	
朝阳市	Chaoyang City	10	4331.20	1069.66	524.72	
吉林省	**Jilin**	**28**	**13425.43**	**9762.49**	**8783.08**	**163.26**
长春市	Changchun City	2	614.71	614.71	112.86	
吉林市	Jilin City	1	254.50	254.50	181.10	
四平市	Siping City	3	2830.58	2735.22	2735.22	95.36
辽源市	Liaoyuan City	9	1434.67	235.65	229.35	
通化市	Tonghua City	2	1509.20	1509.20	1484.20	
松原市	Songyuan City	8	6733.07	4364.51	3991.65	67.90
白城市	Baicheng City	3	48.70	48.70	48.70	
黑龙江省	**Heilongjiang**	**30**	**42584.22**	**776.57**	**5044.60**	**1877.04**
齐齐哈尔市	Qiqihar City	3	3551.28	91.70	370.70	
鸡西市	Jixi City	1	1806.30		309.80	
鹤岗市	Hegang City	2	3303.35	107.82	64.58	
大庆市	Daqing City	5	8773.56	165.24	916.29	
佳木斯市	Jiamusi City	3	3442.40	361.09	762.01	0.33
七台河市	Qitaihe City	2	562.80		122.17	
牡丹江市	Mudanjiang City	1	1124.80		38.00	
绥化市	Suihua City	4	6135.32	50.72	562.87	1876.71
农垦总局	General Bureau of Agriculture	9	13884.41		1898.18	
上海市	**Shanghai**	**130**	**6729.30**	**486.92**	**486.92**	
江苏省	**Jiangsu**	**252**	**48212.61**	**4572.27**	**5385.81**	**159.84**
南京市	Nanjing City	8	782.00	80.00	108.00	
无锡市	Wuxi City	4	5817.20	193.26	564.15	
徐州市	Xuzhou City	14	635.56	67.92	160.30	0.01
常州市	Changzhou City	17	465.00	56.00	51.00	
苏州市	Suzhou City	16	7436.71	876.45	876.45	
南通市	Nantong City	9	4673.00	371.00	371.00	

土地整理——按省市分列（2008年） 续表2
Land Consolidation by Province, Autonomous Region and Municipality (2008) Continued 2

年份/地区	Year/Region	项目数 Number of Projects	土地整理面积（公顷）Land Consolidation Area (hectare)			
				增加农用地 Increase of Agricultural Land	增加耕地 Increase of Cultivated Land	增加建设用地 Increase of Land for Construction Use
连云港市	Lianyungang City	20	2780.46	399.65	386.14	
淮安市	Huai'an City	3	494.67	40.19	33.65	0.19
盐城市	Yancheng City	56	5744.97	809.32	936.32	118.78
扬州市	Yangzhou City	20	11162.24	1257.95	1280.99	
镇江市	Zhenjiang City	15	1935.13	59.85	115.86	1.05
泰州市	Taizhou City	2	2390.77	100.78	244.05	39.81
宿迁市	Suqian City	68	3894.90	259.90	257.90	
浙江省	**Zhejiang**	**240**	**34518.55**	**4674.93**	**4554.41**	
杭州市	Hangzhou City	17	939.00	70.60	70.60	
宁波市	Ningbo City	32	5304.19	370.94	370.94	
温州市	Wenzhou City	26	1842.18	282.77	282.77	
嘉兴市	Jiaxing City	20	4853.94	547.01	547.01	
湖州市	Huzhou City	9	1883.93	390.08	390.08	
绍兴市	Shaoxing City	12	460.81	2.98	33.60	
金华市	Jinhua City	28	2700.60	456.51	456.51	
衢州市	Quzhou City	52	3322.60	462.91	459.24	
舟山市	Zhoushan City	2	335.68	196.75	59.04	
台州市	Taizhou City	16	7116.84	966.07	966.07	
丽水市	Lishui City	26	5758.78	928.31	918.55	
安徽省	**Anhui**	**237**	**6005.03**	**1916.16**	**1769.87**	**31.20**
合肥市	Hefei City	78	448.45	347.88	345.02	13.43
芜湖市	Wuhu City	20	1650.65	204.87	204.87	
淮南市	Huainan City	9	1597.17	265.37	255.56	
马鞍山市	Ma'anshan City	17	760.36	121.57	121.57	
淮北市	Huaibei City	22	300.92	2.75	136.67	
安庆市	Anqing City	3	194.62	194.62	194.62	
黄山市	Huangshan City	2	21.13	20.15	20.15	
滁州市	Chuzhou City	1	69.55	22.80	22.80	
阜阳市	Fuyang City	8	34.36	20.96	20.96	
宿州市	Suzhou City	10	93.24	91.65	83.54	1.58
巢湖市	Chaohu City	18	481.88	377.37	97.27	11.13
六安市	Lu'an City	18	310.78	231.93	231.93	
亳州市	Bozhou City	31	41.92	14.24	34.91	5.06
福建省	**Fujian**	**135**	**17053.83**	**3026.51**	**2168.00**	
福州市	Fuzhou City	17	4500.02	504.38	504.38	
莆田市	Putian City	1	211.38	18.92	18.92	

土地整理——按省市分列（2008年） 续表3
Land Consolidation by Province, Autonomous Region and Municipality (2008) Continued 3

年份/地区	Year/Region	项目数 Number of Projects	土地整理面积（公顷）Land Consolidation Area (hectare)	增加农用地 Increase of Agricultural Land	增加耕地 Increase of Cultivated Land	增加建设用地 Increase of Land for Construction Use
三明市	Sanming City	25	3113.08	422.08	380.91	
泉州市	Quanzhou City	43	3899.55	686.84	560.97	
漳州市	Zhangzhou City	10	1652.15	870.40	193.02	
南平市	Nanping City	19	2577.75	230.25	226.12	
龙岩市	Longyan City	1	221.53	221.53	221.53	
宁德市	Ningde City	19	878.37	72.11	62.15	
江西省	**Jiangxi**	**27**	**20009.49**	**1019.38**	**1019.38**	
山东省	**Shandong**	**687**	**94708.69**	**18061.95**	**14772.05**	**112.63**
济南市	Jinan City	40	6740.32	1144.62	1375.62	2.31
青岛市	Qingdao City	191	10713.88	1586.79	1586.79	
淄博市	Zibo City	11	294.45	67.59	67.59	
枣庄市	Zaozhuang City	27	3497.22	1063.04	875.11	
东营市	Dongying City	16	5654.16	981.74	666.24	
烟台市	Yantai City	71	8081.30	1298.56	1278.33	
潍坊市	Weifang City	38	12447.31	1512.15	1502.15	
济宁市	Jining City	31	3227.32	841.75	808.55	21.29
泰安市	Tai’an City	103	6460.61	881.29	775.64	
威海市	Weihai City	18	4072.76	475.52	438.13	
日照市	Rizhao City	59	6605.24	1935.65	727.65	
莱芜市	Laiwu City	17	1953.27	859.38	431.67	
临沂市	Linyi City	47	6028.34	1283.92	839.89	
德州市	Dezhou City	3	3229.98	431.50	431.50	
聊城市	Liaocheng City	2	2820.75	224.25	224.25	
滨州市	Binzhou City	7	7677.15	2336.55	1650.31	
菏泽市	Heze City	6	5204.63	1137.65	1092.63	89.03
河南省	**Henan**	**617**	**35273.94**	**8517.53**	**8487.03**	**20.36**
郑州市	Zhengzhou City	14	377.89	139.33	126.64	
开封市	Kaifeng City	49	1235.27	1199.78	1199.78	19.76
洛阳市	Luoyang City	68	721.60	394.99	394.89	0.60
平顶山市	Pingdingshan City	4	733.06	733.06	733.06	
安阳市	Anyang City	5	2640.86	419.20	419.20	
鹤壁市	Hebi City	6	2942.62	325.56	325.56	
新乡市	Xinxiang City	25	11685.52	2551.48	2551.48	
焦作市	Jiaozuo City	216	279.19	279.19	276.45	
濮阳市	Puyang City	4	2788.40	178.90	178.90	
许昌市	Xuchang City	71	456.18	453.53	453.53	
三门峡市	Sanmenxia City	9	25.52	25.19	25.19	

土地整理——按省市分列（2008年） 续表4
Land Consolidation by Province, Autonomous Region and Municipality (2008) Continued 4

年份/地区	Year/Region	项目数 Number of Projects	土地整理面积（公顷）Land Consolidation Area (hectare)			
				增加农用地 Increase of Agricultural Land	增加耕地 Increase of Cultivated Land	增加建设用地 Increase of Land for Construction Use
南阳市	Nanyang City	58	2790.00	410.43	406.33	
商丘市	Shangqiu City	31	2109.53	542.94	542.94	
周口市	Zhoukou City	6	4528.38	467.58	467.58	
驻马店市	Zhumadian City	50	1934.03	390.02	379.15	
济源市	Jiyuan City	1	25.89	6.35	6.35	
湖北省	**Hubei**	**320**	**28497.52**	**5042.67**	**2595.86**	**14.91**
武汉市	Wuhan City	27	163.01	40.75	11.41	1.41
黄石市	Huangshi City	13	5346.23	1467.25	483.65	
十堰市	Shiyan City	5	49.69	22.70	22.70	
宜昌市	Yichang City	41	2079.48	437.47	351.86	
襄樊市	Xiangfan City	20	1343.47	255.72	133.33	
孝感市	Xiaogan City	3	4053.08	573.36	218.22	
荆州市	Jingzhou City	95	725.35	510.27	454.07	13.50
黄冈市	Huanggang City	23	10463.94	671.23	595.77	
咸宁市	Xianning City	1	69.49	8.21	8.21	
随州市	Suizhou City	14	51.65	12.91	3.61	
恩施土家族苗族自治州	Enshi Tujia & Miao A.P.	5	97.17	29.15	29.15	
省直辖行政单位	Administrative Units Directly Under the Provincial Government	73	4054.96	1013.65	283.88	
湖南省	**Hunan**	**208**	**34487.00**	**2782.17**	**2361.42**	**41.20**
株洲市	Zhuzhou City	20	4376.30	166.83	166.83	
湘潭市	Xiangtan City	17	3392.71	111.96	111.96	
衡阳市	Hengyang City	12	4247.40	217.87	217.87	
邵阳市	Shaoyang City	11	2297.03	131.10	131.10	
岳阳市	Yueyang City	9	4016.27	483.02	304.70	3.74
常德市	Changde City	54	4244.30	294.63	304.18	
益阳市	Yiyang City	16	234.53	106.76	67.69	
郴州市	Chenzhou City	9	313.43	17.08	17.08	
永州市	Yongzhou City	30	4450.63	261.50	370.45	
怀化市	Huaihua City	11	4127.14	541.46	517.42	
娄底市	Loudi City	3	34.87	34.87	5.66	
湘西土家族苗族自治州	West Hunan Tujia & Miao A.P.	16	2752.39	415.09	146.48	37.46
广东省	**Guangdong**	**78**	**1230.37**	**239.51**	**150.26**	**244.87**
广州市	Guangzhou City	9	386.20			
湛江市	Zhanjiang City	26	368.33	123.46	123.46	244.87
茂名市	Maoming City	37	94.85	92.05	2.80	

土地整理——按省市分列（2008年） 续表5

Land Consolidation by Province, Autonomous Region and Municipality (2008) Continued 5

年份/地区	Year/Region	项目数 Number of Projects	土地整理面积（公顷）Land Consolidation Area (hectare)	增加农用地 Increase of Agricultural Land	增加耕地 Increase of Cultivated Land	增加建设用地 Increase of Land for Construction Use
河源市	Heyuan City	4	216.89	22.65	22.65	
阳江市	Yangjiang City	1	162.75			
揭阳市	Jieyang City	1	1.35	1.35	1.35	
广西	**Guangxi**	**567**	**23096.94**	**2869.87**	**2850.70**	
南宁市	Nanning City	13	4697.24	166.56	373.14	
桂林市	Guilin City	528	11709.56	2107.39	2123.96	
梧州市	Wuzhou City	18	810.09	417.17	153.07	
北海市	Beihai City	2	1593.36	119.69	119.69	
玉林市	Yulin City	4	3202.29		21.78	
河池市	Hechi City	1	134.50	8.53	8.53	
崇左市	Chongzuo City	1	949.90	50.53	50.53	
海南省	**Hainan**	**19**	**5516.13**	**726.91**	**963.70**	**6.87**
海口市	Haikou City	1	464.41	0.48	179.70	0.04
省直辖县级行政单位	County-level Administrative Units Directly Under the Provincial Government	18	5051.72	726.43	784.00	6.83
重庆市	**Chongqing**	**248**	**54463.61**	**15103.16**	**12226.43**	**2.31**
四川省	**Sichuan**	**255**	**158973.63**	**21821.85**	**21821.76**	**107.47**
成都市	Chengdu City	49	34870.29	5595.62	5775.62	107.47
自贡市	Zigong City	11	7343.64	1004.86	999.86	
攀枝花市	Panzhihua City	**1**	**217.07**	**176.15**	**176.15**	
泸州市	Luzhou City	**14**	**13416.45**	**1830.06**	**1794.42**	
德阳市	Deyang City	12	2891.99	354.88	354.88	
绵阳市	Mianyang City	7	5850.32	700.57	700.57	
广元市	Guangyuan City	5	4979.59	483.89	483.89	
遂宁市	Suining City	14	5834.73	651.43	651.43	
内江市	Neijiang City	8	2933.20	357.62	350.21	
乐山市	Leshan City	19	10985.73	1451.73	1451.73	
南充市	Nanchong City	30	13914.36	1768.59	1710.05	
眉山市	Meishan City	14	6202.93	1027.58	1027.58	
宜宾市	Yibin City	11	6930.09	1071.82	1071.82	
广安市	Guang'an City	11	3645.38	416.30	416.30	
达州市	Dazhou City	6	5232.73	745.95	672.45	
资阳市	Ziyang City	43	33725.13	4184.80	4184.80	
贵州省	**Guizhou**	**143**	**8725.57**	**1917.96**	**1434.86**	
贵阳市	Guiyang City	21	2773.42	564.03	41.75	
六盘水市	Liupanshui City	8	35.74	35.74	35.74	

土地整理——按省市分列（2008年） 续表6
Land Consolidation by Province, Autonomous Region and Municipality (2008) Continued 6

年份/地区	Year/Region	项目数 Number of Projects	土地整理面积（公顷）Land Consolidation Area (hectare)			
				增加农用地 Increase of Agricultural Land	增加耕地 Increase of Cultivated Land	增加建设用地 Increase of Land for Construction Use
遵义市	Zunyi City	27	698.11	345.45	321.72	
铜仁地区	Tongren Prefecture	28	602.64	571.18	571.18	
黔西南布依族苗族自治州	Southwest Guizhou Buyei & Miao A.P.	5	650.38	55.16	55.16	
毕节地区	Bijie Prefecture	51	3889.38	342.87	342.87	
黔东南苗族侗族自治州	Southeast Guizhou Miao & Dong A.P.	1	12.99	3.53	3.53	
黔南布依族苗族自治州	South Guizhou Buyei & Miao A.P.	2	62.91		62.91	
云南省	**Yunnan**	**66**	**32404.24**	**4972.50**	**4080.59**	**51.40**
昆明市	Kunming City	13	8705.01	967.54	967.54	
曲靖市	Qujing City	2	397.59	132.32		
保山市	Baoshan City	5	2753.49	243.87	280.36	
昭通市	Zhaotong City	17	4617.60	1081.83	1028.21	50.39
丽江市	Lijiang City	3	2388.05	31.51	161.15	
临沧市	Lincang City	7	3420.22	1721.60	870.22	
楚雄彝族自治州	Chuxiong Yi A.P.	5	4819.76	267.24	246.52	
红河哈尼族彝族自治州	Honghe Hani & Yi A.P.	3	1054.41	113.23	113.23	
大理白族自治州	Dali Bai A.P.	1	73.85	48.16	48.16	1.01
德宏傣族景颇族自治州	Dehong Dai & Jingpo A.P.	6	3346.18	227.86	227.86	
怒江傈僳族自治州	Nujiang Lisu A.P.	4	828.08	137.34	137.34	
西藏	**Tibet**	**7**	**113.93**	**113.93**	**113.93**	
拉萨市	Lhasa City	6	30.20	30.20	30.20	
林芝地区	Nyingchi Prefecture	1	83.73	83.73	83.73	
陕西省	**Shaanxi**	**136**	**8039.21**	**1880.95**	**1953.84**	
西安市	Xi'an City	6	442.47	48.56	48.56	
铜川市	Tongchuan City	2	96.80	36.49	36.49	
宝鸡市	Baoji City	3	1694.50	373.93	373.93	
咸阳市	Xianyang City	10	106.49	19.66	86.83	
渭南市	Weinan City	39	1463.01	209.09	209.09	
延安市	Yan'an City	45	2012.52	593.31	587.03	
汉中市	Hanzhong City	13	723.23	34.34	46.34	

土地整理——按省市分列（2008年） 续表7
Land Consolidation by Province, Autonomous Region and Municipality (2008) Continued 7

年份/地区	Year/Region	项目数 Number of Projects	土地整理面积（公顷）Land Consolidation Area (hectare)			
				增加农用地 Increase of Agricultural Land	增加耕地 Increase of Cultivated Land	增加建设用地 Increase of Land for Construction Use
榆林市	Yulin City	9	456.40	253.57	253.57	
安康市	Ankang City	4	523.47	115.86	115.86	
商洛市	Shangluo City	5	520.32	196.14	196.14	
甘肃省	**Gansu**	**73**	**18963.18**	**2220.48**	**3815.95**	**173.76**
白银市	Baiyin City	3	1937.00	106.28	943.14	170.15
天水市	Tianshui City	5	2634.30	221.36	353.44	
武威市	Wuwei City	9	2855.29	144.27	485.48	
张掖市	Zhangye City	8	4051.51	323.45	490.74	0.41
平凉市	Pingliang City	3	165.83	70.14	74.20	
酒泉市	Jiuquan City	5	4408.30	697.05	697.05	
庆阳市	Qingyang City	22	917.47	24.46	146.16	3.20
定西市	Dingxi City	15	1937.88	585.94	585.94	
陇南市	Longnan City	2	44.07	36.00	34.40	
甘南藏族自治州	Gannan Tibetan A.P.	1	11.53	11.53	5.40	
青海省	**Qinghai**	**3**	**189.85**	**117.75**	**118.62**	
海东地区	Haidong Prefecture	2	141.32	114.69	115.56	
黄南藏族自治州	Huangnan Tibetan A.P.	1	48.53	3.06	3.06	
宁夏	**Ningxia**	**11**	**6167.55**	**791.09**	**742.09**	
银川市	Yinchuan City	5	2929.85	618.42	584.42	
石嘴山市	Shizuishan City	2	1366.60	47.31	47.31	
吴忠市	Wuzhong City	3	1821.10	75.36	64.36	
固原市	Guyuan City	1	50.00	50.00	46.00	
新疆	**Xinjiang**	12	5679.03	1467.88	1183.76	1.24
哈密地区	Hami Prefeture	**1**	**206.91**	**44.68**	**43.79**	
昌吉回族自治州	Changji Hui A.P.	3	600.00	228.80	228.80	
巴音郭楞蒙古族自治州	Bayingolin Mongol A.P.	5	1969.24	494.01	333.75	1.24
塔城地区	Tacheng Prefeture	1	222.00	157.50	51.53	
新疆生产建设兵团	Xinjiang Production and Construction Corps	2	2680.88	542.89	525.89	

土地复垦——按地区分列
Land Reclamation by Region

年份/地区	Year/Region	项目数 Number of Projects	土地复垦面积（公顷） Land Reclamation Area (hectare)	增加农用地 Increase of Agricultural Land	增加耕地 Increase of Cultivated Land	增加建设用地 Increase of Land for Construction Use
2001			46414.01	44415.58		1998.43
2002			63598.34	60810.03		2788.31
2003		5275	53008.74	43049.67	39264.04	1328.54
2004		5770	69232.79	47890.35	44204.25	600.97
2005		6849	53740.99	42409.53	39193.19	421.42
2006		7531	69510.82	52475.43	47530.37	542.85
2007		5406	57818.74	39101.71	36377.33	697.78
2008		7792	59422.43	49144.12	46491.12	283.16
北　京	Beijing					
天　津	Tianjin					
河　北	Hebei	95	1443.58	861.22	843.27	2.98
山　西	Shanxi	34	924.96	384.92	373.92	
内蒙古	Inner Mongolia	4	1552.54	1370.07	1006.17	0.90
辽　宁	Liaoning	14	704.64	586.64	475.58	
吉　林	Jilin	32	2920.11	2553.98	2086.82	3.25
黑龙江	Heilongjiang	24	5991.42	4264.16	4222.16	
上　海	Shanghai	437	2061.37	1570.04	1569.84	
江　苏	Jiangsu	1357	8111.29	7113.48	6869.89	62.62
浙　江	Zhejiang	1661	4905.70	4111.98	4103.90	
安　徽	Anhui	1361	8054.03	7548.55	7244.30	87.17
福　建	Fujian	14	88.75	73.66	73.31	
江　西	Jiangxi	1	489.20	447.30	447.30	
山　东	Shandong	419	2884.93	2349.77	2171.89	58.54
河　南	Henan	1401	5931.28	5218.94	5080.88	15.34
湖　北	Hubei	325	2685.81	2492.55	2453.32	20.10
湖　南	Hunan	20	482.34	133.10	121.67	
广　东	Guangdong	42	222.03	209.53	206.88	1.97
广　西	Guangxi	1	12.78	12.78	12.78	
海　南	Hainan	6	176.01	135.99	135.99	
重　庆	Chongqing	33	413.49	409.72	395.61	
四　川	Sichuan	33	1958.85	1720.21	1570.58	
贵　州	Guizhou	34	758.98	601.63	597.43	
云　南	Yunnan	6	2366.47	1452.17	1452.17	
西　藏	Tibet	3	28.64	28.64	28.64	
陕　西	Shaanxi	417	2715.70	2336.71	2327.77	11.12
甘　肃	Gansu	7	681.89	376.49	374.81	6.04
青　海	Qinghai	2	198.85	138.60	138.56	
宁　夏	Ningxia	1	200.00	200.00		
新　疆	Xinjiang	8	456.79	441.29	105.68	13.13

注：“项目数”和“增加耕地”为 2003 年新增指标。

Notes: “Number of Projects” and “Increase of Cultivated Land” are newly added indicators in 2003.

土地复垦——按省市分列（2008年）

Land Reclamation by Province, Autonomous Region and Municipality (2008)

年份/地区	Year/Region	项目数 Number of Projects	土地复垦面积（公顷） Land Reclamation Area (hectare)	增加农用地 Increase of Agricultural Land	增加耕地 Increase of Cultivated Land	增加建设用地 Increase of Land for Construction Use
总计	**Total**	**7792**	**59422.43**	**49144.12**	**46491.12**	**283.16**
河北省	**Hebei**	**95**	**1443.58**	**861.22**	**843.27**	**2.98**
石家庄市	Shijiazhuang City	21	83.68	82.42	82.11	
唐山市	Tangshan City	11	107.57	107.57	98.55	
秦皇岛市	Qinhuangdao City	12	53.80	52.68	52.01	
邯郸市	Handan City	10	80.73	79.00	79.00	
邢台市	Xingtai City	14	82.60	81.67	80.83	
保定市	Baoding City	6	95.94	83.87	80.32	
张家口市	Zhangjiakou City	2	10.13	10.13	10.13	
承德市	Chengde City	4	284.59	103.37	103.37	
沧州市	Cangzhou City	4	74.29	69.62	66.06	2.98
廊坊市	Langfang City	3	33.56	33.06	33.06	
衡水市	Hengshui City	8	536.69	157.83	157.83	
山西省	**Shanxi**	**34**	**924.96**	**384.92**	**373.92**	
长治市	Changzhi City	2	20.35	8.71	8.71	
晋城市	Jincheng City	14	112.17			
朔州市	Shuozhou City	1	436.60	262.50	262.50	
晋中市	Jinzhong City	1	4.67	4.67	4.67	
忻州市	Xinzhou City	1	15.00	15.00	4.00	
临汾市	Linfen City	1	25.94	3.64	3.64	
吕梁市	Lüliang City	14	310.23	90.40	90.40	
内蒙古	**Inner Mongolia**	**4**	**1552.54**	**1370.07**	**1006.17**	**0.90**
赤峰市	Chifeng City	2	468.73	307.92	294.64	
通辽市	Tongliao City	1	539.46	531.55	219.23	0.90
巴彦淖尔市	Bayannur City	1	544.35	530.60	492.30	
辽宁省	**Liaoning**	**14**	**704.64**	**586.64**	**475.58**	
抚顺市	Fushun City	8	506.11	506.11	401.41	
盘锦市	Panjin City	2	34.44	34.44	28.41	
铁岭市	Tieling City	3	108.24	3.15	2.82	
朝阳市	Chaoyang City	1	55.85	42.94	42.94	
吉林省	**Jilin**	**32**	**2920.11**	**2553.98**	**2086.82**	**3.25**
吉林市	Jilin City	2	401.22	401.22	189.71	

土地复垦——按省市分列（2008年） 续表1

Land Reclamation by Province, Autonomous Region and Municipality (2008) Continued 1

年份/地区	Year/Region	项目数 Number of Projects	土地复垦面积（公顷） Land Reclamation Area (hectare)	增加农用地 Increase of Agricultural Land	增加耕地 Increase of Cultivated Land	增加建设用地 Increase of Land for Construction Use
四平市	Siping City	6	26.80	25.30	25.30	1.50
辽源市	Liaoyuan City	2	12.90	10.40	1.31	1.75
通化市	Tonghua City	5	1031.42	1031.42	1031.42	
白山市	Baishan City	15	1144.98	1043.20	798.64	
松原市	Songyuan City	1	300.00	40.00	38.00	
白城市	Baicheng City	1	2.79	2.44	2.44	
黑龙江省	**Heilongjiang**	**24**	**5991.42**	**4264.16**	**4222.16**	
齐齐哈尔市	Qiqihar City	3	616.00	343.26	343.26	
鸡西市	Jixi City	2	285.80	164.99	164.99	
鹤岗市	Hegang City	2	707.92	584.02	584.02	
佳木斯市	Jiamusi City	5	1825.70	1333.90	1291.90	
牡丹江市	Mudanjiang City	2	613.00	417.30	417.30	
农垦总局	General Bureau of Agriculture	10	1943.00	1420.69	1420.69	
上海市	**Shanghai**	**437**	**2061.37**	**1570.04**	**1569.84**	
江苏省	**Jiangsu**	**1357**	**8111.29**	**7113.48**	**6869.89**	**62.62**
南京市	Nanjing City	24	231.00	207.00	204.00	
无锡市	Wuxi City	203	875.88	831.80	830.71	
徐州市	Xuzhou City	13	153.67	141.29	136.30	2.15
常州市	Changzhou City	50	338.00	336.00	331.00	
苏州市	Suzhou City	28	372.29	341.33	341.33	
南通市	Nantong City	325	925.00	761.00	599.00	
连云港市	Lianyungang City	190	1557.92	1419.46	1404.61	
淮安市	Huai'an City	55	436.45	387.20	373.98	1.30
盐城市	Yancheng City	109	912.09	845.00	814.12	1.07
扬州市	Yangzhou City	101	969.04	875.80	875.80	
镇江市	Zhenjiang City	12	66.34	61.65	61.65	3.12
泰州市	Taizhou City	113	765.21	617.45	613.29	54.48
宿迁市	Suqian City	134	508.40	288.50	284.10	0.50
浙江省	**Zhejiang**	**1661**	**4905.70**	**4111.98**	**4103.90**	
杭州市	Hangzhou City	502	796.10	796.10	796.10	
宁波市	Ningbo City	245	461.31	377.38	377.38	
温州市	Wenzhou City	68	195.75	182.07	182.07	
嘉兴市	Jiaxing City	174	1521.12	1014.19	1011.63	

土地复垦——按省市分列（2008年） 续表2

Land Reclamation by Province, Autonomous Region and Municipality (2008) Continued 2

年份/地区	Year/Region	项目数 Number of Projects	土地复垦面积（公顷） Land Reclamation Area (hectare)	增加农用地 Increase of Agricultural Land	增加耕地 Increase of Cultivated Land	增加建设用地 Increase of Land for Construction Use
湖州市	Huzhou City	116	374.44	310.88	310.88	
绍兴市	Shaoxing City	95	325.79	292.73	292.73	
金华市	Jinhua City	71	227.29	200.28	196.13	
衢州市	Quzhou City	100	413.03	390.37	390.37	
舟山市	Zhoushan City	10	17.54	17.30	17.22	
台州市	Taizhou City	58	166.20	146.40	146.35	
丽水市	Lishui City	222	407.13	384.28	383.04	
安徽省	**Anhui**	**1361**	**8054.03**	**7548.55**	**7244.30**	**87.17**
合肥市	Hefei City	81	406.04	346.35	344.42	7.84
芜湖市	Wuhu City	12	99.71	95.09	95.09	
蚌埠市	Bengbu City	16	166.18	166.01	128.53	0.17
淮南市	Huainan City	7	13.42	9.24	7.86	
马鞍山市	Ma'anshan City	9	132.26	89.33	89.33	
淮北市	Huaibei City	13	469.64	433.54	352.24	4.28
安庆市	Anqing City	3	381.59	381.59	381.59	
滁州市	Chuzhou City	48	358.91	331.20	328.47	
阜阳市	Fuyang City	671	2966.42	2965.56	2964.71	
宿州市	Suzhou City	52	618.67	588.01	584.29	14.66
巢湖市	Chaohu City	88	606.03	547.42	515.95	58.61
六安市	Lu'an City	33	836.11	597.78	597.78	
亳州市	Bozhou City	328	999.05	997.43	854.04	1.61
福建省	**Fujian**	**14**	**88.75**	**73.66**	**73.31**	
福州市	Fuzhou City	1	4.06	3.12	3.12	
三明市	Sanming City	4	25.11	25.11	25.11	
漳州市	Zhangzhou City	2	10.06	9.68	9.68	
南平市	Nanping City	2	5.70	5.25	4.90	
宁德市	Ningde City	5	43.82	30.50	30.50	
江西省	**Jiangxi**	**1**	**489.20**	**447.30**	**447.30**	
山东省	**Shandong**	**419**	**2884.93**	**2349.77**	**2171.89**	**58.54**
济南市	Jinan City	6	81.37	72.02	64.87	0.43
青岛市	Qingdao City	11	136.08	116.66	116.66	
淄博市	Zibo City	7	36.37	36.37	23.90	
枣庄市	Zaozhuang City	7	39.88	33.96	33.96	
烟台市	Yantai City	19	86.75	68.56	68.56	
潍坊市	Weifang City	1	6.77	6.00	6.00	
济宁市	Jining City	21	749.43	646.43	552.24	58.11

土地复垦——按省市分列（2008年） 续表3
Land Reclamation by Province, Autonomous Region and Municipality (2008) Continued 3

年份/地区	Year/Region	项目数 Number of Projects	土地复垦面积（公顷） Land Reclamation Area (hectare)	增加农用地 Increase of Agricultural Land	增加耕地 Increase of Cultivated Land	增加建设用地 Increase of Land for Construction Use
泰安市	Tai'an City	21	680.73	342.35	335.16	
威海市	Weihai City	34	204.35	204.35	195.67	
日照市	Rizhao City	43	309.84	297.31	297.31	
临沂市	Linyi City	244	431.96	431.96	384.82	
德州市	Dezhou City	2	16.71	16.71	16.37	
滨州市	Binzhou City	1	6.42	6.42	5.70	
菏泽市	Heze City	2	98.27	70.67	70.67	
河南省	**Henan**	**1401**	**5931.28**	**5218.94**	**5080.88**	**15.34**
开封市	Kaifeng City	56	534.67	515.21	515.21	15.34
洛阳市	Luoyang City	268	1265.38	1265.38	1218.60	
安阳市	Anyang City	10	28.43	28.43	28.23	
鹤壁市	Hebi City	126	140.29	137.65	137.65	
新乡市	Xinxiang City	10	139.03	89.47	89.47	
焦作市	Jiaozuo City	478	693.97	692.12	690.97	
濮阳市	Puyang City	52	317.60	307.35	306.37	
许昌市	Xuchang City	64	411.52	149.28	149.28	
漯河市	Luohe City	12	346.84	163.86	163.74	
三门峡市	Sanmenxia City	39	175.54	172.41	171.50	
南阳市	Nanyang City	38	56.33	54.95	54.25	
商丘市	Shangqiu City	31	561.29	448.21	448.21	
信阳市	Xinyang City	171	988.41	923.45	861.42	
驻马店市	Zhumadian City	42	235.97	235.97	210.78	
济源市	Jiyuan City	4	36.01	35.20	35.20	
湖北省	**Hubei**	**325**	**2685.81**	**2492.55**	**2453.32**	**20.10**
武汉市	Wuhan City	1	1.60	1.60	1.60	
黄石市	Huangshi City	14	229.33	172.42	172.42	
十堰市	Shiyan City	78	496.79	432.95	432.95	
宜昌市	Yichang City	3	14.35	13.55	12.90	
襄樊市	Xiangfan City	32	367.49	349.53	349.53	13.60
荆门市	Jingmen City	1	46.07	46.07	37.81	
孝感市	Xiaogan City	62	466.91	452.20	445.59	
荆州市	Jingzhou City	23	97.19	91.43	91.00	
黄冈市	Huanggang City	22	285.27	278.87	265.39	
咸宁市	Xianning City	4	187.59	168.72	168.72	
随州市	Suizhou City	54	270.69	270.69	270.69	
恩施土家族苗族自治州	Enshi Tujia & Miao A.P.	2	21.49	19.98	19.98	

土地复垦——按省市分列（2008年） 续表4

Land Reclamation by Province, Autonomous Region and Municipality (2008) Continued 4

年份/地区	Year/Region	项目数 Number of Projects	土地复垦面积（公顷） Land Reclamation Area (hectare)	增加农用地 Increase of Agricultural Land	增加耕地 Increase of Cultivated Land	增加建设用地 Increase of Land for Construction Use
省直辖行政单位	Administrative Units Directly Under the Provincial Government	29	201.04	194.54	184.74	6.50
湖南省	**Hunan**	**20**	**482.34**	**133.10**	**121.67**	
邵阳市	Shaoyang City	2	16.08	15.21	15.21	
岳阳市	Yueyang City	1	14.60	14.60	12.87	
常德市	Changde City	5	61.45	49.99	48.21	
益阳市	Yiyang City	1	15.33	13.70	13.70	
郴州市	Chenzhou City	4	313.28	16.84	16.84	
永州市	Yongzhou City	5	43.77	11.13	3.21	
怀化市	Huaihua City	2	17.83	11.63	11.63	
广东省	**Guangdong**	**42**	**222.03**	**209.53**	**206.88**	**1.97**
广州市	Guangzhou City	2	9.53			
江门市	Jiangmen City	6	25.74	23.77	23.77	1.97
茂名市	Maoming City	29	139.29	139.29	139.29	
肇庆市	Zhaoqing City	2	14.80	13.80	13.11	
梅州市	Meizhou City	2	29.87	29.87	27.91	
揭阳市	Jieyang City	1	2.80	2.80	2.80	
广西	**Guangxi**	**1**	**12.78**	**12.78**	**12.78**	
柳州市	Liuzhou City	1	12.78	12.78	12.78	
海南省	**Hainan**	**6**	**176.01**	**135.99**	**135.99**	
省直辖县级行政单位	County-level Administrative Units Directly Under the Provincial Government	6	176.01	135.99	135.99	
重庆市	**Chongqing**	**33**	**413.49**	**409.72**	**395.61**	
四川省	**Sichuan**	**33**	**1958.85**	**1720.21**	**1570.58**	
攀枝花市	Panzhihua City	1	134.67	134.67	114.47	
德阳市	Deyang City	15	44.95	44.95	39.20	
绵阳市	Mianyang City	2	18.37	16.78	16.78	
广元市	Guangyuan City	2	20.24	19.28	19.22	
遂宁市	Suining City	8	11.89	9.42	9.42	
南充市	Nanchong City	3	351.04	272.17	272.17	
达州市	Dazhou City	2	1377.69	1222.94	1099.32	
贵州省	**Guizhou**	**34**	**758.98**	**601.63**	**597.43**	
六盘水市	Liupanshui City	10	264.26	264.26	264.26	
遵义市	Zunyi City	12	126.70	113.21	113.13	
黔西南布依族苗族自治州	Southwest Guizhou Buyei & Miao A.P.	6	142.71	99.75	99.75	

土地复垦——按省市分列（2008年） 续表5

Land Reclamation by Province, Autonomous Region and Municipality (2008) Continued 5

年份/地区	Year/Region	项目数 Number of Projects	土地复垦面积（公顷） Land Reclamation Area (hectare)	增加农用地 Increase of Agricultural Land	增加耕地 Increase of Cultivated Land	增加建设用地 Increase of Land for Construction Use
毕节地区	Bijie Prefecture	3	70.67	59.11	59.11	
黔东南苗族侗族自治州	Southeast Guizhou Miao & Dong A.P.	3	154.64	65.30	61.18	
云南省	**Yunnan**	**6**	**2366.47**	**1452.17**	**1452.17**	
保山市	Baoshan City	1	307.44	108.10	108.10	
红河哈尼族彝族自治州	Honghe Hani & Yi A.P.	1	438.06	363.83	363.83	
德宏傣族景颇族自治州	Dehong Dai & Jingpo A.P.	2	874.00	783.50	783.50	
怒江傈僳族自治州	Nujiang Lisu A.P.	2	746.97	196.74	196.74	
西藏	**Tibet**	**3**	**28.64**	**28.64**	**28.64**	
拉萨市	Lhasa City	1	2.40	2.40	2.40	
昌都地区	Qamdo Prefecture	1	0.33	0.33	0.33	
林芝地区	Nyingchi Prefecture	1	25.91	25.91	25.91	
陕西省	**Shaanxi**	**417**	**2715.70**	**2336.71**	**2327.77**	**11.12**
西安市	Xi'an City	34	85.33	85.26	85.26	
铜川市	Tongchuan City	15	92.96	86.06	86.06	6.61
宝鸡市	Baoji City	25	122.35	118.74	118.74	0.23
咸阳市	Xianyang City	113	847.81	745.59	739.87	
渭南市	Weinan City	191	685.23	684.21	680.99	
延安市	Yan'an City	10	34.59	26.66	26.66	4.28
汉中市	Hanzhong City	18	57.81	57.81	57.81	
安康市	Ankang City	5	303.94	229.38	229.38	
商洛市	Shangluo City	6	485.68	303.00	303.00	
甘肃省	**Gansu**	**7**	**681.89**	**376.49**	**374.81**	**6.04**
金昌市	Jinchang City	1	65.68	59.64	58.96	6.04
武威市	Wuwei City	1	9.33	9.33	9.33	
张掖市	Zhangye City	1	91.11			
平凉市	Pingliang City	2	427.10	235.12	235.12	
庆阳市	Qingyang City	2	88.67	72.40	71.40	
青海省	**Qinghai**	**2**	**198.85**	**138.60**	**138.56**	
西宁市	Xining City	1	191.85	131.85	131.81	
海东地区	Haidong Prefecture	1	7.00	6.75	6.75	
宁夏	**Ningxia**	**1**	**200.00**	**200.00**		
银川市	Yinchuan City	1	200.00	200.00		
新疆	**Xinjiang**	**8**	**456.79**	**441.29**	**105.68**	**13.13**
巴音郭楞蒙古族自治州	Bayingolin Mongol A.P.	1	333.67	320.54		13.13
喀什地区	Kashi Prefeture	5	39.66	39.66	33.71	
塔城地区	Tacheng Prefeture	2	83.46	81.09	71.97	

土地开发——按地区分列
Land Development by Region

年份/地区	Year/Region	项目数 Number of Projects	土地开发面积（公顷） Land Development Area (hectare)	增加农用地 Increase of Agricultural Land	增加耕地 Increase of Cultivated Land	增加建设用地 Increase of Land for Construction Use
	2001		177824.04	172765.12		5058.92
	2002		210757.48	202211.26		8546.22
	2003	10723	170089.65	154091.47	138837.05	1735.30
	2004	9553	187269.80	160690.62	144908.52	2066.29
	2005	8477	159068.67	136077.34	125015.84	359.22
	2006	9940	154768.80	132801.41	123402.16	574.79
	2007	9889	165805.51	125374.39	117603.36	664.41
	2008	11372	181709.39	153143.84	144689.44	150.34
北　京	Beijing	5	505.31	406.22	362.95	
天　津	Tianjin	41	6195.85	5435.41	5435.41	
河　北	Hebei	186	8570.01	7157.67	7088.23	
山　西	Shanxi	421	12800.28	10351.08	9766.71	2.86
内蒙古	Inner Mongolia	6	1606.52	754.21	76.21	
辽　宁	Liaoning	223	6008.18	5361.08	5338.32	
吉　林	Jilin	9	59.49	59.49	59.49	
黑龙江	Heilongjiang					
上　海	Shanghai					
江　苏	Jiangsu	681	10344.24	8889.87	7988.80	29.47
浙　江	Zhejiang	822	9609.57	8260.98	8151.42	
安　徽	Anhui	725	7952.55	7014.92	6829.63	24.38
福　建	Fujian	609	5465.43	5044.21	4539.80	
江　西	Jiangxi	71	6899.17	6899.17	6899.17	
山　东	Shandong	521	9705.46	6703.53	5925.25	17.05
河　南	Henan	557	12021.60	10440.85	10019.17	
湖　北	Hubei	724	6619.83	6038.79	5896.67	18.65
湖　南	Hunan	491	8288.04	6628.54	6262.41	6.37
广　东	Guangdong	1660	16463.30	14488.10	13970.42	
广　西	Guangxi	2283	6657.00	6366.24	6054.70	13.68
海　南	Hainan	3	412.56	241.88	295.68	
重　庆	Chongqing	85	7734.85	3364.94	3115.97	7.29
四　川	Sichuan	181	3888.94	3266.96	2998.97	3.60
贵　州	Guizhou	328	6057.32	5211.94	5014.37	0.52
云　南	Yunnan	59	10778.93	8827.97	7771.90	
西　藏	Tibet	14	642.13	642.13	642.13	
陕　西	Shaanxi	354	6805.47	6405.79	5891.66	2.54
甘　肃	Gansu	33	5022.50	4303.40	4031.78	23.93
青　海	Qinghai	1	20.59	17.97	17.97	
宁　夏	Ningxia	1	130.30	116.53	116.53	
新　疆	Xinjiang	278	4443.97	4443.97	4127.72	

注："项目数"和"增加耕地"为 2003 年新增指标。

Notes: "Number of Projects" and "Increase of Cultivated Land" are newly added indicators in 2003.

土地开发——按省市分列（2008年）
Land Development by Province, Autonomous Region and Municipality (2008)

年份/地区	Year/Region	项目数 Number of Projects	土地开发面积（公顷） Land Development Area (hectare)	增加农用地 Increase of Agricultural Land	增加耕地 Increase of Cultivated Land	增加建设用地 Increase of Land for Construction Use
总　计	**Total**	**11372**	**181709.39**	**153143.84**	**144689.44**	**150.34**
北京市	**Beijing**	**5**	**505.31**	**406.22**	**362.95**	
天津市	**Tianjin**	**41**	**6195.85**	**5435.41**	**5435.41**	
河北省	**Hebei**	**186**	**8570.01**	**7157.67**	**7088.23**	
石家庄市	Shijiazhuang City	40	1259.57	1101.42	1099.88	
唐山市	Tangshan City	6	237.41	237.41	212.83	
秦皇岛市	Qinhuangdao City	23	472.11	433.88	433.21	
邯郸市	Handan City	22	928.70	839.27	838.76	
邢台市	Xingtai City	33	1686.87	1060.91	1056.15	
保定市	Baoding City	4	306.40	246.30	246.30	
张家口市	Zhangjiakou City	9	1922.40	1707.08	1690.93	
承德市	Chengde City	28	497.52	484.02	465.25	
沧州市	Cangzhou City	11	773.83	652.46	652.46	
廊坊市	Langfang City	5	313.87	247.26	247.26	
衡水市	Hengshui City	5	171.33	147.66	145.20	
山西省	**Shanxi**	**421**	**12800.28**	**10351.08**	**9766.71**	**2.86**
太原市	Taiyuan City	2	68.98	31.49	31.49	
大同市	Datong City	8	856.55	603.01	603.01	
阳泉市	Yangquan City	17	233.28	233.28	233.28	
长治市	Changzhi City	67	520.00	385.98	370.04	
晋城市	Jincheng City	94	780.66	643.67	643.67	
朔州市	Shuozhou City	19	3681.42	3451.79	3214.15	2.86
晋中市	Jinzhong City	47	924.21	854.19	854.19	
运城市	Yuncheng City	1	99.20	99.20	99.20	
忻州市	Xinzhou City	42	2984.94	1979.51	1959.51	
临汾市	Linfen City	20	610.60	536.59	285.65	
吕梁市	Lüliang City	104	2040.44	1532.37	1472.52	
内蒙古	**Inner Mongolia**	**6**	**1606.52**	**754.21**	**76.21**	
呼和浩特市	Hohhot City	2	194.79	76.21	76.21	
鄂尔多斯市	Erdos City	4	1411.73	678.00		
辽宁省	**Liaoning**	**223**	**6008.18**	**5361.08**	**5338.32**	
沈阳市	Shenyang City	14	417.07	368.41	368.41	
大连市	Dalian City	4	88.32	88.32	67.07	
鞍山市	Anshan City	45	952.38	952.38	952.38	
本溪市	Benxi City	22	323.21	323.21	323.21	

土地开发——按省市分列（2008年） 续表1

Land Development by Province, Autonomous Region and Municipality (2008) Continued 1

年份/地区	Year/Region	项目数 Number of Projects	土地开发面积（公顷） Land Development Area (hectare)			
				增加农用地 Increase of Agricultural Land		增加建设用地 Increase of Land for Construction Use
					增加耕地 Increase of Cultivated Land	
丹东市	Dandong City	24	171.20	171.20	171.20	
营口市	Yingkou City	48	296.48	284.20	283.69	
阜新市	Fuxin City	15	414.96	323.43	323.43	
辽阳市	Liaoyang City	19	812.88	812.88	811.88	
铁岭市	Tieling City	17	1578.14	1326.10	1326.10	
朝阳市	Chaoyang City	15	953.54	710.95	710.95	
吉林省	**Jilin**	**9**	**59.49**	**59.49**	**59.49**	
四平市	Siping City	5	55.14	55.14	55.14	
辽源市	Liaoyuan City	3	1.46	1.46	1.46	
白城市	Baicheng City	1	2.89	2.89	2.89	
江苏省	**Jiangsu**	**681**	**10344.24**	**8889.87**	**7988.80**	**29.47**
南京市	Nanjing City	49	602.00	499.00	491.00	
无锡市	Wuxi City	89	855.28	740.41	629.11	
徐州市	Xuzhou City	61	1180.22	1146.87	879.29	0.71
常州市	Changzhou City	46	328.00	324.00	320.00	
苏州市	Suzhou City	18	186.59	157.82	157.82	
南通市	Nantong City	31	195.00	173.00	164.00	
连云港市	Lianyungang City	65	1310.50	1186.10	1176.87	
淮安市	Huai'an City	44	786.19	694.39	495.03	1.73
盐城市	Yancheng City	93	3139.48	2674.18	2419.12	25.51
扬州市	Yangzhou City	39	488.33	438.42	433.19	1.17
镇江市	Zhenjiang City	62	300.10	295.02	280.57	0.25
泰州市	Taizhou City	65	733.35	363.66	348.70	
宿迁市	Suqian City	19	239.20	197.00	194.10	0.10
浙江省	**Zhejiang**	**822**	**9609.57**	**8260.98**	**8151.42**	
杭州市	Hangzhou City	146	633.80	633.80	633.80	
宁波市	Ningbo City	50	1364.57	1282.07	1282.07	
温州市	Wenzhou City	72	912.87	875.29	875.29	
嘉兴市	Jiaxing City	65	1426.36	743.17	692.43	
湖州市	Huzhou City	43	555.35	475.40	475.40	
绍兴市	Shaoxing City	188	1019.28	1000.24	1000.24	
金华市	Jinhua City	93	1274.98	1023.34	973.26	
衢州市	Quzhou City	98	1300.34	1258.84	1251.35	
舟山市	Zhoushan City	4	19.48	19.48	18.57	
台州市	Taizhou City	23	542.53	395.25	394.91	

土地开发——按省市分列（2008年） 续表2

Land Development by Province, Autonomous Region and Municipality (2008) Continued 2

年份/地区	Year/Region	项目数 Number of Projects	土地开发面积（公顷） Land Development Area (hectare)			
				增加农用地 Increase of Agricultural Land		增加建设用地 Increase of Land for Construction Use
					增加耕地 Increase of Cultivated Land	
丽水市	Lishui City	40	560.01	554.10	554.10	
安徽省	**Anhui**	**725**	**7952.55**	**7014.92**	**6829.63**	**24.38**
合肥市	Hefei City	7	46.00	41.68	41.68	
芜湖市	Wuhu City	46	377.93	338.85	338.85	
淮南市	Huainan City	26	580.09	566.62	481.63	
马鞍山市	Ma'anshan City	6	175.76	156.84	156.84	
淮北市	Huaibei City	2	11.23	11.16	11.16	
铜陵市	Tongling City	36	692.33	467.69	455.90	
安庆市	Anqing City	5	1101.95	1101.95	1101.95	
黄山市	Huangshan City	7	30.78	30.78	30.78	
滁州市	Chuzhou City	43	704.81	461.73	412.20	
阜阳市	Fuyang City	26	204.72	204.72	203.71	
宿州市	Suzhou City	20	235.48	224.34	220.75	1.13
巢湖市	Chaohu City	245	1007.06	917.27	889.71	23.25
六安市	Lu'an City	72	586.43	573.58	573.47	
亳州市	Bozhou City	39	64.75	64.75	58.04	
池州市	Chizhou City	93	1374.55	1374.55	1374.55	
宣城市	Xuancheng City	52	758.68	478.41	478.41	
福建省	**Fujian**	**609**	**5465.43**	**5044.21**	**4539.80**	
福州市	Fuzhou City	83	629.06	629.06	629.06	
三明市	Sanming City	46	1099.09	709.29	367.10	
泉州市	Quanzhou City	15	55.44	55.44	55.44	
南平市	Nanping City	211	741.40	717.12	554.90	
龙岩市	Longyan City	210	2603.47	2603.47	2603.47	
宁德市	Ningde City	44	336.97	329.83	329.83	
江西省	**Jiangxi**	**71**	**6899.17**	**6899.17**	**6899.17**	
山东省	**Shandong**	**521**	**9705.46**	**6703.53**	**5925.25**	**17.05**
济南市	Jinan City	34	607.55	477.17	462.50	0.41
青岛市	Qingdao City	38	1451.16	836.32	752.80	14.67
淄博市	Zibo City	35	478.15	374.44	344.54	
枣庄市	Zaozhuang City	4	535.66	180.41	173.73	
东营市	Dongying City	14	1518.81	772.10	507.19	
烟台市	Yantai City	317	1755.78	1292.92	1272.31	
潍坊市	Weifang City	1	3.85	3.50	3.50	
济宁市	Jining City	16	301.92	290.50	239.20	1.97

土地开发——按省市分列（2008年） 续表3

Land Development by Province, Autonomous Region and Municipality (2008) Continued 3

年份/地区	Year/Region	项目数 Number of Projects	土地开发面积（公顷） Land Development Area (hectare)	增加农用地 Increase of Agricultural Land	增加耕地 Increase of Cultivated Land	增加建设用地 Increase of Land for Construction Use
泰安市	Tai'an City	6	55.42	46.24	41.48	
威海市	Weihai City	27	178.94	178.94	163.34	
日照市	Rizhao City	1	148.00	89.00	89.00	
临沂市	Linyi City	5	427.88	426.13	245.18	
德州市	Dezhou City	14	271.23	225.56	225.56	
滨州市	Binzhou City	7	1148.71	1021.43	916.05	
菏泽市	Heze City	2	822.40	488.87	488.87	
河南省	**Henan**	**557**	**12021.60**	**10440.85**	**10019.17**	
郑州市	Zhengzhou City	5	161.72	154.09	150.13	
开封市	Kaifeng City	4	116.76	114.01	114.01	
洛阳市	Luoyang City	125	948.77	948.77	927.30	
平顶山市	Pingdingshan City	1	28.94	28.94	28.94	
安阳市	Anyang City	34	730.82	709.94	708.04	
鹤壁市	Hebi City	30	324.03	310.38	310.38	
新乡市	Xinxiang City	11	1138.34	961.23	961.23	
焦作市	Jiaozuo City	8	486.93	486.56	473.53	
濮阳市	Puyang City	34	838.70	480.27	480.27	
三门峡市	Sanmenxia City	120	1280.72	1238.82	1237.67	
南阳市	Nanyang City	53	1091.35	987.60	955.14	
商丘市	Shangqiu City	4	696.25	674.36	674.36	
信阳市	Xinyang City	73	1497.79	1436.83	1336.64	
周口市	Zhoukou City	8	1419.78	655.50	655.50	
驻马店市	Zhumadian City	35	1093.44	1093.44	845.92	
济源市	Jiyuan City	12	167.26	160.11	160.11	
湖北省	**Hubei**	**724**	**6619.83**	**6038.79**	**5896.67**	**18.65**
武汉市	Wuhan City	4	29.43	29.36	24.63	0.07
黄石市	Huangshi City	28	224.78	198.73	198.73	
十堰市	Shiyan City	60	378.31	342.97	342.97	
宜昌市	Yichang City	71	825.31	655.36	623.84	12.75
襄樊市	Xiangfan City	45	245.46	234.06	234.06	
鄂州市	Ezhou City	21	336.36	336.36	336.36	
荆门市	Jingmen City	25	642.31	608.81	561.45	2.94
孝感市	Xiaogan City	52	368.74	364.85	351.27	
荆州市	Jingzhou City	76	734.86	605.43	599.52	2.89
黄冈市	Huanggang City	76	818.93	777.15	770.15	

土地开发——按省市分列（2008年） 续表4
Land Development by Province, Autonomous Region and Municipality (2008) Continued 4

年份/地区	Year/Region	项目数 Number of Projects	土地开发面积（公顷） Land Development Area (hectare)	增加农用地 Increase of Agricultural Land	增加耕地 Increase of Cultivated Land	增加建设用地 Increase of Land for Construction Use
咸宁市	Xianning City	202	1633.33	1513.92	1496.73	
随州市	Suizhou City	11	57.54	57.54	57.54	
恩施土家族苗族自治州	Enshi Tujia & Miao A.P.	22	139.14	128.92	126.29	
省直辖行政单位	Administrative Units Directly Under the Provincial Government	31	185.33	185.33	173.13	
湖南省	**Hunan**	**491**	**8288.04**	**6628.54**	**6262.41**	**6.37**
长沙市	Changsha City	68	384.17	384.17	384.17	
株洲市	Zhuzhou City	14	185.00	185.00	185.00	
湘潭市	Xiangtan City	59	567.40	514.50	502.23	2.17
衡阳市	Hengyang City	44	801.23	676.88	652.71	
邵阳市	Shaoyang City	46	1346.54	561.78	560.82	
岳阳市	Yueyang City	23	401.26	395.30	340.84	1.00
常德市	Changde City	35	601.12	544.41	513.40	
张家界市	Zhangjiajie City	13	118.86	107.55	95.71	0.63
益阳市	Yiyang City	59	738.67	629.53	588.78	
郴州市	Chenzhou City	17	534.49	445.11	445.11	
永州市	Yongzhou City	13	547.95	354.17	267.45	
怀化市	Huaihua City	29	777.19	777.19	711.22	
娄底市	Loudi City	57	479.46	477.63	469.81	
湘西土家族苗族自治州	West Hunan Tujia & Miao A.P.	14	804.70	575.32	545.16	2.57
广东省	**Guangdong**	**1660**	**16463.30**	**14488.10**	**13970.42**	
广州市	Guangzhou City	4	98.20			
韶关市	Shaoguan City	231	3230.34	2511.36	2511.36	
佛山市	Foshan City	1	27.67	27.67	27.67	
江门市	Jiangmen City	21	147.36	125.88	125.88	
湛江市	Zhanjiang City	34	1808.55	1716.80	1640.53	
茂名市	Maoming City	2	58.91	49.05	49.05	
肇庆市	Zhaoqing City	815	5020.40	4542.99	4409.03	
惠州市	Huizhou City	3	165.03	144.38	143.61	
梅州市	Meizhou City	76	1321.31	1321.31	1086.48	
汕尾市	Shanwei City	3	451.98	448.41	448.41	
河源市	Heyuan City	158	1626.90	1607.88	1536.03	
阳江市	Yangjiang City	226	1126.70	710.51	710.51	

土地开发——按省市分列（2008年） 续表5

Land Development by Province, Autonomous Region and Municipality (2008) Continued 5

年份/地区	Year/Region	项目数 Number of Projects	土地开发面积（公顷） Land Development Area (hectare)			
				增加农用地 Increase of Agricultural Land		增加建设用地 Increase of Land for Construction Use
					增加耕地 Increase of Cultivated Land	
清远市	Qingyuan City	53	817.13	754.78	754.78	
潮州市	Chaozhou City	14	160.53	145.48	145.48	
揭阳市	Jieyang City	19	402.29	381.60	381.60	
广西	**Guangxi**	**2283**	**6657.00**	**6366.24**	**6054.70**	**13.68**
南宁市	Nanning City	39	317.44	289.31	289.31	
柳州市	Liuzhou City	262	598.92	578.73	568.30	
桂林市	Guilin City	76	286.24	265.91	265.91	9.72
北海市	Beihai City	73	480.31	476.35	449.35	3.96
钦州市	Qinzhou City	282	457.90	457.90	457.90	
贵港市	Guigang City	447	1244.18	1142.95	1134.34	
玉林市	Yulin City	159	401.11	400.80	400.80	
百色市	Baise City	142	1120.45	1120.45	854.95	
贺州市	Hezhou City	50	294.81	248.56	248.56	
河池市	Hechi City	240	711.04	640.68	640.68	
崇左市	Chongzuo City	513	744.60	744.60	744.60	
海南省	**Hainan**	**3**	**412.56**	**241.88**	**295.68**	
省直辖县级行政单位	County-level Administrative Units Directly Under the Provincial Government	3	412.56	241.88	295.68	
重庆市	**Chongqing**	**85**	**7734.85**	**3364.94**	**3115.97**	**7.29**
四川省	**Sichuan**	**181**	**3888.94**	**3266.96**	**2998.97**	**3.60**
成都市	Chengdu City	1	6.66	6.66	6.66	
攀枝花市	Panzhihua City	13	617.27	613.37	427.25	
泸州市	Luzhou City	42	586.11	482.69	480.61	
德阳市	Deyang City	3	81.88	81.88	57.84	
绵阳市	Mianyang City	17	290.36	266.81	266.81	
广元市	Guangyuan City	47	373.03	345.24	300.12	
遂宁市	Suining City	11	39.43	39.43	35.31	
乐山市	Leshan City	6	424.02	350.69	350.69	
南充市	Nanchong City	2	160.90	134.10	134.10	
眉山市	Meishan City	1	30.11	26.44	26.44	
宜宾市	Yibin City	20	381.19	230.58	227.03	
广安市	Guang’an City	8	214.19	109.23	109.23	

土地开发——按省市分列（2008年） 续表6
Land Development by Province, Autonomous Region and Municipality (2008) Continued 6

年份/地区	Year/Region	项目数 Number of Projects	土地开发面积（公顷） Land Development Area (hectare)			
				增加农用地 Increase of Agricultural Land		增加建设用地 Increase of Land for Construction Use
					增加耕地 Increase of Cultivated Land	
达州市	Dazhou City	4	66.70	33.54	33.54	
甘孜藏族自治州	Ganzi Tibetan A.P.	1	14.27	14.27	14.27	
凉山彝族自治州	Liangshan Yi A.P.	5	602.82	532.03	529.07	3.60
贵州省	**Guizhou**	**328**	**6057.32**	**5211.94**	**5014.37**	**0.52**
贵阳市	Guiyang City	24	213.69	212.14	210.79	0.41
六盘水市	Liupanshui City	8	237.04	237.04	237.04	
遵义市	Zunyi City	67	1410.54	1061.72	1037.06	
安顺市	Anshun City	8	100.75	93.14	91.81	
铜仁地区	Tongren Prefecture	79	1095.85	964.32	964.22	
黔西南布依族苗族自治州	Southwest Guizhou Buyei & Miao A.P.	11	500.14	386.49	386.49	
毕节地区	Bijie Prefecture	27	564.44	479.34	479.34	
黔东南苗族侗族自治州	Southeast Guizhou Miao & Dong A.P.	87	1539.37	1441.59	1280.17	0.11
黔南布依族苗族自治州	South Guizhou Buyei & Miao A.P.	17	395.50	336.16	327.45	
云南省	**Yunnan**	**59**	**10778.93**	**8827.97**	**7771.90**	
昆明市	Kunming City	1	188.30	156.84	156.84	
曲靖市	Qujing City	19	4370.44	3858.60	3025.69	
保山市	Baoshan City	3	800.25	662.10	599.21	
昭通市	Zhaotong City	17	1854.62	1348.23	1347.03	
普洱市	Pu'er City	5	980.71	795.28	643.98	
临沧市	Lincang City	1	423.38	297.76	296.37	
楚雄彝族自治州	Chuxiong Yi A.P.	7	707.91	641.79	636.41	
红河哈尼族彝族自治州	Honghe Hani & Yi A.P.	1	500.19	305.57	305.57	
大理白族自治州	Dali Bai A.P.	2	384.22	302.08	302.08	
德宏傣族景颇族自治州	Dehong Dai & Jingpo A.P.	3	568.91	459.72	458.72	
西藏	**Tibet**	**14**	**642.13**	**642.13**	**642.13**	
拉萨市	Lhasa City	3	530.13	530.13	530.13	
昌都地区	Qamdo Prefecture	1	7.03	7.03	7.03	
日喀则地区	Xigaze Prefecture	6	68.60	68.60	68.60	
阿里地区	Ngari Prefecture	1	25.87	25.87	25.87	
林芝地区	Nyingchi Prefecture	3	10.50	10.50	10.50	

土地开发——按省市分列（2008年） 续表7

Land Development by Province, Autonomous Region and Municipality (2008) Continued 7

年份/地区	Year/Region	项目数 Number of Projects	土地开发面积（公顷） Land Development Area (hectare)	增加农用地 Increase of Agricultural Land		增加建设用地 Increase of Land for Construction Use
					增加耕地 Increase of Cultivated Land	
陕西省	**Shaanxi**	**354**	**6805.47**	**6405.79**	**5891.66**	**2.54**
西安市	Xi'an City	54	354.63	332.91	332.91	
铜川市	Tongchuan City	16	226.49	221.78	221.78	
宝鸡市	Baoji City	34	453.67	447.81	447.81	0.21
渭南市	Weinan City	74	2924.97	2915.25	2407.79	2.33
延安市	Yan'an City	57	711.35	654.20	654.20	
汉中市	Hanzhong City	45	376.82	376.82	376.82	
榆林市	Yulin City	14	868.55	805.85	799.18	
安康市	Ankang City	13	171.71	98.08	98.08	
商洛市	Shangluo City	47	717.28	553.09	553.09	
甘肃省	**Gansu**	**33**	**5022.50**	**4303.40**	**4031.78**	**23.93**
嘉峪关市	Jiayuguan City	1	350.00	328.00	328.00	22.00
白银市	Baiyin City	6	670.86	662.86	560.43	
天水市	Tianshui City	1	186.56	26.01	26.01	
武威市	Wuwei City	3	639.24	560.08	560.08	
平凉市	Pingliang City	2	235.58	87.85	87.85	
酒泉市	Jiuquan City	6	1853.59	1727.14	1597.27	
庆阳市	Qingyang City	2	456.56	300.84	300.84	
陇南市	Longnan City	9	274.45	254.96	220.83	1.93
临夏回族自治州	Linxia Hui A.P.	2	345.33	345.33	345.33	
甘南藏族自治州	Gannan Tibetan A.P.	1	10.33	10.33	5.14	
青海省	**Qinghai**	**1**	**20.59**	**17.97**	**17.97**	
黄南藏族自治州	Huangnan Tibetan A.P.	1	20.59	17.97	17.97	
宁夏	**Ningxia**	**1**	**130.30**	**116.53**	**116.53**	
石嘴山市	Shizuishan City	1	130.30	116.53	116.53	
新疆	**Xinjiang**	**278**	**4443.97**	**4443.97**	**4127.72**	
博尔塔拉蒙古族自治州	Bortala Mongol A.P.	1	62.92	62.92	62.92	
巴音郭楞蒙古族自治州	Bayingolin Mongol A.P.	27	617.52	617.52	612.42	
克孜勒苏柯尔克孜自治州	Kizilsu Kirgiz A.P.	1	13.33	13.33	13.33	
喀什地区	Kashi Prefeture	246	3732.87	3732.87	3421.72	
新疆生产建设兵团	Xinjiang Production and Construction Corps	3	17.33	17.33	17.33	

土地整理、复垦、开发——按项目级别分列（2008年）

Land Consolidation, Reclamation, and Development by Level of Projects (2008)

年份/地区	Year/Region	项目数 Number of Projects	土地面积（公顷） Land Area (hectare)			
				增加农用地 Increase of Agricultural Land		增加建设用地 Increase of Land for Construction Use
					增加耕地 Increase of Cultivated Land	
总　计	**Total**	**24154**	**1063957.86**	**335966.99**	**319345.65**	**3528.01**
土地整理	**Land Consolidation**	**4990**	**822826.04**	**133679.03**	**128165.09**	**3094.51**
国家级	State Level	305	239056.86	29701.79	34543.76	2261.56
省级	Provincial Level	1146	244406.69	34995.92	32795.72	311.98
市级	Municipal Level	1432	148861.66	29408.23	22988.35	174.72
县级	County Level	2107	190500.83	39573.09	37837.26	346.25
土地复垦	**Land Reclamation**	**7792**	**59422.43**	**49144.12**	**46491.12**	**283.16**
国家级	State Level	26	8130.93	6156.13	5718.83	13.13
省级	Provincial Level	528	12121.87	8867.16	8320.53	76.08
市级	Municipal Level	1596	11053.65	9162.87	8782.46	72.15
县级	County Level	5642	28115.98	24957.96	23669.30	121.80
土地开发	**Land Development**	**11372**	**181709.39**	**153143.84**	**144689.44**	**150.34**
国家级	State Level	19	7379.66	5494.72	4863.30	49.42
省级	Provincial Level	1169	38913.27	32558.53	30851.27	38.17
市级	Municipal Level	3381	42427.04	32994.67	31573.13	21.17
县级	County Level	6803	92989.42	82095.92	77401.74	41.58

主要统计指标解释

土地整理　是指在一定区域内，按照土地利用规划或城市规划确定的目标和用途，采取行政、经济、法律和工程技术手段，对土地利用状况进行调整改造、综合整治，提高土地利用率和产出率，改善生产、生活条件和生态环境的过程，包括农用地整理和建设用地整理。其内容主要包括调整用地结构，归并零散地块，平整土地，道路、渠道等的综合治理，村庄及乡村企业用地的集中、搬迁和内部改造等。

土地复垦　是指对在生产建设过程中，因挖损、塌陷、压占等造成破坏的土地，采取整治措施，使其恢复到可供利用状态的活动。

土地开发　是指对未利用的土地进行整治、加工和配套建设，使其变为可供建设或农业使用的土地。

土地面积　是指完成土地整理、复垦、开发项目所包括的面积（实际数）。

增加农用地、耕地、建设用地　是指土地整理、复垦、开发分别增加的农用地、耕地及建设用地面积。

土地整理、复垦、开发项目级别　是指按照土地整理复垦开发项目安排并验收的单位级别分别统计，分国家级、省级、市级、县级。

国家级　指由国土资源部审查安排的土地整理复垦开发项目。

省级　指由省、自治区、直辖市国土资源行政主管部门审查安排的土地整理复垦开发项目。

市级　指由市、自治州国土资源行政主管部门审查安排的土地整理复垦开发项目。

县级　指由县、县级市国土资源行政主管部门审查安排的土地整理复垦开发项目。

Explanatory Notes on Main Statistical Indicators

Land Consolidation — refers to the process of adjusting, changing, and improving the status of land use in a particular region according to the goals and uses stipulated by land use planning or urban planning and by using the economic, legal, and technical engineering means in order to improve the land utilization rate and productivity, production and living conditions, and ecological environment. It includes agricultural land consolidation and land consolidation for state construction. The content mainly covers land use structure adjustment, scattered land parcels adjustment, land leveling, road and ditch improvements, concentration, relocation, and internal modification of land used for the construction of villages and village/town-owned enterprises.

Land Reclamation — refers to the process and activities of restoring the land damaged by excavation, collapse, and surface land occupation to its future use during the production.

Land Development — refers to the process of turning unused land into applicable land for construction and agricultural purposes.

Land Area — refers to the area (actual acreage) of land included in completed land consolidation, reclamation, and development projects.

Increase of Agricultural Land, Cultivated Land, and Land for Construction Use — refers to the area of agricultural land, cultivated land, and land for construction increased by land consolidation, reclamation, and new development respectively.

Levels of Land Consolidation, Reclamation, and Development Projects — refer to the levels of administrative departments in charge of the arrangement, check and acceptance of land consolidation, reclamation, and development projects. These levels are state, provincial, municipal, and county levels.

State Level — refers to the land consolidation, reclamation, and development projects checked, accepted, and arranged by the Ministry of Land and Resources.

Provincial Level — refers to the land consolidation, reclamation, and development projects checked, accepted and arranged by the administrative departments in charge of land resources of provinces, autonomous regions and municipalities directly under the Central Government.

Municipal Level — refers to the land consolidation, reclamation, and development projects checked, accepted, and arranged by the administrative departments in charge of land resources of cities and autonomous prefectures.

County Level — refers to the land consolidation, reclamation, and development projects checked, accepted, and arranged by the administrative departments in charge of land resources of counties and cities at the county level.

矿产资源

Mineral Resources

全国石油天然气开发利用情况
Oil and Gas Development

年份 地区	Year Region	油气田总数（个） No. of Oil /Gas Fields				从业人数（人） Employees (person)	油产量（万吨） Oil Production (10000 tons)
			大型 Large	中型 Medium	小型 Small		
	2005	850				421380	18145.62
	2006	804	87	189	528	453357	18375.63
	2007	822	91	200	531	513375	18597.16
	2008	833	97	202	534	529636	18946.06
天　津	Tianjin	23	3	7	13	14414	507.01
河　北	Hebei	61	2	19	40	25254	642.01
辽　宁	Liaoning	40	6	9	25	28775	1193.01
吉　林	Jilin	37	5	9	23	21402	679.78
黑龙江	Heilongjiang	52	9	11	32	92137	4021.81
浙　江	zhejiang						0.77
江　苏	Jiangsu	54		4	50	9193	184.01
山　东	Shandong	71	11	39	21	105074	2774.02
河　南	Henan	36	2	10	24	36366	480.81
湖　北	Hubei	31	1	2	28	14588	96.50
广　西	Guangxi	1			1	96	3.06
海　南	Hainan	4		1	3	125	12.44
四　川	Sichuan	141	7	16	118	27026	16.71
陕　西	Shaanxi	55	11	16	28	73900	2472.46
甘　肃	Gansu	6		2	4	12557	69.70
青　海	Qinghai	22	4	2	16	16323	220.01
新　疆	Xinjiang	86	14	31	41	49449	2665.83
渤　海	pohai	48	8	11	29	602	1486.86
南　海	South China Sea	57	14	11	32	1406	1404.09
东　海	East China Sea	8		2	6	949	15.17

注：1. 中国石油长庆、华北、大港和西南经济数据未按省分列，本汇总表将中国石油长庆全部计入陕西，中国石油华北全部计入河北，中国石
2. 本表不包括煤层气和二氧化碳气。

Notes: 1. The data of the Changqing, North China, Dagang and Southwest oil fields of China National Petroleum Corporation (CNPC) are not listed by province.
2. The data of coal-bed methane and gas hydrate are not included in the table.

——按地区分列（2008年）
and Utilization by Region (2008)

气产量（亿立方米）Gas Production (100 million cubic meters)	工业总产值（万元）Gross Industrial Output Value (10000 yuan)	工业增加值（万元）Value-added of Industry (10000 yuan)	销售收入（万元）Sales Revenue (10000 yuan)	年利税总额（万元）Total Amount of Profits and Taxes (10000 yuan)	实缴补偿费（万元）Compensation Fee Paid (10000 yuan)
490.37	49043014.39	42964327.97	49925898.14	36464705.88	336147.42
584.46	65066878.27	54785327.29	64725140.22	45575444.36	424845.36
698.87	70146545.49	57967304.37	70404379.92	44494037.50	622332.50
774.87	88243301.74	73385123.07	88500727.28	58473888.73	631264.38
5.54	2101945.00	1694322.00	1991428.00	1440741.00	15100.00
8.59	2978020.00	2667863.00	3074418.00	2008305.00	25200.00
8.71	3418222.00	2207279.00	3221723.00	1662734.00	37598.00
7.15	2464602.00	2315263.00	2364457.00	1928817.00	14462.00
27.10	19201558.00	19702749.00	23408845.00	17411164.00	140339.00
0.58	856259.00	725987.00	856285.00	692047.00	6319.00
7.70	12051689.00	10942712.00	12375666.00	9028190.00	42850.00
11.22	2683764.00	1490232.00	2504798.00	843841.00	3700.00
1.35	773818.00	429687.00	739931.00	429588.00	2267.65
0.01	78254.00	18781.00	74040.00	9948.00	
2.32	107436.00	99660.00	105083.25	65377.15	1090.94
175.38	2256606.00	883885.00	2581052.00	178324.00	16067.00
162.95	10619221.00	8021451.00	10005033.74	6574587.03	128251.97
0.50	1567702.00	−118643.00	1251545.00	−279212.00	347.00
43.65	1736867.00	1166247.00	1356235.00	778552.00	2600.00
235.89	12191381.00	11423551.00	12195854.00	9094558.13	104514.99
8.48	5573197.00	5199991.00	5499928.00	3649629.00	71723.00
61.24	7328760.06	4335625.56	4667971.82	2837950.50	18833.83
6.51	254000.68	178480.51	226433.47	118747.92	

油大港全部计入天津，中国石油西南全部计入四川。

In this table, CNPC Changqing is included in Shaanxi, CNPC North China in Hebei, CNPC Dagang in Tianjin and CNPC South-West China in Sichuan.

全国石油天然气开发利用情况
Oil and Gas Development

经济类型 Economic Type		油气田总数（个） No. of Oil/ Gas Fields	大型 Large	中型 Medium	小型 Small	从业人数（人） Employees (person)
总　计	**Grand Total**	**833**	**97**	**202**	**534**	**529636**
国有企业	State-owned Enterprises	14		6	8	57109
国有联营企业	Joint State-owned Enterprises	1			1	96
股份有限公司	Share Holding Company Limited	818	97	196	525	472431

注：经济类型为公司在工商管理机关登记注册类型。

Note: The economic type refers to the type registered by a company at agencies or industrial and commercial administration.

——按经济类型分列（2008年）
and Utilization by Economic Type (2008)

油产量（万吨）Oil Production (10000 tons)	气产量（亿立方米）Gas Production (100 million cubic meters)	工业总产值（万元）Gross Industrial Output Value (10000 yuan)	工业增加值（万元）Value-added of Industry (10000 yuan)	销售收入（万元）Sales Revenue (10000 yuan)	年利税总额（万元）Total Amount of Profits and Taxes (10000 yuan)	实缴补偿费（万元）Compensation fee paid (10000 yuan)
18946.06	**774.87**	**88243301.74**	**73385123.07**	**88500727.28**	**58473888.73**	**631264.38**
1084.33		3022906.00	1598400.00	2912905.00	1304180.00	
3.06	0.01	78254.00	18781.00	74040.00	9948.00	
17858.67	774.86	85142141.74	71767942.07	85513782.28	57159760.73	631264.38

全国非油气矿产资源开发利用情况

Non-Petroleum Mineral Resources Development

年份 地区	Year Region	矿山企业数（个） Number of Mine Enterprises				
			大型 Large	中型 Medium	小型 Small	小矿 Small-scale Mine
1999①		165449	503	1836		
2000①		153063	513	1424		
2001①		153723	500	1254		
2002①		149506	489	1127	34014	113867
2003①		145406	527	1354	37692	105833
2004①		124982	4147	4636	45357	70842
2005		126695	3279	4338	55147	63931
2006		126370	3850	5345	56158	61017
2007		124930	4014	5756	59446	55714
2008		119550	2975	5368	58431	52776
北京	Beijing	348	11	52	237	48
天津	Tianjin	419	90	142	152	35
河北	Hebei	5433	84	138	2544	2667
山西	Shanxi	6696	136	281	4140	2139
内蒙古	Inner Mongolia	4102	92	222	1684	2104
辽宁	Liaoning	4675	56	71	2327	2221
吉林	Jilin	2591	71	282	1304	934
黑龙江	Heilongjiang	4275	101	170	2588	1416
上海	Shanghai	93	4	2	71	16
江苏	Jiangsu	2413	120	424	1846	23
浙江	Zhejiang	2590	783	329	932	546
安徽	Anhui	5679	270	260	2477	2672
福建	Fujian	3624	230	447	1804	1143
江西	Jiangxi	6520	38	170	3237	3075
山东	Shandong	5932	311	714	3565	1342
河南	Henan	4488	74	145	1706	2563
湖北	Hubei	4393	34	114	1823	2422
湖南	Hunan	8135	72	123	2097	5843
广东	Guangdong	2476	50	35	1878	513
广西	Guangxi	4950	34	83	1901	2932
海南	Hainan	447	38	59	300	50
重庆	Chongqing	3229	13	135	1958	1123
四川	Sichuan	7520	84	378	3906	3152
贵州	Guizhou	7073	24	100	3265	3684
云南	Yunnan	8897	13	76	4104	4704
西藏	Tibet	55	4	8	31	12
陕西	Shaanxi	4627	38	126	1955	2508
甘肃	Gansu	3137	28	68	1584	1457
青海	Qinghai	886	26	29	238	593
宁夏	Ningxia	691	11	34	225	421
新疆	Xinjiang	3156	35	151	2552	418

注：① 包括油气矿产。
Notes: ① Inluding the data of oil and gas.
数据来源：《2008 年全国非油气矿产资源开发利用统计年报》。

—— 按地区分列
and Utilization by Region

从业人员（人）Employees (person)	年产矿量(原矿) Annual Production (Crude Ore) 固体矿产和液体矿产(万吨) Solid and Liquid Mineral(10000 tons)	气体矿产(亿立方米) Gaseous Mineral (100 million cubic meters)	工业总产值(万元) Gross Industrial Output Value (10000 yuan)	综合利用产值(万元) Output Value of Comprehensive Use (10000 yuan)	矿产品销售收入(万元) Sales Revenue of Mineral Commodities (10000 yuan)	利润总额(万元) Total Profits (10000 yuan)
10613798	439755.52	194.35	35734078.16	2814366.61	25935496.16	2316440.38
9644411	503435.27	187.47	44776880.94	1933207.76	39230409.93	9935000.05
9239267	456488.29	250.50	46011320.73	1249640.26	40848787.49	3603057.83
8912304	490443.93	251.66	45673346.85	849373.09	40767774.99	9491569.72
9296792	571180.95	329.70	59675447.29	880998.29	53196771.16	14166449.90
8110648	734724.11	400.98	81714104.16	5112808.99	84673465.66	20723382.81
7691566	524732.70		55884758.13	3522918.98	48806461.44	7279364.52
7983010	583263.44		67097342.04	4856684.16	61618919.74	10774021.31
7594709	625698.07		85559009.18	5252714.98	72410290.04	13148895.90
7309547	671976.65		112821408.88	8823572.40	98445091.27	20233847.11
28890	2504.53		511186.57	93792.02	476629.03	183754.08
9609	3343.52		34848.55	1928.60	23184.42	-1036.91
370445	37368.92		5932403.78	486284.67	5271902.28	1285608.62
938623	72807.15		21117616.24	2309463.54	19054168.88	3668563.83
275800	50961.97		10670120.41	1587709.73	8207617.76	2044972.53
399929	31194.17		5338029.54	181791.27	4490205.15	682961.38
146038	12141.31		1537410.03	5896.50	1258119.77	249872.21
366361	13515.29		1969555.47	42763.10	1903259.57	260668.45
12188	252.94		138327.20	750.20	123453.30	5477.30
226077	21061.81		2171887.55	27791.62	2054082.24	297651.20
75472	35109.05		810414.20	9176.36	771229.60	51332.43
396635	41183.18		7053237.06	820240.82	6683287.89	874542.47
111282	19614.22		1639021.34	193034.88	1553853.06	488265.48
260531	23025.67		2413853.79	357545.61	2239552.46	287444.04
607581	47564.63		11226608.78	184063.36	9491909.03	2401255.18
410025	30005.74		8556732.43	534361.17	7350433.11	1415131.36
160986	14358.50		1437125.15	45238.06	1268728.97	270923.56
344592	29276.62		2756729.73	465287.01	2456895.85	365968.76
76147	24085.24		1306159.26	45517.33	1101467.49	269994.18
124694	17164.38		1074694.24	59996.24	837281.26	205539.75
12602	8276.95		289735.36	6230.74	289895.51	127363.39
196456	10844.02		1258739.85	171388.42	1181811.69	105924.16
430890	21023.52		3190004.66	128177.52	2909002.33	453088.17
249992	16976.70		3466243.56	561271.36	2759574.87	433588.56
405142	24647.89		4680383.73	336219.08	3830092.81	567810.41
3970	236.31		88417.22	2546.06	62948.82	41431.04
246865	29215.66		5942904.45	24705.10	5554522.59	1862840.74
179029	9442.45		1971355.82	52138.67	1882861.34	239150.70
55930	5525.08		1462837.07	51765.92	1176394.86	510535.40
51006	5107.75		830557.47	13869.00	295152.64	104836.29
135760	14141.48		1944268.35	22628.46	1885572.70	478388.35

全国非油气矿产资源开发利用情况
Non-Petroleum Mineral Resources Development

经济类型 Economic Type		矿山企业数 (个) Number of Mine Enterprises	大型 Large	中型 Medium	小型 Small	小矿 Small-scale Mine
总计	**Total**	**119550**	**2975**	**5368**	**58431**	**52776**
一、内资企业	I. Domestic Funded Enterprises	118935	2849	5277	58114	52695
国有企业	State-owned Enterprises	4344	522	646	2386	790
集体企业	Collective-owned Enterprises	16751	192	409	8108	8042
股份合作企业	Cooperative Stock Enterprises	2112	101	151	1104	756
联营企业	Joint Ownership Enterprises	690	19	30	356	285
有限责任公司	Limited Liability Corporations	9004	502	717	5308	2477
股份有限公司	Share Holding Commpany Limited	4423	270	431	2604	1118
私营企业	Private Enterprises	75256	1148	2623	35394	36091
其他企业	Other Enterprises	6355	95	270	2854	3136
二、港澳台商投资企业	II. Enterprises with Funds from Hong Kong, Macao and Taiwan	247	33	28	150	36
三、外商投资企业	III. Foreign Funded Enterprises	368	93	63	167	45

数据来源：《2008 年全国非油气矿产资源开发利用统计年报》。

——按经济类型分列（2008年）
and Utilization by Economic Type (2008)

从业人员 (人) Employees (person)	年产矿量 (原矿,万吨) Annual Production (Crude Ore, 10000 tons)	工业总产值 (万元) Gross Industrial Output Value (10000 yuan)	综合利用产值 (万元) Output Value of Comprehensive Use (10000 yuan)	矿产品销售收入 (万元) Sales Revenue of Mineral Commodities (10000 yuan)	利润总额 (万元) Total Profits (10000 yuan)
7309547	**671976.65**	**112821408.88**	**8823572.40**	**98445091.27**	**20233847.11**
7230240	656776.39	110328985.43	8771587.28	96342519.19	19568977.51
2038017	161223.37	42376570.21	3196110.88	37871260.17	6585921.22
831635	53607.46	5676139.25	527231.05	5010827.61	842630.46
165398	15895.69	3054189.50	775210.87	2498358.99	638045.17
45920	3035.65	478234.07	19713.27	426681.35	68731.57
1010985	98157.75	19117266.16	1458402.90	16598443.43	3766757.82
865335	77044.95	23050169.41	1251809.01	19156933.66	5092854.04
2164427	233275.50	16127942.53	1520654.52	14366701.55	2516089.85
108523	14536.01	448474.28	22454.79	413312.43	57947.38
24839	3994.63	356742.99	16652.91	323675.47	60100.53
54468	11205.63	2135680.46	35332.21	1778896.61	604769.07

全国非油气矿产资源开发利用情况
Non-Petroleum Mineral Resources Development

		矿山企业数（个）Number of Mine Enterprises				
			大型 Large	中型 Medium	小型 Small	小矿 Small-scale Mine
总计	Total	119550	2975	5368	58431	52776
煤炭	Coal	17388	387	762	9166	7073
油页岩	Oil Shale	27		1	10	16
石煤	Stone Coal	281		1	39	241
天然沥青	Natural Asphalt	5			1	4
地下热水	Geothermals	937	169	150	513	105
铁矿	Iron	4230	81	193	2242	1714
锰矿	Manganese	606	17	41	392	156
铬矿	Chromium	26		1	13	12
钛矿	Titanium	141	12	9	85	35
钒矿	Vanadium	71	7	13	42	9
铜矿	Copper	772	14	52	420	286
铅矿	Lead	885	4	11	341	529
锌矿	Zinc	870	5	27	428	410
铝土矿	Bauxite	253	4	17	138	94
镁矿	Magnesium	27		1	16	10
镍矿	Nickel	48	3	5	23	17
钴矿	Cobalt	3			3	
钨矿	Tungsten	154	1	19	108	26
锡矿	Tin	157	3	10	64	80
铋矿	Bismuth	4			2	2
钼矿	Molybdenum	187	5	24	111	47
汞矿	Mercury	36		1	22	13
锑矿	Antimony	97		3	48	46
铂矿	Platinum	3		1	2	
金矿	Gold	1687	33	91	729	834
银矿	Silver	82	6	6	42	28
铌钽矿	Nb-ta Ore	10		1	5	4
铌矿	Niobium	1				1
钽矿	Tantalum	5			4	1
铍矿	Beryllium	2			2	
锂矿	Lithium	15	2	2	5	6
锆矿	Zirconium	24	21	1	2	
锶矿	Strontium	19			7	12
重稀土矿	Heavy Rare Earths	20		1	18	1
轻稀土矿	Light Rare Earths	102		6	76	20

——按矿种分列（2008年）
and Utilization by Mineral (2008)

从业人员（人）Employees (person)	年产矿量（原矿，万吨）Annual Production (Crude Ore, 10000 tons)	工业总产值（万元）Gross Industrial Output Value (10000 yuan)	综合利用产值（万元）Output Value of Comprehensive Use (10000 yuan)	矿产品销售收入（万元）Sales Revenue of Mineral Commodities (10000 yuan)	利润总额（万元）Total Profits (10000 yuan)
7309547	671976.65	112821408.88	8823572.40	98445091.27	20233847.11
3960629	222137.22	71758581.47	5870833.86	63339634.60	12361080.93
2469	81.81	4485.71	10.10	4054.72	563.80
4645	368.54	10537.40	459.30	10115.96	2584.30
80	0.03	90.78	0.00	53.72	0.00
23994	8143.75	168672.36	0.00	125259.50	10520.80
369808	53514.12	12325431.79	566416.55	10958111.89	2891149.31
41553	784.07	703904.69	41524.75	410293.19	115999.61
1878	21.95	44063.95	1258.00	30124.90	29594.98
4223	1324.94	24590.56	5384.36	22195.63	3150.45
5862	215.19	71061.75	1330.00	56099.75	3169.10
118688	8582.93	2620373.44	201056.39	2238131.96	564383.30
47240	1671.44	823636.31	95273.06	719888.04	269139.11
88015	2552.47	1871869.25	191185.98	1527354.73	337782.08
14398	886.21	190803.63	4252.68	114815.47	2831.87
359	34.50	448.00	70.00	408.00	61.70
10211	1036.42	873417.24	39351.62	725888.20	124934.30
76	12.10	817.53	0.00	817.53	80.00
39897	1397.55	421011.97	43796.84	362759.92	75662.29
31601	943.07	479913.91	38034.01	386208.61	135624.40
125	4.80	1658.90	0.00	1658.90	400.00
36802	4427.55	2336364.66	79884.28	1671526.50	651288.36
1287	19.35	14885.00	330.00	8468.74	2284.00
18030	181.42	204979.36	3330.00	191246.82	12551.29
111	0.00	0.00	0.00	0.00	0.00
177019	9957.69	2855430.03	324569.72	2575362.57	885326.95
19736	461.71	350465.61	115580.85	294721.77	60037.11
1089	91.75	13472.94	0.00	12692.10	1231.00
1	0.00	0.00	0.00	0.00	0.00
395	0.00	0.00	0.00	0.00	0.00
46	0.00	0.00	0.00	0.00	0.00
3970	267.49	73449.20	50726.50	58084.26	29881.44
1021	4604.07	12544.19	3422.00	11389.02	844.15
1043	35.45	10071.63	83.00	9858.63	1503.18
1224	447.28	23996.07	0.00	5011.69	289.08
3469	400.35	23136.03	663.00	21006.53	1032.72

全国非油气矿产资源开发利用情况
Non-Petroleum Mineral Resources Develop-ment

		矿山企业数（个）Number of Mine Enterprises				
			大 型 Large	中 型 Medium	小 型 Small	小 矿 Small-scale Mine
锗矿	Germanium	2			1	1
碲矿	Tellurium	3				3
蓝晶石	Kyanite	4			4	
矽线石	Sillimanite	4			4	
红柱石	Andalusite	8	3	2	3	
菱镁矿	Magnesite	148	6	3	98	41
普通萤石	Fluorite (Common)	1196	2	33	615	546
熔剂用灰岩	Limestone for Flux	323	16	20	161	126
冶金用白云岩	Metallurgical, Dolomite	348	13	10	197	128
冶金用石英岩	Metallurgical, Quartzite	596	1	10	344	241
冶金用砂岩	Sandstone for Metallurgy	53		5	38	10
铸型用砂岩	Sandstone for Casting	22			14	8
铸型用砂	Sand for Casting	105		8	80	17
冶金用脉石英	Metallurgical, Vein Quartz	404		3	211	190
耐火粘土	Fireclay	309	2	3	181	123
铁矾土	Ferruginous Bauxite	33			7	26
铸型用粘土	Clay for Casting	2				2
耐火用橄榄岩	Fire Peridotite	5			3	2
熔剂用蛇纹岩	Serpentinite for Flux	7	3	2	2	
自然硫	Native Sulfur	2			1	1
硫铁矿	Greigite	350	4	6	195	145
钠硝石	Nitratite	4	1		2	1
明矾石	Alunite	9	2		7	
芒硝	Mirabilite	82	20	21	31	10
重晶石	Barite	498	6	19	285	188
毒重石	Witherite	34		2	30	2
天然碱	Trona	39	2	2	29	6
电石用灰岩	Tourmaline Limestone	81	2	4	33	42
制碱用灰岩	Limestone for Soda Ash	140	2	1	42	95
化肥用灰岩	Limestone for Fertilizer	12			12	
化工用白云岩	Dolomite for Chemical Industry	28			21	7
化肥用石英岩	Quartzite for Fertilizer	18			8	10
化肥用砂岩	Sandstone for Fertilizer	5			3	2
含钾砂页岩	Potassium bearing Sandshale	8			1	7
含钾岩石	Potassium bearing Rock	33		3	19	11
化肥用橄榄岩	Peridotite for Fertilizer	1			1	

——按矿种分列（2008 年） 续表 1
and Utilization by Mineral (2008) Continued 1

从业人员（人）Employees (person)	年产矿量（原矿，万吨）Annual Production (Crude Ore, 10000 tons)	工业总产值（万元）Gross Industrial Output Value (10000 yuan)	综合利用产值（万元）Output Value of Comprehensive Use (10000 yuan)	矿产品销售收入（万元）Sales Revenue of Mineral Commodities (10000 yuan)	利润总额（万元）Total Profits (10000 yuan)
234	4.50	1203.63	0.00	1193.00	87.24
45	0.00	10.00	0.00	0.00	0.00
320	2.00	1345.00	50.00	1153.50	86.00
118	3.64	200.00	0.00	200.00	40.00
608	11.36	2411.00	0.10	2402.00	−354.63
10216	892.70	119552.84	1690.20	61253.99	7174.55
24808	588.84	139687.70	12566.00	132331.21	13522.21
22057	4405.29	228400.03	8308.16	162034.23	−14628.80
9561	1715.41	129713.13	10060.55	92905.83	3754.29
8453	359.36	60941.95	2966.42	53538.74	4667.78
763	47.38	2355.62	113.00	2262.06	357.46
385	104.45	1141.50	0.00	981.25	130.26
2954	218.28	16272.20	38.00	15998.68	1197.35
4474	130.10	12195.92	397.20	10777.40	1293.90
8686	231.27	92906.88	631.26	86381.64	5991.87
499	7.83	311.50	0.00	311.50	−20.00
8	0.00	0.00	0.00	0.00	0.00
130	8.00	1076.00	0.00	776.00	−2.00
587	71.85	4010.99	5.00	4010.99	413.70
35	0.00	0.00	0.00	0.00	0.00
25337	780.00	356277.63	36124.92	266313.24	56860.05
97	5.10	1018.96	10.00	829.00	57.00
2020	24.72	6014.50	0.00	5509.45	−880.42
18087	1897.87	242800.06	2102.03	220042.48	29193.50
8083	353.51	38102.54	3279.30	36850.69	5507.07
1257	17.08	4468.80	1779.80	4463.80	253.98
3204	408.51	198183.50	45.10	180020.00	37740.90
6105	654.93	50520.25	628.82	21011.03	6704.14
3159	312.98	22720.89	210.00	10668.49	2477.24
188	13.90	139.00	0.00	139.00	7.60
334	27.88	948.74	21.00	904.77	100.17
213	6.85	227.95	13.00	227.95	28.80
49	2.00	68.00	3.00	67.00	7.00
182	5.07	429.00	0.00	419.44	68.20
425	15.21	936.20	26.00	772.90	163.63
8	2.90	110.20	0.00	72.20	0.60

全国非油气矿产资源开发利用情况
Non-Petroleum Mineral Resources Develop-ment

		矿山企业数（个）Number of Mine Enterprises				
			大型 Large	中型 Medium	小型 Small	小矿 Small-scale Mine
化肥用蛇纹岩	Serpentinite for Fertilizer	22		3	11	8
泥炭	Peat	49		1	8	40
盐矿	Salt	287	60	31	168	28
镁盐	Magnesium	4		2	2	
钾盐	Potash	17	4	9	4	
溴矿	Bromine	50			17	33
砷矿	Arsenic	7			3	4
硼矿	Boron	66	3	7	51	5
磷矿	Phosphate Rock	376	10	50	256	60
金刚石	Diamond	5	3	1	1	
石墨	Graphite	194	30	16	68	80
压电水晶	Piezoquartz	2			1	1
熔炼水晶	Smelting Quartz	3			2	1
工艺水晶	Crystal for Artware	3			2	1
硅灰石	Wollastonite	249		9	136	104
滑石	Talc	210	4	8	90	108
石棉	Asbestos	45	8	6	27	4
云母	Mica	41			26	15
长石	Feldspar	404	2	6	187	209
电气石	Tourmaline	4				4
石榴子石	Garnet	17			9	8
叶蜡石	Pyrophyllite	101	1	19	51	30
透辉石	Diopside	33		1	21	11
蛭石	Vermiculite	15			13	2
沸石	Zeolite	87	1	4	38	44
透闪石	Tremolite	11			5	6
石膏	Gypsum	652	28	99	328	197
方解石	Calcite	693	11	22	336	324
光学萤石	Optic Fluorite	11			8	3
宝石	Gem	12			5	7
玉石	Jade	59			25	34
玛瑙	Agate	4				4
玻璃用灰岩	Limestone for Glass	12			4	8
水泥用灰岩	Limestone for Cement	4161	194	196	2306	1465
建筑石料用灰岩	Limestone for Building Stone	18963	56	150	7847	10910
饰面用灰岩	Facing Limestone	107	1	2	29	75

——按矿种分列（2008年） 续表2

and Utilization by Mineral (2008) Continued 2

从业人员（人）Employees (person)	年产矿量（原矿，万吨）Annual Production (Crude Ore, 10000 tons)	工业总产值（万元）Gross Industrial Output Value (10000 yuan)	综合利用产值（万元）Output Value of Comprehensive Use (10000 yuan)	矿产品销售收入（万元）Sales Revenue of Mineral Commodities (10000 yuan)	利润总额（万元）Total Profits (10000 yuan)
218	8.60	248.19	30.00	248.19	11.19
667	17.77	1536.33	70.10	1525.83	136.00
48973	6322.28	903090.95	114858.33	731113.98	52419.17
518	45.00	800.00	0.00	630.40	99.03
7482	2228.86	760780.00	0.00	533964.82	291701.01
3617	85.04	57545.00	12765.00	55050.00	6906.00
143	1.67	510.50	10.00	410.00	18.00
4316	97.76	15998.20	835.30	14663.54	1661.88
40804	4552.64	851425.52	119760.45	724007.54	142175.91
776	10.00	1480.00	0.00	1472.00	300.00
7539	331.05	40197.05	1052.00	38787.97	2123.11
48	0.70	100.00	0.00	70.00	1.50
77	0.13	53.20	10.00	33.20	0.50
15	0.00	10.00	0.00	0.00	0.00
4751	138.18	13780.77	1518.00	12908.58	1425.93
7470	249.21	45062.38	2354.00	36254.48	6646.70
6002	603.30	29012.33	471.90	27043.30	2978.61
319	2.96	459.10	0.00	436.60	34.40
5884	252.98	16683.01	534.00	15232.38	2106.78
30	0.00	15.00	0.00	0.00	0.00
335	3.82	510.50	21.00	464.70	30.33
1790	161.57	9349.30	713.28	9158.72	877.96
614	55.72	3675.45	0.00	2412.00	354.40
534	8.84	4151.29	0.00	4141.29	1101.62
1059	73.40	1462.80	65.00	1409.85	85.70
166	1.01	352.50	0.00	347.50	−120.00
37287	2319.50	114397.03	1881.50	108205.68	5428.30
8227	687.85	46472.88	6462.80	42224.10	4588.27
310	1.50	210.90	1.00	190.00	11.50
188	0.01	202.50	0.00	192.50	6.58
1537	4.28	11131.46	567.00	7699.50	420.25
148	2.05	630.00	100.00	625.00	104.00
107	10.48	252.50	80.50	242.00	13.00
134020	65718.88	3244152.71	412213.30	2708834.00	320524.14
264890	62476.86	927689.96	74622.03	851578.11	115260.23
1510	153.02	4781.10	183.70	4670.10	768.93

全国非油气矿产资源开发利用情况
Non-Petroleum Mineral Resources Develop-ment

		矿山企业数（个）Number of Mine Enterprises				
			大型 Large	中型 Medium	小型 Small	小矿 Small-scale Mine
制灰用石灰岩	Limestone for Mortar	1174	4	13	571	586
泥灰岩	Marlstone	32			13	19
白垩	Chalk	1				1
玻璃用白云岩	Dolomite for Glass	55	1		22	32
建筑用白云岩	Dolomite for Building	1286	6	14	656	610
玻璃用石英岩	Quartzite for Glass	566	12	34	338	182
玻璃用砂岩	Sandstone for Glass	116		32	57	27
水泥配料用砂岩	Sandstone for Cement	235	3	30	131	71
砖瓦用砂岩	Sandstone for Bricks and Tiles	187		9	88	90
陶瓷用砂岩	Sandstone for Ceramic	71		1	53	17
玻璃用砂	Sand for Glass	84	7	16	34	27
建筑用砂	Building Sand	7033	97	311	3054	3571
水泥配料用砂	Sand for Cement	26	1	2	7	16
水泥标准砂	Cement Standard Sand	7			5	2
砖瓦用砂	Sand for Bricks and Tiles	161		2	47	112
玻璃用脉石英	Vein Quartz for Glass	211	1	1	104	105
粉石英	Powdery Quartz	43	1	3	23	16
天然油石	Natural Whetstone	1				1
硅藻土	Diatomite	35		6	25	4
陶粒页岩	Haydite Shale	35	1	4	27	3
砖瓦用页岩	Shale for Bricks and Tiles	6515	9	550	4193	1763
水泥配料用页岩	Shale for Cement	150	4	20	79	47
高岭土	Kaolin	563	20	46	357	140
陶瓷土	Ceramic Clay	577	6	30	427	114
凹凸棒石粘土	Attapulgite Clay	63	2	9	21	31
海泡石粘土	Sepiolite Clay	8			6	2
伊利石粘土	Illite Clay	43		3	35	5
累托石粘土	Rectorite Clay	36		1	17	18
膨润土	Bentonite	375	7	49	259	60
砖瓦用粘土	Clay for Bricks and Tiles	22747	14	379	9022	13332
陶粒用粘土	Earthenware Clay	403	5	11	230	157
水泥配料用粘土	Clay for Cement	191	3	8	77	103
水泥配料用红土	Laterite for Cement	23		1	9	13
水泥配料用黄土	Loess for Cement	9		1	6	2
水泥配料用泥岩	Mudstone for Cement	25	1	1	11	12
保温材料用粘土	Clay for Thermal Insulating Material	6			2	4

——按矿种分列（2008年） 续表3

and Utilization by Mineral (2008) Continued 3

从业人员（人）Employees (person)	年产矿量（原矿，万吨）Annual Production (Crude Ore, 10000 tons)	工业总产值（万元）Gross Industrial Output Value (10000 yuan)	综合利用产值（万元）Output Value of Comprehensive Use (10000 yuan)	矿产品销售收入（万元）Sales Revenue of Mineral Commodities (10000 yuan)	利润总额（万元）Total Profits (10000 yuan)
20657	4013.35	98038.40	9474.52	91004.84	7977.99
533	59.49	1609.00	946.00	951.50	114.90
10	0.35	20.00		19.25	1.00
1184	178.23	6244.18	98.90	6211.08	906.49
16408	4415.19	56160.01	8587.01	52739.08	8502.19
9639	775.65	42217.74	1318.20	32547.65	–47.13
1808	397.84	18988.04	611.60	18537.54	2474.95
3736	1000.82	115852.67	11017.07	112267.85	22944.46
4581	301.63	17047.18	898.10	15464.45	2151.94
941	91.64	2156.99	40.00	2047.99	244.79
3088	464.76	26605.24	101.00	25198.73	3113.88
90557	27886.73	355361.61	17823.84	329731.39	42805.89
515	211.34	8538.33	15.80	3587.44	536.80
142	3.49	1249.29		1077.43	181.91
3202	627.75	6216.50	49.00	5751.80	517.20
2517	73.89	6143.13	164.00	5761.40	935.60
482	26.57	1800.16	134.80	905.16	320.12
2					
1087	17.11	17578.13	19.20	10386.00	–1075.30
571	40.54	2484.77	50.00	1801.99	83.74
178312	16210.72	672777.49	47850.78	633336.71	66254.27
1593	391.72	5724.09	247.00	5415.34	670.82
14485	971.11	76744.79	1978.55	72811.41	12767.45
6777	829.28	38843.97	4284.70	34965.06	3942.85
2018	35.90	6808.29	268.10	6032.14	359.20
90	0.16	94.00		81.00	15.00
623	19.24	741.38	2.30	734.08	86.32
1019	26.30	2518.00	75.00	1667.00	381.00
7698	818.41	71413.06	3884.00	58542.72	4990.94
881535	51010.93	2292957.43	135843.88	2149361.25	192458.83
8677	292.55	18404.25	2422.40	15788.69	1453.92
3815	489.11	17811.36	782.53	7587.49	1317.34
167	12.55	442.55	15.00	266.45	20.77
137	147.87	1513.94		1513.94	46.76
401	67.49	1084.09	11.00	736.12	126.58
198	0.42	33.50	1.00	33.50	4.27

全国非油气矿产资源开发利用情况
Non-Petroleum Mineral Resources Develop-ment

		矿山企业数（个）Number of Mine Enterprises				
			大 型 Large	中 型 Medium	小 型 Small	小 矿 Small-scale Mine
建筑用橄榄岩	Peridotite for Building	15	1		11	3
饰面用蛇纹岩	Facing Serpentinite	60			39	21
铸石用玄武岩	Basalt for Casting	14			14	
岩棉用玄武岩	Basalt for Wool Rock	1			1	
角闪岩	Amphibolite	46	1	4	27	14
水泥用辉绿岩	Diabase for Cement	4	1		2	1
铸石用辉绿岩	Diabase for Casting	3			1	2
饰面用辉绿岩	Facing Diabase	310	4	5	124	177
建筑用辉绿岩	Diabase for Building	264	9	14	155	86
饰面用安山岩	Facing Andesite	2			1	1
建筑用安山岩	Andesite for Building	694	109	164	319	102
建筑用闪长岩	Diorite for Building	328	25	44	199	60
水泥混合材用闪长玢岩	Diorite Porphyrite for Addition of Cement	1			1	
饰面用闪长岩	Facing Diorite	1			1	
建筑用花岗岩	Granite for Building	5269	381	677	3104	1107
饰面用花岗岩	Facing Granite	2176	21	67	1388	700
麦饭石	Medical Stone	19			11	8
珍珠岩	Perlite	58	6	1	39	12
黑曜岩	Obsidian	3			2	1
浮石	Float-stone	16			11	5
铸石用粗面岩	Trachyte for Casting	13		1	10	2
霞石正长岩	Nepheline Syenite	5		2		3
水泥用凝灰岩	Tuff for Cement	29	1	9	18	1
建筑用凝灰岩	Tuff for Building	1627	711	226	470	220
火山灰	Pozzuolana	14			11	3
火山渣	Volcanic Cinder	2			1	1
饰面用大理岩	Facing Marble	505	3	8	191	303
建筑用大理岩	Marble for Building	640	20	38	433	149
水泥用大理岩	Marble for Cement	225	27	11	151	36
玻璃用大理岩	Marble for Glass	42			33	9
饰面用板岩	Facing Slate	296	11	22	173	90
水泥配料用板岩	Slate for Cement	17	1	3	10	3
片麻岩	Gneiss	436	1	38	219	178
矿泉水	Mineral Water	905	54	55	637	159
地下水	Groundwater	12	1		9	2
其他矿产①	Other Minerals①	1338	107	143	722	366

注：① 其他矿产包括铀矿、建筑用二长岩、千枚岩等矿产。

Note: ① Other mineral resources include uranium mine, Building monzonite phyllite etc.

资料来源：《2008 年全国非油气矿产资源开发利用统计年报》。

——按矿种分列（2008年） 续表4
and Utilization by Mineral (2008) Continued 4

从业人员（人）Employees (person)	年产矿量（原矿，万吨）Annual Production (Crude Ore, 10000 tons)	工业总产值（万元）Gross Industrial Output Value (10000 yuan)	综合利用产值（万元）Output Value of Comprehensive Use (10000 yuan)	矿产品销售收入（万元）Sales Revenue of Mineral Commodities (10000 yuan)	利润总额（万元）Total Profits (10000 yuan)
465	28.14	811.20	10.00	591.20	28.45
914	22.37	1894.55	31.00	1539.04	109.05
212	13.32	355.50	25.00	355.50	39.52
170	3.00	100.00	0.00	100.00	5.40
803	115.40	2185.05	53.00	1876.79	304.94
36	4.12	312.00	23.00	227.50	23.00
23	0.00	15.00	1.00	1.00	0.00
3293	203.88	21881.38	1315.00	17524.81	1793.02
3476	414.25	7595.31	157.80	7288.83	1231.96
4					
12441	6153.36	95898.75	1307.20	94074.27	5378.26
4932	1098.08	15693.54	663.00	15125.57	1281.75
5	6.13	23.00		23.00	4.30
16					
70745	30514.33	358795.13	13879.58	334992.35	35268.01
34001	2755.71	272118.15	28637.47	253966.64	35421.76
216	5.24	114.65	1.00	97.00	17.00
2358	161.94	13755.02	231.75	13203.31	2501.30
7					
131	4.68	268.00		138.00	21.82
281	77.70	1150.00	10.00	894.00	66.00
241	2.60	81.85		81.85	1.30
375	35.44	650.84	1.00	613.84	68.93
26202	19702.23	281575.12	4717.00	264678.94	25997.83
85	15.00	210.50	6.00	210.50	26.68
23	0.50	15.00	3.00	5.00	2.00
8279	299.95	33285.84	1376.90	29053.91	4520.17
7754	2207.44	27814.62	2440.70	26071.03	3157.94
6179	1498.33	40192.67	659.26	38295.72	8260.47
313	41.96	2388.16	1043.00	2344.91	449.45
5164	290.06	11498.24	1578.80	10589.59	1417.04
174	47.60	548.06	16.00	548.06	42.25
5420	967.11	16405.73	625.00	14807.98	2350.56
36111	2446.13	363798.14	30.00	313274.99	18872.42
227	9.93	555.22		513.22	3.36
22212	6355.7	98121.26	4638.75	90802.33	10410.26

主要统计指标解释

矿产名称 是指矿山企业开采的矿产名称。

矿山规模 指依据国土资源部矿山生产规模划分标准确定的大型、中型、小型、小矿。

小矿 指矿山生产规模为小型规模上限 1/10 以下的矿山。

企业登记注册类型 是指工商行政管理部门对企业登记注册的类型。

矿山数 是指各类矿山企业的数量，以“个”计量。

平均从业人数 是指报告期的矿山企业中从事矿业生产劳动，并取得劳动报酬或经营收入的就业年平均人数。当年在矿山企业中从事采矿活动的临时工、轮换工，应加入此项统计。非独立法人矿山企业只填报本矿山的平均就业人数。

矿石产量 是指矿山企业当年采矿作业实际生产的符合产品质量要求的各类矿产的实物数量。应严格按各对应矿产的计量单位，分固、液、气三种状态分别合计填报。

工业总产值 是指以货币表现的矿山企业报告期生产的最终工业产品总价值量。

综合利用产值 是指在总产值中，由于对共生、伴生矿及“三废”综合利用的最终工业产品的价值量总和。

利税总额 年利润总额与税金的合计。

利润总额 企业当年实现的利润总量。反映企业最终的财务成果。带“–”号数据表示亏损。

税金 指企业当年生产经营中应缴纳的各项税金总量。包括企业按规定缴纳的产品销售税金及附加（城市维护建设税、教育费附加、资源税、消费税）、增值税、所得税以及房产税、印花税、车船使用税、土地使用税等。以当年企业财务会计报表中有关税金栏目数值为准填报。

工业增加值 指矿山企业当年以货币表现的工业生产活动的最终成果。有三种基本核算方法：

生产法 在计算货物和服务通过生产过程形成总产品（总产出）的基础上，剔除生产过程中的中间产品（货物和服务）价值，从而得到新增价值的方法。即：增加值=总产出–中间投入。

收入法 通过将生产经营和劳务活动所形成的各种收入相加，反映最终成果的方法，亦即根据生产要素再生产过程中应得收入份额反映最终成果的一种计算方法。即：增加值=固定资产折旧+劳动者报酬+生产税净额+营业盈余。

支出法 是从最终使用的角度来反映最终产品生产规模的一种方法。即：增加值=总消费+总投资+净出口。

矿产品销售收入 指矿山企业当年度销售该矿产品（包括产成品、半成品及废品）所取得的收入。以销售实现为原则进行填报。

Explanatory Notes on Main Statistical Indicators

Name of Mineral — refers to the name of the mineral mined by a mining enterprise.

Size of Mine — refers to large, medium and small sizes as well as small mines defined according to the production scale standards of mines set by the Ministry of Land and Resources.

Small-scale Mine — refers to a mine whose production scale is small below 1/10 of the upper limit of a small-sized mine.

Type of Registration of an Enterprise — refers to the type of registration of an enterprise stipulated by administrative agencies for industry and commerce.

Number of Mines — refers to the number of various kinds of mining enterprises.

Average Number of Employees — refers to the annual average number of all the persons who are engaged in mining labor and get remuneration payment or earn income in mining enterprises during the report period. Temporary laborers and rotated laborers who are engaged in mining operations in mining enterprises during the current year should be included in this statistics. Mining enterprises that are nonindependent legal persons are demanded to report the average number of employees in their own mines only.

Ore Output — refers to the quantity of various mineral materials that are actually produced by a mining enterprise in mining operations during the current year and meet the requirements of the product quality. The ore outputs should be reported according to the related measuring units of the minerals and separately according to the solid, liquid and gas states.

Gross Industrial Output Value — refers to the gross value of the final industrial products produced by mining enterprises during the report period, which is expressed in currency.

Output Value of Comprehensive Use — refers to the total sum of the values of final industrial products in the gross value of mining output due to the comprehensive use of co-products, by-products and “three wastes” (waste slag, waste gas, waste liquid).

Total Amount of Profits and Taxes — refers to the total sum of the amounts of profits and taxes in the current year.

Total Profits — refers to the total amount of profits achieved by an enterprise during the current year, which reflects the final financial outcomes of an enterprise. Loss is expressed by “–” before the figure.

Taxes — refer to the total sum of all the taxes payable by an enterprise during its production and operations in the current year, including taxes on sales and surtaxes (tax on city or town maintenance and construction, education tax, resources tax and consumption tax), value added tax, income tax and tax on real estates, stamp tax, tax on the use of vehicles and ships and land-use tax. These taxes are reported with the values in columns concerning taxes in the financial statements of an enterprise during the current year as the standard.

Value-added of Industry — refers to the final results of industrial productive operations of a mining enterprise during the current year, expressed in currency. There are three basic accounting methods.

Production Method — refers to a method of accounting the added value, which is obtained on the basis of calculating the gross product (gross outputs) formed by goods and services in the process of production and by excluding the value of intermediate goods (goods and services) in the process of production, which may be expressed by the following equation: value added = gross output – intermediate input.

Revenue Method — refers to a method of reflecting the final results through adding various incomes earnable through productive operations and labor services, i.e. a calculation method of reflecting the final results based on the portion of earnable incomes in the process of reproduction of production elements, which may be expressed by the following equation: value added = depreciation of fixed assets + remunerations of laborers+net of the production tax+surplus from operations.

Expenditure Method — refers to a method of reflecting the production scale of final products in terms of the end use, which may be expressed by the following equation: value added = total consumption + total investment + net exports.

Sales Revenue — refers to the revenue earned by selling mineral commodities (including finished commodities, half-finished commodities and wastes) by a mining enterprises during the current year, which is demanded to be reported in light of the principle of achieving sales.

海洋资源

Marine Resources

海洋资源利用情况
Uses of Marine Resources

年份/地区 Year/Region		海洋石油（万吨）Marine Oil (10000 tons)	海洋天然气（亿立方米）Marine Natural Gas (100 million cubic meters)	海滨砂矿（万吨）Beach Placers (10000 tons)	海洋水产（万吨）Marine Aquatic Products (10000 tons)		海洋盐业（万吨）Marine Salt Industry (10000 tons)
						近海养殖 Offshore Products	
1998		1893.09	41.91	76.32	1497.68	860.04	1558.30
1999		1891.23	47.76	23.06	1407.42	969.26	2051.40
2000		2080.36	46.01	130.33	1477.45	1061.29	2364.40
2001		2142.95	45.72	154.59	2572.15	1131.53	2205.00
2002		2405.55	46.47	203.05	2646.34	1212.84	2598.30
2003		2545.43	43.70	390.50	1432.31	1253.31	2281.09
2004		2842.21	61.33	6862.90	1451.09①	1316.71	2307.28
2005		3174.66	62.69	4849.29	1453.55	1384.78	2828.55
2006		3239.91	74.86	10355.22	1442.04	1445.64	3100.89
2007		3178.37	82.35	2958.16	1243.55	1307.34	3176.90
天津	Tianjin	1484.53	16.07		3.02	1.42	237.03
河北	Hebei	164.32	0.37		25.32	27.11	411.40
辽宁	Liaoning	23.17	0.82		116.62	185.54	220.26
上海	Shanghai	21.56	7.54		15.56	0.004	
江苏	Jiangsu				57.35	62.56	117.85
浙江	Zhejiang			2413.78	251.49	86.13	29.05
福建	Fujian			203.07	192.10	274.38	42.34
山东	Shandong	226.09	1.56	38.57	244.55	353.53	2070.91
广东	Guangdong	1258.70	55.99	15.30	150.16	222.96	20.02
广西	Guangxi			126.65	66.96	76.36	10.37
海南	Hainan			160.80	90.71	17.35	17.67

注：① 全国养殖总量。

Note: ① refers to the national marine aquatic products.

沿海地区海洋及相关产业增加值（2007 年）
Added Values of Marine and Related Industries by Coastal Regions (2007)

地区	Region	海洋生产总值（亿元） Gross Marine Production (100 milion yuan)				
			海洋产业 Marine Industries			海洋相关产业 Marine Related Industries
				主要海洋产业 Major Marine Industries	海洋科研教育管理服务业 Industries of Marine Scientific Research，Education，Management and Service	
总计	**Total**	**25073.0**	**14902.0**	**10465.1**	**4436.9**	**10171.0**
天津	Tianjin	1601.0	866.8	789.4	77.4	734.2
河北	Hebei	1232.9	674.8	620.2	54.7	558.0
辽宁	Liaoning	1759.8	1039.1	831.8	207.2	720.7
上海	Shanghai	4321.4	2296.7	1482.1	814.5	2024.8
江苏	Jiangsu	1873.5	1132.5	820.4	312.1	741.0
浙江	Zhejiang	2244.4	1397.4	912.3	485.1	847.0
福建	Fujian	2290.3	1336.6	961.1	375.5	953.7
山东	Shandong	4477.8	2629.6	1944.8	684.8	1848.3
广东	Guangdong	4532.7	3025.9	1722.0	1303.9	1506.7
广西	Guangxi	343.5	213.1	163.3	49.7	130.4
海南	Hainan	371.1	265.1	193.1	72.0	106.0

全国主要海洋产业总产值和增加值

Gross Output Value and Value-added of Major Marine Industries

年份/海洋产业	Year/Marine Industry	增加值（亿元） Value-added (100 milion yuan)	比上年增长（%） （按1990年不变价） Increase over Previous Year (%) (at Constant Prices in 1990)
	1998	1602.92	7.20
	1999	2022.20	7.80
	2000	2297.04	8.30
	2001	2143.00	8.70
	2002	4041.53	9.20
	2003	4622.64	9.70
	2004	5828.66	11.30
	2005	7185.05	12.00
	2006	8792.50	17.60
	2007	10465.10	15.70
海洋渔业	Marine Fishery Industry	1910.00	5.60
海洋石油与天然气	Marine Oil and Natural Gas	691.60	1.30
海滨矿业	Mining Industry of Seashore	7.20	-3.30
海洋盐业	Marine Salt Industry	47.50	12.50
海洋化工	Marine Chemical Industry	234.70	20.80
海洋生物医药	Marine Biopharmacy	43.70	51.40
海洋电力	Marine Power	5.10	15.20
海水利用业	Seawater Utilization Industry	4.20	14.50
海洋船舶工业	Inshore Shipbuilding Industry	550.00	44.40
海洋工程建筑	Marine Engineering	392.50	14.10
海洋交通运输	Marine Transportation	3353.10	19.10
滨海旅游	Beach Tourism	3225.80	18.70

主要统计指标解释

海洋产业 是指人类直接开发和利用海洋、海岸带资源所进行的生产和服务活动。主要表现在以下方面：① 直接从海洋中获取产品的生产和服务；② 直接从海洋中获取的产品的一次加工生产和服务；③ 直接应用于海洋和海洋开发活动的产品生产和服务；④ 利用海水或海洋空间作为生产过程的基本要素所进行的生产和服务；⑤ 与海洋密切相关的科学研究、教育、服务和管理。

主要海洋产业 是指海洋经济发展的主导和基础产业。主要是指具有一定规模的、具有相当发展空间的海洋主导产业。

其他海洋产业 是指中华人民共和国海洋行业标准《国家经济统计分类与代码》（HY/T 052-1999）中规定的（现有统计的主要海洋产业除外）所有海洋产业。包括：海洋石油化工、滩涂林业、海洋地质勘查业、海事保险、海洋专用设备制造、航运信息服务业、海洋环境保护、海洋科研教育等。

海洋产业总产值 是指各类海洋产业总产值之和。目前海洋产业总产值是指海洋渔业及相关产业、海洋石油和天然气、海滨砂矿、海洋盐业、海洋化工、海洋生物医药、海洋船舶工业、海洋电力、海水综合利用、海洋工程建筑、海洋交通运输、滨海旅游、其他海洋产业等产业总产值之和。

Explanatory Notes on Main Statistical Indicators

Marine Industry — refers to the production and service activities carried out by the human beings for direct exploitation and utilization of oceanic and coastal resources. It mainly includes the following aspects: ① production and services relating to direct acquisition of products from the ocean; ② primary processing and services relating to direct acquisition of products from the ocean;③ production and services relating to products directly applied in the ocean and oceanic development activities; ④ production and services for using seawater or oceanic space as the essential element of the production process; ⑤ scientific research, education, services, and management closely related to the ocean.

Major Marine Industries — refer to pillar and fundamental industries for marine economic development. They are mainly marine pillar industries with a fairly large scale and large development potentials.

Other Marine Industries — refer to all the marine industries (except major marine industries in the current statistics) stipulated in the standards of the marine industry of the People's Republic of China "Statistical Classification of the State Economy and the Statistical Codes", including the marine petrochemical industry, beach forestry, marine geological exploration, maritime insurance, special marine equipment manufacturing, maritime navigation information services, marine environmental protection, and marine scientific research and education.

Gross Output Value of Marine Industry — refers to the sum of the gross output values of various marine industries. Currently the gross output value of marine industry refers to the sum of the gross output values of marine fishery and its related industries, offshore oil and natural gas, beach placers, marine salt industry, marine chemical industry, marine biopharmacy and health products, shipbuilding industry, marine power, comprehensive seawater utilization, marine engineering, marine transportation, beach tourism, and other marine industries.

四、国土资源行政管理

Chapter 4 Land and Resources Administration

国土资源管理机构
Land and Resources Administrative Agencies

全国省、市、县级国土资源管理机构数

Number of Land and Resources Administrative Agencies of the Provincial, Municipal and County Level

单位：个 Unit: number

年份/地区	Year/Region	合计 Total	省级 Provincial Level	市（地）级 Municipal (Prefecture) Level	县（区）级 County (District) Level
2001		4855	32	552	4271
2002		3303	32	398	2873
2003		3230	32	415	2783
2004		3156	32	414	2710
2005		3367	32	393	2942
2006		3332	32	400	2900
2007		3293	32	412	2849
2008		3344	32	454	2858
北　京	Beijing	20	1	17	2
天　津	Tianjin	15	1	11	3
河　北	Hebei	188	1	12	175
山　西	Shanxi	141	1	15	125
内蒙古	Inner Mongolia	106	1	11	94
辽　宁	Liaoning	120	1	14	105
吉　林	Jilin	88	1	9	78
黑龙江	Heilongjiang	107	1	14	92
上　海	Shanghai	20	1	19	
江　苏	Jiangsu	99	1	8	90
浙　江	Zhejiang	97	1	13	83
安　徽	Anhui	107	1	20	86
福　建	Fujian	90	1	8	81
江　西	Jiangxi	136	1	12	123
山　东	Shandong	151	1	16	134
河　南	Henan	174	1	18	155
湖　北	Hubei	128	1	12	115
湖　南	Hunan	125	1	15	109
广　东	Guangdong	128	1	38	89
广　西	Guangxi	96	1	14	81
海　南	Hainan	19	1	6	12
重　庆	Chongqing	44	1	22	21
四　川	Sichuan	198	1	21	176
贵　州	Guizhou	104	1	18	85
云　南	Yunnan	149	1	16	132
西　藏	Tibet	75	1	8	66
陕　西	Shaanxi	137	1	11	125
甘　肃	Gansu	102	1	17	84
青　海	Qinghai	43	1	7	35
宁　夏	Ningxia	24	1	5	18
新　疆	Xinjiang	313	2	27	284

土地资源管理

Land Resources Administration

审批建设用地情况（一）

Examination and Approval of Land for Construction Use (I)

单位：公顷 Unit: hectare

年份/地区 Year/Region	合计 Total	农用地转用 Transferred Agricultural Land	耕地 Cultivated Land	国务院批准用地 Land Approved by the State Council	农用地转用 Transferred Agricultural Land	耕地 Cultivated Land	省级政府批准用地 Land Approved by Provincial Governments	农用地转用 Transferred Agricultural Land	耕地 Cultivated Land
2001	166988.04	110180.18	84040.27	72615.95	40998.48	29317.91	94372.09	69181.70	54722.36
2002	183540.14	137836.95	102296.50	44372.58	37524.17	20739.28	139167.56	100312.78	81557.22
2003	420632.34	275481.34	192000.34	170615.13	89972.95	52633.43	250017.21	185508.39	139366.91
2004	285185.06	167400.30	115866.38	137257.25	65772.96	39309.92	147927.81	101627.34	76556.46
2005	350712.38	252958.39	170068.28	149559.37	116748.99	75693.15	201153.01	136209.40	94375.13
2006	405998.05	288052.26	188763.93	122758.47	95679.84	52135.75	283239.58	192372.42	136628.18
2007	412790.01	274365.52	176879.79	153899.16	108760.04	67032.06	258890.86	165605.48	109847.74
2008	398771.88	270185.75	173358.89	129275.26	95639.10	59038.43	269496.62	174546.65	114320.46
北 京 Beijing	4566.31	2384.02	1375.34	1622.76	697.75	258.20	2943.55	1686.27	1117.14
天 津 Tianjin	11642.24	4599.90	2915.69	966.39	337.57	266.05	10675.86	4262.34	2649.65
河 北 Hebei	18916.93	12748.17	9483.55	9372.44	7270.15	5822.81	9544.50	5478.02	3660.74
山 西 Shanxi	10492.28	7038.96	5608.46	1215.11	898.30	815.12	9277.18	6140.65	4793.33
内蒙古 Inner Mongolia	13661.16	6254.48	2076.67	4339.15	2910.57	693.16	9322.01	3343.92	1383.51
辽 宁 Liaoning	18102.25	12340.98	8690.45	6634.40	5255.17	3724.03	11467.85	7085.80	4966.42
吉 林 Jilin	9311.97	7582.28	5947.73	5009.23	4417.30	3414.73	4302.75	3164.97	2533.00
黑龙江 Heilongjiang	9034.96	7097.58	4630.96	4113.50	3239.81	2609.10	4921.46	3857.77	2021.86
上 海 Shanghai	6678.96	4466.36	3575.31	1282.07	893.66	717.15	5396.89	3572.70	2858.16
江 苏 Jiangsu	22777.30	12938.57	10172.19	2405.94	1837.01	1645.23	20371.36	11101.56	8526.96
浙 江 Zhejiang	28093.05	22173.80	15407.65	7688.18	6165.96	4080.59	20404.87	16007.84	11327.07
安 徽 Anhui	15161.10	10146.30	7935.26	3888.21	3423.73	2246.69	11272.89	6722.57	5688.56
福 建 Fujian	14249.34	10938.88	4933.65	2895.82	2171.35	1254.63	11353.52	8767.53	3679.02
江 西 Jiangxi	10573.37	7117.90	3604.11	2352.03	1915.18	1218.49	8221.33	5202.72	2385.62
山 东 Shandong	21265.55	13393.38	9757.43	3657.27	3197.21	2658.02	17608.28	10196.16	7099.41
河 南 Henan	20833.24	14085.77	11791.97	9179.64	7399.14	6006.08	11653.61	6686.63	5785.89
湖 北 Hubei	13899.45	11286.31	6935.84	5064.11	4183.85	2282.27	8835.35	7102.46	4653.57
湖 南 Hunan	24379.46	16178.52	8086.48	12472.77	7197.95	3290.12	11906.70	8980.57	4796.36
广 东 Guangdong	14883.31	11051.87	4648.36	3806.80	2724.17	1180.57	11076.52	8327.70	3467.79
广 西 Guangxi	8040.52	6284.57	3156.03	2101.90	1678.99	760.75	5938.62	4605.58	2395.28
海 南 Hainan	6564.56	4722.75	1131.33	5346.38	3633.31	860.63	1218.18	1089.43	270.70
重 庆 Chongqing	5594.27	3649.29	2346.57	1260.83	852.85	484.74	4333.44	2796.43	1861.83
四 川 Sichuan	27207.33	21683.47	16111.90	7482.34	5938.31	3603.65	19724.99	15745.17	12508.25
贵 州 Guizhou	7556.27	6085.64	4104.66	3950.86	3273.41	2010.57	3605.42	2812.23	2094.09
云 南 Yunnan	20373.49	11992.56	6708.97	7300.50	4450.52	1855.93	13072.99	7542.04	4853.04
西 藏 Tibet	1297.41	888.76	219.23	823.47	703.47	90.00	473.94	185.29	129.23
陕 西 Shaanxi	10928.10	8031.21	5917.32	4124.20	3224.54	2392.54	6803.90	4806.67	3524.77
甘 肃 Gansu	5577.40	3365.82	2397.68	2890.49	1795.82	1527.81	2686.91	1570.00	869.87
青 海 Qinghai	1466.67	790.01	471.61	257.73	179.73	173.12	1208.95	610.28	298.49
宁 夏 Ningxia	3232.21	1373.21	1050.22	733.77	486.67	316.80	2498.44	886.54	733.42
新 疆 Xinjiang	12411.37	7494.44	2166.26	5036.98	3285.65	778.85	7374.38	4208.79	1387.41

注：2003 年批准用地面积中含三峡库区淹没用地面积 10.13 万公顷，其中耕地 1.71 万公顷。

Note: The land-use area approved in 2003 includes 101300 hectares of inundated land in the Three Gorges Reservoir, of which there are 17100 hectares of cultivated land.

审批建设用地情况（二）

Examination and Approval of Land for Construction Use (Ⅱ)

单位：公顷　　　　Unit: hectare

年份/地区 Year/Region	城镇村建设用地 Land for Construction in City, Town and Village						单独选址建设用地 Land for Construction at Separated Selected Sites		
		商服用地 Land for Commercial and Service Uses	工矿仓储用地 Land for Industry, Mining and Warehousing	公用设施用地 Land for Public Utilities	公共建筑用地 Land for Public Buildings	住宅用地 Land for Residential Uses		交通运输用地 Land for Transport	水利设施用地 Land for Water Conservancy Facilites
2003	356165.17	6549.46	46926.10	6602.77	6223.79	14409.65	64467.17	15168.07	5084.25
2004	126400.15	9119.50	54388.92	10251.09	10751.87	19552.59	158784.92	48838.52	7546.35
2005	171703.25	10625.47	68380.51	14130.02	18654.62	34117.64	183011.17	96991.11	29299.12
2006	239853.69	15681.46	108649.54	16778.68	20136.88	44355.95	166144.35	55086.14	61265.08
2007	246708.21	12348.30	109645.18	20984.09	22195.03	50979.72	166081.80	72696.78	40339.01
2008	258487.81	16622.82	116214.90	19729.25	16188.44	57913.21	140284.04	79601.20	34245.66
北　京 Beijing	4309.55	115.31	817.61	324.04	546.04	1452.58	256.77	0.00	0.00
天　津 Tianjin	11334.17	692.31	5637.06	1105.95	514.93	2751.17	308.07	304.20	0.00
河　北 Hebei	9767.14	517.47	5681.39	465.94	313.77	1885.58	9149.79	7621.55	8.69
山　西 Shanxi	6749.20	0.00	0.00	30.06	30.60	134.08	3743.08	2400.91	37.24
内蒙古 Inner Mongolia	5836.38	525.33	1445.77	447.30	487.61	1197.62	7824.78	2312.32	77.96
辽　宁 Liaoning	12198.28	322.33	6774.35	461.80	572.68	3914.28	5903.97	3534.02	937.63
吉　林 Jilin	4684.78	126.22	2535.32	550.12	43.73	989.20	4627.20	3883.25	171.82
黑龙江 Heilongjiang	4447.05	54.77	2086.17	266.34	438.55	1394.08	4587.92	1421.45	2871.64
上　海 Shanghai	5042.95	238.75	1733.45	331.28	229.54	1007.86	1636.01	1447.21	23.19
江　苏 Jiangsu	19228.35	1464.71	11478.62	765.42	1337.64	3816.95	3548.95	2630.50	263.37
浙　江 Zhejiang	21162.23	2170.00	8747.57	1226.51	1279.73	5828.63	6930.82	5223.25	1051.35
安　徽 Anhui	9823.93	1129.71	4917.36	1110.11	51.01	1589.97	5337.17	2712.94	243.22
福　建 Fujian	10728.50	681.54	6045.55	825.96	827.31	2120.93	3520.85	2515.91	948.70
江　西 Jiangxi	8792.89	0.00	171.74	136.94	228.38	223.98	1780.47	1467.17	0.00
山　东 Shandong	19399.32	1133.81	9539.02	752.95	1552.30	6053.22	1866.24	849.35	276.41
河　南 Henan	12991.54	834.98	7317.29	607.25	767.26	3399.95	7841.70	4173.82	2807.61
湖　北 Hubei	9477.65	320.63	4790.38	340.93	256.88	2526.00	4421.81	2672.01	704.89
湖　南 Hunan	8867.83	635.12	4151.95	1664.97	772.48	1572.15	15511.64	9927.51	4861.64
广　东 Guangdong	12970.93	1309.81	6852.49	922.49	1130.93	2085.41	1912.38	1555.08	71.29
广　西 Guangxi	6661.96	542.73	2985.24	860.63	536.55	1325.53	1378.56	704.75	167.97
海　南 Hainan	1166.08	214.40	342.84	58.33	144.68	246.65	5398.48	1058.70	4308.08
重　庆 Chongqing	4253.59	198.43	1783.85	864.48	87.72	976.46	1340.68	409.27	172.12
四　川 Sichuan	19942.65	1506.64	10404.33	1996.98	1551.42	3477.47	7264.68	2777.97	3603.40
贵　州 Guizhou	2040.37	165.89	161.12	254.52	30.26	677.06	5515.90	4005.55	758.63
云　南 Yunnan	8727.72	757.25	2499.51	1008.05	699.50	3047.95	11645.77	1567.51	8822.83
西　藏 Tibet	759.32	23.95	3.33	61.08	156.88	447.22	538.09	0.00	0.00
陕　西 Shaanxi	7356.24	657.12	3633.92	963.65	430.25	1422.50	3571.86	3284.73	0.00
甘　肃 Gansu	2376.47	84.25	1153.91	333.77	128.99	417.70	3200.93	3103.60	45.83
青　海 Qinghai	440.84	20.12	151.98	38.52	19.58	93.22	1025.84	644.53	215.86
宁　夏 Ningxia	2682.98	41.80	1027.58	196.60	609.55	592.83	549.23	116.69	323.82
新　疆 Xinjiang	4266.94	137.44	1344.17	756.28	411.70	1244.96	8144.42	5275.43	470.46

注：2005和2006年，城镇村建设用地中含部分申请用地面积。

Note: In 2005 and 2006, the area of land for construction in city,town and village includes few area applicated but not approved.

土地征收情况

Land Requisition

单位：公顷

Unit: hectare

年份/地区 Year/Region	土地征收面积 Requisitioned Land Area			国务院批准 Requisitioned Land Area Approved by the State Council			省级政府批准 Requisitioned Land Area Approved by Provincial Governments		
		农用地 Agricultural Land			农用地 Agricultural Land			农用地 Agricultural Land	
			耕地 Cultivated Land			耕地 Cultivated Land			耕地 Cultivated Land
2003		286026.41	203508.89		86379.95	53271.80		199646.46	150237.09
2004	195655.36	156458.78	109687.60	63308.27	57355.10	34672.98	132347.09	99103.68	75014.62
2005	296931.29	233369.62	161315.41	124649.55	106156.17	72530.28	172281.74	127213.45	88785.13
2006	341643.60	253781.04	169706.21	102419.93	88603.71	51003.32	239223.67	165177.33	118702.89
2007	301937.28	223116.05	148241.15	98495.93	85713.39	54507.15	203441.35	137402.66	93734.01
2008	304010.74	223206.05	149112.21	78760.70	68323.57	43277.70	225250.03	154882.48	105834.51
北京 Beijing	2823.31	1786.50	1110.39	255.08	210.66	53.18	2568.23	1575.84	1057.21
天津 Tianjin	8458.96	4686.44	2945.03	4.90	4.78	2.02	8454.06	4681.65	2943.01
河北 Hebei	16853.28	11879.50	9293.49	7896.05	6755.80	5456.19	8957.23	5123.71	3837.30
山西 Shanxi	9602.26	6403.19	5089.79	876.14	630.57	575.07	8726.12	5772.62	4514.72
内蒙古 Inner Mongolia	8132.34	3813.64	1274.85	3629.54	2458.75	527.48	4502.80	1354.89	747.37
辽宁 Liaoning	15798.90	11446.77	8029.86	4162.34	3762.86	2704.69	11636.56	7683.92	5325.17
吉林 Jilin	6815.11	5850.98	4972.72	3468.48	3203.94	2639.15	3346.63	2647.04	2333.57
黑龙江 Heilongjiang	3673.06	3182.04	2895.22	1447.43	1405.20	1234.68	2225.64	1776.84	1660.54
上海 Shanghai	4490.60	3364.71	2797.56	863.57	688.69	534.07	3627.03	2676.02	2263.49
江苏 Jiangsu	20621.66	12096.39	9542.67	1422.26	1209.22	1154.21	19199.40	10887.17	8388.45
浙江 Zhejiang	22666.37	19191.07	13350.12	5797.27	5161.29	3248.15	16869.10	14029.78	10101.97
安徽 Anhui	14209.41	9657.69	7008.14	3352.09	3069.78	1975.74	10857.33	6587.91	5032.40
福建 Fujian	12294.44	9923.75	4501.89	1877.62	1692.91	981.42	10416.82	8230.84	3520.47
江西 Jiangxi	7852.55	5994.53	2953.61	1528.50	1378.26	773.86	6324.05	4616.27	2179.75
山东 Shandong	18749.94	11202.51	7913.82	1256.77	1015.97	826.09	17493.18	10186.54	7087.73
河南 Henan	16472.15	11381.31	9557.38	6877.13	6046.91	4937.35	9595.01	5334.39	4620.04
湖北 Hubei	12016.05	10013.73	6218.02	3180.48	2911.27	1564.45	8835.57	7102.46	4653.57
湖南 Hunan	19239.77	15062.51	7879.94	8003.53	6614.85	3031.39	11236.24	8447.67	4848.54
广东 Guangdong	10868.25	8366.68	3953.02	1085.48	1020.22	760.12	9782.76	7346.47	3192.90
广西 Guangxi	6438.73	5109.39	2641.13	630.95	579.36	238.96	5807.78	4530.03	2402.17
海南 Hainan	3682.91	3197.70	981.37	2918.49	2567.86	771.86	764.42	629.84	209.51
重庆 Chongqing	4619.17	3139.79	2035.19	412.82	374.55	171.25	4206.36	2765.25	1863.94
四川 Sichuan	24091.17	19496.87	14268.77	5567.44	4825.92	2680.52	18523.73	14670.96	11588.26
贵州 Guizhou	5932.18	4905.79	3278.03	3070.57	2770.33	1579.54	2861.61	2135.46	1698.49
云南 Yunnan	10183.98	9098.19	5582.23	3744.30	3294.47	1717.86	6439.68	5803.71	3864.37
西藏 Tibet	719.66	652.66	84.18	523.47	523.47	0.00	196.19	129.19	84.18
陕西 Shaanxi	9150.58	6872.41	5077.67	2932.31	2377.41	1730.67	6218.27	4495.00	3347.00
甘肃 Gansu	3377.16	2486.67	2101.99	1544.36	1385.35	1169.33	1832.80	1101.32	932.66
青海 Qinghai	359.88	282.93	265.83	126.88	94.35	94.06	232.99	188.58	171.77
宁夏 Ningxia	1822.71	996.98	630.15	0.00	0.00	0.00	1822.71	996.98	630.15
新疆 Xinjiang	1994.18	1662.72	878.16	304.45	288.59	144.34	1689.72	1374.13	733.82

注：该表中的土地征收面积为2004年新增指标。

Note: "Requisitioned Land Area" in the table is a newly added indicator in 2004.

国有土地供应出让情况——按地区分列
State-owned Land Use Rights Granted by Region

年份/地区	Year/Region	宗数（宗） Number of Plots	土地面积（公顷） Land Area (hectare)		成交价款（万元） Transaction Price Value (10000 yuan)	纯收益（万元） Net Income (10000 yuan)
				新增 Newly Increased Area		
	2001	170157	90394.12		12958896.10	
	2002	242763	124229.84		24167925.18	
	2003	207387	193603.96	77274.96	54213112.88	17991156.78
	2004	184850	181510.36	69685.86	64121759.67	23397940.35
	2005	162112	165586.08	50009.45	58838170.95	21839678.33
	2006	186667	233017.88	89947.38	80776447.01	29782891.51
	2007	160404	234960.59	92390.94	122167208.32	45414161.11
	2008	123358	165859.67	67839.27	102597987.90	36119497.06
北　京	Beijing	746	2218.92	739.96	6865430.38	3129880.95
天　津	Tianjin	1058	3419.22	1224.70	3935852.68	1558445.34
河　北	Hebei	3396	8524.65	3085.88	3225790.34	1279902.74
山　西	Shanxi	1043	2394.88	1477.16	1304765.63	793844.41
内蒙古	Inner Mongolia	3336	5780.40	1901.73	1228037.06	548932.32
辽　宁	Liaoning	3007	7887.86	3406.63	6205057.94	2014808.51
吉　林	Jilin	2720	3706.06	1125.41	1105387.34	611373.04
黑龙江	Heilongjiang	1850	2579.20	753.69	984168.32	965475.08
上　海	Shanghai	663	2468.15	1027.14	5702615.05	1710784.51
江　苏	Jiangsu	7736	21666.67	9884.14	13185425.57	2437450.45
浙　江	Zhejiang	7675	10667.84	5717.08	10338866.90	1891308.10
安　徽	Anhui	4242	9815.49	3941.44	4577529.57	1818608.97
福　建	Fujian	2021	4001.98	2616.21	2329035.64	686055.59
江　西	Jiangxi	1087	4475.04	2935.09	1534669.49	
山　东	Shandong	4611	15578.85	5498.97	8659838.97	4825015.69
河　南	Henan	2722	7254.50	3500.88	3355487.71	2321216.09
湖　北	Hubei	8603	6555.76	2822.47	3257268.11	1344556.50
湖　南	Hunan	8110	4751.56	2542.53	2527884.04	807545.56
广　东	Guangdong	6111	8204.39	3798.25	6754435.37	1197386.14
广　西	Guangxi	5600	4432.98	1354.58	1354618.30	430468.23
海　南	Hainan	236	2031.95	557.54	1226585.68	839460.04
重　庆	Chongqing	1443	2775.71	875.26	2338056.91	1094088.05
四　川	Sichuan	25205	7417.06	1695.73	4699745.56	1844665.39
贵　州	Guizhou	1895	1633.95	807.95	804927.66	371259.31
云　南	Yunnan	7968	4801.89	1662.60	1959680.17	304742.83
西　藏	Tibet	205	241.29	41.34	78116.59	61092.57
陕　西	Shaanxi	1775	2602.86	1241.40	1591499.61	481321.93
甘　肃	Gansu	1296	2216.35	469.86	514254.57	189622.92
青　海	Qinghai	340	551.21	200.35	33118.52	15266.56
宁　夏	Ningxia	302	1806.15	270.11	304071.32	42692.40
新　疆	Xinjiang	6356	3396.86	663.20	615766.90	502226.84

注：“新增”及“纯收益”为2003年新增指标。

Note: “Newly Increased Area” and “Net Income” are newly added indicators in 2003.

国有土地供应出让情况——按用地类型分列（2008年）
State-owned Land Use Rights Granted by Land-use Type (2008)

项 目	Item	宗数（宗） Number of Plots	土地面积（公顷） Land Area (hectare)	新增 Newly Increased Area	成交价款（万元） Transaction Price Value (10000 yuan)	纯收益（万元） Net Income (10000 yuan)
总 计	**Total**	**123358**	**165859.67**	**67839.27**	**102597987.90**	**36119497.06**
商服用地	Land for Commercial and Service Uses	19979	21802.38	7214.35	24162875.50	8641604.30
工矿仓储用地	Land for Industry, Mining and Warehousing	29771	86413.90	42441.91	17424231.41	5640561.12
公用设施用地	Land for Public Utilities	2682	3219.58	988.67	906130.86	277692.63
公共建筑用地	Land for Public Buildings	831	1652.18	831.25	695540.96	301384.42
住宅用地	Land for Residential Uses	69061	51507.31	15749.77	59117076.92	21187532.22
别墅、高档公寓	Villa and High-Class Apartment	3	6.62	5.35	17605.51	5473.46
普通商品房	Common House	35301	44302.58	13724.05	55709377.21	20127162.95
经济适用房	Economically Affordable House	1216	735.59	289.90	464523.43	85689.06
其他住房	Other Houses	32541	6462.53	1730.48	2925570.77	969206.75
交通运输用地	Land for Transport	856	966.48	528.77	251262.93	54061.46
水利设施用地	Land for Water Conservancy Facilities	64	91.95	30.45	3001.28	952.87
特殊用地	Land for Special Uses	114	205.90	54.10	37868.04	15708.04

国有土地供应出让情况——按省市分列（2008年）
State-owned Land Use Rights Granted by Province, Autonomous Region and Municipality (2008)

地 区	Region	宗数（宗）Number of Plots	土地面积（公顷）Land Area (hectare)		成交价款（万元）Transaction Price Value (10000 yuan)	纯收益（万元）Net Income (10000 yuan)
				新增 Newly Increased Area		
总 计	**Total**	**123358**	**165859.67**	**67839.27**	**102597987.90**	**36119497.06**
北京市	**Beijing**	**746**	**2218.92**	**739.96**	**6865430.38**	**3129880.95**
天津市	**Tianjin**	**1058**	**3419.22**	**1224.70**	**3935852.68**	**1558445.34**
河北省	**Hebei**	**3396**	**8524.65**	**3085.88**	**3225790.34**	**1279902.74**
石家庄市	Shijiazhuang City	207	885.77	604.80	394221.51	269712.67
唐山市	Tangshan City	262	814.84	407.50	183541.96	108465.92
秦皇岛市	Qinhuangdao City	359	1735.63	341.64	577414.30	106587.05
邯郸市	Handan City	109	356.52	220.37	74421.91	21996.65
邢台市	Xingtai City	257	697.80	296.75	207615.80	140619.90
保定市	Baoding City	528	865.43	112.97	348462.32	86806.82
张家口市	Zhangjiakou City	393	455.94	97.31	199847.74	36268.65
承德市	Chengde City	357	608.75	205.01	221850.97	52546.54
沧州市	Cangzhou City	449	766.87	121.31	278347.03	104948.91
廊坊市	Langfang City	214	927.62	512.45	665015.97	316827.79
衡水市	Hengshui City	261	409.47	165.78	75050.83	35121.84
山西省	**Shanxi**	**1043**	**2394.88**	**1477.16**	**1304765.63**	**793844.41**
太原市	Taiyuan City	168	372.03	169.04	480315.52	404144.21
大同市	Datong City	54	160.49	39.03	202581.05	30713.40
阳泉市	Yangquan City	75	184.35	124.08	57373.41	33763.94
长治市	Changzhi City	115	433.43	343.87	84733.83	55865.51
晋城市	Jincheng City	102	259.13	181.06	121589.84	104476.29
朔州市	Shuozhou City	20	65.37	21.69	34111.75	28776.75
晋中市	Jinzhong City	101	186.90	123.14	57846.06	30000.42
运城市	Yuncheng City	56	69.39	44.83	14311.30	6595.74
忻州市	Xinzhou City	92	121.26	87.27	36178.66	13343.94
临汾市	Linfen City	158	204.21	92.12	119271.46	64093.45
吕梁市	Lüliang City	102	338.32	251.03	96452.75	22070.76
内蒙古	**Inner Mongolia**	**3336**	**5780.40**	**1901.73**	**1228037.06**	**548932.32**
呼和浩特市	Hohhot City	111	589.54	13.89	381529.86	64277.91
包头市	Baotou City	185	754.45	331.05	153044.52	81413.77
乌海市	Wuhai City	124	268.15	236.69	15732.28	15732.28
赤峰市	Chifeng City	179	247.62	21.13	46587.40	22961.40
通辽市	Tongliao City	228	310.05	15.07	73140.68	65525.61
鄂尔多斯市	Erdos City	502	845.55	339.88	149825.68	45211.44
呼伦贝尔市	Hulunbuir City	386	785.13	141.62	159938.08	49670.18
巴彦淖尔市	Bayannur City	183	561.63	300.09	85609.88	44862.99

国有土地供应出让情况——按省市分列（2008 年） 续表 1

State-owned Land Use Rights Granted by Province, Autonomous Region and Municipality (2008) Continued 1

地 区	Region	宗数（宗） Number of Plots	土地面积（公顷） Land Area (hectare)	新增 Newly Increased Area	成交价款（万元） Transaction Price Value (10000 yuan)	纯收益（万元） Net Income (10000 yuan)
乌兰察布市	Ulanqab City	104	340.09	340.09	22128.83	18830.81
兴安盟	Xing'an League	161	90.40		12089.45	12035.53
锡林郭勒盟	Xilingol League	919	919.93	150.21	120651.90	120651.90
阿拉善盟	Alxa League	254	67.87	12.00	7758.50	7758.50
辽宁省	**Liaoning**	**3007**	**7887.86**	**3406.63**	**6205057.94**	**2014808.51**
沈阳市	Shenyang City	506	1764.68	879.77	2543734.73	737873.73
大连市	Dalian City	630	2181.00	859.94	2135450.60	659826.90
鞍山市	Anshan City	242	487.89	249.81	336804.12	129038.23
抚顺市	Fushun City	114	216.10	113.05	165535.46	14790.48
本溪市	Benxi City	91	152.06	46.19	27824.04	27824.04
丹东市	Dandong City	248	531.67	313.90	76141.56	48384.05
锦州市	Jinzhou City	236	345.42	51.42	49961.74	26059.37
营口市	Yingkou City	93	280.71	181.53	176333.03	6620.00
阜新市	Fuxin City	139	243.28	121.79	64825.70	32604.52
辽阳市	Liaoyang City	169	335.46	24.67	193577.73	114630.50
盘锦市	Panjin City	81	300.98	131.09	114486.42	31457.89
铁岭市	Tieling City	116	207.32	102.08	75909.27	45620.78
朝阳市	Chaoyang City	196	458.11	331.40	84425.35	27997.16
葫芦岛市	Huludao City	146	383.17		160048.19	112080.86
吉林省	**Jilin**	**2720**	**3706.06**	**1125.41**	**1105387.34**	**611373.04**
长春市	Changchun City	1329	1812.72	482.51	641605.22	312436.04
吉林市	Jilin City	305	659.57	345.07	156281.77	62581.71
四平市	Siping City	203	216.29	114.56	57924.12	25285.14
辽源市	Liaoyuan City	75	56.01	23.34	8855.80	4669.13
通化市	Tonghua City	65	223.91		86176.40	86111.57
白山市	Baishan City	228	132.25	53.07	37887.91	14702.29
松原市	Songyuan City	210	264.74		62846.42	54257.82
白城市	Baicheng City	163	161.40	33.35	16735.64	16735.64
延边朝鲜族自治州	Yanbian Korean A.P.	142	179.19	73.50	37074.06	34593.70
黑龙江省	**Heilongjiang**	**1850**	**2579.20**	**753.69**	**984168.32**	**965475.08**
哈尔滨市	Harbin City	334	742.20	382.15	568005.45	566211.47
齐齐哈尔市	Qiqihar City	81	172.82		28140.47	14721.67
鸡西市	Jixi City	65	46.13	1.46	13853.70	13853.70
鹤岗市	Hegang City	81	104.36	26.78	10277.87	10277.87
双鸭山市	Shuangyashan City	44	59.57		9450.13	9450.13
大庆市	Daqing City	208	268.16	58.92	130255.90	130255.90
伊春市	Yichun City	51	31.57		4855.65	4855.65

国有土地供应出让情况——按省市分列（2008年）　续表2

State-owned Land Use Rights Granted by Province, Autonomous Region and Municipality (2008)　Continued 2

地　区	Region	宗数（宗）Number of Plots	土地面积（公顷）Land Area (hectare)		成交价款（万元）Transaction Price Value (10000 yuan)	纯收益（万元）Net Income (10000 yuan)
				新增 Newly Increased Area		
佳木斯市	Jiamusi City	104	145.83		17744.15	15341.94
七台河市	Qitaihe City	28	77.36	29.91	12463.24	11933.18
牡丹江市	Mudanjiang City	133	251.13	82.60	86912.82	86400.82
黑河市	Heihe City	125	223.37	0.76	23700.64	23700.64
绥化市	Suihua City	141	274.35	130.29	61758.25	61758.25
大兴安岭地区	Da Hinggan Ling Prefecture	62	45.39	25.14	3889.23	3889.15
森工总局	General Bureau of Forest Industry	25	3.65		342.16	342.16
农垦总局	General Bureau of Agriculture	346	86.01	10.67	8243.27	8207.16
省厅驻友谊局	Youyi Land and Resources Bureau	22	47.31	5.00	4275.39	4275.39
上海市	**Shanghai**	**663**	**2468.15**	**1027.14**	**5702615.05**	**1710784.51**
江苏省	**Jiangsu**	**7736**	**21666.67**	**9884.14**	**13185425.57**	**2437450.45**
南京市	Nanjing City	289	1479.50	640.40	1825934.00	336750.00
无锡市	Wuxi City	546	2040.05	671.16	1719676.83	179700.46
徐州市	Xuzhou City	456	1260.81	650.94	469204.59	110781.12
常州市	Changzhou City	538	1474.45	467.92	910534.29	221355.80
苏州市	Suzhou City	944	3272.94	1433.37	2709003.95	340927.91
南通市	Nantong City	927	2603.93	1765.21	1322333.00	142973.80
连云港市	Lianyungang City	205	1268.50	260.37	465128.57	71918.50
淮安市	Huai'an City	352	1011.75	524.65	373265.32	62537.87
盐城市	Yancheng City	1261	2052.03	496.55	1047797.82	274103.14
扬州市	Yangzhou City	611	1632.65	1139.74	939286.97	473315.89
镇江市	Zhenjiang City	726	1327.97	398.10	596698.00	69633.53
泰州市	Taizhou City	616	1120.49	769.15	394441.75	93159.09
宿迁市	Suqian City	265	1121.61	666.58	412120.48	60293.34
浙江省	**Zhejiang**	**7675**	**10667.84**	**5717.08**	**10338866.90**	**1891308.10**
杭州市	Hangzhou City	1129	1768.14	828.61	2667535.95	527034.73
宁波市	Ningbo City	725	1549.10	913.08	1725768.78	321457.92
温州市	Wenzhou City	558	576.89	125.23	1109920.13	208568.21
嘉兴市	Jiaxing City	941	1605.46	1082.52	927799.60	171221.00
湖州市	Huzhou City	588	1361.57	1026.53	723349.53	178877.78
绍兴市	Shaoxing City	859	964.40	633.81	937813.87	122312.48
金华市	Jinhua City	589	793.13	437.77	784631.76	104974.02
衢州市	Quzhou City	414	574.37	20.43	168866.52	25361.02
舟山市	Zhoushan City	153	431.25	299.14	234748.15	51799.35

国有土地供应出让情况——按省市分列（2008年） 续表3
State-owned Land Use Rights Granted by Province, Autonomous Region and Municipality (2008) Continued 3

地 区	Region	宗数（宗）Number of Plots	土地面积（公顷）Land Area (hectare)	新增 Newly Increased Area	成交价款（万元）Transaction Price Value (10000 yuan)	纯收益（万元）Net Income (10000 yuan)
台州市	Taizhou City	1462	862.15	348.52	876483.67	143807.69
丽水市	Lishui City	257	181.38	1.43	181948.94	35893.90
安徽省	**Anhui**	**4242**	**9815.49**	**3941.44**	**4577529.57**	**1818608.97**
合肥市	Hefei City	418	1284.11	397.20	1269021.76	613471.02
芜湖市	Wuhu City	365	2567.62	548.41	928697.52	114111.79
蚌埠市	Bengbu City	181	262.89	214.36	97503.75	32821.70
淮南市	Huainan City	97	190.77	107.74	152665.99	51204.00
马鞍山市	Ma'anshan City	49	123.40	44.96	42855.37	21427.70
淮北市	Huaibei City	120	269.85	60.93	88189.38	57423.48
铜陵市	Tongling City	51	159.60		98577.39	17899.13
安庆市	Anqing City	478	649.07	518.61	395638.94	210746.47
黄山市	Huangshan City	197	513.21	404.66	191844.40	70434.34
滁州市	Chuzhou City	176	530.31	169.30	222840.33	54306.60
阜阳市	Fuyang City	210	325.22	166.74	156667.17	85460.35
宿州市	Suzhou City	158	327.37	62.82	101189.05	70873.56
巢湖市	Chaohu City	281	612.65	224.76	132167.29	30952.69
六安市	Lu'an City	574	618.37	475.95	159123.88	115928.64
亳州市	Bozhou City	69	157.60	32.07	82349.95	47331.40
池州市	Chizhou City	286	577.16	66.04	230876.57	104693.58
宣城市	Xuancheng City	532	646.29	446.90	227320.83	119522.52
福建省	**Fujian**	**2021**	**4001.98**	**2616.21**	**2329035.64**	**686055.59**
福州市	Fuzhou City	209	803.08	575.42	535028.05	123153.42
厦门市	Xiamen City	77	293.08	25.25	675400.51	61114.57
莆田市	Putian City	77	174.70	111.43	137049.87	33122.99
三明市	Sanming City	518	480.50	287.17	152581.03	69293.15
泉州市	Quanzhou City	202	347.71	127.99	233348.11	181698.58
漳州市	Zhangzhou City	249	855.58	664.24	257789.14	76030.40
南平市	Nanping City	122	327.50	272.96	109488.38	47201.31
龙岩市	Longyan City	333	423.92	353.75	128647.75	63061.14
宁德市	Ningde City	234	295.91	198.00	99702.80	31380.03
江西省	**Jiangxi**	**1087**	**4475.04**	**2935.09**	**1534669.49**	
山东省	**Shandong**	**4611**	**15578.85**	**5498.97**	**8659838.97**	**4825015.69**
济南市	Jinan City	211	1001.90	0.70	1164498.50	481586.99
青岛市	Qingdao City	542	2324.52	1086.29	1712040.03	1181424.93

国有土地供应出让情况——按省市分列（2008年） 续表4

State-owned Land Use Rights Granted by Province, Autonomous Region and Municipality (2008) Continued 4

地　区	Region	宗数（宗）Number of Plots	土地面积（公顷）Land Area (hectare)		成交价款（万元）Transaction Price Value (10000 yuan)	纯收益（万元）Net Income (10000 yuan)
				新增 Newly Increased Area		
淄博市	Zibo City	285	415.57	213.41	179621.27	119581.14
枣庄市	Zaozhuang City	170	495.90	221.41	356522.64	133480.07
东营市	Dongying City	156	744.50	131.05	194243.90	118451.03
烟台市	Yantai City	409	1201.42	473.69	516509.72	301826.59
潍坊市	Weifang City	487	1999.14	473.60	721836.66	391903.26
济宁市	Jining City	245	1106.52	192.35	628367.99	504847.80
泰安市	Tai'an City	195	396.95	241.89	169031.53	144174.56
威海市	Weihai City	404	1471.29	383.50	1150400.07	502374.83
日照市	Rizhao City	225	262.03	113.79	187976.29	104077.74
莱芜市	Laiwu City	111	256.72	210.91	72340.76	39901.39
临沂市	Linyi City	517	1303.05	499.23	873432.85	361896.80
德州市	Dezhou City	210	747.12	373.82	258216.57	169921.87
聊城市	Liaocheng City	152	593.40	182.78	123729.71	58896.55
滨州市	Binzhou City	171	567.66	374.90	164163.58	82397.81
菏泽市	Heze City	121	691.18	325.65	186906.90	128272.33
河南省	**Henan**	**2722**	**7254.50**	**3500.88**	**3355487.71**	**2321216.09**
郑州市	Zhengzhou City	395	1138.69	388.78	1291657.66	1222410.54
开封市	Kaifeng City	70	399.59	287.86	228448.12	117172.68
洛阳市	Luoyang City	190	589.45	353.64	219416.41	137590.58
平顶山市	Pingdingshan City	133	247.68	77.30	68534.69	40752.42
安阳市	Anyang City	63	417.50	345.62	149431.95	144109.36
鹤壁市	Hebi City	74	280.80	228.93	56002.14	25642.02
新乡市	Xinxiang City	133	642.62	289.67	173524.92	112170.64
焦作市	Jiaozuo City	109	462.03	180.95	117070.88	88688.71
濮阳市	Puyang City	77	223.57	148.17	61795.08	23055.50
许昌市	Xuchang City	134	239.76	130.00	122554.92	42894.22
漯河市	Luohe City	97	180.98	69.91	44144.50	22247.30
三门峡市	Sanmenxia City	149	340.45	104.23	80349.79	45007.04
南阳市	Nanyang City	144	263.70	80.20	88229.09	56021.53
商丘市	Shangqiu City	144	376.48	129.65	129967.34	62606.46
信阳市	Xinyang City	200	397.92	142.35	216054.31	12545.31
周口市	Zhoukou City	196	629.79	379.02	221341.22	123783.35

国有土地供应出让情况——按省市分列（2008年） 续表5

State-owned Land Use Rights Granted by Province, Autonomous Region and Municipality (2008) Continued 5

地 区	Region	宗数（宗） Number of Plots	土地面积（公顷） Land Area (hectare)		成交价款（万元） Transaction Price Value (10000 yuan)	纯收益（万元） Net Income (10000 yuan)
				新增 Newly Increased Area		
驻马店市	Zhumadian City	391	291.51	115.46	67509.53	33773.77
济源市	Jiyuan City	23	131.97	49.15	19455.16	10744.66
湖北省	**Hubei**	**8603**	**6555.76**	**2822.47**	**3257268.11**	**1344556.50**
武汉市	Wuhan City	464	2311.79	980.94	1823129.89	552310.04
黄石市	Huangshi City	321	303.28	173.54	204777.66	99095.56
十堰市	Shiyan City	155	169.34	82.05	47509.63	36082.53
宜昌市	Yichang City	656	720.71	155.38	131645.31	57704.38
襄樊市	Xiangfan City	1091	472.23	229.74	221595.50	168828.23
鄂州市	Ezhou City	124	225.36	176.58	60752.96	33350.08
荆门市	Jingmen City	501	257.94	102.82	60771.55	45198.49
孝感市	Xiaogan City	294	226.46	114.71	109822.89	66396.37
荆州市	Jingzhou City	2013	512.62	172.45	153564.11	44391.80
黄冈市	Huanggang City	1019	240.57	120.91	78493.81	44478.77
咸宁市	Xianning City	1252	612.89	150.01	183722.22	76235.19
随州市	Suizhou City	106	258.01	185.22	114504.94	97851.45
恩施土家族苗族自治州	Enshi Tujia & Miao A.P.	444	99.87	77.71	19612.09	8200.98
省直辖行政单位	Administrative Units Directly Under the Provincial Government	163	144.70	100.39	47365.55	14432.63
湖南省	**Hunan**	**8110**	**4751.56**	**2542.53**	**2527884.04**	**807545.56**
长沙市	Changsha City	594	1294.02	917.42	1255776.08	385030.03
株洲市	Zhuzhou City	345	395.75	300.00	172307.68	96301.12
湘潭市	Xiangtan City	406	371.16	138.97	162554.90	46087.61
衡阳市	Hengyang City	263	254.67	129.49	73712.08	27623.27
邵阳市	Shaoyang City	867	245.13	205.76	72407.61	15654.24
岳阳市	Yueyang City	550	274.18	122.55	100709.22	35368.27
常德市	Changde City	1161	472.42	249.51	189605.11	60465.42
张家界市	Zhangjiajie City	295	45.63	10.37	29133.10	9647.51
益阳市	Yiyang City	867	227.40	48.74	80237.35	26820.71
郴州市	Chenzhou City	412	293.21	126.53	111338.88	38531.14
永州市	Yongzhou City	568	171.51	40.22	48069.58	1831.63
怀化市	Huaihua City	661	354.77	109.76	123933.08	33563.72
娄底市	Loudi City	364	202.49	54.65	66085.86	19577.33

国有土地供应出让情况——按省市分列（2008年） 续表6

State-owned Land Use Rights Granted by Province, Autonomous Region and Municipality (2008) Continued 6

地 区	Region	宗数（宗） Number of Plots	土地面积（公顷） Land Area (hectare)	新增 Newly Increased Area	成交价款（万元） Transaction Price Value (10000 yuan)	纯收益（万元） Net Income (10000 yuan)
湘西土家族苗族自治州	West Hunan Tujia & Miao A.P.	757	149.23	88.54	42013.51	11043.56
广东省	**Guangdong**	**6111**	**8204.39**	**3798.25**	**6754435.37**	**1197386.14**
广州市	Guangzhou City	189	1098.33	824.90	1205108.75	
韶关市	Shaoguan City	147	207.59	28.64	95272.42	36485.56
深圳市	Shenzhen City	193	477.34		1157194.08	173579.11
珠海市	Zhuhai City	13	210.87		46794.33	4863.61
汕头市	Shantou City	48	115.70	7.64	59761.94	5851.40
佛山市	Foshan City	102	507.34		1387664.74	134131.36
江门市	Jiangmen City	82	235.39	182.43	96851.72	18674.60
湛江市	Zhanjiang City	136	480.90	370.15	271995.87	30177.83
茂名市	Maoming City	920	142.59	57.88	40127.92	14367.70
肇庆市	Zhaoqing City	159	469.79	330.85	134351.00	54479.89
惠州市	Huizhou City	2268	1471.91	32.43	762186.43	449783.65
梅州市	Meizhou City	640	77.93	8.51	14954.74	6593.16
汕尾市	Shanwei City	6	29.57	28.57	11536.22	3169.97
河源市	Heyuan City	258	94.61	5.59	53498.53	2583.77
阳江市	Yangjiang City	63	511.90	259.53	141670.95	85476.72
清远市	Qingyuan City	459	541.06	354.31	187090.77	49002.62
东莞市	Dongguan City	78	511.75	464.23	849303.29	34510.61
中山市	Zhongshan City	292	845.57	746.11	133174.58	33293.66
潮州市	Chaozhou City	3	6.97	6.67	1557.84	376.67
揭阳市	Jieyang City	34	147.94	74.89	96803.47	57909.81
云浮市	Yunfu City	21	19.33	14.92	7535.78	2074.44
广西	**Guangxi**	**5600**	**4432.98**	**1354.58**	**1354618.30**	**430468.23**
南宁市	Nanning City	1289	578.19	177.47	237263.14	53298.13
柳州市	Liuzhou City	501	596.20	233.75	240403.70	79860.90
桂林市	Guilin City	772	461.15	139.86	157378.54	23797.47
梧州市	Wuzhou City	109	291.08	50.54	52221.74	
北海市	Beihai City	537	374.71		125490.95	101382.29
防城港市	Fangchenggang City	109	197.85	134.28	81647.38	24245.82
钦州市	Qinzhou City	212	255.67	86.17	91858.79	33410.14
贵港市	Guigang City	159	164.14	5.19	34640.16	18527.61

国有土地供应出让情况——按省市分列（2008年） 续表7

State-owned Land Use Rights Granted by Province, Autonomous Region and Municipality (2008) Continued 7

地 区	Region	宗数（宗） Number of Plots	土地面积（公顷） Land Area (hectare)	新增 Newly Increased Area	成交价款（万元） Transaction Price Value (10000 yuan)	纯收益（万元） Net Income (10000 yuan)
玉林市	Yulin City	692	383.10	67.70	142588.04	16875.87
百色市	Baise City	276	439.89	388.81	76601.96	11328.34
贺州市	Hezhou City	59	79.58		11884.41	3821.15
河池市	Hechi City	632	205.35	16.86	33057.05	15793.16
来宾市	Laibin City	165	283.00	18.75	44262.34	44262.34
崇左市	Chongzuo City	88	123.08	35.20	25320.10	3865.01
海南省	**Hainan**	**236**	**2031.95**	**557.54**	**1226585.68**	**839460.04**
海口市	Haikou City	27	394.72	157.82	275132.92	273422.57
三亚市	Sanya City	16	202.61	106.18	445674.74	438222.29
省直辖县级行政单位	County-level Administrative Units Directly Under the Provincial Government	193	1434.61	293.55	505778.02	127815.18
重庆市	**Chongqing**	**1443**	**2775.71**	**875.26**	**2338056.91**	**1094088.05**
四川省	**Sichuan**	**25205**	**7417.06**	**1695.73**	**4699745.56**	**1844665.39**
成都市	Chengdu City	7315	3104.54	1009.31	3457453.75	1136463.51
自贡市	Zigong City	66	148.06		94326.33	50896.27
攀枝花市	Panzhihua City	468	311.85		48753.46	48712.56
泸州市	Luzhou City	493	243.58	81.11	76683.92	61919.35
德阳市	Deyang City	1265	355.64	84.68	116638.11	66840.66
绵阳市	Mianyang City	1734	526.95	43.62	115583.09	48378.39
广元市	Guangyuan City	402	181.33		40363.07	40363.03
遂宁市	Suining City	4957	250.26	40.21	89361.34	44214.36
内江市	Neijiang City	3116	237.44	31.88	22235.99	20327.99
乐山市	Leshan City	237	428.06	130.64	129583.42	39920.52
南充市	Nanchong City	321	284.01	97.30	105232.35	43899.98
眉山市	Meishan City	69	281.42		75710.65	62009.22
宜宾市	Yibin City	222	233.07	93.53	90440.57	61455.74
广安市	Guang'an City	97	160.16	68.73	43348.13	16223.60
达州市	Dazhou City	147	172.66		62522.20	44576.32
雅安市	Ya'an City	491	69.54	1.47	14749.69	13381.98
巴中市	Bazhong City	1238	36.16		8017.18	1603.38
资阳市	Ziyang City	2310	159.87		41417.19	15998.01
阿坝藏族羌族自治州	Aba Tibetan & Qiang A.P.	28	75.02		9846.48	8999.47
甘孜藏族自治州	Ganzi Tibetan A.P.	37	36.08	13.25	12306.91	10820.69

国有土地供应出让情况——按省市分列（2008年） 续表8

State-owned Land Use Rights Granted by Province, Autonomous Region and Municipality (2008) Continued 8

地　区	Region	宗数（宗） Number of Plots	土地面积（公顷） Land Area (hectare)	新增 Newly Increased Area	成交价款（万元） Transaction Price Value (10000 yuan)	纯收益（万元） Net Income (10000 yuan)
凉山彝族自治州	Liangshan Yi A.P.	192	121.37		45171.73	7660.36
贵州省	**Guizhou**	**1895**	**1633.95**	**807.95**	**804927.66**	**371259.31**
贵阳市	Guiyang City	158	756.19	423.93	474113.14	276682.63
六盘水市	Liupanshui City	60	93.71		41367.07	20570.00
遵义市	Zunyi City	633	311.08	199.55	92567.86	25465.06
安顺市	Anshun City	53	115.66	45.46	37378.44	19841.67
铜仁地区	Tongren Prefecture	143	71.62	8.56	34021.40	6338.02
黔西南布依族苗族自治州	Southwest Guizhou Buyei & Miao A.P.	249	88.49	52.57	40745.93	5242.29
毕节地区	Bijie Prefecture	157	24.20	5.16	13954.55	3030.22
黔东南苗族侗族自治州	Southeast Guizhou Miao & Dong A.P.	280	95.90	41.52	32216.62	1632.15
黔南布依族苗族自治州	South Guizhou Buyei & Miao A.P.	162	77.10	31.20	38562.65	12457.27
云南省	**Yunnan**	**7968**	**4801.89**	**1662.60**	**1959680.17**	**304742.83**
昆明市	Kunming City	2847	1415.84	719.74	1025589.33	217719.61
曲靖市	Qujing City	178	419.36	188.76	130867.93	6521.16
玉溪市	Yuxi City	164	356.90	233.34	161519.38	29177.50
保山市	Baoshan City	567	119.67	83.10	57785.52	2420.56
昭通市	Zhaotong City	835	169.35	73.55	29075.51	2902.53
丽江市	Lijiang City	15	0.78		256.27	
普洱市	Pu'er City	311	567.17	34.13	42930.13	3090.69
临沧市	Lincang City	200	37.18	22.05	12691.45	662.23
楚雄彝族自治州	Chuxiong Yi A.P.	581	163.69	37.92	50050.61	5722.54
红河哈尼族彝族自治州	Honghe Hani & Yi A.P.	864	255.81	102.38	137172.89	14700.48
文山壮族苗族自治州	Wenshan Zhuang & Miao A.P.	248	891.38	31.78	208735.54	822.78
西双版纳傣族自治州	Xishuangbanna Dai A.P.	67	155.27	54.44	41056.67	10166.75
大理白族自治州	Dali Bai A.P.	475	74.18	31.64	18774.90	4657.73
德宏傣族景颇族自治州	Dehong Dai & Jingpo A.P.	427	138.03	19.30	31663.08	4262.37
怒江傈僳族自治州	Nujiang Lisu A.P.	96	34.29	30.00	11492.06	1906.60
迪庆藏族自治州	Diqing Tibetan A.P.	93	2.99	0.46	18.90	9.30
西藏	**Tibet**	**205**	**241.29**	**41.34**	**78116.59**	**61092.57**
拉萨市	Lhasa City	91	189.44	41.34	71499.69	55500.31
昌都地区	Qamdo Prefecture	12	3.79		221.07	221.07

国有土地供应出让情况——按省市分列（2008年） 续表9

State-owned Land Use Rights Granted by Province, Autonomous Region and Municipality (2008) Continued 9

地区	Region	宗数（宗） Number of Plots	土地面积（公顷） Land Area (hectare)		成交价款（万元） Transaction Price Value (10000 yuan)	纯收益（万元） Net Income (10000 yuan)
				新增 Newly Increased Area		
山南地区	Lhokha Prefecture	1	10.69		960.24	524.00
日喀则地区	Xigaze Prefecture	21	7.96		1047.74	718.81
那曲地区	Nagqu Prefecture	2	0.53		327.00	230.00
阿里地区	Ngari Prefecture					
林芝地区	Nyingchi Prefecture	78	28.88		4060.85	3898.38
陕西省	**Shaanxi**	**1775**	**2602.86**	**1241.40**	**1591499.61**	**481321.93**
西安市	Xi'an City	276	808.60	473.09	1031744.01	309180.72
铜川市	Tongchuan City	60	96.92	83.83	19954.66	4691.43
宝鸡市	Baoji City	85	242.84	129.22	90989.91	37318.71
咸阳市	Xianyang City	99	258.12	53.63	120055.42	23733.62
渭南市	Weinan City	90	261.78	155.38	48649.28	16002.23
延安市	Yan'an City	66	39.45	5.00	23482.29	14012.55
汉中市	Hanzhong City	231	144.69	30.70	65829.01	9133.88
榆林市	Yulin City	102	293.17	70.93	75799.31	33098.47
安康市	Ankang City	534	93.02	39.19	22742.49	8791.73
商洛市	Shangluo City	206	228.58	78.00	65818.89	21485.77
杨凌示范区	Yangling Demonstration Zone	26	135.69	122.42	26434.34	3872.82
甘肃省	**Gansu**	**1296**	**2216.35**	**469.86**	**514254.57**	**189622.92**
兰州市	Lanzhou City	142	555.95	15.86	236356.46	84875.31
嘉峪关市	Jiayuguan City	83	78.33		1389.65	1389.65
金昌市	Jinchang City	116	149.12	109.81	14849.27	5886.69
白银市	Baiyin City	59	167.78		26252.05	21962.35
天水市	Tianshui City	39	50.99		25288.64	18044.14
武威市	Wuwei City	121	72.28	33.38	17823.43	5084.56
张掖市	Zhangye City	134	585.90	155.91	24877.02	8043.37
平凉市	Pingliang City	106	128.93		36672.94	19325.48
酒泉市	Jiuquan City	101	126.41	82.54	17198.99	8304.18
庆阳市	Qingyang City	116	76.57	15.91	20600.00	2904.50
定西市	Dingxi City	98	79.32	11.82	27593.67	
陇南市	Longnan City	133	93.56	44.62	45758.94	12436.61
临夏回族自治州	Linxia Hui A.P.	25	40.02		17937.17	
甘南藏族自治州	Gannan Tibetan A.P.	23	11.19		1656.34	1366.08

国有土地供应出让情况——按省市分列（2008年） 续表10

State-owned Land Use Rights Granted by Province, Autonomous Region and Municipality (2008) Continued 10

地 区	Region	宗数（宗）Number of Plots	土地面积（公顷）Land Area (hectare)	新增 Newly Increased Area	成交价款（万元）Transaction Price Value (10000 yuan)	纯收益（万元）Net Income (10000 yuan)
青海省	**Qinghai**	**340**	**551.21**	**200.35**	**33118.52**	**15266.56**
西宁市	Xining City	106	149.27	29.76	20635.56	4907.58
海东地区	Haidong Prefecture	63	82.07	60.72	6658.94	4616.63
海北藏族自治州	Haibei Tibetan A.P.	24	83.52	2.49	937.28	883.09
黄南藏族自治州	Huangnan Tibetan A.P.	89	10.69	0.73	382.70	355.22
海西蒙古族藏族自治州	Haixi Mongol & Tibetan A.P.	58	225.66	106.65	4504.04	4504.04
宁夏	**Ningxia**	**302**	**1806.15**	**270.11**	**304071.32**	**42692.40**
银川市	Yinchuan City	132	1277.08	191.86	214308.20	24906.36
石嘴山市	Shizuishan City	41	189.58		13618.45	8481.03
吴忠市	Wuzhong City	34	130.00	62.57	27339.55	8079.02
固原市	Guyuan City	38	65.27		17221.31	404.25
中卫市	Zhongwei City	57	144.21	15.68	31583.81	821.74
新疆	**Xinjiang**	**6356**	**3396.86**	**663.20**	**615766.90**	**502226.84**
乌鲁木齐市	Urumqi City	1169	649.48	16.04	250886.33	234198.64
克拉玛依市	Karamay City	81	105.40	50.75	14093.23	14093.23
吐鲁番地区	Turpan Prefeture	70	30.35	1.67	4220.08	2977.44
哈密地区	Hami Prefeture	106	49.87		10892.26	2656.53
昌吉回族自治州	Changji Hui A.P.	137	301.74	130.12	39624.05	27704.72
博尔塔拉蒙古族自治州	Bortala Mongol A.P.	129	89.69	0.07	5870.50	5640.52
巴音郭楞蒙古族自治州	Bayingolin Mongol A.P.	154	164.64	17.91	31440.49	28096.39
阿克苏地区	Akesu Prefeture	536	285.66	20.57	26195.32	19568.16
克孜勒苏柯尔克孜自治州	Kizilsu Kirgiz A.P.	51	29.01	21.32	3159.87	2833.95
喀什地区	Kashi Prefeture	725	369.18	7.74	14300.90	10347.92
和田地区	Hotan Prefeture	63	53.55	31.58	4238.66	3320.55
伊犁哈萨克自治州	Ili Kazak A.P.	131	397.85	87.30	105076.32	69008.80
塔城地区	Tacheng Prefeture	1911	143.05		10738.75	10738.75
阿勒泰地区	Altay Prefeture	648	103.91		6266.60	6266.60
石河子市	Shihezi City	19	21.17	3.21	6264.37	6264.37
新疆生产建设兵团	Xinjiang Production and Construction Corps	426	602.31	274.89	82499.17	58510.27

国有土地供应协议出让情况——按地区分列

State-owned Land Use Rights Granted through Agreement by Region

年份/地区	Year/Region	宗数（宗）Number of Plots	土地面积（公顷）Land Area (hectare)	新增 Newly Increased Area	成交价款（万元）Transaction Price Value (10000 yuan)	纯收益（万元）Net Income (10000 yuan)
2001		145228				
2002		203866				
2003		157381	139433.67	61926.19	23498805.61	8598949.05
2004		138111	129083.07	55839.56	28628664.65	12370849.49
2005		117642	108367.68	35330.33	16879150.65	6296980.26
2006		140933	161871.39	69067.39	22827188.87	7765856.31
2007		109748	117662.76	50999.46	21418614.76	7506707.70
2008		68093	26634.36	6460.06	7310554.06	3652981.27
北 京	Beijing	565	1163.17	206.02	563861.02	551357.25
天 津	Tianjin	732	1056.48	280.90	662559.69	219894.21
河 北	Hebei	1284	2354.85	282.06	393192.44	136551.79
山 西	Shanxi	417	638.00	257.46	220838.68	176778.06
内蒙古	Inner Mongolia	1637	1048.02	547.46	99642.61	52123.40
辽 宁	Liaoning	1083	1564.28	322.33	282685.29	190120.85
吉 林	Jilin	1455	1287.96	157.71	173377.63	163663.22
黑龙江	Heilongjiang	479	328.36	12.00	83487.40	83364.03
上 海	Shanghai	93	207.09	103.14	167343.85	50203.15
江 苏	Jiangsu	2447	2070.28	603.43	656915.96	121677.77
浙 江	Zhejiang	1907	675.46	160.35	228510.66	23703.12
安 徽	Anhui	1066	868.76	238.75	185475.78	96100.12
福 建	Fujian	377	252.66	175.11	71264.87	28029.06
江 西	Jiangxi	11	28.30		5032.22	
山 东	Shandong	1249	2461.32	668.78	745234.81	500750.08
河 南	Henan	991	1627.52	515.59	388407.21	336473.50
湖 北	Hubei	4879	456.08	81.26	117171.26	44424.31
湖 南	Hunan	4586	454.14	61.60	146855.03	42162.11
广 东	Guangdong	4329	1327.12	916.58	171853.39	34499.19
广 西	Guangxi	3715	708.41	86.54	165970.66	121612.37
海 南	Hainan	62	117.84	10.83	17260.43	10019.37
重 庆	Chongqing	484	333.90	87.72	86355.90	25257.47
四 川	Sichuan	22765	2129.86	152.08	953301.73	298825.55
贵 州	Guizhou	760	352.28	138.26	141745.37	111599.13
云 南	Yunnan	3946	515.12	15.04	80016.74	10393.17
西 藏	Tibet	166	100.95	35.35	21716.43	21158.44
陕 西	Shaanxi	819	425.37	74.29	290166.88	79561.60
甘 肃	Gansu	435	970.75	47.40	82722.39	64256.43
青 海	Qinghai	232	254.77	14.07	15045.03	3525.78
宁 夏	Ningxia	88	185.68	95.80	16896.95	249.57
新 疆	Xinjiang	5034	669.60	112.13	75645.75	54647.17

注：该表指标除“宗数”外均为2003年新增指标。

Note: All indicators in the table are newly added in 2003 except “Number of Plots”.

国有土地供应协议出让情况——按用地类型分列（2008年）

State-owned Land Use Rights Granted through Agreement by Land-use Type (2008)

项目	Item	宗数（宗） Number of Plots	土地面积（公顷） Land Area (hectare)		成交价款（万元） Transaction Price Value (10000 yuan)	纯收益（万元） Net Income (10000 yuan)
				新增 Newly Increased Area		
总计	**Total**	**68093**	**26634.36**	**6460.06**	**7310554.06**	**3652981.27**
商服用地	Land for Commercial and Service Uses	8030	2966.90	557.91	1993768.09	1075945.65
工矿仓储用地	Land for Industry, Mining and Warehousing	9977	14959.96	3714.87	2318513.98	1147312.08
公用设施用地	Land for Public Utilities	2273	2394.54	752.77	635065.54	227707.15
公共建筑用地	Land for Public Buildings	606	920.18	382.64	386494.24	171884.75
住宅用地	Land for Residential Uses	46471	4575.79	591.94	1815407.30	993085.21
别墅、高档公寓	Villa and High-Class Apartment	2	0.20		274.01	274.01
普通商品房	Common House	18533	2800.35	276.85	1311602.07	815060.23
经济适用房	Economically Affordable House	876	243.59	57.77	64986.27	11669.57
其他住房	Other Houses	27060	1531.66	257.33	438544.95	166081.40
交通运输用地	Land for Transport	594	631.43	395.96	134455.03	30387.45
水利设施用地	Land for Water Conservancy Facilities	57	45.30	29.48	1640.55	670.33
特殊用地	Land for Special Uses	85	140.27	34.49	25209.33	5988.65

国有土地供应协议出让情况——按省市分列（2008年）

State-owned Land Use Rights Granted through Agreement by Province, Autonomous Region and Municipality (2008)

地 区	Region	宗数（宗） Number of Plots	土地面积（公顷） Land Area (hectare)		成交价款（万元） Transaction Price Value (10000 yuan)	纯收益（万元） Net Income (10000 yuan)
				新增 Newly Increased Area		
总 计	**Total**	**68093**	**26634.36**	**6460.06**	**7310554.06**	**3652981.27**
北京市	**Beijing**	**565**	**1163.17**	**206.02**	**563861.02**	**551357.25**
天津市	**Tianjin**	**732**	**1056.48**	**280.90**	**662559.69**	**219894.21**
河北省	**Hebei**	**1284**	**2354.85**	**282.06**	**393192.44**	**136551.79**
石家庄市	Shijiazhuang City	43	53.69	22.49	13761.81	8848.17
唐山市	Tangshan City	92	84.96		21091.68	16706.53
秦皇岛市	Qinhuangdao City	261	1459.39	223.81	221430.11	54233.31
邯郸市	Handan City	29	31.62		5883.10	1348.50
邢台市	Xingtai City	46	43.90	0.78	29178.51	21986.74
保定市	Baoding City	251	146.15		28848.10	9108.25
张家口市	Zhangjiakou City	139	108.78	14.81	18940.20	2502.41
承德市	Chengde City	197	171.89	16.33	6035.95	1905.04
沧州市	Cangzhou City	108	105.78		22320.30	12872.04
廊坊市	Langfang City	15	43.13	2.19	15572.93	3226.52
衡水市	Hengshui City	103	105.56	1.64	10129.75	3814.28
山西省	**Shanxi**	**417**	**638.00**	**257.46**	**220838.68**	**176778.06**
太原市	Taiyuan City	91	132.73	6.76	106978.43	89222.79
大同市	Datong City	11	26.00	1.44	28059.41	27411.99
阳泉市	Yangquan City	27	9.09		4541.09	3138.01
长治市	Changzhi City	49	206.73	141.73	35110.65	28091.75
晋城市	Jincheng City	31	61.98	14.86	14083.44	13521.16
朔州市	Shuozhou City					
晋中市	Jinzhong City	49	63.32	19.30	5714.31	4942.06
运城市	Yuncheng City	26	50.66	34.56	7745.95	3477.74
忻州市	Xinzhou City	24	15.37	6.62	4550.51	1769.15
临汾市	Linfen City	83	21.40	6.40	4601.50	1790.45
吕梁市	Lüliang City	26	50.70	25.78	9453.39	3412.96
内蒙古	**Inner Mongolia**	**1637**	**1048.02**	**547.46**	**99642.61**	**52123.40**
呼和浩特市	Hohhot City	8	29.35		3531.41	29.16
包头市	Baotou City	55	50.00		21003.57	7900.48
乌海市	Wuhai City	113	236.69	236.69	6855.06	6855.06
赤峰市	Chifeng City	32	20.61		2108.05	1796.51
通辽市	Tongliao City	107	113.52	15.07	14638.32	13749.69
鄂尔多斯市	Erdos City	171	48.36	4.33	3061.18	918.35
呼伦贝尔市	Hulunbuir City	166	216.35	74.55	23489.40	1184.29
巴彦淖尔市	Bayannur City	122	164.91	125.73	11338.87	6460.50
乌兰察布市	Ulanqab City	25	70.23	70.23	3661.92	3328.45
兴安盟	Xing'an League	95	7.22		83.35	29.43
锡林郭勒盟	Xilingol League	508	55.95	20.87	8771.98	8771.98
阿拉善盟	Alxa League	235	34.84		1099.50	1099.50

国有土地供应协议出让情况——按省市分列（2008年） 续表1

State-owned Land Use Rights Granted through Agreement by Province, Autonomous Region and Municipality (2008) Continued 1

地 区	Region	宗数（宗）Number of Plots	土地面积（公顷）Land Area (hectare)	新增 Newly Increased Area	成交价款（万元）Transaction Price Value (10000 yuan)	纯收益（万元）Net Income (10000 yuan)
辽宁省	**Liaoning**	**1083**	**1564.28**	**322.33**	**282685.29**	**190120.85**
沈阳市	Shenyang City	57	74.98	8.16	9444.19	9248.91
大连市	Dalian City	230	401.18	100.07	116556.73	83429.14
鞍山市	Anshan City	72	39.04	4.25	4896.12	4896.12
抚顺市	Fushun City	44	41.13		11354.17	3764.79
本溪市	Benxi City	56	50.71	8.60	5471.90	5471.90
丹东市	Dandong City	154	103.37	11.27	12176.34	9017.08
锦州市	Jinzhou City	190	277.94	15.60	23117.52	17131.61
营口市	Yingkou City	8	18.04	0.53	3628.11	10.00
阜新市	Fuxin City	24	37.13		2053.96	2053.96
辽阳市	Liaoyang City	94	151.39	1.37	34773.52	34773.52
盘锦市	Panjin City	20	77.27		11136.67	2712.73
铁岭市	Tieling City	52	46.05	3.28	9164.19	9013.19
朝阳市	Chaoyang City	63	203.54	169.20	28352.17	2947.87
葫芦岛市	Huludao City	19	42.51		10559.70	5650.03
吉林省	**Jilin**	**1455**	**1287.96**	**157.71**	**173377.63**	**163663.22**
长春市	Changchun City	1035	905.24		140645.34	139886.31
吉林市	Jilin City	19	151.19	119.54	5956.33	2383.53
四平市	Siping City	115	66.04	21.02	11873.95	6551.45
辽源市	Liaoyuan City	55	16.86	0.22	2849.06	2846.66
通化市	Tonghua City	11	60.06		5005.05	4995.82
白山市	Baishan City	131	57.50		4359.30	4359.30
松原市	Songyuan City	78	13.10		877.65	829.20
白城市	Baicheng City					
延边朝鲜族自治州	Yanbian Korean A.P.	11	17.98	16.93	1810.95	1810.95
黑龙江省	**Heilongjiang**	**479**	**328.36**	**12.00**	**83487.40**	**83364.03**
哈尔滨市	Harbin City	74	90.83	3.80	34393.00	34305.82
齐齐哈尔市	Qiqihar City					
鸡西市	Jixi City	36	15.06	0.81	7074.69	7074.69
鹤岗市	Hegang City	21	27.50		2420.46	2420.46
双鸭山市	Shuangyashan City	16	0.79		243.36	243.36
大庆市	Daqing City	74	55.64		22235.68	22235.68
伊春市	Yichun City	41	7.16		1457.08	1457.08
佳木斯市	Jiamusi City	5	1.13		110.48	110.48
七台河市	Qitaihe City	5	7.58	7.39	1130.23	1130.23
牡丹江市	Mudanjiang City	13	7.56		1758.39	1758.39
黑河市	Heihe City	52	44.84		3634.75	3634.75
绥化市	Suihua City	25	32.04		5442.87	5442.87

国有土地供应协议出让情况——按省市分列（2008年） 续表2

State-owned Land Use Rights Granted through Agreement by Province, Autonomous Region and Municipality (2008) Continued 2

地 区	Region	宗数（宗）Number of Plots	土地面积（公顷）Land Area (hectare)		成交价款（万元）Transaction Price Value (10000 yuan)	纯收益（万元）Net Income (10000 yuan)
				新增 Newly Increased Area		
大兴安岭地区	Da Hinggan Ling Prefecture	50	5.04		620.87	620.79
森工总局	General Bureau of Forest Industry	7	0.83		76.81	76.81
农垦总局	General Bureau of Agriculture	56	7.81		770.80	734.69
省厅驻友谊局	Youyi Land and Resources Bureau	4	24.55		2117.93	2117.93
上海市	**Shanghai**	**93**	**207.09**	**103.14**	**167343.85**	**50203.15**
江苏省	**Jiangsu**	**2447**	**2070.28**	**603.43**	**656915.96**	**121677.77**
南京市	Nanjing City	113	104.43	39.00	84251.00	18373.00
无锡市	Wuxi City	254	570.34	127.51	174427.42	30206.88
徐州市	Xuzhou City	145	135.68	7.45	38624.76	5297.78
常州市	Changzhou City	235	238.76		94900.50	8107.37
苏州市	Suzhou City	90	209.44	148.25	61642.29	6755.14
南通市	Nantong City	223	223.91	144.20	50739.00	9093.80
连云港市	Lianyungang City	28	4.65		2626.09	393.81
淮安市	Huai'an City	22	32.44	16.32	7093.53	994.98
盐城市	Yancheng City	633	107.76	4.85	32137.93	12094.87
扬州市	Yangzhou City	138	97.97	14.44	17985.56	10127.93
镇江市	Zhenjiang City	361	149.80	20.40	42480.41	9868.79
泰州市	Taizhou City	194	178.43	75.50	47324.02	9753.54
宿迁市	Suqian City	11	16.67	5.52	2683.45	609.88
浙江省	**Zhejiang**	**1907**	**675.46**	**160.35**	**228510.66**	**23703.12**
杭州市	Hangzhou City	187	74.09	9.88	32862.55	5491.15
宁波市	Ningbo City	36	55.99	24.33	21031.69	3208.00
温州市	Wenzhou City	313	286.54	20.19	65682.71	5290.90
嘉兴市	Jiaxing City	165	108.49	52.68	54004.09	5024.80
湖州市	Huzhou City	6	7.02	7.02	880.83	264.22
绍兴市	Shaoxing City	274	62.99	17.93	19866.01	1377.27
金华市	Jinhua City	6	5.75		431.58	50.49
衢州市	Quzhou City	3	0.88		156.80	15.69
舟山市	Zhoushan City	27	26.27	12.84	6292.39	914.15
台州市	Taizhou City	851	37.44	15.31	23169.63	1735.85
丽水市	Lishui City	39	9.99	0.17	4132.38	330.60
安徽省	**Anhui**	**1066**	**868.76**	**238.75**	**185475.78**	**96100.12**
合肥市	Hefei City	92	46.72		22730.96	10998.01
芜湖市	Wuhu City	31	24.43		18032.49	2211.12
蚌埠市	Bengbu City	80	7.48		1639.36	394.14
淮南市	Huainan City	61	53.33	1.80	46261.00	16486.00
马鞍山市	Ma'anshan City	22	63.27	3.12	9653.96	4826.99
淮北市	Huaibei City	52	39.62	0.85	11574.81	10996.07
铜陵市	Tongling City	6	29.02		8439.88	436.81

国有土地供应协议出让情况——按省市分列（2008年） 续表3

State-owned Land Use Rights Granted through Agreement by Province, Autonomous Region and Municipality (2008) Continued 3

地区	Region	宗数（宗） Number of Plots	土地面积（公顷） Land Area (hectare)	新增 Newly Increased Area	成交价款（万元） Transaction Price Value (10000 yuan)	纯收益（万元） Net Income (10000 yuan)
安庆市	Anqing City	75	30.65	22.38	4106.83	577.20
黄山市	Huangshan City	6	15.58	15.47	5462.12	1749.67
滁州市	Chuzhou City					
阜阳市	Fuyang City	9	8.08	7.18	1199.23	731.69
宿州市	Suzhou City	84	12.89		4844.94	2290.47
巢湖市	Chaohu City	39	4.53		482.76	60.76
六安市	Lu'an City	237	51.29	12.62	2885.38	2396.16
亳州市	Bozhou City	4	31.47		7782.12	4867.57
池州市	Chizhou City	159	287.12	56.46	28416.68	25408.30
宣城市	Xuancheng City	109	163.28	118.88	11963.26	11669.16
福建省	**Fujian**	**377**	**252.66**	**175.11**	**71264.87**	**28029.06**
福州市	Fuzhou City	3	109.05	109.05	532.92	69.33
厦门市	Xiamen City	8	32.25	25.25	33423.93	1671.20
莆田市	Putian City	6	14.64	7.46	2734.98	212.70
三明市	Sanming City	328	74.49	17.12	24003.20	21699.49
泉州市	Quanzhou City					
漳州市	Zhangzhou City	3	6.77	6.77	4893.13	168.05
南平市	Nanping City	4	8.33	8.01	1007.04	989.45
龙岩市	Longyan City	15	1.55	1.26	3276.20	3006.28
宁德市	Ningde City	10	5.59	0.21	1393.47	212.56
江西省	**Jiangxi**	**11**	**28.30**		**5032.22**	
山东省	**Shandong**	**1249**	**2461.32**	**668.78**	**745234.81**	**500750.08**
济南市	Jinan City	32	29.04		47690.80	19076.32
青岛市	Qingdao City	174	541.44	238.27	293024.67	222568.45
淄博市	Zibo City	162	90.22	12.73	23364.96	18714.90
枣庄市	Zaozhuang City	12	9.96	5.99	2220.48	1343.95
东营市	Dongying City	37	123.03	74.35	18422.30	8996.77
烟台市	Yantai City	84	54.10	4.88	17678.39	8882.08
潍坊市	Weifang City	145	848.36	125.95	144857.75	90197.92
济宁市	Jining City	76	171.42	6.20	92269.33	67180.81
泰安市	Tai'an City	54	31.96	1.84	13053.00	10554.15
威海市	Weihai City	72	47.05		11265.26	6931.14
日照市	Rizhao City	106	31.05	1.09	6472.23	3535.07
莱芜市	Laiwu City	83	58.94	28.21	20933.76	10371.13
临沂市	Linyi City	75	76.87	12.26	9792.63	5976.99
德州市	Dezhou City	63	57.90		7906.89	4910.63
聊城市	Liaocheng City	36	113.39	26.94	6520.50	2677.16
滨州市	Binzhou City	27	61.27	25.33	9663.71	5566.20
菏泽市	Heze City	11	115.32	104.74	20098.15	13266.41

国有土地供应协议出让情况——按省市分列（2008年） 续表4

State-owned Land Use Rights Granted through Agreement by Province, Autonomous Region and Municipality (2008) Continued 4

地区	Region	宗数（宗）Number of Plots	土地面积（公顷）Land Area (hectare)	新增 Newly Increased Area	成交价款（万元）Transaction Price Value (10000 yuan)	纯收益（万元）Net Income (10000 yuan)
河南省	**Henan**	**991**	**1627.52**	**515.59**	**388407.21**	**336473.50**
郑州市	Zhengzhou City	176	394.29	240.65	171204.38	171082.13
开封市	Kaifeng City	18	44.65		13473.88	13473.88
洛阳市	Luoyang City	79	129.88	55.76	28495.34	23485.17
平顶山市	Pingdingshan City	59	106.73		19954.01	11271.98
安阳市	Anyang City	17	19.72	0.52	1665.76	1665.76
鹤壁市	Hebi City	33	93.85	46.86	19728.80	11789.91
新乡市	Xinxiang City	52	156.81	84.07	22906.61	17411.11
焦作市	Jiaozuo City	25	97.96	40.47	18779.81	17855.76
濮阳市	Puyang City	16	16.72	1.64	6495.93	6045.34
许昌市	Xuchang City	44	48.54	5.32	11001.58	6089.76
漯河市	Luohe City	24	23.79	1.59	2456.83	290.45
三门峡市	Sanmenxia City	59	187.21		13016.69	7861.94
南阳市	Nanyang City	39	55.87		20145.41	16785.98
商丘市	Shangqiu City	20	30.46	4.03	9835.57	9657.67
信阳市	Xinyang City	5	2.97	1.33	1616.06	133.67
周口市	Zhoukou City	38	64.24	31.10	6624.21	3451.18
驻马店市	Zhumadian City	276	83.44	2.24	15453.65	12569.12
济源市	Jiyuan City	11	70.37		5552.69	5552.69
湖北省	**Hubei**	**4879**	**456.08**	**81.26**	**117171.26**	**44424.31**
武汉市	Wuhan City	31	35.12		42940.91	8605.92
黄石市	Huangshi City	258	43.72	2.17	11860.53	6178.67
十堰市	Shiyan City	9	1.20		93.62	53.62
宜昌市	Yichang City	133	84.26	4.81	9213.76	7671.40
襄樊市	Xiangfan City	557	8.35	0.10	1498.00	916.67
鄂州市	Ezhou City	15	11.29	4.33	4917.02	2998.21
荆门市	Jingmen City	31	1.59		222.24	201.34
孝感市	Xiaogan City	195	1.57		183.57	141.79
荆州市	Jingzhou City	1685	131.00	34.86	24909.52	4913.56
黄冈市	Huanggang City	632	14.60	2.56	2854.59	1137.36
咸宁市	Xianning City	1041	83.78	1.14	13048.66	9582.53
随州市	Suizhou City	1	0.20	0.20	8.00	5.00
恩施土家族苗族自治州	Enshi Tujia & Miao A.P.	249	23.73	18.08	3200.93	1182.90
省直辖行政单位	Administrative Units Directly Under the Provincial Government	42	15.69	13.01	2219.91	835.34
湖南省	**Hunan**	**4586**	**454.14**	**61.60**	**146855.03**	**42162.11**
长沙市	Changsha City	241	126.50	11.50	80260.60	26746.62
株洲市	Zhuzhou City	43	1.66	0.06	581.48	219.00
湘潭市	Xiangtan City	186	19.56	2.33	11750.42	2341.79

国有土地供应协议出让情况——按省市分列（2008年） 续表5

State-owned Land Use Rights Granted through Agreement by Province, Autonomous Region and Municipality (2008) Continued 5

地 区	Region	宗数（宗） Number of Plots	土地面积（公顷） Land Area (hectare)		成交价款（万元） Transaction Price Value (10000 yuan)	纯收益（万元） Net Income (10000 yuan)
				新增 Newly Increased Area		
衡阳市	Hengyang City	60	1.45	0.59	348.04	70.37
邵阳市	Shaoyang City	436	40.90	26.58	4743.25	613.66
岳阳市	Yueyang City	224	6.82	1.92	1436.75	375.07
常德市	Changde City	885	44.72	9.67	4675.06	1297.12
张家界市	Zhangjiajie City	256	4.68	0.28	1312.54	371.57
益阳市	Yiyang City	546	29.31	1.11	4477.31	923.86
郴州市	Chenzhou City	219	20.03		4841.36	1851.56
永州市	Yongzhou City	349	34.05	4.01	2558.97	214.68
怀化市	Huaihua City	360	78.84		16392.45	3803.76
娄底市	Loudi City	178	13.04	0.13	5785.57	1447.78
湘西土家族苗族自治州	West Hunan Tujia & Miao A.P.	603	32.59	3.42	7691.23	1885.27
广东省	**Guangdong**	**4329**	**1327.12**	**916.58**	**171853.39**	**34499.19**
广州市	Guangzhou City	27	271.87	226.78	60559.87	
韶关市	Shaoguan City	31	0.44		75.66	58.57
深圳市	Shenzhen City	141	200.88		27871.95	4180.79
珠海市	Zhuhai City					
汕头市	Shantou City	3	2.30		971.20	206.95
佛山市	Foshan City					
江门市	Jiangmen City	1	3.43	3.43	700.10	161.21
湛江市	Zhanjiang City	42	3.97	1.04	1091.03	218.20
茂名市	Maoming City	799	46.04		3227.29	3048.92
肇庆市	Zhaoqing City	8	22.40	10.10	13107.04	9671.85
惠州市	Huizhou City	2020	31.72	2.25	4004.43	4004.43
梅州市	Meizhou City	501	19.69	0.45	1238.40	673.43
汕尾市	Shanwei City	1	0.20		19.20	5.76
河源市	Heyuan City	190	7.71	1.93	1183.96	120.76
阳江市	Yangjiang City					
清远市	Qingyuan City	303	22.25		3741.31	567.91
东莞市	Dongguan City	6	48.57	48.57	17350.29	2428.55
中山市	Zhongshan City	255	642.87	619.25	36273.81	9068.46
潮州市	Chaozhou City					
揭阳市	Jieyang City	1	2.78	2.78	437.85	83.40
云浮市	Yunfu City					
广西	**Guangxi**	**3715**	**708.41**	**86.54**	**165970.66**	**121612.37**
南宁市	Nanning City	1011	86.91		39970.02	9948.70
柳州市	Liuzhou City	314	185.89		49320.42	48487.86
桂林市	Guilin City	270	47.41	0.56	16800.98	14307.88

国有土地供应协议出让情况——按省市分列（2008年） 续表6

State-owned Land Use Rights Granted through Agreement by Province, Autonomous Region and Municipality (2008) Continued 6

地 区	Region	宗数（宗） Number of Plots	土地面积（公顷） Land Area (hectare)	新增 Newly Increased Area	成交价款（万元） Transaction Price Value (10000 yuan)	纯收益（万元） Net Income (10000 yuan)
梧州市	Wuzhou City	19	0.94		291.07	
北海市	Beihai City	512	124.60		26975.22	26318.73
防城港市	Fangchenggang City	10	5.47		1438.67	1003.22
钦州市	Qinzhou City	112	11.15	2.80	3516.80	2792.14
贵港市	Guigang City	99	78.43		8880.90	7710.32
玉林市	Yulin City	558	15.63		6002.33	5297.34
百色市	Baise City	133	87.89	83.18	3112.85	310.60
贺州市	Hezhou City	36	7.34		1380.27	210.11
河池市	Hechi City	500	53.31		7723.81	4718.30
来宾市	Laibin City	115	2.09		494.30	494.30
崇左市	Chongzuo City	26	1.34		63.02	12.87
海南省	**Hainan**	**62**	**117.84**	**10.83**	**17260.43**	**10019.37**
海口市	Haikou City	2	10.48	10.48	4538.89	3987.81
三亚市	Sanya City					
省直辖县级行政单位	County-level Administrative Units Directly Under the Provincial Government	60	107.36	0.35	12721.54	6031.56
重庆市	**Chongqing**	**484**	**333.90**	**87.72**	**86355.90**	**25257.47**
四川省	**Sichuan**	**22765**	**2129.86**	**152.08**	**953301.73**	**298825.55**
成都市	Chengdu City	6900	863.23	122.81	798268.86	220206.56
自贡市	Zigong City	12	2.34		647.42	647.42
攀枝花市	Panzhihua City	423	117.98		7950.09	7949.19
泸州市	Luzhou City	332	71.21	0.80	7772.01	4320.44
德阳市	Deyang City	1117	119.19	7.90	22386.21	9053.49
绵阳市	Mianyang City	1544	352.76		44731.40	5437.77
广元市	Guangyuan City	45	5.76		1288.80	1288.80
遂宁市	Suining City	4847	76.63		14329.55	12019.57
内江市	Neijiang City	3089	160.86		8097.47	8097.47
乐山市	Leshan City	148	64.21	1.69	7166.71	2301.35
南充市	Nanchong City	155	7.18	1.10	2022.16	948.00
眉山市	Meishan City	3	24.26		3901.76	3065.60
宜宾市	Yibin City	83	43.16	14.48	6868.76	2143.33
广安市	Guang'an City	20	31.99	3.05	4293.85	1549.11
达州市	Dazhou City	32	80.68		11286.69	9749.97
雅安市	Ya'an City	453	18.32	0.25	2551.80	2516.95
巴中市	Bazhong City	1162	14.34		1337.37	267.48
资阳市	Ziyang City	2248	39.07		6366.62	5415.85
阿坝藏族羌族自治州	Aba Tibetan & Qiang A.P.					

国有土地供应协议出让情况——按省市分列（2008年） 续表7

State-owned Land Use Rights Granted through Agreement by Province, Autonomous Region and Municipality (2008) Continued 7

地 区	Region	宗数（宗）Number of Plots	土地面积（公顷）Land Area (hectare)	新增 Newly Increased Area	成交价款（万元）Transaction Price Value (10000 yuan)	纯收益（万元）Net Income (10000 yuan)
甘孜藏族自治州	Ganzi Tibetan A.P.	13	2.39		993.74	806.74
凉山彝族自治州	Liangshan Yi A.P.	139	34.29		1040.46	1040.46
贵州省	**Guizhou**	**760**	**352.28**	**138.26**	**141745.37**	**111599.13**
贵阳市	Guiyang City	95	251.39	110.21	128947.11	107838.15
六盘水市	Liupanshui City	1	0.43		300.71	90.00
遵义市	Zunyi City	313	27.06	1.30	4270.88	1067.74
安顺市	Anshun City	11	32.60	0.87	521.75	349.73
铜仁地区	Tongren Prefecture	39	9.52	1.11	3390.93	1224.97
黔西南布依族苗族自治州	Southwest Guizhou Buyei & Miao A.P.	67	20.79	20.01	3037.83	580.12
毕节地区	Bijie Prefecture	106	2.12	1.58	232.14	98.43
黔东南苗族侗族自治州	Southeast Guizhou Miao & Dong A.P.	38	0.73	0.19	177.86	16.23
黔南布依族苗族自治州	South Guizhou Buyei & Miao A.P.	90	7.64	2.99	866.16	333.76
云南省	**Yunnan**	**3946**	**515.12**	**15.04**	**80016.74**	**10393.17**
昆明市	Kunming City	1475	115.64	0.37	17697.51	3066.15
曲靖市	Qujing City	80	115.13		11448.23	148.07
玉溪市	Yuxi City	34	13.68	2.11	9731.23	967.87
保山市	Baoshan City	50	10.36	2.20	2144.62	386.88
昭通市	Zhaotong City	764	30.58	4.92	5457.61	404.19
丽江市	Lijiang City					
普洱市	Pu'er City	138	24.33	0.02	5633.03	2606.63
临沧市	Lincang City	100	9.96	3.47	2547.27	131.34
楚雄彝族自治州	Chuxiong Yi A.P.	126	40.25		6922.19	52.64
红河哈尼族彝族自治州	Honghe Hani & Yi A.P.	379	78.12	0.95	11312.85	1409.33
文山壮族苗族自治州	Wenshan Zhuang & Miao A.P.	4	1.25		540.10	
西双版纳傣族自治州	Xishuangbanna Dai A.P.	13	0.64		77.78	53.91
大理白族自治州	Dali Bai A.P.	290	18.77	0.04	1178.19	707.07
德宏傣族景颇族自治州	Dehong Dai & Jingpo A.P.	345	50.82	0.51	5290.17	439.79
怒江傈僳族自治州	Nujiang Lisu A.P.	55	2.60		17.06	10.00
迪庆藏族自治州	Diqing Tibetan A.P.	93	2.99	0.46	18.90	9.30

国有土地供应协议出让情况——按省市分列（2008年） 续表8

State-owned Land Use Rights Granted through Agreement by Province, Autonomous Region and Municipality (2008) Continued 8

地 区	Region	宗数（宗） Number of Plots	土地面积（公顷） Land Area (hectare)	新增 Newly Increased Area	成交价款（万元） Transaction Price Value (10000 yuan)	纯收益（万元） Net Income (10000 yuan)
西藏	**Tibet**	**166**	**100.95**	**35.35**	**21716.43**	**21158.44**
拉萨市	Lhasa City	76	78.97	35.35	18371.49	18002.55
昌都地区	Qamdo Prefecture	7	3.69		203.47	203.47
山南地区	Lhokha Prefecture					
日喀则地区	Xigaze Prefecture	14	3.37		341.34	289.76
那曲地区	Nagqu Prefecture	2	0.53		327.00	230.00
阿里地区	Ngari Prefecture					
林芝地区	Nyingchi Prefecture	67	14.39		2473.13	2432.66
陕西省	**Shaanxi**	**819**	**425.37**	**74.29**	**290166.88**	**79561.60**
西安市	Xi'an City	119	186.88	27.50	255000.17	65363.25
铜川市	Tongchuan City	46	20.46	10.65	2593.69	1324.46
宝鸡市	Baoji City	23	6.41		5569.39	2180.77
咸阳市	Xianyang City	29	28.40	1.46	8507.41	2270.50
渭南市	Weinan City	14	19.62	6.56	1836.89	1418.01
延安市	Yan'an City	33	12.58	3.20	1019.55	349.93
汉中市	Hanzhong City	87	7.44		653.26	132.10
榆林市	Yulin City	42	55.21	8.76	5021.74	3231.93
安康市	Ankang City	388	47.95	8.74	4610.15	2462.44
商洛市	Shangluo City	32	20.49		2242.71	411.14
杨凌示范区	Yangling Demonstration Zone	6	19.93	7.42	3111.92	417.07
甘肃省	**Gansu**	**435**	**970.75**	**47.40**	**82722.39**	**64256.43**
兰州市	Lanzhou City	77	400.50	10.36	52995.40	52336.62
嘉峪关市	Jiayuguan City					
金昌市	Jinchang City	42	19.52	9.34	796.13	455.33
白银市	Baiyin City	17	39.20		3260.16	3260.16
天水市	Tianshui City	1	0.28		27.95	
武威市	Wuwei City	38	18.41		4081.42	621.84
张掖市	Zhangye City	94	384.25		12949.64	3483.99
平凉市	Pingliang City	48	48.24		2071.81	1513.65
酒泉市	Jiuquan City	13	10.18	6.57	1421.88	768.72
庆阳市	Qingyang City	36	17.32	4.85	2752.60	495.72
定西市	Dingxi City	2	2.33	1.33	821.00	
陇南市	Longnan City	53	27.72	14.95	677.03	677.03

国有土地供应协议出让情况——按省市分列（2008年） 续表9

State-owned Land Use Rights Granted through Agreement by Province, Autonomous Region and Municipality (2008) Continued 9

地 区	Region	宗数（宗） Number of Plots	土地面积（公顷） Land Area (hectare)		成交价款（万元） Transaction Price Value (10000 yuan)	纯收益（万元） Net Income (10000 yuan)
				新增 Newly Increased Area		
临夏回族自治州	Linxia Hui A.P.					
甘南藏族自治州	Gannan Tibetan A.P.	14	2.81		867.37	643.37
青海省	**Qinghai**	**232**	**254.77**	**14.07**	**15045.03**	**3525.78**
西宁市	Xining City	87	104.56	5.87	13970.91	2789.73
海东地区	Haidong Prefecture	16	20.32	6.34	442.63	132.04
海北藏族自治州	Haibei Tibetan A.P.	13	78.88		373.36	373.36
黄南藏族自治州	Huangnan Tibetan A.P.	87	6.26	0.73	62.70	35.22
海西蒙古族藏族自治州	Haixi Mongol & Tibetan A.P.	29	44.75	1.12	195.43	195.43
宁夏	**Ningxia**	**88**	**185.68**	**95.80**	**16896.95**	**249.57**
银川市	Yinchuan City	53	161.17	91.44	15238.72	21.23
石嘴山市	Shizuishan City	6	1.07		15.85	14.83
吴忠市	Wuzhong City	2	0.06		15.34	6.14
固原市	Guyuan City	9	6.51		399.87	26.87
中卫市	Zhongwei City	18	16.87	4.36	1227.17	180.50
新疆	**Xinjiang**	**5034**	**669.60**	**112.13**	**75645.75**	**54647.17**
乌鲁木齐市	Urumqi City	958	128.48	1.29	35176.33	26392.72
克拉玛依市	Karamay City	59	36.86		3937.53	3937.53
吐鲁番地区	Turpan Prefeture	57	15.00	0.38	951.08	951.08
哈密地区	Hami Prefeture	85	27.90		910.38	682.70
昌吉回族自治州	Changji Hui A.P.	81	74.42	14.80	4797.39	3030.41
博尔塔拉蒙古族自治州	Bortala Mongol A.P.	92	4.74	0.07	129.53	129.53
巴音郭楞蒙古族自治州	Bayingolin Mongol A.P.	21	3.20	0.71	256.30	256.30
阿克苏地区	Akesu Prefeture	430	45.69		3295.30	2691.36
克孜勒苏柯尔克孜自治州	Kizilsu Kirgiz A.P.	13	1.15	1.01	59.13	48.10
喀什地区	Kashi Prefeture	537	56.08		1261.95	971.24
和田地区	Hotan Prefeture	11	1.19	0.12	42.30	42.30
伊犁哈萨克自治州	Ili Kazak A.P.	66	142.65	85.23	12716.14	6653.18
塔城地区	Tacheng Prefeture	1847	76.75		2694.53	2694.53
阿勒泰地区	Altay Prefeture	537	16.62		909.84	909.84
石河子市	Shihezi City	16	10.92		2906.39	2906.39
新疆生产建设兵团	Xinjiang Production and Construction Corps	224	27.94	8.53	5601.63	2349.96

国有土地供应招标出让情况——按地区分列

State-owned Land Use Rights Granted through Bidding by Region

年份/地区	Year/Region	宗数（宗）Number of Plots	土地面积（公顷）Land Area (hectare)		成交价款（万元）Transaction Price Value (10000 yuan)	纯收益（万元）Net Income (10000 yuan)
				新增 Newly Increased Area		
	2001	4509.00				
	2002	8270.00				
	2003	3067.00	6507.42	3094.41	6467079.67	1805654.62
	2004	1540.00	4338.30	2099.37	4866254.19	1290206.74
	2005	1542.00	4623.23	1383.48	4421824.89	1382183.00
	2006	953.00	3179.09	1345.46	3392420.63	1404726.16
	2007	884.00	3237.79	1083.57	4540811.92	1876296.17
	2008	1074.00	3378.91	1411.84	5632632.94	1839273.59
北京	Beijing	51.00	346.39	137.93	3299285.45	1057957.47
天津	Tianjin	2.00	207.81		186655.01	71112.14
河北	Hebei	95.00	269.93	136.99	158090.86	46481.60
山西	Shanxi	11.00	5.26	2.59	3221.39	1045.33
内蒙古	Inner Mongolia	158.00	512.11	24.11	80896.78	62498.63
辽宁	Liaoning	20.00	73.13	31.85	40494.76	40494.76
吉林	Jilin					
黑龙江	Heilongjiang					
上海	Shanghai	39.00	237.24	72.12	462961.18	138888.35
江苏	Jiangsu	3.00	16.08	14.58	10964.60	1846.60
浙江	Zhejiang	165.00	120.67	54.51	474998.28	65316.03
安徽	Anhui	7.00	22.42	1.83	23144.41	15892.07
福建	Fujian	26.00	125.43	68.43	34192.35	1061.60
江西	Jiangxi					
山东	Shandong	11.00	101.61	53.94	22770.52	12318.55
河南	Henan	23.00	98.33	49.05	127501.70	114015.38
湖北	Hubei	23.00	101.11	83.89	122911.60	62494.94
湖南	Hunan	50.00	45.64	35.43	46832.17	14008.97
广东	Guangdong	11.00	41.76	2.35	83354.60	4045.50
广西	Guangxi	102.00	372.93	98.01	59141.83	870.31
海南	Hainan	3.00	154.40	140.91	37572.55	36413.28
重庆	Chongqing	194.00	21.80	12.44	89137.39	13719.29
四川	Sichuan					
贵州	Guizhou	6.00	7.63		6949.41	1025.46
云南	Yunnan	45.00	434.60	344.52	184195.34	46443.52
西藏	Tibet					
陕西	Shaanxi	19.00	42.07	37.81	72560.51	28909.01
甘肃	Gansu	3.00	3.61		1768.00	126.20
青海	Qinghai					
宁夏	Ningxia					
新疆	Xinjiang	7.00	16.95	8.57	3032.25	2288.60

注：该表指标除“宗数”外均为 2003 年新增指标。

Note: All indicators in the table are newly added in 2003 except “Number of Plots”.

国有土地供应招标出让情况——按用地类型分列（2008年）

State-owned Land Use Rights Granted through Bidding by Land-use Type (2008)

项目	Item	宗数（宗） Number of Plots	土地面积（公顷） Land Area (hectare)		成交价款（万元） Transaction Price Value (10000 yuan)	纯收益（万元） Net Income (10000 yuan)
				新增 Newly Increased Area		
总　计	**Total**	**1074**	**3378.91**	**1411.84**	**5632632.94**	**1839273.59**
商服用地	Land for Commercial and Service Uses	138	361.19	95.92	621508.15	175715.99
工矿仓储用地	Land for Industry, Mining and Warehousing	302	1068.91	368.87	159014.95	53074.22
公用设施用地	Land for Public Utilities	5	7.45		5591.79	5.98
公共建筑用地	Land for Public Buildings	4	115.67	113.44	26245.95	25963.09
住宅用地	Land for Residential Uses	620	1820.08	828.45	4818502.25	1582744.76
别墅、高档公寓	Villa and High-Class Apartment					
普通商品房	Common House	328	1695.57	803.21	4752670.07	1572045.22
经济适用房	Economically Affordable House	1	4.04	4.04	7008.00	1401.60
其他住房	Other Houses	291	120.47	21.20	58824.18	9297.94
交通运输用地	Land for Transport	5	5.61	5.16	1769.85	1769.55
水利设施用地	Land for Water Conservancy Facilities					
特殊用地	Land for Special Uses					

国有土地供应招标出让情况——按省市分列（2008年）

State-owned Land Use Rights Granted through Bidding by Province, Autonomous Region and Municipality (2008)

地　区	Region	宗数（宗） Number of Plots	土地面积（公顷） Land Area (hectare)		成交价款（万元） Transaction Price Value (10000 yuan)	纯收益（万元） Net Income (10000 yuan)
				新增 Newly Increased Area		
总　计	**Total**	**1074**	**3378.91**	**1411.84**	**5632632.94**	**1839273.59**
北京市	**Beijing**	**51**	**346.39**	**137.93**	**3299285.45**	**1057957.47**
天津市	**Tianjin**	**2**	**207.81**		**186655.01**	**71112.14**
河北省	**Hebei**	**95**	**269.93**	**136.99**	**158090.86**	**46481.60**
石家庄市	Shijiazhuang City	6	52.59	21.11	49433.00	18883.67
唐山市	Tangshan City	6	8.05		5519.89	4197.83
秦皇岛市	Qinhuangdao City	1	0.67		1247.51	156.21
邯郸市	Handan City					
邢台市	Xingtai City	1	1.35		900.00	900.00
保定市	Baoding City	8	17.54		11654.94	11371.99
张家口市	Zhangjiakou City					
承德市	Chengde City					
沧州市	Cangzhou City	19	47.83		10904.60	1018.37
廊坊市	Langfang City	54	141.90	115.88	78430.92	9953.53
衡水市	Hengshui City					
山西省	**Shanxi**	**11**	**5.26**	**2.59**	**3221.39**	**1045.33**
太原市	Taiyuan City					
大同市	Datong City					
阳泉市	Yangquan City					
长治市	Changzhi City					
晋城市	Jincheng City					
朔州市	Shuozhou City					
晋中市	Jinzhong City					
运城市	Yuncheng City	2	0.57		824.00	329.00
忻州市	Xinzhou City	6	1.12	0.10	20.39	20.39
临汾市	Linfen City					
吕梁市	Lüliang City	3	3.57	2.49	2377.00	695.94
内蒙古	**Inner Mongolia**	**158**	**512.11**	**24.11**	**80896.78**	**62498.63**
呼和浩特市	Hohhot City					
包头市	Baotou City					
乌海市	Wuhai City					
赤峰市	Chifeng City	16	12.67	4.00	2220.00	1308.00
通辽市	Tongliao City	83	126.80		50197.92	50197.92
鄂尔多斯市	Erdos City	49	317.73		24470.21	7341.06
呼伦贝尔市	Hulunbuir City					
巴彦淖尔市	Bayannur City					
乌兰察布市	Ulanqab City	7	20.11	20.11	2646.00	2289.00
兴安盟	Xing'an League					
锡林郭勒盟	Xilingol League	3	34.80		1362.65	1362.65
阿拉善盟	Alxa League					

国有土地供应招标出让情况——按省市分列（2008年） 续表1

State-owned Land Use Rights Granted through Bidding by Province, Autonomous Region and Municipality (2008) Continued 1

地 区	Region	宗数（宗） Number of Plots	土地面积（公顷） Land Area (hectare)	新增 Newly Increased Area	成交价款（万元） Transaction Price Value (10000 yuan)	纯收益（万元） Net Income (10000 yuan)
辽宁省	**Liaoning**	**20**	**73.13**	**31.85**	**40494.76**	**40494.76**
沈阳市	Shenyang City	19	71.06	31.85	39700.76	39700.76
大连市	Dalian City	1	2.07		794.00	794.00
鞍山市	Anshan City					
抚顺市	Fushun City					
本溪市	Benxi City					
丹东市	Dandong City					
锦州市	Jinzhou City					
营口市	Yingkou City					
阜新市	Fuxin City					
辽阳市	Liaoyang City					
盘锦市	Panjin City					
铁岭市	Tieling City					
朝阳市	Chaoyang City					
葫芦岛市	Huludao City					
吉林省	**Jilin**					
长春市	Changchun City					
吉林市	Jilin City					
四平市	Siping City					
辽源市	Liaoyuan City					
通化市	Tonghua City					
白山市	Baishan City					
松原市	Songyuan City					
白城市	Baicheng City					
延边朝鲜族自治州	Yanbian Korean A.P.					
黑龙江省	**Heilongjiang**					
哈尔滨市	Harbin City					
齐齐哈尔市	Qiqihar City					
鸡西市	Jixi City					
鹤岗市	Hegang City					
双鸭山市	Shuangyashan City					
大庆市	Daqing City					
伊春市	Yichun City					
佳木斯市	Jiamusi City					
七台河市	Qitaihe City					
牡丹江市	Mudanjiang City					
黑河市	Heihe City					
绥化市	Suihua City					
大兴安岭地区	Da Hinggan Ling Prefecture					

国有土地供应招标出让情况——按省市分列（2008年） 续表2
State-owned Land Use Rights Granted through Bidding by Province, Autonomous Region and Municipality (2008) Continued 2

地区	Region	宗数（宗） Number of Plots	土地面积（公顷） Land Area (hectare)	新增 Newly Increased Area	成交价款（万元） Transaction Price Value (10000 yuan)	纯收益（万元） Net Income (10000 yuan)
森工总局	General Bureau of Forest Industry					
农垦总局	General Bureau of Agriculture					
省厅驻友谊局	Youyi Land and Resources Bureau					
上海市	**Shanghai**	**39**	**237.24**	**72.12**	**462961.18**	**138888.35**
江苏省	**Jiangsu**	**3**	**16.08**	**14.58**	**10964.60**	**1846.60**
南京市	Nanjing City					
无锡市	Wuxi City					
徐州市	Xuzhou City					
常州市	Changzhou City					
苏州市	Suzhou City	1	14.58	14.58	7606.60	1496.60
南通市	Nantong City					
连云港市	Lianyungang City					
淮安市	Huai'an City					
盐城市	Yancheng City					
扬州市	Yangzhou City					
镇江市	Zhenjiang City					
泰州市	Taizhou City	2	1.50		3358.00	350.00
宿迁市	Suqian City					
浙江省	**Zhejiang**	**165**	**120.67**	**54.51**	**474998.28**	**65316.03**
杭州市	Hangzhou City					
宁波市	Ningbo City					
温州市	Wenzhou City	27	34.43	18.41	294507.66	53373.29
嘉兴市	Jiaxing City					
湖州市	Huzhou City					
绍兴市	Shaoxing City	81	70.93	35.39	131793.28	7907.59
金华市	Jinhua City	37	14.93	0.72	48083.89	3912.46
衢州市	Quzhou City	19	0.24		289.51	57.90
舟山市	Zhoushan City					
台州市	Taizhou City					
丽水市	Lishui City	1	0.14		323.94	64.79
安徽省	**Anhui**	**7**	**22.42**	**1.83**	**23144.41**	**15892.07**
合肥市	Hefei City	1	1.26		1282.12	641.06
芜湖市	Wuhu City					
蚌埠市	Bengbu City					
淮南市	Huainan City					
马鞍山市	Ma'anshan City	1	1.83	1.83	263.00	131.50
淮北市	Huaibei City	5	19.33		21599.29	15119.51
铜陵市	Tongling City					
安庆市	Anqing City					
黄山市	Huangshan City					
滁州市	Chuzhou City					

国有土地供应招标出让情况——按省市分列（2008年） 续表3

State-owned Land Use Rights Granted through Bidding by Province, Autonomous Region and Municipality (2008) Continued 3

地区	Region	宗数（宗）Number of Plots	土地面积（公顷）Land Area (hectare)	新增 Newly Increased Area	成交价款（万元）Transaction Price Value (10000 yuan)	纯收益（万元）Net Income (10000 yuan)
阜阳市	Fuyang City					
宿州市	Suzhou City					
巢湖市	Chaohu City					
六安市	Lu'an City					
亳州市	Bozhou City					
池州市	Chizhou City					
宣城市	Xuancheng City					
福建省	**Fujian**	**26**	**125.43**	**68.43**	**34192.35**	**1061.60**
福州市	Fuzhou City	17	76.11	19.11	29094.19	810.60
厦门市	Xiamen City					
莆田市	Putian City					
三明市	Sanming City	1	4.08	4.08	755.00	151.00
泉州市	Quanzhou City					
漳州市	Zhangzhou City					
南平市	Nanping City	8	45.24	45.24	4343.16	100.00
龙岩市	Longyan City					
宁德市	Ningde City					
江西省	**Jiangxi**					
山东省	**Shandong**	**11**	**101.61**	**53.94**	**22770.52**	**12318.55**
济南市	Jinan City					
青岛市	Qingdao City					
淄博市	Zibo City					
枣庄市	Zaozhuang City					
东营市	Dongying City	1	23.50		5288.00	3522.95
烟台市	Yantai City					
潍坊市	Weifang City					
济宁市	Jining City					
泰安市	Tai'an City					
威海市	Weihai City					
日照市	Rizhao City					
莱芜市	Laiwu City					
临沂市	Linyi City					
德州市	Dezhou City					
聊城市	Liaocheng City	5	14.61		3548.79	3222.11
滨州市	Binzhou City	5	63.50	53.94	13933.73	5573.49
菏泽市	Heze City					
河南省	**Henan**	**23**	**98.33**	**49.05**	**127501.70**	**114015.38**
郑州市	Zhengzhou City	16	40.95		63452.39	63452.39
开封市	Kaifeng City	3	54.20	47.73	60262.31	48628.29

国有土地供应招标出让情况——按省市分列（2008年） 续表4

State-owned Land Use Rights Granted through Bidding by Province, Autonomous Region and Municipality (2008) Continued 4

地区	Region	宗数（宗） Number of Plots	土地面积（公顷） Land Area (hectare)	新增 Newly Increased Area	成交价款（万元） Transaction Price Value (10000 yuan)	纯收益（万元） Net Income (10000 yuan)
洛阳市	Luoyang City					
平顶山市	Pingdingshan City					
安阳市	Anyang City					
鹤壁市	Hebi City					
新乡市	Xinxiang City					
焦作市	Jiaozuo City					
濮阳市	Puyang City					
许昌市	Xuchang City	3	1.85		3289.00	1506.00
漯河市	Luohe City					
三门峡市	Sanmenxia City					
南阳市	Nanyang City					
商丘市	Shangqiu City					
信阳市	Xinyang City					
周口市	Zhoukou City					
驻马店市	Zhumadian City	1	1.32	1.32	498.00	428.70
济源市	Jiyuan City					
湖北省	**Hubei**	**23**	**101.11**	**83.89**	**122911.60**	**62494.94**
武汉市	Wuhan City	16	86.23	77.93	115412.00	58173.92
黄石市	Huangshi City					
十堰市	Shiyan City	3	0.85		318.40	199.96
宜昌市	Yichang City					
襄樊市	Xiangfan City	2	1.71		1237.20	730.50
鄂州市	Ezhou City					
荆门市	Jingmen City					
孝感市	Xiaogan City					
荆州市	Jingzhou City					
黄冈市	Huanggang City					
咸宁市	Xianning City	1	6.37		2484.00	2006.56
随州市	Suizhou City					
恩施土家族苗族自治州	Enshi Tujia & Miao A.P.					
省直辖行政单位	Administrative Units Directly Under the Provincial Government	1	5.95	5.95	3460.00	1384.00
湖南省	**Hunan**	**50**	**45.64**	**35.43**	**46832.17**	**14008.97**
长沙市	Changsha City	3	37.06	33.34	42809.00	12987.03
株洲市	Zhuzhou City					
湘潭市	Xiangtan City					

国有土地供应招标出让情况——按省市分列（2008年） 续表5

State-owned Land Use Rights Granted through Bidding by Province, Autonomous Region and Municipality (2008) Continued 5

地区	Region	宗数（宗） Number of Plots	土地面积（公顷） Land Area (hectare)		成交价款（万元） Transaction Price Value (10000 yuan)	纯收益（万元） Net Income (10000 yuan)
				新增 Newly Increased Area		
衡阳市	Hengyang City					
邵阳市	Shaoyang City					
岳阳市	Yueyang City					
常德市	Changde City	3	0.16		152.00	42.10
张家界市	Zhangjiajie City					
益阳市	Yiyang City	5	5.33	2.08	1701.82	437.50
郴州市	Chenzhou City					
永州市	Yongzhou City					
怀化市	Huaihua City					
娄底市	Loudi City					
湘西土家族苗族自治州	West Hunan Tujia & Miao A.P.	39	3.08		2169.35	542.34
广东省	**Guangdong**	**11**	**41.76**	**2.35**	**83354.60**	**4045.50**
广州市	Guangzhou City	2	3.06	2.35	1562.60	
韶关市	Shaoguan City	2	3.44		374.50	374.50
深圳市	Shenzhen City					
珠海市	Zhuhai City					
汕头市	Shantou City					
佛山市	Foshan City					
江门市	Jiangmen City					
湛江市	Zhanjiang City					
茂名市	Maoming City					
肇庆市	Zhaoqing City					
惠州市	Huizhou City	1	12.10		71459.00	
梅州市	Meizhou City					
汕尾市	Shanwei City					
河源市	Heyuan City	2	4.94		592.00	27.00
阳江市	Yangjiang City					
清远市	Qingyuan City	4	18.22		9366.50	3644.00
东莞市	Dongguan City					
中山市	Zhongshan City					
潮州市	Chaozhou City					
揭阳市	Jieyang City					
云浮市	Yunfu City					
广西	**Guangxi**	**102**	**372.93**	**98.01**	**59141.83**	**870.31**
南宁市	Nanning City					
柳州市	Liuzhou City					
桂林市	Guilin City	12	82.79	47.47	7211.16	870.31
梧州市	Wuzhou City	90	290.13	50.54	51930.67	
北海市	Beihai City					
防城港市	Fangchenggang City					

国有土地供应招标出让情况——按省市分列（2008年） 续表6

State-owned Land Use Rights Granted through Bidding by Province, Autonomous Region and Municipality (2008) Continued 6

地区	Region	宗数（宗） Number of Plots	土地面积（公顷） Land Area (hectare)	新增 Newly Increased Area	成交价款（万元） Transaction Price Value (10000 yuan)	纯收益（万元） Net Income (10000 yuan)
钦州市	Qinzhou City					
贵港市	Guigang City					
玉林市	Yulin City					
百色市	Baise City					
贺州市	Hezhou City					
河池市	Hechi City					
来宾市	Laibin City					
崇左市	Chongzuo City					
海南省	**Hainan**	**3**	**154.40**	**140.91**	**37572.55**	**36413.28**
海口市	Haikou City	3	154.40	140.91	37572.55	36413.28
三亚市	Sanya City					
省直辖县级行政单位	County-level Administrative Units Directly Under the Provincial Government					
重庆市	**Chongqing**	**194**	**21.80**	**12.44**	**89137.39**	**13719.29**
四川省	**Sichuan**					
成都市	Chengdu City					
自贡市	Zigong City					
攀枝花市	Panzhihua City					
泸州市	Luzhou City					
德阳市	Deyang City					
绵阳市	Mianyang City					
广元市	Guangyuan City					
遂宁市	Suining City					
内江市	Neijiang City					
乐山市	Leshan City					
南充市	Nanchong City					
眉山市	Meishan City					
宜宾市	Yibin City					
广安市	Guang’an City					
达州市	Dazhou City					
雅安市	Ya’an City					
巴中市	Bazhong City					
资阳市	Ziyang City					
阿坝藏族羌族自治州	Aba Tibetan & Qiang A.P.					
甘孜藏族自治州	Ganzi Tibetan A.P.					
凉山彝族自治州	Liangshan Yi A.P.					

国有土地供应招标出让情况——按省市分列（2008年） 续表7
State-owned Land Use Rights Granted through Bidding by Province, Autonomous Region and Municipality (2008) Continued 7

地 区	Region	宗数（宗） Number of Plots	土地面积（公顷） Land Area (hectare)	新增 Newly Increased Area	成交价款（万元） Transaction Price Value (10000 yuan)	纯收益（万元） Net Income (10000 yuan)
贵州省	**Guizhou**	**6**	**7.63**		**6949.41**	**1025.46**
贵阳市	Guiyang City					
六盘水市	Liupanshui City					
遵义市	Zunyi City					
安顺市	Anshun City	1	1.00		1.00	1.00
铜仁地区	Tongren Prefecture					
黔西南布依族苗族自治州	Southwest Guizhou Buyei & Miao A.P.					
毕节地区	Bijie Prefecture					
黔东南苗族侗族自治州	Southeast Guizhou Miao & Dong A.P.					
黔南布依族苗族自治州	South Guizhou Buyei & Miao A.P.	5	6.63		6948.41	1024.46
云南省	**Yunnan**	**45**	**434.60**	**344.52**	**184195.34**	**46443.52**
昆明市	Kunming City	28	343.39	342.69	154263.41	46315.56
曲靖市	Qujing City	4	69.70		14794.24	
玉溪市	Yuxi City	1	0.14		44.62	27.41
保山市	Baoshan City					
昭通市	Zhaotong City					
丽江市	Lijiang City					
普洱市	Pu’er City					
临沧市	Lincang City					
楚雄彝族自治州	Chuxiong Yi A.P.					
红河哈尼族彝族自治州	Honghe Hani & Yi A.P.	3	19.92	0.83	14986.22	30.00
文山壮族苗族自治州	Wenshan Zhuang & Miao A.P.					
西双版纳傣族自治州	Xishuangbanna Dai A.P.					
大理白族自治州	Dali Bai A.P.					
德宏傣族景颇族自治州	Dehong Dai & Jingpo A.P.	2	0.45		22.85	22.55
怒江傈僳族自治州	Nujiang Lisu A.P.	7	1.00	1.00	84.00	48.00
迪庆藏族自治州	Diqing Tibetan A.P.					
西藏	**Tibet**					
拉萨市	Lhasa City					
昌都地区	Qamdo Prefecture					

国有土地供应招标出让情况——按省市分列（2008年） 续表8

State-owned Land Use Rights Granted through Bidding by Province, Autonomous Region and Municipality (2008) Continued 8

地 区	Region	宗数（宗） Number of Plots	土地面积（公顷） Land Area (hectare)	新增 Newly Increased Area	成交价款（万元） Transaction Price Value (10000 yuan)	纯收益（万元） Net Income (10000 yuan)
山南地区	Lhokha Prefecture					
日喀则地区	Xigaze Prefecture					
那曲地区	Nagqu Prefecture					
阿里地区	Ngari Prefecture					
林芝地区	Nyingchi Prefecture					
陕西省	**Shaanxi**	**19**	**42.07**	**37.81**	**72560.51**	**28909.01**
西安市	Xi'an City	3	37.81	37.81	69258.00	27703.20
铜川市	Tongchuan City					
宝鸡市	Baoji City					
咸阳市	Xianyang City					
渭南市	Weinan City					
延安市	Yan'an City					
汉中市	Hanzhong City	11	0.95		506.91	87.57
榆林市	Yulin City					
安康市	Ankang City	5	3.31		2795.60	1118.24
商洛市	Shangluo City					
杨凌示范区	Yangling Demonstration Zone					
甘肃省	**Gansu**	**3**	**3.61**		**1768.00**	**126.20**
兰州市	Lanzhou City					
嘉峪关市	Jiayuguan City					
金昌市	Jinchang City					
白银市	Baiyin City					
天水市	Tianshui City					
武威市	Wuwei City					
张掖市	Zhangye City	1	2.71		1500.00	100.00
平凉市	Pingliang City					
酒泉市	Jiuquan City					
庆阳市	Qingyang City	2	0.91		268.00	26.20
定西市	Dingxi City					
陇南市	Longnan City					
临夏回族自治州	Linxia Hui A.P.					
甘南藏族自治州	Gannan Tibetan A.P.					
青海省	**Qinghai**					
西宁市	Xining City					
海东地区	Haidong Prefecture					

国有土地供应招标出让情况——按省市分列（2008年） 续表9
State-owned Land Use Rights Granted through Bidding by Province, Autonomous Region and Municipality (2008) Continued 9

地 区	Region	宗数（宗）Number of Plots	土地面积（公顷）Land Area (hectare)		成交价款（万元）Transaction Price Value (10000 yuan)	纯收益（万元）Net Income (10000 yuan)
				新增 Newly Increased Area		
海北藏族自治州	Haibei Tibetan A.P.					
黄南藏族自治州	Huangnan Tibetan A.P.					
海西蒙古族藏族自治州	Haixi Mongol & Tibetan A.P.					
宁夏	**Ningxia**					
银川市	Yinchuan City					
石嘴山市	Shizuishan City					
吴忠市	Wuzhong City					
固原市	Guyuan City					
中卫市	Zhongwei City					
新疆	**Xinjiang**	**7**	**16.95**	**8.57**	**3032.25**	**2288.60**
乌鲁木齐市	Urumqi City					
克拉玛依市	Karamay City	5	5.63		1354.00	1354.00
吐鲁番地区	Turpan Prefeture					
哈密地区	Hami Prefeture					
昌吉回族自治州	Changji Hui A.P.					
博尔塔拉蒙古族自治州	Bortala Mongol A.P.					
巴音郭楞蒙古族自治州	Bayingolin Mongol A.P.					
阿克苏地区	Akesu Prefeture					
克孜勒苏柯尔克孜自治州	Kizilsu Kirgiz A.P.					
喀什地区	Kashi Prefeture					
和田地区	Hotan Prefeture	1	8.57	8.57	1367.50	856.91
伊犁哈萨克自治州	Ili Kazak A.P.	1	2.75		310.75	77.69
塔城地区	Tacheng Prefeture					
阿勒泰地区	Altay Prefeture					
石河子市	Shihezi City					
新疆生产建设兵团	Xinjiang Production and Construction Corps					

国有土地供应拍卖出让情况——按地区分列

State-owned Land Use Rights Granted through Auction by Region

年份/地区	Year/Region	宗数（宗）Number of Plots	土地面积（公顷）Land Area (hectare)	新增 Newly Increased Area	成交价款（万元）Transaction Price Value (10000 yuan)	纯收益（万元）Net Income (10000 yuan)
2001		20420				
2002		24901				
2003		18499	10168.23	2436.47	8460998.33	2676410.43
2004		14540	9772.96	2197.90	9359503.70	3287514.62
2005		13495	9690.40	1449.68	9526108.30	4221299.65
2006		12724	11216.37	2537.07	12609318.56	5584570.14
2007		10190	13814.20	3610.04	25496286.29	11862045.62
2008		10085	10489.31	3085.65	13711447.70	5662867.34
北　京	Beijing					
天　津	Tianjin	32	252.40	180.53	437611.06	243485.28
河　北	Hebei	252	419.84	138.63	198660.09	96736.12
山　西	Shanxi	121	219.35	143.33	256789.60	170750.03
内蒙古	Inner Mongolia	72	96.19	20.93	36045.91	27738.57
辽　宁	Liaoning	203	667.31	275.33	1326383.63	488827.85
吉　林	Jilin	55	141.80	31.04	224444.33	69808.82
黑龙江	Heilongjiang	30	28.42	3.26	14149.28	10598.51
上　海	Shanghai					
江　苏	Jiangsu	188	470.10	124.23	677639.33	160945.84
浙　江	Zhejiang	810	772.09	436.83	1815956.61	340996.89
安　徽	Anhui	461	1027.19	281.34	1467177.77	644553.77
福　建	Fujian	417	209.88	79.51	412241.81	228329.28
江　西	Jiangxi					
山　东	Shandong	334	1021.63	265.26	1323869.85	893975.83
河　南	Henan	237	353.91	88.43	210327.78	92793.67
湖　北	Hubei	921	368.36	99.77	256679.15	126191.11
湖　南	Hunan	941	505.92	196.74	385568.52	138967.85
广　东	Guangdong	229	301.24	87.92	581702.02	95397.94
广　西	Guangxi	331	182.73	14.95	106136.91	32306.66
海　南	Hainan	31	123.35	16.36	83873.93	80007.51
重　庆	Chongqing	117	279.04	50.90	700996.75	479960.74
四　川	Sichuan	1428	1898.90	363.47	2571760.94	1100997.24
贵　州	Guizhou	413	79.24	13.37	39944.79	9281.65
云　南	Yunnan	2005	630.75	84.35	182885.44	28993.72
西　藏	Tibet	15	2.00		1351.54	1129.54
陕　西	Shaanxi	183	173.18	65.12	234388.58	45690.72
甘　肃	Gansu	179	154.06	23.51	127334.55	31593.46
青　海	Qinghai	2	4.36		1512.95	897.43
宁　夏	Ningxia	11	8.33		5294.66	412.38
新　疆	Xinjiang	67	97.75	0.54	30719.92	21498.93

注：该表指标除“宗数”外均为2003年新增指标。

Note: All indicators in the table are newly added in 2003 except “Number of Plots”.

国有土地供应拍卖出让情况——按用地类型分列（2008年）

State-owned Land Use Rights Granted through Auction by Land-use Type (2008)

项　目	Item	宗数（宗）Number of Plots	土地面积（公顷）Land Area (hectare)	新增 Newly Increased Area	成交价款（万元）Transaction Price Value (10000 yuan)	纯收益（万元）Net Income (10000 yuan)
总　计	**Total**	**10085**	**10489.31**	**3085.65**	**13711447.70**	**5662867.34**
商服用地	Land for Commercial and Service Uses	2501	2380.77	578.60	2680717.05	1119494.41
工矿仓储用地	Land for Industry, Mining and Warehousing	731	1851.24	675.30	474095.67	175222.69
公用设施用地	Land for Public Utilities	77	78.57	18.89	19073.17	3037.98
公共建筑用地	Land for Public Buildings	18	23.48	3.14	28736.62	12922.91
住宅用地	Land for Residential Uses	6705	6090.84	1793.87	10497152.10	4344482.12
别墅、高档公寓	Villa and High-Class Apartment					
普通商品房	Common House	4689	5637.87	1635.71	9868812.62	4061514.16
经济适用房	Economically Affordable House	74	28.43	8.39	16303.54	8626.22
其他住房	Other houses	1942	424.54	149.77	612035.94	274341.74
交通运输用地	Land for Transport	47	27.32	15.07	7764.24	4725.10
水利设施用地	Land for Water Conservancy Facilities	1	33.38		317.31	47.55
特殊用地	Land for Special Uses	5	3.72	0.78	3591.54	2934.58

国有土地供应拍卖出让情况——按省市分列（2008年）

State-owned Land Use Rights Granted through Auction by Province, Autonomous Region and Municipality (2008)

地 区	Region	宗数（宗） Number of Plots	土地面积（公顷） Land Area (hectare)		成交价款（万元） Transaction Price Value (10000 yuan)	纯收益（万元） Net Income (10000 yuan)
				新增 Newly Increased Area		
总 计	**Total**	**10085**	**10489.31**	**3085.65**	**13711447.70**	**5662867.34**
北京市	**Beijing**					
天津市	**Tianjin**	**32**	**252.40**	**180.53**	**437611.06**	**243485.28**
河北省	**Hebei**	**252**	**419.84**	**138.63**	**198660.09**	**96736.12**
石家庄市	Shijiazhuang City	13	16.53		13228.87	9815.30
唐山市	Tangshan City	8	17.15	10.45	27532.37	22899.00
秦皇岛市	Qinhuangdao City	8	2.77	2.72	3291.12	2411.27
邯郸市	Handan City	14	95.19	68.19	24476.10	1798.30
邢台市	Xingtai City	45	37.75	15.09	23646.31	11082.17
保定市	Baoding City	48	89.66	6.98	41375.99	15983.68
张家口市	Zhangjiakou City	38	11.56	0.07	4486.88	901.55
承德市	Chengde City	9	37.28	27.96	23995.98	10613.20
沧州市	Cangzhou City	31	53.23		22787.01	12149.23
廊坊市	Langfang City	4	10.80	7.18	3318.27	3318.27
衡水市	Hengshui City	34	47.93		10521.19	5764.15
山西省	**Shanxi**	**121**	**219.35**	**143.33**	**256789.60**	**170750.03**
太原市	Taiyuan City	2	12.69		108500.00	78610.00
大同市	Datong City	7	11.72		20472.62	468.79
阳泉市	Yangquan City	3	10.61	8.18	2423.49	897.08
长治市	Changzhi City	15	24.95	20.22	12898.86	10094.66
晋城市	Jincheng City	31	34.04	18.57	45842.36	43077.26
朔州市	Shuozhou City	3	7.76		10797.00	5462.00
晋中市	Jinzhong City	17	25.05	15.40	28221.85	18488.94
运城市	Yuncheng City	11	4.63		3240.50	1292.00
忻州市	Xinzhou City	15	7.40	1.66	7806.26	6166.34
临汾市	Linfen City	5	0.97		2436.36	1277.51
吕梁市	Lüliang City	12	79.52	79.29	14150.30	4915.45
内蒙古	**Inner Mongolia**	**72**	**96.19**	**20.93**	**36045.91**	**27738.57**
呼和浩特市	Hohhot City	3	19.68	11.95	3083.50	3083.50
包头市	Baotou City					
乌海市	Wuhai City					
赤峰市	Chifeng City	9	15.65		9113.10	931.00
通辽市	Tongliao City					
鄂尔多斯市	Erdos City					
呼伦贝尔市	Hulunbuir City					
巴彦淖尔市	Bayannur City	3	5.29		1045.50	1045.50
乌兰察布市	Ulanqab City	7	8.98	8.98	2058.00	1932.76
兴安盟	Xing'an League					
锡林郭勒盟	Xilingol League	50	46.59		20745.81	20745.81
阿拉善盟	Alxa League					
辽宁省	**Liaoning**	**203**	**667.31**	**275.33**	**1326383.63**	**488827.85**
沈阳市	Shenyang City	66	260.31	52.36	891643.16	333212.97
大连市	Dalian City	2	4.57		10142.40	3212.40
鞍山市	Anshan City	104	310.87	219.29	306649.00	109948.00
抚顺市	Fushun City					
本溪市	Benxi City	3	11.88	2.02	2249.21	2249.21
丹东市	Dandong City					

国有土地供应拍卖出让情况——按省市分列（2008年） 续表1

State-owned Land Use Rights Granted through Auction by Province, Autonomous Region and Municipality (2008) Continued 1

地　区	Region	宗数（宗）Number of Plots	土地面积（公顷）Land Area (hectare)	新增 Newly Increased Area	成交价款（万元）Transaction Price Value (10000 yuan)	纯收益（万元）Net Income (10000 yuan)
锦州市	Jinzhou City					
营口市	Yingkou City					
阜新市	Fuxin City					
辽阳市	Liaoyang City	22	78.96	1.18	115264.00	39808.35
盘锦市	Panjin City					
铁岭市	Tieling City					
朝阳市	Chaoyang City	6	0.72	0.48	435.86	396.92
葫芦岛市	Huludao City					
吉林省	**Jilin**	**55**	**141.80**	**31.04**	**224444.33**	**69808.82**
长春市	Changchun City	23	115.13	31.04	219235.00	65073.49
吉林市	Jilin City					
四平市	Siping City					
辽源市	Liaoyuan City					
通化市	Tonghua City					
白山市	Baishan City					
松原市	Songyuan City	6	9.55		2424.00	1950.00
白城市	Baicheng City					
延边朝鲜族自治州	Yanbian Korean A.P.	26	17.12		2785.33	2785.33
黑龙江省	**Heilongjiang**	**30**	**28.42**	**3.26**	**14149.28**	**10598.51**
哈尔滨市	Harbin City	10	13.14		6143.18	6143.18
齐齐哈尔市	Qiqihar City	4	3.41		3818.57	267.80
鸡西市	Jixi City					
鹤岗市	Hegang City					
双鸭山市	Shuangyashan City	1	0.19		104.03	104.03
大庆市	Daqing City					
伊春市	Yichun City					
佳木斯市	Jiamusi City					
七台河市	Qitaihe City					
牡丹江市	Mudanjiang City	15	11.68	3.26	4083.50	4083.50
黑河市	Heihe City					
绥化市	Suihua City					
大兴安岭地区	Da Hinggan Ling Prefecture					
森工总局	General Bureau of Forest Industry					
农垦总局	General Bureau of Agriculture					
省厅驻友谊局	Youyi Land and Resources Bureau					
上海市	**Shanghai**					
江苏省	**Jiangsu**	**188**	**470.10**	**124.23**	**677639.33**	**160945.84**
南京市	Nanjing City	1	1.00	1.00	695.00	140.00
无锡市	Wuxi City	4	30.71	19.73	72697.97	7015.21
徐州市	Xuzhou City					
常州市	Changzhou City	62	178.33		152077.00	99587.50
苏州市	Suzhou City	58	140.98	69.66	314663.58	39479.84
南通市	Nantong City	24	80.37	20.09	91149.00	9116.00

国有土地供应拍卖出让情况——按省市分列（2008年） 续表2

State-owned Land Use Rights Granted through Auction by Province, Autonomous Region and Municipality (2008) Continued 2

地　区	Region	宗数（宗） Number of Plots	土地面积（公顷） Land Area (hectare)	新增 Newly Increased Area	成交价款（万元） Transaction Price Value (10000 yuan)	纯收益（万元） Net Income (10000 yuan)
连云港市	Lianyungang City	5	10.46	2.75	8268.85	1173.46
淮安市	Huai'an City					
盐城市	Yancheng City	16	13.45		19333.00	1835.00
扬州市	Yangzhou City	1	0.33		1713.23	1027.94
镇江市	Zhenjiang City					
泰州市	Taizhou City	14	14.00	11.00	16650.00	1565.00
宿迁市	Suqian City	3	0.47		391.70	5.89
浙江省	**Zhejiang**	**810**	**772.09**	**436.83**	**1815956.61**	**340996.89**
杭州市	Hangzhou City	36	25.07	3.41	56321.23	20334.33
宁波市	Ningbo City	40	72.95	35.88	187908.64	45293.53
温州市	Wenzhou City	47	30.87	15.76	116740.18	23365.73
嘉兴市	Jiaxing City	50	30.71	23.33	63575.96	10924.34
湖州市	Huzhou City	95	308.24	273.08	285426.00	54638.56
绍兴市	Shaoxing City	44	66.02	21.85	154322.00	25178.89
金华市	Jinhua City	94	54.26	27.22	365491.30	52884.20
衢州市	Quzhou City	121	32.50	0.41	65661.40	7730.84
舟山市	Zhoushan City	2	1.37	1.37	2933.96	2470.69
台州市	Taizhou City	247	145.06	34.52	460614.92	86783.58
丽水市	Lishui City	34	5.05		56961.02	11392.20
安徽省	**Anhui**	**461**	**1027.19**	**281.34**	**1467177.77**	**644553.77**
合肥市	Hefei City	56	213.72	27.84	556446.63	272481.59
芜湖市	Wuhu City	12	22.53		39064.00	8540.10
蚌埠市	Bengbu City	11	10.19	2.24	13520.89	5363.58
淮南市	Huainan City	24	109.47	85.58	86423.00	28953.00
马鞍山市	Ma'anshan City	1	0.38		410.00	205.00
淮北市	Huaibei City	2	2.17		516.92	183.44
铜陵市	Tongling City	19	58.19		58139.52	6866.96
安庆市	Anqing City	85	52.44	34.85	268128.74	144682.40
黄山市	Huangshan City	6	20.60	5.09	12576.00	4842.36
滁州市	Chuzhou City	15	82.53		105172.50	27488.00
阜阳市	Fuyang City	45	97.54	10.13	63815.63	25638.54
宿州市	Suzhou City	14	63.10	47.01	30245.38	20957.75
巢湖市	Chaohu City	43	121.82	7.13	26331.00	6150.00
六安市	Lu'an City					
亳州市	Bozhou City	34	23.07		27806.07	16626.07
池州市	Chizhou City	45	33.14	6.21	49246.53	20906.45
宣城市	Xuancheng City	49	116.30	55.25	129334.96	54668.53
福建省	**Fujian**	**417**	**209.88**	**79.51**	**412241.81**	**228329.28**
福州市	Fuzhou City	13	7.89	1.01	25478.11	13497.86
厦门市	Xiamen City					
莆田市	Putian City	22	54.98	46.82	118817.35	31195.45
三明市	Sanming City	65	8.13	3.93	18913.54	17076.20
泉州市	Quanzhou City	57	45.87	0.40	62909.60	61864.00
漳州市	Zhangzhou City	42	33.34		52037.78	41490.52

国有土地供应拍卖出让情况——按省市分列（2008年） 续表3

State-owned Land Use Rights Granted through Auction by Province, Autonomous Region and Municipality (2008) Continued 3

地 区	Region	宗数（宗） Number of Plots	土地面积（公顷） Land Area (hectare)	新增 Newly Increased Area	成交价款（万元） Transaction Price Value (10000 yuan)	纯收益（万元） Net Income (10000 yuan)
南平市	Nanping City	8	14.64	6.54	39925.70	15412.00
龙岩市	Longyan City	160	27.98	18.89	59182.23	32032.58
宁德市	Ningde City	50	17.04	1.93	34977.50	15760.67
江西省	**Jiangxi**					
山东省	**Shandong**	**334**	**1021.63**	**265.26**	**1323869.85**	**893975.83**
济南市	Jinan City	2	3.38		3007.31	2182.00
青岛市	Qingdao City	62	174.24	49.42	563187.56	420668.35
淄博市	Zibo City	5	14.26	13.32	6195.00	2805.11
枣庄市	Zaozhuang City	11	23.51	6.86	34782.50	13876.00
东营市	Dongying City	2	0.91		862.00	862.00
烟台市	Yantai City	23	91.67	23.14	104211.54	60121.22
潍坊市	Weifang City	28	54.66		44045.17	22124.48
济宁市	Jining City	51	187.31	12.37	133748.11	105903.92
泰安市	Tai'an City	22	39.37	20.52	25088.39	17322.11
威海市	Weihai City	25	112.63	19.31	176217.09	95333.06
日照市	Rizhao City	7	30.72		69100.00	44860.19
莱芜市	Laiwu City					
临沂市	Linyi City	50	125.23	62.50	42616.48	25321.56
德州市	Dezhou City	12	52.79	32.02	53617.84	43313.00
聊城市	Liaocheng City	16	54.20	6.60	31872.00	14707.51
滨州市	Binzhou City	8	21.01	19.20	15680.13	10120.93
菏泽市	Heze City	10	35.73		19638.73	14454.39
河南省	**Henan**	**237**	**353.91**	**88.43**	**210327.78**	**92793.67**
郑州市	Zhengzhou City	3	2.05		4982.27	4892.07
开封市	Kaifeng City	3	1.89		940.60	423.33
洛阳市	Luoyang City	1	2.60		3450.00	2551.48
平顶山市	Pingdingshan City	1	0.75		417.17	416.00
安阳市	Anyang City	5	16.60	15.41	7602.44	7568.98
鹤壁市	Hebi City	3	0.90	0.90	171.92	72.75
新乡市	Xinxiang City	2	2.22		1264.44	632.22
焦作市	Jiaozuo City	3	5.94		8915.00	1190.00
濮阳市	Puyang City	20	32.74	4.51	8081.40	4471.89
许昌市	Xuchang City	25	50.62	37.89	59989.60	21644.57

国有土地供应拍卖出让情况——按省市分列（2008年） 续表 4

State-owned Land Use Rights Granted through Auction by Province, Autonomous Region and Municipality (2008) Continued 4

地 区	Region	宗数（宗） Number of Plots	土地面积（公顷） Land Area (hectare)	新增 Newly Increased Area	成交价款（万元） Transaction Price Value (10000 yuan)	纯收益（万元） Net Income (10000 yuan)
漯河市	Luohe City	4	1.94		519.95	519.95
三门峡市	Sanmenxia City	4	4.96		1967.96	1519.10
南阳市	Nanyang City	39	46.27		29669.56	20672.24
商丘市	Shangqiu City	15	68.20		16948.60	9336.65
信阳市	Xinyang City	69	72.01	23.85	44175.59	3245.91
周口市	Zhoukou City	22	30.19	5.87	15120.15	10635.27
驻马店市	Zhumadian City	15	10.42		3355.33	1612.00
济源市	Jiyuan City	3	3.59		2755.80	1389.26
湖北省	**Hubei**	**921**	**368.36**	**99.77**	**256679.15**	**126191.11**
武汉市	Wuhan City					
黄石市	Huangshi City	8	54.20	24.73	87658.43	36251.07
十堰市	Shiyan City	6	6.83	5.80	12643.39	10435.63
宜昌市	Yichang City	348	34.15		7454.03	2893.09
襄樊市	Xiangfan City	63	32.26		12516.56	7046.46
鄂州市	Ezhou City	21	21.44	9.70	6244.44	3233.58
荆门市	Jingmen City	106	36.23	0.53	10130.67	6846.02
孝感市	Xiaogan City	25	74.31	39.46	60766.09	36029.65
荆州市	Jingzhou City	23	9.76		8299.55	4599.04
黄冈市	Huanggang City	224	32.77	6.95	13942.21	4837.20
咸宁市	Xianning City	25	52.59	7.72	14650.70	5455.00
随州市	Suizhou City	3	0.48		635.73	307.28
恩施土家族苗族自治州	Enshi Tujia & Miao A.P.	48	1.87	0.32	4118.35	3287.79
省直辖行政单位	Administrative Units Directly Under the Provincial Government	21	11.46	4.56	17619.00	4969.30
湖南省	**Hunan**	**941**	**505.92**	**196.74**	**385568.52**	**138967.85**
长沙市	Changsha City	17	94.28	57.98	184061.89	58915.54
株洲市	Zhuzhou City	68	73.44	49.66	38915.67	24406.57
湘潭市	Xiangtan City	104	33.16	7.13	30881.58	9264.46
衡阳市	Hengyang City	12	15.60	9.42	4756.36	1427.79
邵阳市	Shaoyang City	151	10.31	9.89	2815.97	465.56
岳阳市	Yueyang City	218	77.32	20.68	44219.70	16061.22
常德市	Changde City	49	32.08	8.11	8248.91	3670.58
张家界市	Zhangjiajie City	11	2.99	0.92	1794.81	586.54
益阳市	Yiyang City	20	22.30	8.94	9418.43	5533.79
郴州市	Chenzhou City	43	10.36		11671.56	4628.93
永州市	Yongzhou City	43	40.52	4.37	6934.43	569.60
怀化市	Huaihua City	88	24.87	0.82	12409.66	3913.51
娄底市	Loudi City	62	51.28	18.83	18866.73	7044.30

国有土地供应拍卖出让情况——按省市分列（2008年） 续表5

State-owned Land Use Rights Granted through Auction by Province, Autonomous Region and Municipality (2008) Continued 5

地 区	Region	宗数（宗） Number of Plots	土地面积（公顷） Land Area (hectare)		成交价款（万元） Transaction Price Value (10000 yuan)	纯收益（万元） Net Income (10000 yuan)
				新增 Newly Increased Area		
湘西土家族苗族自治州	West Hunan Tujia & Miao A.P.	55	17.41	0.01	10572.82	2479.46
广东省	**Guangdong**	**229**	**301.24**	**87.92**	**581702.02**	**95397.94**
广州市	Guangzhou City	3	0.79		31600.00	
韶关市	Shaoguan City	29	6.95		8023.60	4396.30
深圳市	Shenzhen City					
珠海市	Zhuhai City					
汕头市	Shantou City	3	9.00	7.64	4319.71	435.79
佛山市	Foshan City	23	79.97		192805.60	39372.41
江门市	Jiangmen City					
湛江市	Zhanjiang City	32	54.62		114038.03	2389.95
茂名市	Maoming City	58	26.55		8169.18	4847.25
肇庆市	Zhaoqing City	6	25.84	21.00	5709.83	2185.88
惠州市	Huizhou City					
梅州市	Meizhou City	9	2.26		1404.10	779.70
汕尾市	Shanwei City	1	0.80		247.00	74.10
河源市	Heyuan City	20	2.76		4883.00	176.40
阳江市	Yangjiang City	8	24.95	6.28	32141.55	29591.94
清远市	Qingyuan City	26	44.51	37.65	23044.61	8413.63
东莞市	Dongguan City	4	19.23	14.71	152000.00	2002.56
中山市	Zhongshan City	5	1.82	0.64	2257.70	564.43
潮州市	Chaozhou City	1	0.28		38.11	
揭阳市	Jieyang City	1	0.90		1020.00	167.60
云浮市	Yunfu City					
广西	**Guangxi**	**331**	**182.73**	**14.95**	**106136.91**	**32306.66**
南宁市	Nanning City	73	28.82	2.73	34011.84	8775.42
柳州市	Liuzhou City	6	2.73		3153.71	1343.71
桂林市	Guilin City	74	12.52		9203.11	1625.16
梧州市	Wuzhou City					
北海市	Beihai City	4	8.31		11169.62	10191.65
防城港市	Fangchenggang City					
钦州市	Qinzhou City	1	5.18		12450.00	
贵港市	Guigang City	18	12.26		9825.76	4336.74
玉林市	Yulin City	38	41.64		12492.11	3648.73
百色市	Baise City	88	53.83	10.38	10788.07	1616.39
贺州市	Hezhou City	1	0.30		22.50	
河池市	Hechi City	19	7.91		1232.90	441.73
来宾市	Laibin City	1	0.10		79.00	79.00
崇左市	Chongzuo City	8	9.12	1.84	1708.29	248.13

国有土地供应拍卖出让情况——按省市分列（2008年） 续表6

State-owned Land Use Rights Granted through Auction by Province, Autonomous Region and Municipality (2008) Continued 6

地 区	Region	宗数（宗） Number of Plots	土地面积（公顷） Land Area (hectare)	新增 Newly Increased Area	成交价款（万元） Transaction Price Value (10000 yuan)	纯收益（万元） Net Income (10000 yuan)
海南省	**Hainan**	**31**	**123.35**	**16.36**	**83873.93**	**80007.51**
海口市	Haikou City					
三亚市	Sanya City	1	26.50	10.15	63962.00	62166.02
省直辖县级行政单位	County-level Administrative Units Directly Under the Provincial Government	30	96.85	6.21	19911.93	17841.49
重庆市	**Chongqing**	**117**	**279.04**	**50.90**	**700996.75**	**479960.74**
四川省	**Sichuan**	**1428**	**1898.90**	**363.47**	**2571760.94**	**1100997.24**
成都市	Chengdu City	139	803.54	136.50	1792781.52	609014.57
自贡市	Zigong City	27	56.30		77842.02	43620.63
攀枝花市	Panzhihua City	9	12.72		9759.00	9759.00
泸州市	Luzhou City	118	133.88	71.42	64406.22	55972.00
德阳市	Deyang City	86	63.33	21.63	64340.56	44832.08
绵阳市	Mianyang City	111	49.98	1.37	38352.83	27386.14
广元市	Guangyuan City	335	129.37		34258.71	34258.67
遂宁市	Suining City	69	95.63	39.95	62913.23	28231.11
内江市	Neijiang City	19	6.76		6112.41	4204.41
乐山市	Leshan City	45	126.23	27.24	86214.08	42900.77
南充市	Nanchong City	75	88.60	32.12	86141.62	35645.85
眉山市	Meishan City	29	65.34		48850.38	39672.76
宜宾市	Yibin City	84	63.20	26.11	64657.04	50363.35
广安市	Guang'an City	55	31.06	4.80	29151.21	13042.20
达州市	Dazhou City	101	67.24		46991.07	33427.03
雅安市	Ya'an City	24	16.99	1.22	8346.94	7248.08
巴中市	Bazhong City	26	5.35		4444.10	888.79
资阳市	Ziyang City	38	49.67		28414.53	10373.46
阿坝藏族羌族自治州	Aba Tibetan & Qiang A.P.	7	14.34		4228.88	3817.70
甘孜藏族自治州	Ganzi Tibetan A.P.	6	3.35	1.12	5345.00	5106.64
凉山彝族自治州	Liangshan Yi A.P.	25	16.03		8209.59	1232.00
贵州省	**Guizhou**	**413**	**79.24**	**13.37**	**39944.79**	**9281.65**
贵阳市	Guiyang City	3	26.05		9060.16	
六盘水市	Liupanshui City	19	1.63		2323.72	720.00
遵义市	Zunyi City	104	13.37	5.39	7373.42	3087.37
安顺市	Anshun City	10	17.40		5436.14	2575.00

国有土地供应拍卖出让情况——按省市分列（2008 年） 续表 7
State-owned Land Use Rights Granted through Auction by Province, Autonomous Region and Municipality (2008) Continued 7

地 区	Region	宗数（宗）Number of Plots	土地面积（公顷）Land Area (hectare)	新增 Newly Increased Area	成交价款（万元）Transaction Price Value (10000 yuan)	纯收益（万元）Net Income (10000 yuan)
铜仁地区	Tongren Prefecture	20	3.29	0.02	865.57	311.20
黔西南布依族苗族自治州	Southwest Guizhou Buyei & Miao A.P.	93	3.45	1.02	4854.72	1031.50
毕节地区	Bijie Prefecture	16	4.17	0.53	2767.45	757.59
黔东南苗族侗族自治州	Southeast Guizhou Miao & Dong A.P.	147	9.83	6.41	7232.62	768.00
黔南布依族苗族自治州	South Guizhou Buyei & Miao A.P.	1	0.05		30.99	30.99
云南省	**Yunnan**	**2005**	**630.75**	**84.35**	**182885.44**	**28993.72**
昆明市	Kunming City	1094	61.53	11.94	76387.34	16668.04
曲靖市	Qujing City	27	40.16	11.62	29831.65	24.56
玉溪市	Yuxi City	23	2.03	0.60	2754.36	1302.77
保山市	Baoshan City	168	19.67	9.37	14031.77	452.48
昭通市	Zhaotong City	16	26.20	24.01	5681.26	991.81
丽江市	Lijiang City	6	0.66		199.84	
普洱市	Pu'er City	82	431.67	0.03	3501.25	224.95
临沧市	Lincang City	18	2.42	2.14	442.47	175.53
楚雄彝族自治州	Chuxiong Yi A.P.	143	3.57		1294.90	67.16
红河哈尼族彝族自治州	Honghe Hani & Yi A.P.	294	35.40	23.33	42547.32	8402.31
文山壮族苗族自治州	Wenshan Zhuang & Miao A.P.	77	3.17	0.50	2448.50	
西双版纳傣族自治州	Xishuangbanna Dai A.P.					
大理白族自治州	Dali Bai A.P.	40	3.48	0.80	3219.65	613.67
德宏傣族景颇族自治州	Dehong Dai & Jingpo A.P.	16	0.62		492.13	44.56
怒江傈僳族自治州	Nujiang Lisu A.P.	1	0.17		53.00	25.88
迪庆藏族自治州	Diqing Tibetan A.P.					
西藏	**Tibet**	**15**	**2.00**		**1351.54**	**1129.54**
拉萨市	Lhasa City					
昌都地区	Qamdo Prefecture	5	0.10		17.60	17.60
山南地区	Lhokha Prefecture					
日喀则地区	Xigaze Prefecture	1	0.75		420.00	320.00
那曲地区	Nagqu Prefecture					
阿里地区	Ngari Prefecture					
林芝地区	Nyingchi Prefecture	9	1.15		913.94	791.94

国有土地供应拍卖出让情况——按省市分列（2008年） 续表8
State-owned Land Use Rights Granted through Auction by Province, Autonomous Region and Municipality (2008) Continued 8

地 区	Region	宗数（宗） Number of Plots	土地面积（公顷） Land Area (hectare)	新增 Newly Increased Area	成交价款（万元） Transaction Price Value (10000 yuan)	纯收益（万元） Net Income (10000 yuan)
陕西省	**Shaanxi**	**183**	**173.18**	**65.12**	**234388.58**	**45690.72**
西安市	Xi'an City	5	17.79	17.04	93165.00	2449.00
铜川市	Tongchuan City	3	4.21	3.80	4771.47	1077.00
宝鸡市	Baoji City	5	6.02		2743.00	1587.76
咸阳市	Xianyang City	19	49.80	1.27	71922.00	15163.82
渭南市	Weinan City	7	7.63	2.66	4242.80	411.79
延安市	Yan'an City	6	1.70		3325.80	1680.30
汉中市	Hanzhong City	16	13.79		10655.77	2764.02
榆林市	Yulin City	13	17.51	11.85	11396.07	9885.47
安康市	Ankang City	13	13.14	7.16	5725.56	1827.33
商洛市	Shangluo City	93	27.72	7.70	19078.18	6597.59
杨凌示范区	Yangling Demonstration Zone	3	13.87	13.64	7362.93	2246.64
甘肃省	**Gansu**	**179**	**154.06**	**23.51**	**127334.55**	**31593.46**
兰州市	Lanzhou City	18	41.92	5.51	66911.01	8254.66
嘉峪关市	Jiayuguan City	3	0.34		135.88	135.88
金昌市	Jinchang City	3	1.20		816.53	816.53
白银市	Baiyin City	2	16.46		3034.42	3034.42
天水市	Tianshui City					
武威市	Wuwei City	27	2.24		5134.66	2435.15
张掖市	Zhangye City	4	8.64		3204.73	1809.37
平凉市	Pingliang City	16	12.09		9625.17	4119.54
酒泉市	Jiuquan City					
庆阳市	Qingyang City	30	17.41		5146.73	755.23
定西市	Dingxi City	21	22.33	4.28	10397.36	
陇南市	Longnan City	47	23.38	13.72	15518.97	10202.18
临夏回族自治州	Linxia Hui A.P.	7	7.68		7378.59	
甘南藏族自治州	Gannan Tibetan A.P.	1	0.36		30.50	30.50
青海省	**Qinghai**	**2**	**4.36**		**1512.95**	**897.43**
西宁市	Xining City					
海东地区	Haidong Prefecture	2	4.36		1512.95	897.43

国有土地供应拍卖出让情况——按省市分列（2008年） 续表9

State-owned Land Use Rights Granted through Auction by Province, Autonomous Region and Municipality (2008) Continued 9

地 区	Region	宗数（宗）Number of Plots	土地面积（公顷）Land Area (hectare)	新增 Newly Increased Area	成交价款（万元）Transaction Price Value (10000 yuan)	纯收益（万元）Net Income (10000 yuan)
海北藏族自治州	Haibei Tibetan A.P.					
黄南藏族自治州	Huangnan Tibetan A.P.					
海西蒙古族藏族自治州	Haixi Mongol & Tibetan A.P.					
宁夏	**Ningxia**	**11**	**8.33**		**5294.66**	**412.38**
银川市	Yinchuan City					
石嘴山市	Shizuishan City					
吴忠市	Wuzhong City	3	1.32		528.58	409.43
固原市	Guyuan City	4	3.84		2591.00	
中卫市	Zhongwei City	4	3.16		2175.08	2.95
新疆	**Xinjiang**	**67**	**97.75**	**0.54**	**30719.92**	**21498.93**
乌鲁木齐市	Urumqi City	4	1.13		4268.62	4268.62
克拉玛依市	Karamay City					
吐鲁番地区	Turpan Prefeture	1	0.49		400.00	100.00
哈密地区	Hami Prefeture	5	15.55		7470.07	1346.83
昌吉回族自治州	Changji Hui A.P.	8	41.50		6353.60	4575.90
博尔塔拉蒙古族自治州	Bortala Mongol A.P.	9	12.73		2064.84	2064.84
巴音郭楞蒙古族自治州	Bayingolin Mongol A.P.					
阿克苏地区	Akesu Prefeture	5	3.06		748.58	677.34
克孜勒苏柯尔克孜自治州	Kizilsu Kirgiz A.P.	1	0.49		401.00	401.00
喀什地区	Kashi Prefeture	11	4.20		2420.80	2420.80
和田地区	Hotan Prefeture	13	9.12		1114.41	1082.57
伊犁哈萨克自治州	Ili Kazak A.P.	8	8.20		5153.00	4320.73
塔城地区	Tacheng Prefeture	1	0.74		204.00	204.00
阿勒泰地区	Altay Prefeture					
石河子市	Shihezi City					
新疆生产建设兵团	Xinjiang Production and Construction Corps	1	0.54	0.54	121.00	36.30

国有土地供应挂牌出让情况——按地区分列

State-owned Land Use Rights Granted through Listing by Region

年份/地区	Year/Region	宗数（宗）Number of Plots	土地面积（公顷）Land Area (hectare)	新增 Newly Increased Area	成交价款（万元）Transaction Price Value (10000 yuan)	纯收益（万元）Net Income (10000 yuan)
2001						
2002		5726				
2003		28440	37494.65	9817.89	15786229.27	4910142.68
2004		30659	38316.03	9549.03	21267337.13	6449369.50
2005		29433	42904.77	11845.96	28011087.11	9939215.42
2006		32057	56751.04	16997.46	41947518.95	15027738.90
2007		39582	100245.83	36697.88	70711495.35	24169111.62
2008		44106	125357.08	56881.72	75943353.20	24964374.86
北京	Beijing	130	709.36	396.01	3002283.91	1520566.23
天津	Tianjin	292	1902.53	763.27	2649026.92	1023953.71
河北	Hebei	1765	5480.03	2528.20	2475846.95	1000133.23
山西	Shanxi	494	1532.27	1073.78	823915.96	445270.99
内蒙古	Inner Mongolia	1469	4124.07	1309.23	1011451.76	406571.72
辽宁	Liaoning	1701	5583.14	2777.12	4555494.26	1295365.05
吉林	Jilin	1210	2276.31	936.66	707565.38	377901.00
黑龙江	Heilongjiang	1341	2222.43	738.42	886531.64	871512.54
上海	Shanghai	531	2023.82	851.88	5072310.02	1521693.01
江苏	Jiangsu	5098	19110.22	9141.90	11839905.68	2152980.24
浙江	Zhejiang	4793	9099.62	5065.39	7819401.35	1461292.06
安徽	Anhui	2708	7897.13	3419.53	2901731.61	1062063.01
福建	Fujian	1201	3414.01	2293.15	1811336.61	428635.65
江西	Jiangxi	1076	4446.73	2935.09	1529637.27	
山东	Shandong	3017	11994.29	4510.99	6567963.79	3417971.23
河南	Henan	1471	5174.74	2847.81	2629251.02	1777933.54
湖北	Hubei	2780	5630.20	2557.55	2760506.10	1111446.14
湖南	Hunan	2533	3745.86	2248.76	1948628.32	612406.63
广东	Guangdong	1542	6534.27	2791.40	5917525.36	1063443.51
广西	Guangxi	1452	3168.92	1155.08	1023368.90	275678.89
海南	Hainan	140	1636.35	389.44	1087878.77	713019.88
重庆	Chongqing	648	2140.97	724.20	1461566.87	575150.55
四川	Sichuan	1012	3388.30	1180.18	1174682.89	444842.60
贵州	Guizhou	716	1194.80	656.31	616288.09	249353.07
云南	Yunnan	1972	3221.43	1218.70	1512582.65	218912.42
西藏	Tibet	24	138.34	5.99	55048.62	38804.59
陕西	Shaanxi	754	1962.24	1064.17	994383.64	327160.60
甘肃	Gansu	679	1087.92	398.95	302429.63	93646.83
青海	Qinghai	106	292.08	186.28	16560.54	10843.35
宁夏	Ningxia	203	1612.14	174.31	281879.71	42030.45
新疆	Xinjiang	1248	2612.56	541.95	506368.98	423792.14

注：该表指标除“宗数”外均为2003年新增指标。

Note: All indicators in the table are newly added in 2003 except “Number of Plots”.

国有土地供应挂牌出让情况——按用地类型分列（2008年）

State-owned Land Use Rights Granted through Listing by Land-use Type (2008)

项　目	Item	宗数（宗）Number of Plots	土地面积（公顷）Land Area (hectare)	新增 Newly Increased Area	成交价款（万元）Transaction Price Value (10000 yuan)	纯收益（万元）Net Income (10000 yuan)
总　计	**Total**	**44106**	**125357.08**	**56881.72**	**75943353.20**	**24964374.86**
商服用地	Land for Commercial and Service Uses	9310	16093.52	5981.92	18866882.21	6270448.25
工矿仓储用地	Land for Industry, Mining and Warehousing	18761	68533.79	37682.87	14472606.81	4264952.13
公用设施用地	Land for Public Utilities	327	739.02	217.00	246400.36	46941.52
公共建筑用地	Land for Public Buildings	203	592.84	332.02	254064.15	90613.67
住宅用地	Land for Residential Uses	15265	39020.61	12535.51	41986015.27	14267220.13
别墅、高档公寓	Villa and High-Class Apartment	1	6.42	5.35	17331.50	5199.45
普通商品房	Common House	11751	34168.80	11008.28	39776292.45	13678543.34
经济适用房	Economically Affordable House	265	459.53	219.70	376225.62	63991.67
其他住房	Other Houses	3248	4385.87	1302.18	1816165.70	519485.67
交通运输用地	Land for Transport	210	302.11	112.59	107273.81	17179.36
水利设施用地	Land for Water Conservancy Facilities	6	13.27	0.97	1043.42	234.99
特殊用地	Land for Special Uses	24	61.92	18.84	9067.17	6784.81

国有土地供应挂牌出让情况——按省市分列（2008年）

State-owned Land Use Rights Granted through Listing by Province, Autonomous Region and Municipality (2008)

地区	Region	宗数（宗） Number of Plots	土地面积（公顷） Land Area (hectare)	新增 Newly Increased Area	成交价款（万元） Transaction Price Value (10000 yuan)	纯收益（万元） Net Income (10000 yuan)
总计	**Total**	**44106**	**125357.08**	**56881.72**	**75943353.20**	**24964374.86**
北京市	**Beijing**	**130**	**709.36**	**396.01**	**3002283.91**	**1520566.23**
天津市	**Tianjin**	**292**	**1902.53**	**763.27**	**2649026.92**	**1023953.71**
河北省	**Hebei**	**1765**	**5480.03**	**2528.20**	**2475846.95**	**1000133.23**
石家庄市	Shijiazhuang City	145	762.95	561.20	317797.83	232165.53
唐山市	Tangshan City	156	704.70	397.05	129398.02	64662.56
秦皇岛市	Qinhuangdao City	89	272.80	115.11	351445.56	49786.26
邯郸市	Handan City	66	229.71	152.18	44062.71	18849.85
邢台市	Xingtai City	165	614.80	280.88	153890.98	106650.99
保定市	Baoding City	221	612.08	106.00	266583.29	50342.90
张家口市	Zhangjiakou City	216	335.60	82.42	176420.66	32864.69
承德市	Chengde City	151	399.59	160.73	191819.04	40028.30
沧州市	Cangzhou City	291	560.04	121.31	222335.12	78909.27
廊坊市	Langfang City	141	731.79	387.20	567693.85	300329.47
衡水市	Hengshui City	124	255.98	164.13	54399.89	25543.41
山西省	**Shanxi**	**494**	**1532.27**	**1073.78**	**823915.96**	**445270.99**
太原市	Taiyuan City	75	226.60	162.28	264837.09	236311.42
大同市	Datong City	36	122.77	37.59	154049.02	2832.62
阳泉市	Yangquan City	45	164.65	115.90	50408.83	29728.85
长治市	Changzhi City	51	201.74	181.92	36724.32	17679.10
晋城市	Jincheng City	40	163.11	147.63	61664.04	47877.87
朔州市	Shuozhou City	17	57.61	21.69	23314.75	23314.75
晋中市	Jinzhong City	35	98.53	88.43	23909.90	6569.42
运城市	Yuncheng City	17	13.53	10.26	2500.85	1497.00
忻州市	Xinzhou City	47	97.37	78.88	23801.50	5388.06
临汾市	Linfen City	70	181.84	85.72	112233.60	61025.49
吕梁市	Lüliang City	61	204.53	143.47	70472.06	13046.41
内蒙古	**Inner Mongolia**	**1469**	**4124.07**	**1309.23**	**1011451.76**	**406571.72**
呼和浩特市	Hohhot City	100	540.52	1.95	374914.95	61165.25
包头市	Baotou City	130	704.45	331.05	132040.95	73513.29
乌海市	Wuhai City	11	31.45		8877.22	8877.22
赤峰市	Chifeng City	122	198.69	17.13	33146.25	18925.89
通辽市	Tongliao City	38	69.72		8304.44	1578.00
鄂尔多斯市	Erdos City	282	479.46	335.55	122294.29	36952.03
呼伦贝尔市	Hulunbuir City	220	568.78	67.08	136448.68	48485.89
巴彦淖尔市	Bayannur City	58	391.43	174.36	73225.51	37356.99
乌兰察布市	Ulanqab City	65	240.77	240.77	13762.91	11280.60
兴安盟	Xing'an League	66	83.19		12006.10	12006.10
锡林郭勒盟	Xilingol League	358	782.59	129.34	89771.46	89771.46
阿拉善盟	Alxa League	19	33.03	12.00	6659.00	6659.00

国有土地供应挂牌出让情况——按省市分列（2008 年） 续表 1

State-owned Land Use Rights Granted through Listing by Province, Autonomous Region and Municipality (2008) Continued 1

地　区	Region	宗数（宗）Number of Plots	土地面积（公顷）Land Area (hectare)	新增 Newly Increased Area	成交价款（万元）Transaction Price Value (10000 yuan)	纯收益（万元）Net Income (10000 yuan)
辽宁省	**Liaoning**	**1701**	**5583.14**	**2777.12**	**4555494.26**	**1295365.05**
沈阳市	Shenyang City	364	1358.33	787.40	1602946.62	355711.09
大连市	Dalian City	397	1773.18	759.86	2007957.47	572391.36
鞍山市	Anshan City	66	137.99	26.27	25259.00	14194.11
抚顺市	Fushun City	70	174.97	113.05	154181.29	11025.69
本溪市	Benxi City	32	89.47	35.57	20102.93	20102.93
丹东市	Dandong City	94	428.29	302.63	63965.22	39366.97
锦州市	Jinzhou City	46	67.48	35.82	26844.22	8927.76
营口市	Yingkou City	85	262.68	181.00	172704.92	6610.00
阜新市	Fuxin City	115	206.15	121.79	62771.74	30550.56
辽阳市	Liaoyang City	53	105.11	22.12	43540.21	40048.63
盘锦市	Panjin City	61	223.71	131.09	103349.75	28745.16
铁岭市	Tieling City	64	161.27	98.80	66745.08	36607.59
朝阳市	Chaoyang City	127	253.85	161.73	55637.32	24652.37
葫芦岛市	Huludao City	127	340.66		149488.49	106430.83
吉林省	**Jilin**	**1210**	**2276.31**	**936.66**	**707565.38**	**377901.00**
长春市	Changchun City	271	792.34	451.47	281724.88	107476.24
吉林市	Jilin City	286	508.38	225.53	150325.44	60198.18
四平市	Siping City	88	150.25	93.54	46050.17	18733.69
辽源市	Liaoyuan City	20	39.15	23.12	6006.74	1822.47
通化市	Tonghua City	54	163.85		81171.35	81115.75
白山市	Baishan City	97	74.75	53.07	33528.61	10342.99
松原市	Songyuan City	126	242.09		59544.77	51478.62
白城市	Baicheng City	163	161.40	33.35	16735.64	16735.64
延边朝鲜族自治州	Yanbian Korean A.P.	105	144.10	56.57	32477.78	29997.42
黑龙江省	**Heilongjiang**	**1341**	**2222.43**	**738.42**	**886531.64**	**871512.54**
哈尔滨市	Harbin City	250	638.23	378.35	527469.27	525762.47
齐齐哈尔市	Qiqihar City	77	169.41		24321.90	14453.87
鸡西市	Jixi City	29	31.07	0.65	6779.01	6779.01
鹤岗市	Hegang City	60	76.86	26.78	7857.41	7857.41
双鸭山市	Shuangyashan City	27	58.60		9102.74	9102.74
大庆市	Daqing City	134	212.52	58.92	108020.22	108020.22
伊春市	Yichun City	10	24.41		3398.57	3398.57
佳木斯市	Jiamusi City	99	144.70		17633.67	15231.46
七台河市	Qitaihe City	23	69.78	22.52	11333.01	10802.95

国有土地供应挂牌出让情况——按省市分列（2008年） 续表2

State-owned Land Use Rights Granted through Listing by Province, Autonomous Region and Municipality (2008) Continued 2

地 区	Region	宗数（宗）Number of Plots	土地面积（公顷）Land Area (hectare)	新增 Newly Increased Area	成交价款（万元）Transaction Price Value (10000 yuan)	纯收益（万元）Net Income (10000 yuan)
牡丹江市	Mudanjiang City	105	231.89	79.34	81070.93	80558.93
黑河市	Heihe City	73	178.53	0.76	20065.89	20065.89
绥化市	Suihua City	116	242.31	130.29	56315.38	56315.38
大兴安岭地区	Da Hinggan Ling Prefecture	12	40.35	25.14	3268.36	3268.36
森工总局	General Bureau of Forest Industry	18	2.82		265.35	265.35
农垦总局	General Bureau of Agriculture	290	78.20	10.67	7472.47	7472.47
省厅驻友谊局	Youyi Land and Resources Bureau	18	22.76	5.00	2157.46	2157.46
上海市	**Shanghai**	**531**	**2023.82**	**851.88**	**5072310.02**	**1521693.01**
江苏省	**Jiangsu**	**5098**	**19110.22**	**9141.90**	**11839905.68**	**2152980.24**
南京市	Nanjing City	175	1374.07	600.40	1740988.00	318237.00
无锡市	Wuxi City	288	1439.00	523.93	1472551.44	142478.37
徐州市	Xuzhou City	311	1125.13	643.49	430579.83	105483.34
常州市	Changzhou City	241	1057.36	467.92	663556.79	113660.93
苏州市	Suzhou City	795	2907.95	1200.89	2325091.48	293196.33
南通市	Nantong City	680	2299.65	1600.92	1180445.00	124764.00
连云港市	Lianyungang City	172	1253.39	257.62	454233.63	70351.23
淮安市	Huai'an City	330	979.30	508.33	366171.79	61542.89
盐城市	Yancheng City	612	1930.82	491.70	996326.89	260173.27
扬州市	Yangzhou City	472	1534.35	1125.30	919588.18	462160.02
镇江市	Zhenjiang City	365	1178.17	377.70	554217.59	59764.74
泰州市	Taizhou City	406	926.56	682.65	327109.73	81490.55
宿迁市	Suqian City	251	1104.47	661.06	409045.33	59677.57
浙江省	**Zhejiang**	**4793**	**9099.62**	**5065.39**	**7819401.35**	**1461292.06**
杭州市	Hangzhou City	906	1668.99	815.32	2578352.17	501209.25
宁波市	Ningbo City	649	1420.16	852.87	1516828.45	272956.39
温州市	Wenzhou City	171	225.05	70.88	632989.58	126538.29
嘉兴市	Jiaxing City	726	1466.26	1006.52	810219.55	155271.86
湖州市	Huzhou City	487	1046.31	746.43	437042.70	123975.00
绍兴市	Shaoxing City	460	764.47	558.65	631832.58	87848.73
金华市	Jinhua City	452	718.19	409.83	370624.99	48126.87
衢州市	Quzhou City	271	540.74	20.02	102758.81	17556.59
舟山市	Zhoushan City	124	403.61	284.93	225521.80	48414.51
台州市	Taizhou City	364	679.65	298.68	392699.12	55288.26
丽水市	Lishui City	183	166.20	1.27	120531.60	24106.31
安徽省	**Anhui**	**2708**	**7897.13**	**3419.53**	**2901731.61**	**1062063.01**
合肥市	Hefei City	269	1022.41	369.36	688562.05	329350.36

国有土地供应挂牌出让情况——按省市分列（2008年） 续表3

State-owned Land Use Rights Granted through Listing by Province, Autonomous Region and Municipality (2008) Continued 3

地 区	Region	宗数（宗）Number of Plots	土地面积（公顷）Land Area (hectare)		成交价款（万元）Transaction Price Value (10000 yuan)	纯收益（万元）Net Income (10000 yuan)
				新增 Newly Increased Area		
芜湖市	Wuhu City	322	2520.66	548.41	871601.03	103360.57
蚌埠市	Bengbu City	90	245.22	212.11	82343.50	27063.98
淮南市	Huainan City	12	27.96	20.36	19981.99	5765.00
马鞍山市	Ma'anshan City	25	57.92	40.02	32528.41	16264.21
淮北市	Huaibei City	61	208.73	60.08	54498.36	31124.46
铜陵市	Tongling City	26	72.39		31997.99	10595.36
安庆市	Anqing City	318	565.97	461.38	123403.37	65486.87
黄山市	Huangshan City	185	477.04	384.10	173806.28	63842.31
滁州市	Chuzhou City	161	447.79	169.30	117667.83	26818.60
阜阳市	Fuyang City	156	219.60	149.43	91652.31	59090.12
宿州市	Suzhou City	60	251.38	15.80	66098.73	47625.34
巢湖市	Chaohu City	199	486.29	217.63	105353.53	24741.93
六安市	Lu'an City	337	567.08	463.33	156238.50	113532.48
亳州市	Bozhou City	31	103.06	32.07	46761.76	25837.76
池州市	Chizhou City	82	256.89	3.37	153213.36	58378.83
宣城市	Xuancheng City	374	366.72	272.77	86022.61	53184.83
福建省	**Fujian**	**1201**	**3414.01**	**2293.15**	**1811336.61**	**428635.65**
福州市	Fuzhou City	176	610.03	446.25	479922.83	108775.63
厦门市	Xiamen City	69	260.83		641976.58	59443.37
莆田市	Putian City	49	105.07	57.16	15497.54	1714.84
三明市	Sanming City	124	393.80	262.05	108909.29	30366.46
泉州市	Quanzhou City	145	301.84	127.59	170438.51	119834.58
漳州市	Zhangzhou City	204	815.47	657.47	200858.23	34371.83
南平市	Nanping City	102	259.29	213.17	64212.48	30699.86
龙岩市	Longyan City	158	394.39	333.60	66189.32	28022.28
宁德市	Ningde City	174	273.28	195.86	63331.83	15406.80
江西省	**Jiangxi**	**1076**	**4446.73**	**2935.09**	**1529637.27**	
山东省	**Shandong**	**3017**	**11994.29**	**4510.99**	**6567963.79**	**3417971.23**
济南市	Jinan City	177	969.48	0.70	1113800.39	460328.67
青岛市	Qingdao City	306	1608.84	798.60	855827.80	538188.13
淄博市	Zibo City	118	311.09	187.36	150061.31	98061.13
枣庄市	Zaozhuang City	147	462.42	208.56	319519.66	118260.12

国有土地供应挂牌出让情况——按省市分列（2008年） 续表4

State-owned Land Use Rights Granted through Listing by Province, Autonomous Region and Municipality (2008) Continued 4

地 区	Region	宗数（宗）Number of Plots	土地面积（公顷）Land Area (hectare)	新增 Newly Increased Area	成交价款（万元）Transaction Price Value (10000 yuan)	纯收益（万元）Net Income (10000 yuan)
东营市	Dongying City	116	597.06	56.70	169671.60	105069.31
烟台市	Yantai City	302	1055.64	445.66	394619.79	232823.29
潍坊市	Weifang City	314	1096.12	347.65	532933.74	279580.86
济宁市	Jining City	118	747.79	173.78	402350.55	331763.07
泰安市	Tai'an City	119	325.61	219.53	130890.14	116298.30
威海市	Weihai City	307	1311.61	364.19	962917.72	400110.63
日照市	Rizhao City	112	200.26	112.70	112404.06	55682.48
莱芜市	Laiwu City	28	197.78	182.70	51407.00	29530.26
临沂市	Linyi City	392	1100.96	424.47	821023.74	330598.25
德州市	Dezhou City	135	636.42	341.80	196691.84	121698.24
聊城市	Liaocheng City	95	411.20	149.24	81788.42	38289.77
滨州市	Binzhou City	131	421.88	276.44	124886.01	61137.19
菏泽市	Heze City	100	540.13	220.92	147170.02	100551.53
河南省	**Henan**	**1471**	**5174.74**	**2847.81**	**2629251.02**	**1777933.54**
郑州市	Zhengzhou City	200	701.39	148.13	1052018.62	982983.95
开封市	Kaifeng City	46	298.84	240.13	153771.33	54647.18
洛阳市	Luoyang City	110	456.97	297.89	187471.07	111553.93
平顶山市	Pingdingshan City	73	140.20	77.30	48163.51	29064.44
安阳市	Anyang City	41	381.18	329.68	140163.75	134874.62
鹤壁市	Hebi City	38	186.05	181.16	36101.42	13779.36
新乡市	Xinxiang City	79	483.58	205.59	149353.87	94127.31
焦作市	Jiaozuo City	81	358.12	140.48	89376.07	69642.95
濮阳市	Puyang City	41	174.11	142.01	47217.75	12538.27
许昌市	Xuchang City	62	138.75	86.79	48274.74	13653.89
漯河市	Luohe City	69	155.25	68.32	41167.72	21436.90
三门峡市	Sanmenxia City	86	148.28	104.23	65365.14	35626.00
南阳市	Nanyang City	66	161.57	80.20	38414.12	18563.31
商丘市	Shangqiu City	109	277.82	125.62	103183.17	43612.14
信阳市	Xinyang City	126	322.93	117.16	170262.66	9165.73
周口市	Zhoukou City	136	535.36	342.05	199596.86	109696.90
驻马店市	Zhumadian City	99	196.34	111.91	48202.55	19163.95
济源市	Jiyuan City	9	58.01	49.15	11146.67	3802.71
湖北省	**Hubei**	**2780**	**5630.20**	**2557.55**	**2760506.10**	**1111446.14**
武汉市	Wuhan City	417	2190.43	903.00	1664776.98	485530.20
黄石市	Huangshi City	55	205.36	146.64	105258.70	56665.82

国有土地供应挂牌出让情况——按省市分列（2008年） 续表5

State-owned Land Use Rights Granted through Listing by Province, Autonomous Region and Municipality (2008) Continued 5

地 区	Region	宗数（宗）Number of Plots	土地面积（公顷）Land Area (hectare)	新增 Newly Increased Area	成交价款（万元）Transaction Price Value (10000 yuan)	纯收益（万元）Net Income (10000 yuan)
十堰市	Shiyan City	137	160.46	76.25	34454.22	25393.32
宜昌市	Yichang City	175	602.30	150.57	114977.52	47139.89
襄樊市	Xiangfan City	469	429.90	229.65	206343.74	160134.60
鄂州市	Ezhou City	88	192.63	162.55	49591.50	27118.29
荆门市	Jingmen City	364	220.12	102.29	50418.64	38151.13
孝感市	Xiaogan City	74	150.58	75.25	48873.23	30224.93
荆州市	Jingzhou City	305	371.85	137.59	120355.04	34879.20
黄冈市	Huanggang City	163	193.21	111.41	61697.01	38504.21
咸宁市	Xianning City	185	470.15	141.16	153538.86	59191.10
随州市	Suizhou City	102	257.33	185.02	113861.21	97539.17
恩施土家族苗族自治州	Enshi Tujia & Miao A.P.	147	74.27	59.31	12292.81	3730.29
省直辖行政单位	Administrative Units Directly Under the Provincial Government	99	111.60	76.87	24066.64	7243.99
湖南省	**Hunan**	**2533**	**3745.86**	**2248.76**	**1948628.32**	**612406.63**
长沙市	Changsha City	333	1036.18	814.60	948644.59	286380.84
株洲市	Zhuzhou City	234	320.65	250.29	132810.53	71675.55
湘潭市	Xiangtan City	116	318.44	129.51	119922.90	34481.36
衡阳市	Hengyang City	191	237.63	119.49	68607.68	26125.11
邵阳市	Shaoyang City	280	193.92	169.30	64848.39	14575.02
岳阳市	Yueyang City	108	190.04	99.95	55052.77	18931.98
常德市	Changde City	224	395.46	231.74	176529.14	55455.62
张家界市	Zhangjiajie City	28	37.96	9.17	26025.75	8689.40
益阳市	Yiyang City	296	170.46	36.61	64639.79	19925.56
郴州市	Chenzhou City	150	262.82	126.53	94825.96	32050.65
永州市	Yongzhou City	176	96.94	31.84	38576.18	1047.35
怀化市	Huaihua City	213	251.05	108.94	95130.97	25846.45
娄底市	Loudi City	124	138.17	35.69	41433.56	11085.25
湘西土家族苗族自治州	West Hunan Tujia & Miao A.P.	60	96.16	85.11	21580.11	6136.49
广东省	**Guangdong**	**1542**	**6534.27**	**2791.40**	**5917525.36**	**1063443.51**
广州市	Guangzhou City	157	822.61	595.77	1111386.28	
韶关市	Shaoguan City	85	196.76	28.64	86798.66	31656.19
深圳市	Shenzhen City	52	276.46		1129322.13	169398.32
珠海市	Zhuhai City	13	210.87		46794.33	4863.61
汕头市	Shantou City	42	104.40		54471.03	5208.66
佛山市	Foshan City	79	427.37		1194859.14	94758.95
江门市	Jiangmen City	81	231.96	179.00	96151.62	18513.39
湛江市	Zhanjiang City	62	422.31	369.12	156866.81	27569.68

国有土地供应挂牌出让情况——按省市分列（2008年） 续表6

State-owned Land Use Rights Granted through Listing by Province, Autonomous Region and Municipality (2008) Continued 6

地 区	Region	宗数（宗）Number of Plots	土地面积（公顷）Land Area (hectare)		成交价款（万元）Transaction Price Value (10000 yuan)	纯收益（万元）Net Income (10000 yuan)
				新增 Newly Increased Area		
茂名市	Maoming City	63	70.00	57.88	28731.45	6471.53
肇庆市	Zhaoqing City	145	421.55	299.75	115534.13	42622.16
惠州市	Huizhou City	247	1428.09	30.18	686723.00	445779.22
梅州市	Meizhou City	130	55.98	8.06	12312.24	5140.03
汕尾市	Shanwei City	4	28.57	28.57	11270.02	3090.11
河源市	Heyuan City	46	79.21	3.66	46839.57	2259.61
阳江市	Yangjiang City	55	486.95	253.25	109529.40	55884.78
清远市	Qingyuan City	126	456.08	316.66	150938.35	36377.08
东莞市	Dongguan City	68	443.95	400.95	679953.00	30079.50
中山市	Zhongshan City	32	200.88	126.22	94643.07	23660.77
潮州市	Chaozhou City	2	6.69	6.67	1519.73	376.67
揭阳市	Jieyang City	32	144.26	72.11	95345.62	57658.81
云浮市	Yunfu City	21	19.33	14.92	7535.78	2074.44
广西	**Guangxi**	**1452**	**3168.92**	**1155.08**	**1023368.90**	**275678.89**
南宁市	Nanning City	205	462.46	174.74	163281.28	34574.01
柳州市	Liuzhou City	181	407.58	233.75	187929.57	30029.33
桂林市	Guilin City	416	318.43	91.83	124163.29	6994.12
梧州市	Wuzhou City					
北海市	Beihai City	21	241.80		87346.11	64871.91
防城港市	Fangchenggang City	99	192.38	134.28	80208.71	23242.60
钦州市	Qinzhou City	99	239.34	83.38	75891.99	30618.00
贵港市	Guigang City	42	73.44	5.19	15933.50	6480.55
玉林市	Yulin City	96	325.83	67.70	124093.60	7929.80
百色市	Baise City	55	298.16	295.25	62701.04	9401.35
贺州市	Hezhou City	22	71.94		10481.64	3611.04
河池市	Hechi City	113	144.13	16.86	24100.34	10633.13
来宾市	Laibin City	49	280.81	18.75	43689.04	43689.04
崇左市	Chongzuo City	54	112.62	33.35	23548.79	3604.01
海南省	**Hainan**	**140**	**1636.35**	**389.44**	**1087878.77**	**713019.88**
海口市	Haikou City	22	229.84	6.42	233021.48	233021.48
三亚市	Sanya City	15	176.11	96.03	381712.74	376056.27
省直辖县级行政单位	County-level Administrative Units Directly Under the Provincial Government	103	1230.40	286.99	473144.55	103942.13
重庆市	**Chongqing**	**648**	**2140.97**	**724.20**	**1461566.87**	**575150.55**
四川省	**Sichuan**	**1012**	**3388.30**	**1180.18**	**1174682.89**	**444842.60**
成都市	Chengdu City	276	1437.77	750.00	866403.37	307242.38
自贡市	Zigong City	27	89.41		15836.89	6628.22

国有土地供应挂牌出让情况——按省市分列（2008年） 续表7

State-owned Land Use Rights Granted through Listing by Province, Autonomous Region and Municipality (2008) Continued 7

地 区	Region	宗数（宗）Number of Plots	土地面积（公顷）Land Area (hectare)	新增 Newly Increased Area	成交价款（万元）Transaction Price Value (10000 yuan)	纯收益（万元）Net Income (10000 yuan)
攀枝花市	Panzhihua City	36	181.15		31044.37	31004.37
泸州市	Luzhou City	43	38.50	8.88	4505.69	1626.91
德阳市	Deyang City	62	173.12	55.15	29911.34	12955.09
绵阳市	Mianyang City	79	124.21	42.26	32498.86	15554.48
广元市	Guangyuan City	22	46.20		4815.56	4815.56
遂宁市	Suining City	41	78.00	0.26	12118.56	3963.68
内江市	Neijiang City	8	69.82	31.88	8026.11	8026.11
乐山市	Leshan City	44	237.61	101.71	36202.63	5281.60
南充市	Nanchong City	91	188.23	64.08	17068.57	7306.13
眉山市	Meishan City	37	191.83		22958.51	19270.86
宜宾市	Yibin City	55	126.70	52.94	18914.77	8949.06
广安市	Guang'an City	22	97.10	60.88	9903.07	1632.29
达州市	Dazhou City	14	24.74		4244.44	1399.32
雅安市	Ya'an City	14	34.23		3850.95	3616.95
巴中市	Bazhong City	50	16.47		2235.71	447.11
资阳市	Ziyang City	24	71.13		6636.04	208.70
阿坝藏族羌族自治州	Aba Tibetan & Qiang A.P.	21	60.68		5617.60	5181.77
甘孜藏族自治州	Ganzi Tibetan A.P.	18	30.34	12.13	5968.17	4907.31
凉山彝族自治州	Liangshan Yi A.P.	28	71.05		35921.68	5387.90
贵州省	**Guizhou**	**716**	**1194.80**	**656.31**	**616288.09**	**249353.07**
贵阳市	Guiyang City	60	478.74	313.71	336105.87	168844.48
六盘水市	Liupanshui City	40	91.65		38742.64	19760.00
遵义市	Zunyi City	216	270.65	192.86	80923.56	21309.95
安顺市	Anshun City	31	64.66	44.58	31419.55	16915.94
铜仁地区	Tongren Prefecture	84	58.80	7.43	29764.90	4801.85
黔西南布依族苗族自治州	Southwest Guizhou Buyei & Miao A.P.	89	64.25	31.54	32853.38	3630.67
毕节地区	Bijie Prefecture	35	17.92	3.05	10954.96	2174.20
黔东南苗族侗族自治州	Southeast Guizhou Miao & Dong A.P.	95	85.34	34.93	24806.14	847.92
黔南布依族苗族自治州	South Guizhou Buyei & Miao A.P.	66	62.78	28.22	30717.09	11068.06
云南省	**Yunnan**	**1972**	**3221.43**	**1218.70**	**1512582.65**	**218912.42**
昆明市	Kunming City	250	895.28	364.74	777241.07	151669.86
曲靖市	Qujing City	67	194.37	177.14	74793.81	6348.53
玉溪市	Yuxi City	106	341.04	230.63	148989.17	26879.45
保山市	Baoshan City	349	89.63	71.54	41609.13	1581.20
昭通市	Zhaotong City	55	112.57	44.61	17936.64	1506.53

国有土地供应挂牌出让情况——按省市分列（2008年） 续表8

State-owned Land Use Rights Granted through Listing by Province, Autonomous Region and Municipality (2008) Continued 8

地区	Region	宗数（宗）Number of Plots	土地面积（公顷）Land Area (hectare)		成交价款（万元）Transaction Price Value (10000 yuan)	纯收益（万元）Net Income (10000 yuan)
				新增 Newly Increased Area		
丽江市	Lijiang City	9	0.13		56.43	
普洱市	Pu'er City	91	111.18	34.09	33795.85	259.11
临沧市	Lincang City	82	24.80	16.45	9701.71	355.36
楚雄彝族自治州	Chuxiong Yi A.P.	312	119.88	37.92	41833.52	5602.74
红河哈尼族彝族自治州	Honghe Hani & Yi A.P.	188	122.36	77.28	68326.50	4858.84
文山壮族苗族自治州	Wenshan Zhuang & Miao A.P.	167	886.97	31.28	205746.94	822.78
西双版纳傣族自治州	Xishuangbanna Dai A.P.	54	154.62	54.44	40978.89	10112.84
大理白族自治州	Dali Bai A.P.	145	51.93	30.80	14377.06	3336.99
德宏傣族景颇族自治州	Dehong Dai & Jingpo A.P.	64	86.14	18.79	25857.93	3755.47
怒江傈僳族自治州	Nujiang Lisu A.P.	33	30.52	29.00	11338.00	1822.72
迪庆藏族自治州	Diqing Tibetan A.P.					
西藏	**Tibet**	**24**	**138.34**	**5.99**	**55048.62**	**38804.59**
拉萨市	Lhasa City	15	110.47	5.99	53128.20	37497.76
昌都地区	Qamdo Prefecture					
山南地区	Lhokha Prefecture	1	10.69		960.24	524.00
日喀则地区	Xigaze Prefecture	6	3.84		286.40	109.05
那曲地区	Nagqu Prefecture					
阿里地区	Ngari Prefecture					
林芝地区	Nyingchi Prefecture	2	13.34		673.78	673.78
陕西省	**Shaanxi**	**754**	**1962.24**	**1064.17**	**994383.64**	**327160.60**
西安市	Xi'an City	149	566.13	390.74	614320.84	213665.27
铜川市	Tongchuan City	11	72.25	69.39	12589.50	2289.97
宝鸡市	Baoji City	57	230.41	129.22	82677.52	33550.18
咸阳市	Xianyang City	51	179.92	50.90	39626.01	6299.30
渭南市	Weinan City	69	234.53	146.15	42569.59	14172.43
延安市	Yan'an City	27	25.18	1.80	19136.94	11982.32
汉中市	Hanzhong City	117	122.50	30.70	54013.07	6150.19
榆林市	Yulin City	47	220.44	50.31	59381.50	19981.07
安康市	Ankang City	128	28.62	23.30	9611.18	3383.72
商洛市	Shangluo City	81	180.36	70.30	44498.00	14477.04
杨凌示范区	Yangling Demonstration Zone	17	101.90	101.36	15959.49	1209.11
甘肃省	**Gansu**	**679**	**1087.92**	**398.95**	**302429.63**	**93646.83**
兰州市	Lanzhou City	47	113.54		116450.05	24284.03
嘉峪关市	Jiayuguan City	80	77.99		1253.77	1253.77
金昌市	Jinchang City	71	128.40	100.47	13236.61	4614.83
白银市	Baiyin City	40	112.12		19957.47	15667.77
天水市	Tianshui City	38	50.71		25260.69	18044.14
武威市	Wuwei City	56	51.63	33.38	8607.35	2027.57

国有土地供应挂牌出让情况——按省市分列（2008 年） 续表 9

State-owned Land Use Rights Granted through Listing by Province, Autonomous Region and Municipality (2008) Continued 9

地 区	Region	宗数（宗）Number of Plots	土地面积（公顷）Land Area (hectare)	新增 Newly Increased Area	成交价款（万元）Transaction Price Value (10000 yuan)	纯收益（万元）Net Income (10000 yuan)
张掖市	Zhangye City	35	190.30	155.91	7222.65	2650.01
平凉市	Pingliang City	42	68.60		24975.96	13692.29
酒泉市	Jiuquan City	88	116.23	75.97	15777.11	7535.46
庆阳市	Qingyang City	48	40.93	11.07	12432.67	1627.35
定西市	Dingxi City	75	54.65	6.21	16375.31	
陇南市	Longnan City	33	42.46	15.94	29562.94	1557.40
临夏回族自治州	Linxia Hui A.P.	18	32.34		10558.58	
甘南藏族自治州	Gannan Tibetan A.P.	8	8.02		758.47	692.21
青海省	**Qinghai**	**106**	**292.08**	**186.28**	**16560.54**	**10843.35**
西宁市	Xining City	19	44.71	23.89	6664.65	2117.85
海东地区	Haidong Prefecture	45	57.39	54.37	4703.36	3587.16
海北藏族自治州	Haibei Tibetan A.P.	11	4.64	2.49	563.92	509.73
黄南藏族自治州	Huangnan Tibetan A.P.	2	4.43		320.00	320.00
海西蒙古族藏族自治州	Haixi Mongol & Tibetan A.P.	29	180.91	105.53	4308.61	4308.61
宁夏	**Ningxia**	**203**	**1612.14**	**174.31**	**281879.71**	**42030.45**
银川市	Yinchuan City	79	1115.91	100.42	199069.48	24885.13
石嘴山市	Shizuishan City	35	188.51		13602.60	8466.20
吴忠市	Wuzhong City	29	128.62	62.57	26795.63	7663.45
固原市	Guyuan City	25	54.92		14230.44	377.38
中卫市	Zhongwei City	35	124.18	11.32	28181.56	638.29
新疆	**Xinjiang**	**1248**	**2612.56**	**541.95**	**506368.98**	**423792.14**
乌鲁木齐市	Urumqi City	207	519.87	14.75	211441.38	203537.30
克拉玛依市	Karamay City	17	62.91	50.75	8801.70	8801.70
吐鲁番地区	Turpan Prefeture	12	14.86	1.29	2869.00	1926.36
哈密地区	Hami Prefeture	16	6.42		2511.81	627.00
昌吉回族自治州	Changji Hui A.P.	48	185.82	115.32	28473.06	20098.41
博尔塔拉蒙古族自治州	Bortala Mongol A.P.	28	72.21		3676.13	3446.15
巴音郭楞蒙古族自治州	Bayingolin Mongol A.P.	133	161.44	17.21	31184.19	27840.09
阿克苏地区	Akesu Prefeture	101	236.91	20.57	22151.44	16199.46
克孜勒苏柯尔克孜自治州	Kizilsu Kirgiz A.P.	37	27.37	20.32	2699.74	2384.85
喀什地区	Kashi Prefeture	177	308.90	7.74	10618.15	6955.88
和田地区	Hotan Prefeture	38	34.68	22.89	1714.45	1338.77
伊犁哈萨克自治州	Ili Kazak A.P.	56	244.26	2.07	86896.43	57957.20
塔城地区	Tacheng Prefeture	63	65.55		7840.22	7840.22
阿勒泰地区	Altay Prefeture	111	87.29		5356.76	5356.76
石河子市	Shihezi City	3	10.25	3.21	3357.98	3357.98
新疆生产建设兵团	Xinjiang Production and Construction Corps	201	573.83	265.82	76776.54	56124.01

国有土地供应其他情况
State-owned Land Supplied

年份/地区	Year/Region	划拨 Allocation			
		宗数（宗） Number of Plots	土地面积（公顷） Land Area (hectare)	新增 Newly Increased Area	宗数（宗） Number of Plots
	2001	141168	73979.54		119580
	2002	104491	88052.10		67807
	2003	48334	65258.16	29246.12	39223
	2004	36844	62053.99	31293.88	24524
	2005	30581	64623.39	31640.14	24907
	2006	30747	63790.63	35477.96	13420
	2007	26909	76087.97	32720.03	21134
	2008	26330	62380.55	33377.95	11930
北 京	Beijing	180	1408.47	30.94	
天 津	Tianjin	106	510.74		11
河 北	Hebei	809	1508.97	1068.77	11
山 西	Shanxi	295	1250.01	948.63	227
内蒙古	Inner Mongolia	1740	2412.19	1083.73	990
辽 宁	Liaoning	459	3242.77	2280.00	289
吉 林	Jilin	620	1476.15	430.77	644
黑龙江	Heilongjiang	1586	1165.46	141.16	2714
上 海	Shanghai	754	2105.36	925.18	2
江 苏	Jiangsu	1813	7188.90	4532.44	131
浙 江	Zhejiang	2618	5802.90	2557.52	1
安 徽	Anhui	758	3100.21	1755.21	2153
福 建	Fujian	793	3023.42	2031.54	1
江 西	Jiangxi	392	718.73	480.70	
山 东	Shandong	498	1315.30	555.89	1694
河 南	Henan	509	4553.28	3809.07	411
湖 北	Hubei	1329	755.88	361.50	630
湖 南	Hunan	1128	2115.80	809.79	777
广 东	Guangdong	961	1700.49	753.52	1
广 西	Guangxi	782	2767.99	2178.06	6
海 南	Hainan	65	179.26	79.49	
重 庆	Chongqing	700	2205.36	828.59	
四 川	Sichuan	857	1928.64	818.93	130
贵 州	Guizhou	940	715.78	385.67	8
云 南	Yunnan	1223	2549.12	2055.41	3
西 藏	Tibet	268	295.18	142.44	1
陕 西	Shaanxi	257	940.48	536.93	31
甘 肃	Gansu	895	452.24	251.76	3
青 海	Qinghai	158	225.14	84.15	216
宁 夏	Ningxia	277	1147.57	223.85	35
新 疆	Xinjiang	2560	3618.76	1236.29	810

注：该表中的"新增"为2003年新增加的指标。
Note: "Newly Increased Area"in the table is a newly added indicator in 2003.

——按地区分列
through Other Ways by Region

租赁 Lease			其他供地方式 Other Land Supply ways			
土地面积（公顷）Land Area (hectare)		租金（万元）Rent (10000 yuan)	宗数（宗）Number of Plots	土地面积（公顷）Land Area (hectare)		收入（万元）Income (10000 yuan)
	新增 Newly Increased Area				新增 Newly Increased Area	
10128.26		39530.24	28199	4176.35		182490.43
17555.82		57409.25	18396	5599.14		317700.73
10551.61	420.55	48022.01	22168	17022.93	7923.91	2797177.10
8772.53	394.14	30561.89	3737	5582.83	1556.26	434614.41
8044.13	233.78	96648.1	4764	6015.87	1572.39	482005.93
7587.83	353.56	37548.29	2482	2409.55	982.68	276833.34
29397.16	323.58	25486.07	3471	1528.23	300.76	280318.66
3615.97	93.39	32494.67	2300	2328.49	769.97	1513849.65
1.97		60.33	86	284.10		319656.05
20.73		16555.55	21	24.47		7603.70
55.90		537.57	22	215.79	177.74	43123.04
22.66		50.83	255	211.24	3.56	3049.33
54.60	10.43	591.52	5	18.66	7.17	
127.64	8.42	1300.35	561	14.07		923.49
337.64	5.00	1575.06				17.91
0.31		4.85				
65.54	4.27	1382.18	403	944.33	391.06	882279.91
0.23		6.08				
214.46		732.30				
0.59	0.59	86.32				
			4	4.60		289.80
1856.16	1.39	5541.43	63	56.22	20.21	15947.02
76.50		737.76	40	29.84	1.83	4226.49
152.58		399.77	126	96.76		7273.27
13.02	0.52	32.25	2	1.63		94.06
372.25		1027.40	40	32.25		8599.20
10.50		297.30	318	85.51	3.76	25639.60
			6	22.03	14.10	27779.98
0.73		88.05	152	184.59	82.93	156032.34
0.11		0.99	1	1.13	1.13	75.87
53.92	53.82	500.87	164	82.13	50.66	11049.87
1.33		2.38				
10.28		65.32				
4.10		48.18	22	15.06	14.74	122.46
30.77	1.35	72.71	9	4.10	1.08	66.26
13.46		627.61				
118.01	7.60	169.71				

国有土地供应其他情况
State-owned Land Supplied through

项 目	Item	划拨 Allocation			
		宗数（宗） Number of Plots	土地面积（公顷） Land Area (hectare)	新增 Newly Increased Area	宗数（宗） Number of Plots
总 计	**Total**	**26330**	**62380.55**	**33377.95**	**11930**
商服用地	Land for Commercial and Service Uses	2378	3149.01	1843.39	5872
工矿仓储用地	Land for Industry, Mining and Warehousing	1232	3253.24	1622.95	1707
公用设施用地	Land for Public Utilities	4875	11708.10	4778.43	16
公共建筑用地	Land for Public Buildings	5287	9939.08	4552.46	256
住宅用地	Land for Residential Uses	10101	9890.74	3948.00	4078
别墅、高档公寓	Villa and High-Class Apartment				
普通商品房	Common House	785	1623.43	542.91	1638
经济适用房	Economically Affordable House	1862	4354.79	1881.22	3
其他住房	Other Houses	7454	3912.51	1523.87	2437
交通运输用地	Land for Transport	1789	15638.29	9310.25	1
水利设施用地	Land for Water Conservancy Facilities	150	6393.05	5681.18	
特殊用地	Land for Special Uses	518	2409.05	1641.31	

——按用地类型分列（2008年）

Other Ways by Land-use Type (2008)

租赁 Lease			其他供地方式 Other Land Supply Ways			
土地面积（公顷） Land Area (hectare)	新增 Newly Increased Area	租金（万元） Rent (10000 yuan)	宗数（宗） Number of Plots	土地面积（公顷） Land Area (hectare)	新增 Newly Increased Area	收入（万元） Income (10000 yuan)
3615.97	**93.39**	**32494.67**	**2300**	**2328.49**	**769.97**	**1513849.65**
773.24	5.01	5492.79	988	807.39	297.00	874177.94
2258.00	80.42	8009.59	422	992.95	430.19	147686.27
4.90	0.38	45.55	23	11.15	1.08	2190.99
15.48	4.66	161.39	2	22.77		2363.86
192.10	2.92	17757.95	757	439.94	19.14	482808.15
79.71	0.81	17178.17	415	356.71	9.20	458174.83
2.33		0.72	6	14.64	9.29	6600.00
110.05	2.11	579.06	336	68.59	0.66	18033.32
372.25		1027.40	86	27.17	4.06	4327.16
			21	18.50	18.50	295.28
			1	8.63		

国有土地供应其他情况
State-owned Land Supplied through Other Ways by

地 区	Region	划拨 Allocation			
		宗数（宗） Number of Plots	土地面积（公顷） Land Area (hectare)	新增 Newly Increased Area	宗数（宗） Number of Plots
总 计	**Total**	**26330**	**62380.55**	**33377.95**	**11930**
北京市	**Beijing**	**180**	**1408.47**	**30.94**	
天津市	**Tianjin**	**106**	**510.74**		**11**
河北省	**Hebei**	**809**	**1508.97**	**1068.77**	**11**
石家庄市	Shijiazhuang City	25	51.41	31.70	
唐山市	Tangshan City	541	884.78	874.16	
秦皇岛市	Qinhuangdao City	16	19.79	6.12	4
邯郸市	Handan City	21	39.42	37.00	
邢台市	Xingtai City	34	165.41	13.52	
保定市	Baoding City	35	98.32	31.82	
张家口市	Zhangjiakou City	14	22.19	6.78	
承德市	Chengde City	55	57.47	19.79	
沧州市	Cangzhou City	37	115.57	6.59	7
廊坊市	Langfang City	5	11.33	5.33	
衡水市	Hengshui City	26	43.29	35.95	
山西省	**Shanxi**	**295**	**1250.01**	**948.63**	**227**
太原市	Taiyuan City	18	116.84	67.58	
大同市	Datong City	26	110.64	96.98	
阳泉市	Yangquan City	20	104.92	83.60	138
长治市	Changzhi City	46	179.85	66.31	
晋城市	Jincheng City	33	248.85	226.22	2
朔州市	Shuozhou City	14	48.39	22.01	
晋中市	Jinzhong City	63	223.74	195.39	3
运城市	Yuncheng City	3	2.90	2.90	
忻州市	Xinzhou City	16	76.04	71.91	
临汾市	Linfen City	13	45.54	26.22	83
吕梁市	Lüliang City	43	92.30	89.51	1
内蒙古	**Inner Mongolia**	**1740**	**2412.19**	**1083.73**	**990**
呼和浩特市	Hohhot City	27	199.97	2.74	
包头市	Baotou City	47	251.25	103.65	
乌海市	Wuhai City	15	119.24	119.24	
赤峰市	Chifeng City	125	84.55	61.07	378
通辽市	Tongliao City	19	101.23		19
鄂尔多斯市	Erdos City	38	207.28	41.35	
呼伦贝尔市	Hulunbuir City	627	305.89	40.41	588
巴彦淖尔市	Bayannur City	185	310.67	118.36	
乌兰察布市	Ulanqab City	36	156.51	145.64	
兴安盟	Xing'an League	112	62.37		5

——按省市分列（2008年）
Province, Autonomous Region and Municipality (2008)

租赁 Lease			其他供地方式 Other Land Supply Ways			
土地面积（公顷）Land Area (hectare)		租金（万元）Rent (10000 yuan)	宗数（宗）Number of Plots	土地面积（公顷）Land Area (hectare)		收入（万元）Income (10000 yuan)
	新增 Newly Increased Area				新增 Newly Increased Area	
3615.97	**93.39**	**32494.67**	**2300**	**2328.49**	**769.97**	**1513849.65**
1.97		**60.33**	**86**	**284.10**		**319656.05**
20.73		**16555.55**	**21**	**24.47**		**7603.70**
0.07		10.38				
			3	3.70		
20.66		16545.17				
			18	20.77		7603.70
55.90		**537.57**	**22**	**215.79**	**177.74**	**43123.04**
4.43		127.90				
37.70		241.71	1	5.59		9370.00
			5	30.60		9447.00
1.78		97.70				
			12	177.74	177.74	22988.00
			3	1.56		1110.45
9.89		32.38				
2.10		37.88	1	0.30		207.59
22.66		**50.83**	**255**	**211.24**	**3.56**	**3049.33**
			1	0.11		32.41
3.85		7.68				
0.38		0.27				
			56	133.50	1.61	1075.20
18.21		41.78				
			11	4.29	1.95	647.70
0.22		1.10				

国有土地供应其他情况
State-owned Land Supplied through Other Ways by

地区	Region	划拨 Allocation 宗数（宗）Number of Plots	土地面积（公顷）Land Area (hectare)	新增 Newly Increased Area	宗数（宗）Number of Plots
锡林郭勒盟	Xilingol League	157	519.22	448.68	
阿拉善盟	Alxa League	352	94.02	2.60	
辽宁省	**Liaoning**	**459**	**3242.77**	**2280.00**	**289**
沈阳市	Shenyang City	45	275.42	245.77	47
大连市	Dalian City	115	339.41	217.26	54
鞍山市	Anshan City	64	144.66	72.16	19
抚顺市	Fushun City	10	170.83		92
本溪市	Benxi City	39	175.11	103.65	
丹东市	Dandong City	26	21.19	10.03	25
锦州市	Jinzhou City	18	54.23	33.39	
营口市	Yingkou City	16	415.28		
阜新市	Fuxin City	19	913.88	910.41	4
辽阳市	Liaoyang City	14	8.05	7.48	44
盘锦市	Panjin City	2	10.60		3
铁岭市	Tieling City	52	159.30	150.45	1
朝阳市	Chaoyang City	34	553.48	529.41	
葫芦岛市	Huludao City	5	1.34		
吉林省	**Jilin**	**620**	**1476.15**	**430.77**	**644**
长春市	Changchun City	277	642.24	183.33	396
吉林市	Jilin City	53	100.87	50.78	
四平市	Siping City	24	46.06	1.55	46
辽源市	Liaoyuan City	29	236.60	174.81	1
通化市	Tonghua City	14	331.39	0.80	
白山市	Baishan City	38	23.83	0.90	25
松原市	Songyuan City	33	31.74		147
白城市	Baicheng City	71	24.93	11.64	
延边朝鲜族自治州	Yanbian Korean A.P.	81	38.49	6.95	29
黑龙江省	**Heilongjiang**	**1586**	**1165.46**	**141.16**	**2714**
哈尔滨市	Harbin City	103	382.31	42.29	140
齐齐哈尔市	Qiqihar City	73	40.96		306
鸡西市	Jixi City	16	7.38		618
鹤岗市	Hegang City	18	43.88		7
双鸭山市	Shuangyashan City	15	155.23		1
大庆市	Daqing City	69	192.87	19.38	693
伊春市	Yichun City	75	40.99		196
佳木斯市	Jiamusi City	12	23.02		

——按省市分列（2008年） 续表 1
Province, Autonomous Region and Municipality (2008) Continued 1

租赁 Lease			其他供地方式 Other Land Supply Ways			
土地面积（公顷） Land Area (hectare)	新增 Newly Increased Area	租金（万元） Rent (10000 yuan)	宗数（宗） Number of Plots	土地面积（公顷） Land Area (hectare)	新增 Newly Increased Area	收入（万元） Income (10000 yuan)
			187	73.34		1294.02
54.60	**10.43**	**591.52**	**5**	**18.66**	**7.17**	
6.77	2.45	70.90				
12.76	0.37	337.69	1	8.63		
6.31	6.31	26.45	4	10.03	7.17	
9.10		72.22				
0.49		11.67				
15.28	1.30	34.41				
3.82		37.39				
0.01		0.69				
0.05		0.10				
127.64	**8.42**	**1300.35**	**561**	**14.07**		**923.49**
17.82		1067.13	561	14.07		923.49
2.60		75.28				
0.08		4.13				
1.38		46.53				
82.28		76.05				
23.48	8.42	31.23				
337.64	**5.00**	**1575.06**				**17.91**
181.96		305.79				
6.35		57.87				
19.68		114.61				
9.14	5.00	110.51				
0.01		0.31				
9.83		66.90				
40.36		259.24				

国有土地供应其他情况
State-owned Land Supplied through Other Ways by

地　区	Region	划拨 Allocation			
		宗数（宗）Number of Plots	土地面积（公顷）Land Area (hectare)		宗数（宗）Number of Plots
				新增 Newly Increased Area	
七台河市	Qitaihe City	7	16.52	14.61	2
牡丹江市	Mudanjiang City	23	48.50	26.40	399
黑河市	Heihe City	98	33.67	0.18	20
绥化市	Suihua City	43	26.03	12.37	267
大兴安岭地区	Da Hinggan Ling Prefecture	111	38.53		41
森工总局	General Bureau of Forest Industry	2	0.20		2
农垦总局	General Bureau of Agriculture	484	79.34	12.63	
省厅驻友谊局	Youyi Land and Resources Bureau	437	36.01	13.30	22
上海市	**Shanghai**	**754**	**2105.36**	**925.18**	**2**
江苏省	**Jiangsu**	**1813**	**7188.90**	**4532.44**	**131**
南京市	Nanjing City	175	871.50	671.10	
无锡市	Wuxi City	305	1640.84	1213.13	65
徐州市	Xuzhou City	82	220.17	169.29	
常州市	Changzhou City	105	494.09	127.75	9
苏州市	Suzhou City	250	901.29	370.10	
南通市	Nantong City	280	1478.49	999.59	49
连云港市	Lianyungang City	36	243.94	67.65	
淮安市	Huai'an City	47	63.07	21.92	
盐城市	Yancheng City	95	204.26	92.87	
扬州市	Yangzhou City	124	440.98	417.11	5
镇江市	Zhenjiang City	102	170.05	15.50	
泰州市	Taizhou City	88	198.36	153.89	3
宿迁市	Suqian City	124	261.87	212.55	
浙江省	**Zhejiang**	**2618**	**5802.90**	**2557.52**	**1**
杭州市	Hangzhou City	586	1743.00	1237.27	
宁波市	Ningbo City	337	706.50	596.49	
温州市	Wenzhou City	688	1000.36	35.65	
嘉兴市	Jiaxing City	143	201.27	128.84	1
湖州市	Huzhou City	79	123.91	121.87	
绍兴市	Shaoxing City	134	263.16	180.64	
金华市	Jinhua City	116	122.91	80.02	
衢州市	Quzhou City	130	263.46	0.36	
舟山市	Zhoushan City	62	82.90	42.04	
台州市	Taizhou City	142	509.68	107.20	
丽水市	Lishui City	201	785.75	27.13	
安徽省	**Anhui**	**758**	**3100.21**	**1755.21**	**2153**

——按省市分列（2008年） 续表2
Province, Autonomous Region and Municipality (2008) Continued 2

租赁 Lease			其他供地方式 Other Land Supply Ways			
土地面积（公顷）Land Area (hectare)		租金（万元）Rent (10000 yuan)	宗数（宗）Number of Plots	土地面积（公顷）Land Area (hectare)		收入（万元）Income (10000 yuan)
	新增 Newly Increased Area				新增 Newly Increased Area	
0.17		3.14				
22.94		116.89				
4.58		358.57				
35.45		122.91				
0.42		2.27				17.91
1.61		9.27				
5.13		46.78				
0.31		**4.85**				
65.54	**4.27**	**1382.18**	**403**	**944.33**	**391.06**	**882279.91**
28.96	3.89	1072.99	58	189.60		301718.72
1.65		35.02	126	410.80	239.71	469350.00
28.55		202.00				
2.38	0.38	31.17				
			23	99.16	94.19	21702.00
4.00		41.00	196	244.78	57.17	89509.19
0.23		**6.08**				
0.23		6.08				
214.46		**732.30**				

国有土地供应其他情况
State-owned Land Supplied through Other Ways by

地 区	Region	划拨 Allocation			
		宗数（宗） Number of Plots	土地面积（公顷） Land Area (hectare)	新增 Newly Increased Area	宗数（宗） Number of Plots
合肥市	Hefei City	159	846.61	58.30	
芜湖市	Wuhu City	48	267.85	151.68	
蚌埠市	Bengbu City	62	51.64	24.17	
淮南市	Huainan City	38	635.07	632.85	
马鞍山市	Ma'anshan City	16	64.14	9.83	
淮北市	Huaibei City	5	21.00	18.70	
铜陵市	Tongling City	16	82.91		
安庆市	Anqing City	117	315.23	308.35	
黄山市	Huangshan City	32	36.17	32.36	60
滁州市	Chuzhou City	128	305.20	271.10	
阜阳市	Fuyang City	26	82.52	25.51	
宿州市	Suzhou City	19	42.97	11.23	
巢湖市	Chaohu City	6	2.37	2.21	
六安市	Lu'an City				
亳州市	Bozhou City	9	19.98	13.10	2093
池州市	Chizhou City	17	256.89	131.47	
宣城市	Xuancheng City	60	69.66	64.36	
福建省	**Fujian**	**793**	**3023.42**	**2031.54**	**1**
福州市	Fuzhou City	104	326.19	301.35	1
厦门市	Xiamen City	398	1641.79	878.42	
莆田市	Putian City	18	51.45	45.59	
三明市	Sanming City	142	476.20	432.69	
泉州市	Quanzhou City				
漳州市	Zhangzhou City	21	86.56	75.10	
南平市	Nanping City	53	335.39	229.67	
龙岩市	Longyan City	26	12.83	9.80	
宁德市	Ningde City	31	93.01	58.92	
江西省	**Jiangxi**	**392**	**718.73**	**480.70**	
山东省	**Shandong**	**498**	**1315.30**	**555.89**	**1694**
济南市	Jinan City	39	228.79		
青岛市	Qingdao City	101	328.63	142.77	
淄博市	Zibo City	18	74.44	71.19	
枣庄市	Zaozhuang City	19	118.55	113.20	9
东营市	Dongying City	116	55.13	34.81	21
烟台市	Yantai City	19	14.81	11.95	34
潍坊市	Weifang City	2	0.91	0.73	

——按省市分列（2008年） 续表3
Province, Autonomous Region and Municipality (2008) Continued 3

租赁 Lease			其他供地方式 Other Land Supply Ways			
土地面积（公顷） Land Area (hectare)	新增 Newly Increased Area	租金（万元） Rent (10000 yuan)	宗数（宗） Number of Plots	土地面积（公顷） Land Area (hectare)	新增 Newly Increased Area	收入（万元） Income (10000 yuan)
66.19		313.81				
148.28		418.49				
0.59	**0.59**	**86.32**				
0.59	0.59	86.32				
			4	**4.60**		**289.80**
1856.16	**1.39**	**5541.43**	**63**	**56.22**	**20.21**	**15947.02**
198.79		120.27				
3.12	0.24	26.49				
13.01	1.15	72.88				

国有土地供应其他情况
State-owned Land Supplied through Other Ways by

地 区	Region	划拨 Allocation 宗数（宗） Number of Plots	土地面积（公顷） Land Area (hectare)	新增 Newly Increased Area	宗数（宗） Number of Plots
济宁市	Jining City	35	97.44	41.69	443
泰安市	Tai'an City	40	71.88	15.23	2
威海市	Weihai City	14	62.86		3
日照市	Rizhao City	7	8.85	1.34	
莱芜市	Laiwu City	13	17.52	8.87	
临沂市	Linyi City	36	94.97	47.25	6
德州市	Dezhou City	13	56.98	39.00	
聊城市	Liaocheng City	6	14.81		879
滨州市	Binzhou City	15	52.16	18.01	14
菏泽市	Heze City	5	16.56	9.85	283
河南省	**Henan**	**509**	**4553.28**	**3809.07**	**411**
郑州市	Zhengzhou City	63	460.33	340.42	
开封市	Kaifeng City	30	140.52	85.72	
洛阳市	Luoyang City	52	441.47	384.49	
平顶山市	Pingdingshan City	9	22.24	17.77	
安阳市	Anyang City	19	134.83	127.65	16
鹤壁市	Hebi City	26	89.76	70.08	59
新乡市	Xinxiang City	11	25.59	21.89	4
焦作市	Jiaozuo City	23	148.33	106.35	
濮阳市	Puyang City	16	86.03	57.49	135
许昌市	Xuchang City	9	84.14	13.58	196
漯河市	Luohe City	21	387.55	363.03	1
三门峡市	Sanmenxia City	16	49.25	5.61	
南阳市	Nanyang City	20	58.10	37.40	
商丘市	Shangqiu City	9	225.43	210.61	
信阳市	Xinyang City	14	125.54	105.84	
周口市	Zhoukou City	11	385.36	369.40	
驻马店市	Zhumadian City	112	98.69	22.39	
济源市	Jiyuan City	48	1590.11	1469.34	
湖北省	**Hubei**	**1329**	**755.88**	**361.50**	**630**
武汉市	Wuhan City	65	219.06	60.95	
黄石市	Huangshi City	24	48.45	30.96	43
十堰市	Shiyan City	6	12.13	11.63	113
宜昌市	Yichang City	37	79.33	40.94	112

——按省市分列（2008年） 续表4
Province, Autonomous Region and Municipality (2008) Continued 4

租赁 Lease			其他供地方式 Other Land Supply Ways			
土地面积（公顷） Land Area (hectare)	新增 Newly Increased Area	租金（万元） Rent (10000 yuan)	宗数（宗） Number of Plots	土地面积（公顷） Land Area (hectare)	新增 Newly Increased Area	收入（万元） Income (10000 yuan)
1393.16		3766.60				
156.75		787.92				
4.00		18.00				
			62	55.93	20.21	15947.02
30.79		74.76	1	0.29		
17.04		429.47				
4.77		13.04				
34.73		232.00				
76.50		**737.76**	**40**	**29.84**	**1.83**	**4226.49**
			15	21.39		216.99
			1	1.89		1381.57
3.47		25.71				
20.83		62.95				
19.73		12.87				
			2	1.83	1.83	
24.90		538.00				
3.72		85.93	8	2.25		54.86
3.84		12.30				
			14	2.48		2573.07
152.58		**399.77**	**126**	**96.76**		**7273.27**
			2	6.79		
76.80		151.68	7	8.50		968.78
3.25		24.30				
69.11		144.30	7	15.50		3234.90

国有土地供应其他情况
State-owned Land Supplied through Other Ways by

地 区	Region	划拨 Allocation 宗数（宗） Number of Plots	土地面积（公顷） Land Area (hectare)	新增 Newly Increased Area	宗数（宗） Number of Plots
襄樊市	Xiangfan City	101	101.56	44.39	144
鄂州市	Ezhou City	9	9.25	8.72	
荆门市	Jingmen City	23	15.88	12.65	
孝感市	Xiaogan City	18	14.80	8.75	
荆州市	Jingzhou City	891	35.30	12.45	
黄冈市	Huanggang City	50	30.40	23.65	218
咸宁市	Xianning City	8	8.52	7.32	
随州市	Suizhou City	7	10.09	8.03	
恩施土家族苗族自治州	Enshi Tujia & Miao A.P.	79	151.43	72.07	
省直辖行政单位	Administrative Units Directly Under the Provincial Government	11	19.68	18.98	
湖南省	**Hunan**	**1128**	**2115.80**	**809.79**	**777**
长沙市	Changsha City	142	878.44	184.67	48
株洲市	Zhuzhou City	26	210.72	160.03	
湘潭市	Xiangtan City	86	242.73	14.44	
衡阳市	Hengyang City	52	71.80	66.44	
邵阳市	Shaoyang City	48	34.89	17.81	
岳阳市	Yueyang City	14	15.15	11.91	
常德市	Changde City	44	113.31	67.06	696
张家界市	Zhangjiajie City	29	98.79	78.83	
益阳市	Yiyang City	195	7.11	2.55	33
郴州市	Chenzhou City	92	187.77	69.49	
永州市	Yongzhou City	39	14.03	11.31	
怀化市	Huaihua City	128	147.43	113.61	
娄底市	Loudi City	46	82.80	10.16	
湘西土家族苗族自治州	West Hunan Tujia & Miao A.P.	187	10.81	1.49	
广东省	**Guangdong**	**961**	**1700.49**	**753.52**	**1**
广州市	Guangzhou City	116	425.74	319.75	1
韶关市	Shaoguan City	36	26.07	18.63	
深圳市	Shenzhen City				
珠海市	Zhuhai City	41	120.67		

——按省市分列（2008年） 续表5
Province, Autonomous Region and Municipality (2008) Continued 5

租赁 Lease			其他供地方式 Other Land Supply Ways			
土地面积（公顷）Land Area (hectare)	新增 Newly Increased Area	租金（万元）Rent (10000 yuan)	宗数（宗）Number of Plots	土地面积（公顷）Land Area (hectare)	新增 Newly Increased Area	收入（万元）Income (10000 yuan)
2.39		34.99				
			30	42.16		2570.00
1.03		44.50	80	23.80		499.59
13.02	**0.52**	**32.25**	**2**	**1.63**		**94.06**
1.15		3.99				
			1	0.60		
			1	1.03		94.06
11.54	0.52	14.26				
0.33		14.00				
372.25		**1027.40**	**40**	**32.25**		**8599.20**
372.25		1027.40				
			1	28.03		8376.60

国有土地供应其他情况
State-owned Land Supplied through Other Ways by

地 区	Region	划拨 Allocation 宗数（宗）Number of Plots	土地面积（公顷）Land Area (hectare)	新增 Newly Increased Area	宗数（宗）Number of Plots
汕头市	Shantou City	10	28.27		
佛山市	Foshan City	159	512.79	168.79	
江门市	Jiangmen City	16	15.60	3.10	
湛江市	Zhanjiang City	16	23.41	10.74	
茂名市	Maoming City	11	5.91	5.72	
肇庆市	Zhaoqing City	18	71.57	14.20	
惠州市	Huizhou City	367	185.25	4.05	
梅州市	Meizhou City	2	4.66	4.66	
汕尾市	Shanwei City	61	2.95	2.03	
河源市	Heyuan City	22	44.37	13.01	
阳江市	Yangjiang City	6	20.65	6.59	
清远市	Qingyuan City	28	27.62	14.90	
东莞市	Dongguan City	7	25.91	23.41	
中山市	Zhongshan City	15	68.07	67.82	
潮州市	Chaozhou City	3	0.81	0.23	
揭阳市	Jieyang City	8	72.94	59.39	
云浮市	Yunfu City	19	17.23	16.51	
广西	**Guangxi**	**782**	**2767.99**	**2178.06**	**6**
南宁市	Nanning City	116	313.91	108.01	5
柳州市	Liuzhou City	94	106.64	35.16	
桂林市	Guilin City	40	25.09	9.80	
梧州市	Wuzhou City				
北海市	Beihai City	11	14.92		
防城港市	Fangchenggang City	178	35.88	4.83	
钦州市	Qinzhou City	97	37.65	7.29	
贵港市	Guigang City	13	72.91	0.33	
玉林市	Yulin City	30	72.58		
百色市	Baise City	92	778.68	778.64	
贺州市	Hezhou City	49	1188.45	1172.38	
河池市	Hechi City	32	57.71	20.74	1

——按省市分列（2008年） 续表 6
Province, Autonomous Region and Municipality (2008) Continued 6

租赁 Lease			其他供地方式 Other Land Supply Ways			
土地面积（公顷） Land Area (hectare)	新增 Newly Increased Area	租金（万元） Rent (10000 yuan)	宗数（宗） Number of Plots	土地面积（公顷） Land Area (hectare)	新增 Newly Increased Area	收入（万元） Income (10000 yuan)
			39	4.22		222.60
10.50		**297.30**	**318**	**85.51**	**3.76**	**25639.60**
10.10		291.29				
			114	44.15		19007.44
			203	37.60		6459.34
0.40		6.01	1	3.76	3.76	172.82

国有土地供应其他情况

State-owned Land Supplied through Other Ways by

地 区	Region	划拨 Allocation			
		宗数（宗） Number of Plots	土地面积（公顷） Land Area (hectare)	新增 Newly Increased Area	宗数（宗） Number of Plots
来宾市	Laibin City	9	5.47	0.44	
崇左市	Chongzuo City	21	58.10	40.44	
海南省	**Hainan**	**65**	**179.26**	**79.49**	
海口市	Haikou City	22	58.69	13.51	
三亚市	Sanya City	23	83.00	54.08	
省直辖县级行政单位	County-level Administrative Units Directly Under the Provincial Government	20	37.58	11.90	
重庆市	**Chongqing**	**700**	**2205.36**	**828.59**	
四川省	**Sichuan**	**857**	**1928.64**	**818.93**	**130**
成都市	Chengdu City	291	416.63	87.89	
自贡市	Zigong City	40	64.33		
攀枝花市	Panzhihua City	76	158.68		
泸州市	Luzhou City	44	30.37	6.31	
德阳市	Deyang City	11	10.29		
绵阳市	Mianyang City	11	81.18		
广元市	Guangyuan City	31	22.42	3.79	
遂宁市	Suining City	20	18.97	2.20	
内江市	Neijiang City	32	27.88	13.84	
乐山市	Leshan City	39	158.95	1.70	
南充市	Nanchong City	39	18.91	3.41	
眉山市	Meishan City				
宜宾市	Yibin City	35	33.55	12.37	
广安市	Guang'an City	19	125.60	0.07	
达州市	Dazhou City	44	35.54		130
雅安市	Ya'an City	21	688.46	680.56	
巴中市	Bazhong City	2	1.40	1.40	
资阳市	Ziyang City	29	9.06		
阿坝藏族羌族自治州	Aba Tibetan & Qiang A.P.	70	21.04		
甘孜藏族自治州	Ganzi Tibetan A.P.	3	5.38	5.38	
凉山彝族自治州	Liangshan Yi A.P.				
贵州省	**Guizhou**	**940**	**715.78**	**385.67**	**8**
贵阳市	Guiyang City	119	208.07	52.30	
六盘水市	Liupanshui City	40	112.71	39.81	
遵义市	Zunyi City	101	63.13	31.13	

——按省市分列（2008年） 续表 7

Province, Autonomous Region and Municipality (2008) Continued 7

租赁 Lease 土地面积（公顷）Land Area (hectare)	新增 Newly Increased Area	租金（万元）Rent (10000 yuan)	其他供地方式 Other Land Supply Ways 宗数（宗）Number of Plots	土地面积（公顷）Land Area (hectare)	新增 Newly Increased Area	收入（万元）Income (10000 yuan)
			6	**22.03**	**14.10**	**27779.98**
0.73		**88.05**	**152**	**184.59**	**82.93**	**156032.34**
			151	161.93	82.93	153700.89
0.73		88.05				
			1	22.66		2331.45
0.11		**0.99**	**1**	**1.13**	**1.13**	**75.87**

国有土地供应其他情况
State-owned Land Supplied through Other Ways by

地　区	Region	划拨 Allocation			
		宗数（宗） Number of Plots	土地面积（公顷） Land Area (hectare)		宗数（宗） Number of Plots
				新增 Newly Increased Area	
安顺市	Anshun City	15	19.60	9.80	
铜仁地区	Tongren Prefecture	35	81.58	80.18	
黔西南布依族苗族自治州	Southwest Guizhou Buyei & Miao A.P.	372	94.40	68.07	
毕节地区	Bijie Prefecture	100	111.03	86.22	
黔东南苗族侗族自治州	Southeast Guizhou Miao & Dong A.P.	138	9.08	2.25	
黔南布依族苗族自治州	South Guizhou Buyei & Miao A.P.	20	16.18	15.90	8
云南省	**Yunnan**	**1223**	**2549.12**	**2055.41**	**3**
昆明市	Kunming City	69	346.07	99.28	1
曲靖市	Qujing City	50	51.04	36.90	
玉溪市	Yuxi City	73	74.89	61.41	
保山市	Baoshan City	62	169.05	161.11	
昭通市	Zhaotong City	158	85.48	73.08	2
丽江市	Lijiang City	6	15.93	2.34	
普洱市	Pu'er City	52	36.16	24.87	
临沧市	Lincang City	32	125.63	120.42	
楚雄彝族自治州	Chuxiong Yi A.P.	50	765.29	678.24	
红河哈尼族彝族自治州	Honghe Hani & Yi A.P.	474	402.52	388.65	
文山壮族苗族自治州	Wenshan Zhuang & Miao A.P.	65	401.91	383.28	
西双版纳傣族自治州	Xishuangbanna Dai A.P.	26	8.66	4.33	
大理白族自治州	Dali Bai A.P.	94	63.18	18.75	
德宏傣族景颇族自治州	Dehong Dai & Jingpo A.P.				
怒江傈僳族自治州	Nujiang Lisu A.P.	12	3.32	2.76	
迪庆藏族自治州	Diqing Tibetan A.P.				
西藏	**Tibet**	**268**	**295.18**	**142.44**	**1**
拉萨市	Lhasa City	27	153.85	69.18	1
昌都地区	Qamdo Prefecture	13	5.39	5.29	
山南地区	Lhokha Prefecture				
日喀则地区	Xigaze Prefecture	41	52.49	34.40	
那曲地区	Nagqu Prefecture	81	52.78	33.24	
阿里地区	Ngari Prefecture	93	26.72	0.33	
林芝地区	Nyingchi Prefecture	13	3.95		

——按省市分列（2008 年） 续表 8
Province, Autonomous Region and Municipality (2008) Continued 8

租赁 Lease			其他供地方式 Other Land Supply Ways			
土地面积（公顷） Land Area (hectare)	新增 Newly Increased Area	租金（万元） Rent (10000 yuan)	宗数（宗） Number of Plots	土地面积（公顷） Land Area (hectare)	新增 Newly Increased Area	收入（万元） Income (10000 yuan)
			1	1.13	1.13	75.87
0.11		0.99				
53.92	**53.82**	**500.87**	**164**	**82.13**	**50.66**	**11049.87**
53.82	53.82	500.51				
			9	24.02		5259.61
			8	21.16	20.54	2890.02
0.10		0.36				
			13	1.36		654.94
			1	0.02		6.40
			66	6.11	2.11	350.50
			21	0.65		388.36
			3	0.42		
			43	28.38	28.01	1500.04
1.33		**2.38**				
1.33		2.38				

国有土地供应其他情况
State-owned Land Supplied through Other Ways by

地区	Region	划拨 Allocation 宗数（宗） Number of Plots	土地面积（公顷） Land Area (hectare)	新增 Newly Increased Area	宗数（宗） Number of Plots
陕西省	**Shaanxi**	**257**	**940.48**	**536.93**	**31**
西安市	Xi'an City	102	455.28	388.97	26
铜川市	Tongchuan City	12	11.80	6.81	
宝鸡市	Baoji City	32	37.80	6.95	2
咸阳市	Xianyang City	11	35.35	33.15	
渭南市	Weinan City	19	50.53	40.36	
延安市	Yan'an City	48	81.21	42.45	
汉中市	Hanzhong City	16	9.09	5.77	
榆林市	Yulin City	4	14.35	10.48	
安康市	Ankang City	2	228.19		1
商洛市	Shangluo City	3	0.47		
杨凌示范区	Yangling Demonstration Zone	8	16.41	1.99	2
甘肃省	**Gansu**	**895**	**452.24**	**251.76**	**3**
兰州市	Lanzhou City	36	104.82	37.24	3
嘉峪关市	Jiayuguan City				
金昌市	Jinchang City	20	107.17	106.83	
白银市	Baiyin City				
天水市	Tianshui City	3	0.60		
武威市	Wuwei City	48	34.81	7.23	
张掖市	Zhangye City	645	24.58	19.57	
平凉市	Pingliang City	4	0.54		
酒泉市	Jiuquan City	71	108.13	34.52	
庆阳市	Qingyang City	17	14.57	12.10	
定西市	Dingxi City	15	31.23	26.95	
陇南市	Longnan City	24	22.97	5.77	
临夏回族自治州	Linxia Hui A.P.				
甘南藏族自治州	Gannan Tibetan A.P.	12	2.82	1.56	
青海省	**Qinghai**	**158**	**225.14**	**84.15**	**216**
西宁市	Xining City	27	55.48	8.29	

——按省市分列（2008年） 续表9

Province, Autonomous Region and Municipality (2008) Continued 9

租赁 Lease			其他供地方式 Other Land Supply Ways			
土地面积（公顷）Land Area (hectare)	新增 Newly Increased Area	租金（万元）Rent (10000 yuan)	宗数（宗）Number of Plots	土地面积（公顷）Land Area (hectare)	新增 Newly Increased Area	收入（万元）Income (10000 yuan)
10.28		**65.32**				
0.94		53.69				
0.43		1.93				
4.33		6.50				
4.58		3.20				
4.10		**48.18**	**22**	**15.06**	**14.74**	**122.46**
4.10		48.18				
			2	0.31		
			20	14.74	14.74	122.46
30.77	**1.35**	**72.71**	**9**	**4.10**	**1.08**	**66.26**
			1	3.00		51.89

国有土地供应其他情况

State-owned Land Supplied through Other Ways by

地 区	Region	划拨 Allocation 宗数（宗） Number of Plots	土地面积（公顷） Land Area (hectare)	新增 Newly Increased Area	宗数（宗） Number of Plots
海东地区	Haidong Prefecture	49	49.24	49.11	
海北藏族自治州	Haibei Tibetan A.P.	31	66.62		5
黄南藏族自治州	Huangnan Tibetan A.P.				
海西蒙古族藏族自治州	Haixi Mongol & Tibetan A.P.	51	53.80	26.74	211
宁夏	**Ningxia**	**277**	**1147.57**	**223.85**	**35**
银川市	Yinchuan City	185	154.34	67.71	
石嘴山市	Shizuishan City	69	562.25	118.79	
吴忠市	Wuzhong City	12	394.04	22.60	35
固原市	Guyuan City	1	0.66		
中卫市	Zhongwei City	10	36.28	14.76	
新疆	**Xinjiang**	**2560**	**3618.76**	**1236.29**	**810**
乌鲁木齐市	Urumqi City	217	659.60	65.18	
克拉玛依市	Karamay City	86	485.19		
吐鲁番地区	Turpan Prefeture	16	36.76	29.94	
哈密地区	Hami Prefeture	74	141.84		
昌吉回族自治州	Changji Hui A.P.	66	77.02	2.33	476
博尔塔拉蒙古族自治州	Bortala Mongol A.P.	69	295.78	210.65	
巴音郭楞蒙古族自治州	Bayingolin Mongol A.P.	179	454.51	412.41	3
阿克苏地区	Akesu Prefeture	402	147.56	19.29	
克孜勒苏柯尔克孜自治州	Kizilsu Kirgiz A.P.	2	14.36	7.51	
喀什地区	Kashi Prefeture	148	270.42	54.17	294
和田地区	Hotan Prefeture	29	21.68	5.83	
伊犁哈萨克自治州	Ili Kazak A.P.	126	26.03	6.50	
塔城地区	Tacheng Prefeture	99	26.88		32
阿勒泰地区	Altay Prefeture	314	22.72		
石河子市	Shihezi City	58	108.88	52.45	
新疆生产建设兵团	Xinjiang Production and Construction Corps	675	829.52	370.04	5

——按省市分列（2008年） 续表 10

Province, Autonomous Region and Municipality (2008) Continued 10

租赁 Lease			其他供地方式 Other Land Supply Ways			
土地面积（公顷） Land Area (hectare)	新增 Newly Increased Area	租金（万元） Rent (10000 yuan)	宗数（宗） Number of Plots	土地面积（公顷） Land Area (hectare)	新增 Newly Increased Area	收入（万元） Income (10000 yuan)
			8	1.10	1.08	14.37
6.73		20.20				
24.04	1.35	52.51				
13.46		**627.61**				
13.46		627.61				
118.01	**7.60**	**169.71**				
97.11	4.86	53.79				
10.70		0.15				
3.45		42.36				
3.78		59.33				
2.97	2.74	14.08				

土地违法案件
Cases Handling of Land

单位：件、公顷

年份/案件类别	Year/Case Category	合计 Total		
		件数 Number of Cases	涉及土地面积 Land Area Involved	耕地 Cultivated Land
	2001	130129	26465.08	10171.27
	2002	115529	27737.23	12375.07
	2003	125636	51711.81	26557.69
	2004	83916	70130.37	37207.25
	2005	79841	43041.13	23616.97
	2006	90340	69558.88	34230.80
	2007	92347	80873.14	36708.24
	2008	60077	50430.20	19964.57
上年未结案件	**Cases Unsettled from Last Year**	**9367**	**14794.70**	**6821.89**
本年发现违法	**Violations of Law Discovered in the Current Year**	**100266**	**57659.91**	**21517.95**
历年隐漏案件	Cases Concealed and Not Discovered over the Past Years	21458	24940.50	8611.59
本年发生案件	Cases Occurring This Year	78808	32719.41	12906.36
本年立案	**Cases Filed This Year**	**60399**	**46672.38**	**17578.72**
历年隐漏案件	Cases Concealed and Not Discovered over the Past Years	20293	24652.88	8391.66
本年发生案件	Cases Occurring This Year	40106	22019.50	9187.06
买卖和非法转让	Illegal Purchase, Sale and Transfer	1485	696.14	186.22
破坏耕地	Damage of Cultivated Land	1475	457.39	418.65
未经批准占地	Encroachment of Land Without Approval	36185	19847.62	8380.71
非法批地	Unlawful Approval of Land Occupancy	26	227.47	136.17
低价出让土地	Granting of Land at a Lower Price	1	0.05	
其他	Others	934	790.83	65.31
本年结案	**Cases Settled This Year**	**60077**	**50430.20**	**19964.57**
处理上年未结案件	Last Year's Unsettled Cases Handled	6515	10618.02	5299.01
处理隐漏案件	Concealed and Not Discovered Cases Handled	18521	21658.15	7382.73
处理本年发生案件	This Year's Cases Handled	35041	18154.03	7282.82
买卖和非法转让	Illegal Purchase, Sale and Transfer	1352	580.27	121.98
破坏耕地	Damage of Cultivated Land	1120	293.55	263.79
未经批准占地	Encroachment of Land Without Approval	31668	16406.05	6710.01
非法批地	Unlawful Approval of Land Occupancy	22	191.52	130.21
低价出让土地	Granting of Land at a Lower Price	1	0.05	
其他	Others	878	682.59	56.84
本年未结案件	**Cases Unsettled This Year**	**9689**	**11036.88**	**4436.04**

查处情况
Law Violations

Unit: Case, hectare

省级机关 Provincial Level			市级机关 Municipal Level			县级机关 County Level		
件数 Number of Cases	涉及土地面积 Land Area Involved	耕地 Cultivated Land	件数 Number of Cases	涉及土地面积 Land Area Involved	耕地 Cultivated Land	件数 Number of Cases	涉及土地面积 Land Area Involved	耕地 Cultivated Land
81	543.58	461.06	249	1168.71	543.26	1428	2292.51	815.87
75	168.64	66.30	321	1010.53	530.78	1271	2156.93	856.96
69	121.25	96.34	219	1467.92	676.73	1939	4946.56	2222.27
20	20.77	3.88	107	1220.23	416.08	948	4333.93	2814.88
31	27.92	10.78	315	589.83	272.46	701	1763.18	948.69
21	42.69	15.44	110	1010.56	331.87	732	4833.01	1771.65
134	1447.82	996.92	167	1308.81	160.28	986	5055.73	2279.43
56	394.12	92.71	83	712.65	321.79	634	2221.02	797.75
31	**155.16**	**77.42**	**28**	**324.13**	**144.33**	**169**	**1346.79**	**589.53**
75	**452.82**	**113.40**	**100**	**642.38**	**303.02**	**782**	**2578.86**	**808.58**
12	67.91	25.61	24	96.45	39.04	340	1528.40	374.10
63	384.91	87.79	76	545.93	263.98	442	1050.47	434.48
43	**326.87**	**55.55**	**78**	**595.96**	**299.14**	**651**	**2284.34**	**723.00**
7	6.01	0.31	16	79.15	39.04	276	1511.84	378.44
36	320.86	55.24	62	516.81	260.10	375	772.50	344.56
1	0.07		2	0.58		16	25.96	
35	320.79	55.24	57	516.18	260.10	342	592.45	263.72
						8	145.61	80.84
						1	0.05	
			3	0.05		8	8.42	
56	**394.12**	**92.71**	**83**	**712.65**	**321.79**	**634**	**2221.02**	**797.75**
21	125.23	77.42	16	217.85	96.43	134	461.27	248.08
6	5.61	0.31	15	41.87	3.73	217	1146.05	274.12
29	263.28	14.98	52	452.93	221.63	283	613.70	275.54
			2	0.58		14	25.49	
29	263.28	14.98	47	452.30	221.63	255	460.29	196.51
						6	119.53	79.03
						1	0.05	
			3	0.05		7	8.33	
18	**87.91**	**40.26**	**23**	**207.43**	**121.68**	**186**	**1410.11**	**514.79**

土地违法案件
Cases Handling of Land

单位：件、公顷

年份/案件类别	Year/Case Category	乡级机关 Township Level		
		件数 Number of Cases	涉及土地面积 Land Area Involved	耕地 Cultivated Land
	2001	1971	1629.15	746.72
	2002	1576	1103.28	597.11
	2003	2234	2760.98	1658.23
	2004	1206	2603.40	1848.69
	2005	823	1912.20	893.99
	2006	1082	4013.10	1506.29
	2007	1433	5171.74	1912.80
	2008	747	2131.50	1123.25
上年未结案件	**Cases Unsettled from Last Year**	**203**	**723.89**	**421.02**
本年发现违法	**Violations of Law Discovered in the Current Year**	**944**	**2674.01**	**1274.24**
历年隐漏案件	Cases Concealed and Not Discovered over the Past Years	292	725.87	335.67
本年发生案件	Cases Occurring This Year	652	1948.14	938.56
本年立案	**Cases Filed This Year**	**713**	**1916.06**	**1001.55**
历年隐漏案件	Cases Concealed and Not Discovered over the Past Years	294	768.30	326.57
本年发生案件	Cases Occurring This Year	419	1147.75	674.98
买卖和非法转让	Illegal Purchase, Sale and Transfer	36	72.58	7.07
破坏耕地	Damage of Cultivated Land	8	6.54	6.53
未经批准占地	Encroachment of Land Without Approval	358	1014.15	634.09
非法批地	Unlawful Approval of Land Occupancy	11	50.86	27.29
低价出让土地	Granting of Land at a Lower Price			
其他	Others	6	3.63	
本年结案	**Cases Settled This Year**	**747**	**2131.50**	**1123.25**
处理上年未结案件	Last Year's Unsettled Cases Handled	127	511.09	277.86
处理隐漏案件	Concealed and Not Discovered Cases Handled	281	740.46	309.28
处理本年发生案件	This Year's Cases Handled	339	879.95	536.10
买卖和非法转让	Illegal Purchase, Sale and Transfer	27	54.20	0.39
破坏耕地	Damage of Cultivated Land	6	3.22	3.21
未经批准占地	Encroachment of Land Without Approval	291	771.36	505.21
非法批地	Unlawful Approval of Land Occupancy	10	47.66	27.29
低价出让土地	Granting of Land at a Lower Price			
其他	Others	5	3.50	
本年未结案件	**Cases Unsettled This Year**	**169**	**508.45**	**299.33**

查处情况　续表
Law Violations　Continued

Unit: Case, hectare

村（组）集体 Village and Collective Level			企事业单位 Enterprises and Institutions			个人 Individuals		
件数 Number of Cases	涉及土地面积 Land Area Involved	耕地 Cultivated Land	件数 Number of Cases	涉及土地面积 Land Area Involved	耕地 Cultivated Land	件数 Number of Cases	涉及土地面积 Land Area Involved	耕地 Cultivated Land
7342	4753.94	2066.41	12492	9629.75	3201.46	106566	6447.44	2336.49
7781	4306.78	1968.36	15272	13125.07	5705.71	89233	5866.00	2649.85
9194	6540.07	3103.16	22149	25757.33	13995.35	89832	10117.70	4805.61
6651	7505.86	3431.02	18998	45537.62	23537.48	55987	8908.56	5155.22
4651	4090.55	1967.07	18419	25728.88	14780.74	54901	8928.57	4743.24
6488	7396.11	3494.53	21969	33965.00	18398.14	59938	18298.42	8712.88
6633	7948.94	4234.91	24996	41542.50	18933.21	57998	18397.60	8190.69
5291	5269.28	2519.09	15094	31848.15	11784.76	38172	7853.49	3325.23
1329	**1944.31**	**908.59**	**3092**	**8068.10**	**3888.00**	**4515**	**2232.32**	**793.00**
6580	**6103.94**	**2870.22**	**16382**	**34284.43**	**11458.47**	**75403**	**10923.46**	**4690.03**
2407	2485.95	1197.75	6554	18184.60	5588.74	11829	1851.32	1050.68
4173	3617.99	1672.47	9828	16099.83	5869.73	63574	9072.15	3639.35
5170	**4812.46**	**2350.35**	**14163**	**29399.45**	**9774.27**	**39581**	**7337.24**	**3374.84**
2435	2485.91	1182.94	6615	18182.73	5520.48	10650	1618.93	943.88
2735	2326.55	1167.42	7548	11216.72	4253.79	28931	5718.31	2430.96
200	310.49	115.77	231	198.04	27.16	999	88.42	36.21
52	65.97	64.10	153	116.97	109.09	1262	267.91	238.94
2410	1866.11	932.57	6907	10471.17	4090.66	26076	5066.77	2144.31
7	31.00	28.04						
66	52.99	26.93	257	430.54	26.88	594	295.21	11.50
5291	**5269.28**	**2519.09**	**15094**	**31848.15**	**11784.76**	**38172**	**7853.49**	**3325.23**
896	1309.56	650.64	2427	6312.25	3379.82	2894	1680.77	568.75
2181	2170.70	1033.29	6113	16140.30	4918.63	9708	1413.16	843.37
2214	1789.01	835.16	6554	9395.60	3486.31	25570	4759.56	1913.11
166	265.76	88.45	209	174.79	11.94	934	59.45	21.19
37	35.95	34.29	111	51.31	47.95	966	203.07	178.34
1945	1417.02	662.84	6005	8833.92	3405.59	23096	4207.86	1703.25
6	24.33	23.89						
60	45.95	25.69	229	335.58	20.83	574	289.17	10.32
1208	**1487.50**	**739.86**	**2161**	**5619.40**	**1877.51**	**5924**	**1716.07**	**842.62**

土地违法案件查处情况
Cases Handling of Land Law

单位：件、公顷

年份/案件类别	Year/Case Category	合计 Total 件数 Number of Cases	涉及土地面积 Land Area Involved	耕地 Cultivated Land
	2001	130129	26465.08	10171.27
	2002	115529	27737.23	12375.07
	2003	125636	51711.81	26557.69
	2004	83916	70130.37	37207.25
	2005	79841	43041.13	23616.97
	2006	90340	69558.88	34230.80
	2007	92347	80873.14	36708.24
	2008	60077	50430.20	19964.57
上年未结案件	**Cases Unsettled from Last Year**	**9367**	**14794.70**	**6821.89**
本年发现违法	**Violations of Law Discovered in the Current Year**	**100266**	**57659.91**	**21517.95**
历年隐漏案件	Cases Concealed and Not Discovered over the Past Years	21458	24940.50	8611.59
本年发生案件	Cases Occurring This Year	78808	32719.41	12906.36
本年立案	**Cases Filed This Year**	**60399**	**46672.38**	**17578.72**
历年隐漏案件	Cases Concealed and Not Discovered over the Past Years	20293	24652.88	8391.66
本年发生案件	Cases Occurring This Year	40106	22019.50	9187.06
买卖和非法转让	Illegal Purchase, Sale and Transfer	1485	696.14	186.22
破坏耕地	Damage of Cultivated Land	1475	457.39	418.65
未经批准占地	Encroachment of Land Without Approval	36185	19847.62	8380.71
非法批地	Unlawful Approval of Land Occupancy	26	227.47	136.17
低价出让土地	Granting of Land at a Lower Price	1	0.05	
其他	Others	934	790.83	65.31
本年结案	**Cases Settled This Year**	**60077**	**50430.20**	**19964.57**
处理上年未结案件	Last Year's Unsettled Cases Handled	6515	10618.02	5299.01
处理隐漏案件	Concealed and Not Discovered Cases Handled	18521	21658.15	7382.73
处理本年发生案件	This Year's Cases Handled	35041	18154.03	7282.82
买卖和非法转让	Illegal Purchase, Sale and Transfer	1352	580.27	121.98
破坏耕地	Damage of Cultivated Land	1120	293.55	263.79
未经批准占地	Encroachment of Land Without Approval	31668	16406.05	6710.01
非法批地	Unlawful Approval of Land Occupancy	22	191.52	130.21
低价出让土地	Granting of Land at a Lower Price	1	0.05	
其他	Others	878	682.59	56.84
本年未结案件	**Cases Unsettled This Year**	**9689**	**11036.88**	**4436.04**

——按地区分列
Violations by Region

Unit: Case, hectare

北京 Beijing			天津 Tianjin			河北 Hebei		
件数 Number of Cases	涉及土地面积 Land Area Involved	耕地 Cultivated Land	件数 Number of Cases	涉及土地面积 Land Area Involved	耕地 Cultivated Land	件数 Number of Cases	涉及土地面积 Land Area Involved	耕地 Cultivated Land
162	522.84	401.30	77	207.46	79.26	7029	1862.35	880.22
98	152.61	74.64	170	39.51	21.15	6898	1347.03	403.90
192	497.49	77.94	142	402.47	279.15	5710	1548.09	670.34
133	414.32	215.06	229	781.45	624.89	5077	2392.68	1538.88
143	277.76	217.11	168	274.58	153.26	4601	1299.84	756.93
160	346.56	103.50	148	224.74	118.48	4961	2243.75	1383.61
270	572.42	212.78	1019	1738.69	850.19	6053	3818.89	2690.51
444	851.85	98.92	1031	1677.26	772.08	2070	1545.59	967.37
1266	**2445.48**	**635.15**	**354**	**705.87**	**365.57**	**345**	**372.07**	**267.41**
763	**1007.29**	**239.27**	**1129**	**1310.98**	**393.58**	**2799**	**1913.15**	**1035.24**
309	455.24	68.45	648	946.13	361.69	326	217.83	148.19
454	552.05	170.82	481	364.85	31.89	2473	1695.32	887.05
340	**498.94**	**101.32**	**702**	**1048.19**	**407.55**	**2264**	**1476.65**	**922.93**
189	267.53	27.64	636	937.35	361.69	247	214.59	148.03
151	231.41	73.68	66	110.84	45.86	2017	1262.06	774.90
			3	13.22	12.85	21	18.09	11.63
9	6.19	6.19	3	0.90	0.81	125	36.15	35.24
139	221.65	67.49	60	96.72	32.20	1854	1194.87	726.18
						1	0.38	
3	3.57					16	12.58	1.85
444	**851.85**	**98.92**	**1031**	**1677.26**	**772.08**	**2070**	**1545.59**	**967.37**
310	647.01	78.67	354	705.87	365.57	327	359.88	262.46
92	155.48	2.91	629	877.52	361.33	223	191.79	144.10
42	49.36	17.34	48	93.87	45.18	1520	993.91	560.81
			3	13.22	12.85	14	13.16	7.41
4	0.06	0.06	3	0.90	0.81	103	28.06	27.97
36	47.62	17.28	42	79.75	31.52	1387	941.03	524.87
						1	0.38	
2	1.69					15	11.28	0.55
1162	**2092.57**	**637.55**	**25**	**76.80**	**1.04**	**539**	**303.14**	**222.97**

土地违法案件查处情况
Cases Handling of Land Law

单位：件、公顷

年份/案件类别	Year/Case Category	山西 Shanxi		
		件数 Number of Cases	涉及土地面积 Land Area Involved	耕地 Cultivated Land
	2001	3092	1029.27	337.47
	2002	3802	953.68	326.86
	2003	3935	1430.60	683.56
	2004	2802	2340.26	1295.43
	2005	3276	2135.20	1137.92
	2006	2734	2189.22	1187.04
	2007	3684	3904.50	2318.94
	2008	1560	1515.94	816.12
上年未结案件	**Cases Unsettled from Last Year**	**196**	**262.42**	**210.20**
本年发现违法	**Violations of Law Discovered in the Current Year**	**2161**	**2021.77**	**1149.37**
历年隐漏案件	Cases Concealed and Not Discovered over the Past Years	753	796.95	414.63
本年发生案件	Cases Occurring This Year	1408	1224.82	734.74
本年立案	**Cases Filed This Year**	**1738**	**1710.79**	**901.45**
历年隐漏案件	Cases Concealed and Not Discovered over the Past Years	613	702.76	335.25
本年发生案件	Cases Occurring This Year	1125	1008.03	566.20
买卖和非法转让	Illegal Purchase, Sale and Transfer	13	2.04	0.32
破坏耕地	Damage of Cultivated Land	27	10.16	9.90
未经批准占地	Encroachment of Land Without Approval	1056	982.07	551.84
非法批地	Unlawful Approval of Land Occupancy	1	6.67	4.15
低价出让土地	Granting of Land at a Lower Price	1	0.05	
其他	Others	27	7.06	
本年结案	**Cases Settled This Year**	**1560**	**1515.94**	**816.12**
处理上年未结案件	Last Year's Unsettled Cases Handled	185	248.71	206.82
处理隐漏案件	Concealed and Not Discovered Cases Handled	509	552.13	253.02
处理本年发生案件	This Year's Cases Handled	866	715.10	356.29
买卖和非法转让	Illegal Purchase, Sale and Transfer	12	2.01	0.32
破坏耕地	Damage of Cultivated Land	13	3.99	3.73
未经批准占地	Encroachment of Land Without Approval	817	702.76	352.24
非法批地	Unlawful Approval of Land Occupancy			
低价出让土地	Granting of Land at a Lower Price	1	0.05	
其他	Others	23	6.30	
本年未结案件	**Cases Unsettled This Year**	**374**	**457.27**	**295.52**

——按地区分列　续表 1
Violations by Region　Continued 1

Unit: Case, hectare

内蒙古　Inner Mongolia			辽宁　Liaoning			吉林　Jilin		
件数 Number of Cases	涉及土地面积		件数 Number of Cases	涉及土地面积		件数 Number of Cases	涉及土地面积	
	Land Area Involved	耕地 Cultivated Land		Land Area Involved	耕地 Cultivated Land		Land Area Involved	耕地 Cultivated Land
2042	2533.32	425.74	2327	1368.85	500.43	1077	459.09	93.52
1086	760.65	217.67	1856	1438.65	559.79	1057	616.35	338.80
879	642.93	118.20	2169	1372.95	751.32	1073	553.11	197.68
1229	3066.44	352.36	1670	3058.67	1363.16	872	468.75	177.87
970	1255.26	240.70	1833	749.39	441.64	847	462.66	154.63
1031	2186.29	300.19	1654	1647.24	731.52	988	626.78	194.48
712	1038.15	144.12	2059	3001.32	1413.75	1137	744.07	129.25
639	6995.92	1732.00	876	826.01	307.85	1136	971.13	348.04
29	**691.58**	**293.47**	**220**	**305.71**	**92.39**	**104**	**113.65**	**79.20**
1126	**7719.64**	**1814.07**	**1128**	**1123.56**	**481.97**	**1483**	**1176.66**	**414.94**
62	6330.41	1718.40	339	357.20	164.83	452	252.20	100.74
1064	1389.23	95.67	789	766.36	317.13	1031	924.46	314.20
826	**7424.11**	**1799.43**	**1152**	**1092.01**	**471.74**	**1264**	**1063.97**	**376.16**
64	6330.41	1718.40	279	292.65	149.11	428	221.30	98.42
762	1093.70	81.03	873	799.36	322.63	836	842.66	277.74
12	26.90	6.30	11	25.70	11.02	4	11.40	7.70
13	1.21	0.69	47	24.87	19.49	15	4.07	3.83
735	1061.59	70.14	805	737.91	285.20	810	823.03	266.21
			2	6.39	6.39			
2	3.99	3.89	8	4.49	0.53	7	4.16	
639	**6995.92**	**1732.00**	**876**	**826.01**	**307.85**	**1136**	**971.13**	**348.04**
13	21.65	3.27	137	210.97	54.68	101	110.63	77.87
41	6260.47	1698.90	180	167.24	57.79	327	146.10	47.34
585	713.80	29.82	559	447.80	195.39	708	714.39	222.83
9	16.66	6.21	4	11.02		1	0.20	
2	0.30	0.30	31	22.52	17.31	10	3.67	3.67
572	692.86	19.43	514	403.38	171.66	692	707.42	219.16
			2	6.39	6.39			
2	3.99	3.89	8	4.49	0.03	5	3.10	
216	**1119.77**	**360.90**	**496**	**571.70**	**256.27**	**232**	**206.49**	**107.32**

土地违法案件查处情况
Cases Handling of Land Law

单位：件、公顷

年份/案件类别	Year/Case Category	黑龙江 Heilongjiang		
		件数 Number of Cases	涉及土地面积 Land Area Involved	耕地 Cultivated Land
	2001	1158	506.10	86.96
	2002	1982	583.65	105.98
	2003	2445	1055.69	56.45
	2004	984	539.78	119.73
	2005	781	688.63	303.71
	2006	1110	1206.42	420.19
	2007	1425	2430.22	631.90
	2008	1171	1611.41	338.59
上年未结案件	**Cases Unsettled from Last Year**	**114**	**602.35**	**216.84**
本年发现违法	**Violations of Law Discovered in the Current Year**	**1178**	**1093.87**	**143.84**
历年隐漏案件	Cases Concealed and Not Discovered over the Past Years	111	162.80	5.86
本年发生案件	Cases Occurring This Year	1067	931.07	137.98
本年立案	**Cases Filed This Year**	**1111**	**1062.16**	**134.70**
历年隐漏案件	Cases Concealed and Not Discovered over the Past Years	111	162.80	5.86
本年发生案件	Cases Occurring This Year	1000	899.36	128.83
买卖和非法转让	Illegal Purchase, Sale and Transfer	17	84.25	4.68
破坏耕地	Damage of Cultivated Land	36	9.19	8.87
未经批准占地	Encroachment of Land Without Approval	912	770.25	114.69
非法批地	Unlawful Approval of Land Occupancy			
低价出让土地	Granting of Land at a Lower Price			
其他	Others	35	35.67	0.60
本年结案	**Cases Settled This Year**	**1171**	**1611.41**	**338.59**
处理上年未结案件	Last Year's Unsettled Cases Handled	113	601.62	216.84
处理隐漏案件	Concealed and Not Discovered Cases Handled	101	160.32	4.29
处理本年发生案件	This Year's Cases Handled	957	849.47	117.46
买卖和非法转让	Illegal Purchase, Sale and Transfer	17	84.25	4.68
破坏耕地	Damage of Cultivated Land	32	8.59	8.27
未经批准占地	Encroachment of Land Without Approval	873	720.95	103.91
非法批地	Unlawful Approval of Land Occupancy			
低价出让土地	Granting of Land at a Lower Price			
其他	Others	35	35.67	0.60
本年未结案件	**Cases Unsettled This Year**	**54**	**53.11**	**12.94**

——按地区分列　续表 2
Violations by Region　Continued 2

Unit: Case, hectare

上海 Shanghai			江苏 Jiangsu			浙江 Zhejiang		
件数 Number of Cases	涉及土地面积 Land Area Involved	耕地 Cultivated Land	件数 Number of Cases	涉及土地面积 Land Area Involved	耕地 Cultivated Land	件数 Number of Cases	涉及土地面积 Land Area Involved	耕地 Cultivated Land
384	324.16	141.09	3500	793.96	401.49	8744	815.22	451.34
1014	942.78	816.16	2107	1591.64	890.95	6113	1531.74	972.66
660	668.78	419.26	3000	2835.39	1205.85	10985	4116.27	2878.98
381	635.51	319.59	3100	7676.40	4017.00	10623	3554.59	2312.36
634	1004.71	630.76	3017	4717.96	3105.95	14026	8796.69	6085.56
840	1286.43	699.34	4332	4784.34	2862.27	13635	5719.28	3430.28
596	839.31	278.43	4536	6939.10	4515.24	15122	3914.25	2283.34
453	594.17	135.28	3100	4931.86	2909.67	14105	4213.95	2215.46
			955	**1319.32**	**879.82**	**165**	**87.66**	**69.79**
163	**150.17**	**0.48**	**3590**	**5932.98**	**3700.90**	**14802**	**4299.76**	**2251.22**
			933	1766.96	771.97	9677	3106.58	1546.81
163	150.17	0.48	2657	4166.02	2928.94	5125	1193.19	704.41
453	**594.17**	**135.28**	**2357**	**4043.77**	**2338.04**	**14440**	**4269.44**	**2234.37**
452	594.02	135.28	882	1604.42	706.32	9596	3099.75	1542.32
1	0.15		1475	2439.35	1631.72	4844	1169.69	692.05
			28	44.04	31.48	18	9.00	5.10
			7	4.76	4.76	153	33.65	29.78
1	0.15		1409	2351.93	1582.91	4643	1123.76	657.16
			31	38.62	12.57	30	3.28	
453	**594.17**	**135.28**	**3100**	**4931.86**	**2909.67**	**14105**	**4213.95**	**2215.46**
			874	1130.20	709.91	161	42.84	27.48
452	594.02	135.28	848	1476.41	641.75	9245	3015.07	1504.65
1	0.15		1378	2325.26	1558.02	4699	1156.04	683.32
			21	27.67	15.18	14	8.41	4.51
			6	2.35	2.35	149	33.13	29.52
1	0.15		1322	2256.94	1527.91	4506	1111.22	649.29
			29	38.30	12.57	30	3.28	
			212	**431.22**	**308.19**	**500**	**143.15**	**88.71**

土地违法案件查处情况
Cases Handling of Land Law

单位：件、公顷

年份/案件类别	Year/Case Category	安徽 Anhui		
		件数 Number of Cases	涉及土地面积 Land Area Involved	耕地 Cultivated Land
	2001	2197	538.24	270.53
	2002	2223	301.72	132.20
	2003	2352	437.35	238.47
	2004	1617	445.02	236.75
	2005	2399	867.96	586.88
	2006	2447	1474.29	707.65
	2007	2264	2313.09	939.50
	2008	1292	1706.77	1158.95
上年未结案件	**Cases Unsettled from Last Year**	**492**	**1000.90**	**833.02**
本年发现违法	**Violations of Law Discovered in the Current Year**	**3104**	**1358.54**	**747.41**
历年隐漏案件	Cases Concealed and Not Discovered over the Past Years	370	464.10	147.82
本年发生案件	Cases Occurring This Year	2734	894.44	599.58
本年立案	**Cases Filed This Year**	**1519**	**1043.71**	**562.62**
历年隐漏案件	Cases Concealed and Not Discovered over the Past Years	340	411.09	143.17
本年发生案件	Cases Occurring This Year	1179	632.63	419.44
买卖和非法转让	Illegal Purchase, Sale and Transfer	73	57.52	30.19
破坏耕地	Damage of Cultivated Land	271	109.81	109.81
未经批准占地	Encroachment of Land Without Approval	814	436.28	260.66
非法批地	Unlawful Approval of Land Occupancy	5	15.82	11.12
低价出让土地	Granting of Land at a Lower Price			
其他	Others	16	13.21	7.66
本年结案	**Cases Settled This Year**	**1292**	**1706.77**	**1158.95**
处理上年未结案件	Last Year's Unsettled Cases Handled	359	968.80	826.08
处理隐漏案件	Concealed and Not Discovered Cases Handled	196	366.08	110.95
处理本年发生案件	This Year's Cases Handled	737	371.90	221.91
买卖和非法转让	Illegal Purchase, Sale and Transfer	56	38.72	26.14
破坏耕地	Damage of Cultivated Land	87	6.98	6.98
未经批准占地	Encroachment of Land Without Approval	577	301.17	170.09
非法批地	Unlawful Approval of Land Occupancy	4	12.62	11.12
低价出让土地	Granting of Land at a Lower Price			
其他	Others	13	12.41	7.59
本年未结案件	**Cases Unsettled This Year**	**719**	**337.84**	**236.69**

——按地区分列　续表 3
Violations by Region　Continued 3

Unit: Case, hectare

福建 Fujian			江西 Jiangxi			山东 Shandong		
件数 Number of Cases	涉及土地面积		件数 Number of Cases	涉及土地面积		件数 Number of Cases	涉及土地面积	
	Land Area Involved	耕地 Cultivated Land		Land Area Involved	耕地 Cultivated Land		Land Area Involved	耕地 Cultivated Land
3818	277.30	167.72	9776	583.67	140.62	9216	3408.58	2136.75
3518	337.15	151.23	6202	224.76	78.53	14593	6945.74	3605.91
3871	601.80	295.19	2368	609.51	260.73	22711	16004.31	10502.83
3984	381.78	124.65	2156	176.71	90.99	8528	14522.67	10735.95
3689	312.69	105.19	2853	246.10	56.44	4330	3706.36	2794.18
4102	857.57	129.59	2773	474.45	155.53	6860	8771.65	6574.58
4136	621.04	304.22	1119	1176.24	253.83	6719	8728.04	5572.67
3764	356.82	108.45	594	1050.72	428.77	2932	3444.37	1782.37
126	**51.99**	**5.36**	**101**	**819.76**	**351.73**	**344**	**550.16**	**405.72**
11506	**579.06**	**195.48**	**1191**	**410.27**	**126.75**	**5516**	**4483.41**	**2476.21**
429	85.16	24.85	99	8.27	1.10	1305	2203.15	897.42
11077	493.90	170.63	1092	402.00	125.65	4211	2280.26	1578.79
3845	**362.92**	**121.54**	**582**	**368.85**	**110.30**	**3606**	**3987.50**	**2129.33**
378	84.89	24.71	92	6.87		1251	2155.48	859.45
3467	278.03	96.84	490	361.98	110.30	2355	1832.02	1269.88
359	2.75	0.81	38	11.21	2.16	32	18.05	12.43
97	11.20	11.03	16	4.08	4.08	71	36.34	34.67
2914	250.28	84.01	383	298.15	101.70	2228	1746.48	1222.08
			2	26.08	1.81	7	23.60	
97	13.81	0.99	51	22.45	0.54	17	7.54	0.69
3764	**356.82**	**108.45**	**594**	**1050.72**	**428.77**	**2932**	**3444.37**	**1782.37**
121	50.64	5.35	86	759.15	341.82	262	377.62	274.08
367	77.19	18.61	91	4.65		999	1894.20	698.58
3276	228.98	84.50	417	286.92	86.94	1671	1172.56	809.71
355	2.51	0.80	32	10.73	2.10	29	16.89	11.35
69	9.97	9.80	13	2.03	2.03	62	32.59	32.48
2765	211.42	73.37	325	252.34	82.27	1556	1091.93	765.19
						7	23.60	
87	5.08	0.53	47	21.83	0.54	17	7.54	0.69
207	**58.09**	**18.45**	**89**	**137.90**	**33.27**	**1018**	**1093.29**	**752.68**

土地违法案件查处情况
Cases Handling of Land Law

单位：件、公顷

年份/案件类别	Year/Case Category	河南 Henan		
		件数 Number of Cases	涉及土地面积 Land Area Involved	耕地 Cultivated Land
	2001	6869	2149.07	1028.98
	2002	8129	1778.09	1075.25
	2003	6463	2080.48	993.40
	2004	5310	3061.06	2261.43
	2005	5354	3578.18	2680.84
	2006	10525	11951.56	8845.38
	2007	8563	6041.70	4249.44
	2008	3398	2140.41	1499.65
上年未结案件	**Cases Unsettled from Last Year**	**671**	**678.57**	**444.76**
本年发现违法	**Violations of Law Discovered in the Current Year**	**3703**	**1881.58**	**1359.58**
历年隐漏案件	Cases Concealed and Not Discovered over the Past Years	744	606.61	485.16
本年发生案件	Cases Occurring This Year	2959	1274.97	874.42
本年立案	**Cases Filed This Year**	**3216**	**1807.52**	**1236.58**
历年隐漏案件	Cases Concealed and Not Discovered over the Past Years	561	574.44	464.39
本年发生案件	Cases Occurring This Year	2655	1233.07	772.19
买卖和非法转让	Illegal Purchase, Sale and Transfer	65	46.95	5.07
破坏耕地	Damage of Cultivated Land	79	27.07	26.80
未经批准占地	Encroachment of Land Without Approval	2471	1112.29	717.36
非法批地	Unlawful Approval of Land Occupancy	2	22.75	22.75
低价出让土地	Granting of Land at a Lower Price			
其他	Others	38	24.01	0.21
本年结案	**Cases Settled This Year**	**3398**	**2140.41**	**1499.65**
处理上年未结案件	Last Year's Unsettled Cases Handled	527	469.39	369.81
处理隐漏案件	Concealed and Not Discovered Cases Handled	526	517.83	416.80
处理本年发生案件	This Year's Cases Handled	2345	1153.20	713.04
买卖和非法转让	Illegal Purchase, Sale and Transfer	61	44.20	3.69
破坏耕地	Damage of Cultivated Land	76	20.84	20.84
未经批准占地	Encroachment of Land Without Approval	2171	1042.48	665.56
非法批地	Unlawful Approval of Land Occupancy	2	22.75	22.75
低价出让土地	Granting of Land at a Lower Price			
其他	Others	35	22.93	0.21
本年未结案件	**Cases Unsettled This Year**	**489**	**345.67**	**181.70**

——按地区分列　续表 4
Violations by Region　Continued 4

Unit: Case, hectare

湖北 Hubei			湖南 Hunan			广东 Guangdong		
件数 Number of Cases	涉及土地面积 Land Area Involved	耕地 Cultivated Land	件数 Number of Cases	涉及土地面积 Land Area Involved	耕地 Cultivated Land	件数 Number of Cases	涉及土地面积 Land Area Involved	耕地 Cultivated Land
4176	1037.60	301.85	6805	815.70	319.94	6121	1043.66	183.80
3503	1171.71	325.35	6582	839.32	172.81	3695	989.56	177.84
7139	4389.16	1905.09	5293	863.68	201.69	6628	1892.04	749.36
2686	832.90	240.36	3863	1001.60	276.92	4187	2741.47	786.73
3464	2007.12	908.06	4003	802.61	197.78	2651	1348.08	420.63
2646	1738.99	881.02	3580	1129.89	267.11	3082	6508.43	1421.06
3024	4458.25	2345.71	3826	2428.72	477.84	3642	5615.68	1105.65
1084	1426.60	511.93	3115	1150.45	303.61	4667	2990.96	657.46
485	**771.61**	**247.41**	**319**	**336.38**	**70.23**	**583**	**818.10**	**273.50**
1923	**1215.75**	**401.56**	**8044**	**1277.01**	**335.39**	**8978**	**6864.12**	**1241.79**
180	380.06	176.97	480	106.59	52.03	1001	1029.46	255.88
1743	835.69	224.59	7564	1170.42	283.35	7977	5834.66	985.91
693	**819.56**	**312.10**	**2968**	**917.29**	**273.52**	**4740**	**2930.53**	**561.45**
105	373.92	175.51	288	69.63	28.47	862	977.85	252.63
588	445.64	136.58	2680	847.65	245.05	3878	1952.68	308.82
49	21.47	3.87	178	46.06	9.48	218	43.39	6.06
37	31.37	26.30	133	21.89	18.19	137	40.53	36.77
464	312.22	104.95	2298	704.10	212.94	3413	1841.45	262.72
2	35.77							
36	44.81	1.46	71	75.61	4.44	110	27.30	3.27
1084	**1426.60**	**511.93**	**3115**	**1150.45**	**303.61**	**4667**	**2990.96**	**657.46**
427	654.70	214.64	276	323.40	62.24	418	647.73	239.70
95	353.34	170.07	277	57.85	25.79	718	628.22	192.08
562	418.56	127.23	2562	769.20	215.58	3531	1715.01	225.68
49	21.47	3.87	171	38.57	4.18	204	35.10	3.98
34	20.47	18.32	125	25.10	21.40	112	33.30	29.88
445	306.37	103.84	2198	634.06	189.56	3105	1619.30	188.55
2	35.77							
32	34.48	1.20	68	71.48	0.44	110	27.30	3.27
94	**164.57**	**47.57**	**172**	**103.21**	**40.13**	**656**	**757.68**	**177.49**

土地违法案件查处情况
Cases Handling of Land Law

单位：件、公顷

年份/案件类别	Year/Case Category	广西 Guangxi		
		件数 Number of Cases	涉及土地面积 Land Area Involved	耕地 Cultivated Land
	2001	14979	304.47	45.29
	2002	11610	2079.31	463.02
	2003	8704	995.92	213.25
	2004	5827	547.80	173.77
	2005	4824	853.30	190.24
	2006	3847	448.30	143.60
	2007	4178	870.59	227.29
	2008	2371	591.57	176.02
上年未结案件	**Cases Unsettled from Last Year**	**704**	**777.57**	**170.35**
本年发现违法	**Violations of Law Discovered in the Current Year**	**4526**	**571.67**	**144.40**
历年隐漏案件	Cases Concealed and Not Discovered over the Past Years	561	118.04	36.60
本年发生案件	Cases Occurring This Year	3965	453.63	107.80
本年立案	**Cases Filed This Year**	**2191**	**403.12**	**102.31**
历年隐漏案件	Cases Concealed and Not Discovered over the Past Years	559	117.55	36.19
本年发生案件	Cases Occurring This Year	1632	285.57	66.12
买卖和非法转让	Illegal Purchase, Sale and Transfer	120	4.73	3.68
破坏耕地	Damage of Cultivated Land	38	1.54	1.53
未经批准占地	Encroachment of Land Without Approval	1467	207.64	60.66
非法批地	Unlawful Approval of Land Occupancy			
低价出让土地	Granting of Land at a Lower Price			
其他	Others	7	71.67	0.26
本年结案	**Cases Settled This Year**	**2371**	**591.57**	**176.02**
处理上年未结案件	Last Year's Unsettled Cases Handled	408	403.73	123.12
处理隐漏案件	Concealed and Not Discovered Cases Handled	510	75.10	24.41
处理本年发生案件	This Year's Cases Handled	1453	112.74	28.49
买卖和非法转让	Illegal Purchase, Sale and Transfer	112	1.84	0.84
破坏耕地	Damage of Cultivated Land	32	1.03	1.02
未经批准占地	Encroachment of Land Without Approval	1302	101.33	26.38
非法批地	Unlawful Approval of Land Occupancy			
低价出让土地	Granting of Land at a Lower Price			
其他	Others	7	8.53	0.26
本年未结案件	**Cases Unsettled This Year**	**524**	**589.12**	**96.64**

——按地区分列　续表 5
Violations by Region　Continued 5

Unit: Case, hectare

海南 Hainan			重庆 Chongqing			四川 Sichuan		
件数 Number of Cases	涉及土地面积 Land Area Involved	耕地 Cultivated Land	件数 Number of Cases	涉及土地面积 Land Area Involved	耕地 Cultivated Land	件数 Number of Cases	涉及土地面积 Land Area Involved	耕地 Cultivated Land
215	2310.63	145.79	4833	195.17	79.47	4773	520.14	336.45
516	58.58	10.62	2752	198.52	104.70	5061	407.78	250.01
265	721.81	5.80	2507	254.51	157.62	6900	2703.25	1671.52
414	305.05	8.19	2059	622.54	319.30	2727	1155.90	578.25
463	160.28	6.58	2008	186.97	80.63	2753	1405.68	749.37
361	94.95	3.07	2355	180.27	78.11	4263	3862.21	1412.16
155	142.12	10.64	2599	1240.36	784.62	3129	2064.98	964.68
95	112.83	63.90	1817	877.29	450.47	1055	251.08	48.03
39	**125.24**	**60.46**	**392**	**519.73**	**264.71**	**8**	**25.24**	**1.43**
101	**81.28**	**14.48**	**2177**	**444.80**	**240.79**	**3272**	**371.89**	**97.35**
11	5.16	1.28	392	20.27	7.43	347	101.05	12.40
90	76.12	13.20	1785	424.53	233.36	2925	270.84	84.94
97	**80.51**	**14.48**	**1440**	**359.67**	**187.18**	**1167**	**250.73**	**49.08**
11	5.16	1.28	377	19.78	7.43	222	98.85	6.40
86	75.35	13.20	1063	339.89	179.75	945	151.88	42.68
6	1.18		15	6.10	1.96	19	7.76	3.98
3	1.82	1.82	2	0.50	0.50	41	15.53	14.69
75	72.11	11.18	1020	307.95	165.04	823	125.31	23.40
			1	11.28	11.28			
2	0.23	0.20	25	14.07	0.97	62	3.29	0.60
95	**112.83**	**63.90**	**1817**	**877.29**	**450.47**	**1055**	**251.08**	**48.03**
26	95.08	60.46	392	519.72	264.71	8	25.24	1.43
8	3.45	1.28	373	19.06	6.78	206	92.68	6.16
61	14.30	2.16	1052	338.51	178.98	841	133.15	40.44
2	0.10		15	6.10	1.96	18	7.82	4.01
3	1.82	1.82	2	0.50	0.50	41	15.53	14.69
54	12.15	0.13	1010	306.60	164.28	722	107.13	21.14
			1	11.28	11.28			
2	0.23	0.20	24	14.03	0.97	60	2.67	0.60
41	**92.92**	**11.04**	**15**	**2.11**	**1.42**	**120**	**24.90**	**2.47**

土地违法案件查处情况
Cases Handling of Land Law

单位：件、公顷

年份/案件类别	Year/Case Category	贵州 Guizhou		
		件数 Number of Cases	涉及土地面积 Land Area Involved	耕地 Cultivated Land
	2001	11637	333.05	168.72
	2002	8824	382.62	177.60
	2003	4980	954.76	518.26
	2004	5682	15052.00	7747.28
	2005	4154	1334.41	688.86
	2006	5701	1297.71	752.59
	2007	6201	5396.45	1328.85
	2008	3575	2104.73	701.82
上年未结案件	**Cases Unsettled from Last Year**	**1117**	**949.97**	**441.02**
本年发现违法	**Violations of Law Discovered in the Current Year**	**10357**	**1610.25**	**466.25**
历年隐漏案件	Cases Concealed and Not Discovered over the Past Years	1378	1170.15	256.04
本年发生案件	Cases Occurring This Year	8979	440.10	210.22
本年立案	**Cases Filed This Year**	**3852**	**1278.95**	**324.77**
历年隐漏案件	Cases Concealed and Not Discovered over the Past Years	1289	1133.16	254.80
本年发生案件	Cases Occurring This Year	2563	145.79	69.97
买卖和非法转让	Illegal Purchase, Sale and Transfer	76	2.95	1.37
破坏耕地	Damage of Cultivated Land	53	4.76	4.76
未经批准占地	Encroachment of Land Without Approval	2425	120.24	63.82
非法批地	Unlawful Approval of Land Occupancy			
低价出让土地	Granting of Land at a Lower Price			
其他	Others	9	17.83	0.02
本年结案	**Cases Settled This Year**	**3575**	**2104.73**	**701.82**
处理上年未结案件	Last Year's Unsettled Cases Handled	441	874.92	399.58
处理隐漏案件	Concealed and Not Discovered Cases Handled	1115	1108.12	249.34
处理本年发生案件	This Year's Cases Handled	2019	121.69	52.90
买卖和非法转让	Illegal Purchase, Sale and Transfer	53	2.26	0.65
破坏耕地	Damage of Cultivated Land	53	4.76	4.76
未经批准占地	Encroachment of Land Without Approval	1905	99.06	47.47
非法批地	Unlawful Approval of Land Occupancy			
低价出让土地	Granting of Land at a Lower Price			
其他	Others	8	15.60	0.02
本年未结案件	**Cases Unsettled This Year**	**1394**	**124.18**	**63.96**

——按地区分列　续表 6
Violations by Region　Continued 6

Unit: Case, hectare

云南 Yunnan			西藏 Tibet			陕西 Shaanxi		
件数 Number of Cases	涉及土地面积 Land Area Involved	耕地 Cultivated Land	件数 Number of Cases	涉及土地面积 Land Area Involved	耕地 Cultivated Land	件数 Number of Cases	涉及土地面积 Land Area Involved	耕地 Cultivated Land
2120	150.07	72.37	25	2.22	2.22	8920	1078.03	739.02
1901	186.32	98.81	333	14.91	5.60	7203	1205.72	603.31
4684	418.54	191.15	72	28.00	1.67	5834	2329.89	881.03
2765	2029.80	153.75	17	214.60	209.26	3566	1268.50	706.57
2016	477.43	229.47				3289	1001.14	504.07
1557	513.65	186.76				3012	1454.34	779.51
985	1410.27	694.47	12	100.64		2616	2150.40	1430.04
398	1366.17	364.05				1673	1233.64	785.56
66	**31.44**	**16.70**				**77**	**156.04**	**117.56**
703	**2761.40**	**667.67**				**1803**	**1347.28**	**898.77**
120	2380.19	470.95				238	417.05	281.77
583	381.22	196.72				1565	930.24	617.00
420	**2678.28**	**635.15**				**1698**	**1258.53**	**790.20**
64	2373.91	468.70				223	376.81	239.80
356	304.37	166.44				1475	881.72	550.40
8	3.97	1.82				20	14.54	3.04
4	0.48	0.48				13	1.77	1.77
339	296.68	160.90				1409	778.39	461.42
						2	78.67	78.61
5	3.24	3.24				31	8.35	5.56
398	**1366.17**	**364.05**				**1673**	**1233.64**	**785.56**
49	18.91	9.93				58	111.17	95.11
59	1113.95	233.98				203	344.77	211.16
290	233.30	120.15				1412	777.70	479.28
8	3.97	1.82				19	14.52	2.82
4	0.48	0.48				12	1.23	1.15
275	223.69	112.68				1353	677.66	392.45
						2	78.67	78.61
3	5.17	5.17				26	5.61	4.25
88	**1343.54**	**287.79**				**102**	**180.93**	**122.21**

土地违法案件查处情况
Cases Handling of Land Law

单位：件、公顷

年份/案件类别	Year/Case Category	甘肃 Gansu		
		件数 Number of Cases	涉及土地面积 Land Area Involved	耕地 Cultivated Land
	2001	1600	101.22	54.75
	2002	1207	198.00	105.00
	2003	2063	583.47	227.89
	2004	569	292.38	120.21
	2005	612	134.55	50.84
	2006	588	345.87	211.44
	2007	974	951.78	389.20
	2008	252	64.37	15.18
上年未结案件	**Cases Unsettled from Last Year**			
本年发现违法	**Violations of Law Discovered in the Current Year**	**510**	**264.86**	**34.42**
历年隐漏案件	Cases Concealed and Not Discovered over the Past Years	46	9.26	6.69
本年发生案件	Cases Occurring This Year	464	255.60	27.73
本年立案	**Cases Filed This Year**	**291**	**89.61**	**22.13**
历年隐漏案件	Cases Concealed and Not Discovered over the Past Years	33	3.66	3.18
本年发生案件	Cases Occurring This Year	258	85.95	18.95
买卖和非法转让	Illegal Purchase, Sale and Transfer	5	3.48	3.48
破坏耕地	Damage of Cultivated Land	3	6.78	0.21
未经批准占地	Encroachment of Land Without Approval	213	66.86	14.06
非法批地	Unlawful Approval of Land Occupancy			
低价出让土地	Granting of Land at a Lower Price			
其他	Others	37	8.83	1.20
本年结案	**Cases Settled This Year**	**252**	**64.37**	**15.18**
处理上年未结案件	Last Year's Unsettled Cases Handled			
处理隐漏案件	Concealed and Not Discovered Cases Handled	33	3.66	3.18
处理本年发生案件	This Year's Cases Handled	219	60.71	12.00
买卖和非法转让	Illegal Purchase, Sale and Transfer	4	0.18	0.18
破坏耕地	Damage of Cultivated Land	3	6.78	0.21
未经批准占地	Encroachment of Land Without Approval	177	47.34	11.13
非法批地	Unlawful Approval of Land Occupancy			
低价出让土地	Granting of Land at a Lower Price			
其他	Others	35	6.41	0.48
本年未结案件	**Cases Unsettled This Year**	**39**	**25.24**	**6.95**

——按地区分列 续表 7
Violations by Region Continued 7

Unit: Case, hectare

青海 Qinghai			宁夏 Ningxia			新疆 Xinjiang		
件数 Number of Cases	涉及土地面积 Land Area Involved	耕地 Cultivated Land	件数 Number of Cases	涉及土地面积 Land Area Involved	耕地 Cultivated Land	件数 Number of Cases	涉及土地面积 Land Area Involved	耕地 Cultivated Land
760	154.01	65.80	501	89.30	20.06	1196	950.33	92.32
242	120.79	17.32	364	91.25	37.20	888	246.99	54.18
232	98.49	42.20	327	242.69	69.31	1053	378.38	92.50
44	19.82	8.81	359	129.94	22.27	456	399.97	69.46
30	16.96	0.61	281	1441.14	100.50	372	1497.51	37.61
94	229.79	18.45	281	470.36	65.37	673	5293.56	166.90
121	38.14	25.58	235	468.55	43.21	1236	5715.18	92.36
103	43.23	30.24	229	1537.40	178.97	1078	2245.71	57.76
			31	**18.89**	**5.73**	**64**	**257.02**	**2.37**
251	**278.04**	**99.88**	**751**	**1734.91**	**270.96**	**1528**	**2373.95**	**73.94**
			123	1433.58	195.07	24	10.05	0.54
251	278.04	99.88	628	301.33	75.89	1504	2363.90	73.40
128	**77.61**	**43.99**	**248**	**1569.44**	**215.09**	**1051**	**2103.85**	**63.97**
			123	1436.67	197.23	18	5.57	
128	77.61	43.99	125	132.77	17.86	1033	2098.28	63.97
9	2.61	0.45	14	71.77	5.11	54	95.01	0.17
1	0.39	0.39	15	0.92	0.92	26	9.47	4.38
111	69.31	39.47	89	55.85	8.94	805	1682.11	51.38
						1	0.06	0.06
7	5.30	3.68	7	4.23	2.89	147	311.63	7.98
103	**43.23**	**30.24**	**229**	**1537.40**	**178.97**	**1078**	**2245.71**	**57.76**
			31	18.89	5.73	51	219.55	1.65
			82	1396.06	162.22	16	5.40	
103	43.23	30.24	116	122.45	11.02	1011	2020.76	56.11
7	2.41	0.45	13	68.47	1.81	49	87.81	0.17
1	0.39	0.39	15	0.92	0.92	23	5.27	2.13
88	35.13	25.72	84	50.62	7.18	794	1622.19	45.77
						1	0.06	0.06
7	5.30	3.68	4	2.44	1.11	144	305.43	7.98
25	**34.38**	**13.75**	**50**	**50.93**	**41.85**	**37**	**115.16**	**8.58**

土地违法案件查处结果

Handling Results of Cases of Land Law Violations

年份/地区 Year/Region		拆除构建物（百平方米） Area of Structures Demolished (100 square meters)	没收构建物（百平方米） Area of Structures Confiscated (100 square meters)	收回土地（公顷） Area of Land Withdrawn (hectare)		罚没款（万元） Amount of Fines (10000 yuan)
					耕地 Cultivated Land	
2001		134994.17	868068.27	3133.67	986.07	65036.41
2002		278429.07	83810.98	3396.05	1905.28	95354.47
2003		264353.28	251280.55	5882.76	2671.35	120455.52
2004		234725.89	133990.67	6345.75	2403.70	191190.83
2005		328910.90	547046.09	6992.87	2746.41	217573.97
2006		549332.61	570381.01	11595.70	3091.17	345021.44
2007		1576182.90	1247543.29	8607.57	3760.44	336803.27
2008		265037.51	240864.67	6192.25	2821.52	216524.80
北 京	Beijing	2599.45	695.17	76.64	8.44	3877.40
天 津	Tianjin	2196.30		25.96	3.39	17.32
河 北	Hebei	5615.81	439.61	181.53	70.71	4092.28
山 西	Shanxi	5493.59	1410.51	41.34	30.47	5774.43
内蒙古	Inner Mongolia	11827.69	6.43	22.36	7.38	4267.01
辽 宁	Liaoning	2352.75	4004.12	92.34	21.84	6790.16
吉 林	Jilin	58.57	613.62	65.53	62.74	3151.73
黑龙江	Heilongjiang	470.10	62.15	29.79	10.30	2136.29
上 海	Shanghai	5021.22	8349.05			6728.70
江 苏	Jiangsu	14438.85	61711.24	783.73	727.70	24285.76
浙 江	Zhejiang	90761.65	129840.01	1675.76	914.38	75542.57
安 徽	Anhui	2695.56	9036.79	376.62	214.70	6484.92
福 建	Fujian	10547.17	5017.68	115.07	24.23	2037.06
江 西	Jiangxi	851.15	115.99	12.04	7.61	1189.05
山 东	Shandong	10805.04	6253.39	386.37	282.81	23762.52
河 南	Henan	5945.67	3249.45	244.20	18.85	9192.26
湖 北	Hubei	260.83	952.10	150.45	76.14	3306.01
湖 南	Hunan	13962.80	192.20	130.88	4.53	5974.12
广 东	Guangdong	54662.08	358.98	249.36	86.51	5190.42
广 西	Guangxi	742.69	4557.49	5.95	3.38	1955.91
海 南	Hainan	1110.51	34.86	26.80	1.71	981.45
重 庆	Chongqing	214.91	388.08	39.87	15.17	1900.12
四 川	Sichuan	10981.07	519.24	47.46	11.19	2065.24
贵 州	Guizhou	1343.18	1458.41	427.41	92.75	5672.91
云 南	Yunnan	583.32	464.30	34.22	3.55	3754.53
西 藏	Tibet					
陕 西	Shaanxi	8283.99	1016.83	163.33	116.81	2709.28
甘 肃	Gansu	54.83		7.77	0.72	121.97
青 海	Qinghai	101.85		0.44	0.44	106.27
宁 夏	Ningxia	146.38	51.12	89.21	1.97	1008.66
新 疆	Xinjiang	908.50	65.85	689.82	1.10	2448.45

主要统计指标解释

批准用地面积 是指省级以上政府（包括省级人民政府授权设区的市级人民政府）依法批准的农用地转用和土地征用面积（供地审批不包括在内）。

国务院批准 是指依法经国土资源部审查，报国务院批准的农用地转用和土地征用面积。

省级政府批准 是指依法经省、自治区、直辖市人民政府国土资源行政主管部门审查，经同级人民政府批准的农用地转用和土地征用面积，包括省级人民政府授权设区的市、自治州人民政府批准的用地面积。

农用地 是指批准用地面积中的农用地面积。

耕地 是指批准用地面积中的耕地面积。

城镇村建设用地 是指在土地利用总体规划确定的城市和村庄、集镇建设用地规模范围以内，为实施该规划，经国务院和省级人民政府（包括省级人民政府授权设区的市级人民政府）依法批准的农用地转用和土地征用面积。包括商服用地、工矿仓储用地、公共建筑用地、公共设施用地、住宅用地等。

单独选址建设用地 是指在土地利用总体规划确定的城市和村庄、集镇建设用地规模范围以外，经国务院、省级人民政府批准的道路、管线工程和大型基础设施建设项目占用的土地。

商服用地 是指商业、金融业、餐饮旅馆业及其他经营性服务业建筑及相应附属设施用地。

工矿仓储用地 是指工业、采矿、仓储用地。

公用设施用地 是指为居民生活和二、三产业服务的公用设施及瞻仰、游憩用地。

公共建筑用地 是指公共文化、体育、娱乐、机关、团体、科研、设计、教育、医卫、慈善等建筑用地。

住宅用地 是指供人们日常生活居住的房基地（有独立院落的包括院落）。

交通运输用地 是指用于运输通行的地面线路、场站等用地。包括民用机场、港口、码头、地面运输管道和居民点道路及其相应附属设施用地。

水利设施用地 是指用于水库、水工建筑的土地。

批准征收土地面积 是指经国务院和省级政府土地行政主管部门审查，报同级人民政府批准征收的土地面积。

土地出让 国家以土地所有者的身份将土地使用权在一定年限内让与土地使用者，并由土地使用者向国家支付土地使用权出让金的行为。土地出让包括协议、招标、拍卖和挂牌四种方式。

协议出让 是指国家以协议方式将国有土地使用权在一定年限内出让给土地使用者，由土地使用者向国家支付土地使用权出让金的行为。

招标出让 是指市、县人民政府土地行政管理部门发布招标公告，邀请特定或不特定的公民、法人和其他组织参加国有土地使用权投标，根据投标结果确定土地使用者的行为。

拍卖出让 是指市、县人民政府土地行政管理部门发布拍卖公告，由竞买人在规定时间、地点进行公开竞价，根据出价结果确定土地使用者的行为。

挂牌出让 是指市、县人民政府土地行政管理部门发布挂牌公告，按公告规定期限将拟出让宗地的交易条件，在指定的土地交易场所挂牌公布，接受竞买人的报价申请并更新挂牌价格，根据挂牌期限截止时的出价结果确定土地使用者的行为。

划拨 是指县级以上人民政府依法批准，在土地使用者缴纳补偿、安置费用后将该幅土地交付其使用，或者将土地使用权无偿交付给土地使用者使用的行为。

租赁 是指国家依法将国有土地出租给使用者使用，由使用者与县级以上人民政府土地行政主管部门签订一定年限的土地租赁合同，并支付租金的行为。以报告期实际租赁土地面积进行统计。

其他供地方式 是指除划拨、出让、租赁以外的其他供地方式，如作价出资入股、授权经营等。

宗数（土地供应） 是指本年度供应的国有土地的宗数。

土地面积（土地供应） 是指本年度市、县人民政府供应给单位或个人使用的国有建设用地总面积。

新增（土地供应） 是指报告期依法批准农用地转用和土地征用并在报告期转为国有建设用地的面积。包括原国有农用地和未利用地经转用审批转为国有建设用地的面积和征用的集体土地面积。

成交价款 是指市、县人民政府以协议、招标、拍卖、挂牌等方式出让国有土地的成交价总额。成交价是指完成了土地开发等基础设施建设，达到建设条件（如五通一平、七通一平等）的土地价格。

纯收益 是指政府取得的纯收益，即成交价款扣除政府支付的土地取得成本（包括征地拆迁等费用）和土地开发成本后的余额。

租金（租赁） 是指承租方为取得土地使用权而向国家支付的价款。以报告期实际收入数为准。

用地类型 见《关于印发试行〈土地分类〉的通知》（国土资发［2001］255 号）文中的建设用地类型。其中：住宅用地又划分为别墅、高档公寓，普通商品房，经济适用房和其他住房。

别墅、高档公寓 是指单位建筑面积造价高于当地同等地段商品住宅平均造价一倍以上的别墅、公寓，或者经有权审批房地产投资计划的审批单位审定为别墅、高档住宅的房地产投资项目。

普通商品房 是指由房地产开发企业开发建设并出售、出租的房屋。

经济适用房 是指根据国家经济适用住房建设计划安排建设的住宅。由国家统一下达计划，用地一般实行行政划拨的方式，免收土地出让金，对各种经批准的收费实行减半征收，出售价格实行政府指导价，按保本微利的原则确定。

其他住房 指凡不属于上述各项用途的住房。

土地违法案件 是指违反土地管理法律、法规，应当追究法律责任的案件。

省级、市级、县级、乡级机关 是指发生违反土地管理有关法律法规行为的各级党政军机关、人民团体。中央党政军机关、人民团体在外地的派出机关有土地违法行为的案例，按机关级别归类到相应级别机关内。各级机关所属企事业单位违反土地管理法律法规的，应统计在“企事业单位”栏内。

涉及土地面积 是指各级机关、村（组）集体、企事业单位和个人等发生违反土地管理法律、法规行为，所牵涉的土地面积。

上年未结案件 是指上年不能结案需要转到本年继续处理的案件。

本年发现违法 是指报告期内发现的土地违法行为。

历年隐漏 是指报告期以前发生而在报告期内发现的土地违法行为。

本年立案 是指报告期内对土地违法行为，依照立案程序，经批准后由土地行政主管部门立案查处的全部土地违法案件。

本年发生案件 指报告期内发生的土地违法行为，依照立案程序，经批准后由土地行政主管部门立案查处的全部土地违法案件。

历年隐漏案件 是指报告期内对历年隐漏的土地违法行为，依照立案程序，经批准后由土地行政主管部门立案查处的全部土地违法案件。

买卖和非法转让 买卖土地是指以牟利为目的，违反土地管理法律、法规，无限期地将土地所有权和使用权转移给他人的行为；非法转让土地是指违反土地管理法律、法规，将土地使用权有限期地转移给他人的行为。

破坏耕地 是指单位或个人违法占用耕地建窑、建坟，未经批准擅自在耕地上建房、挖砂、采石、采矿、取土等，使土地种植条件遭到破坏的违法行为。

未经批准占地 是指单位或个人未经批准擅自占用土地、采取欺骗手段骗取批准占用土地以及超过批准的数量多占土地的违法行为。

非法批地 是指没有批准权的单位批准用地、虽有批准权但超越了批准权限批准用地、违反土地利用总体规划批准用地和违反法律规定的程序批准用地的违法行为。

低价出让土地 是指违反土地管理法律、法规，滥用职权，以低于国家规定的价格出让国有土地使用权，造成国有土地资产流失的违法行为。

其他（本年发生案件立案） 是指除买卖或非法转让、破坏耕地、未经批准占地、非法批地、低价出让土地以外的土地违法案件。

本年结案 是指报告期内经过土地行政主管部门处理已结案的土地违法案件。

处理上年未结案件 是指报告期内对上年未结案件经过土地行政主管部门处理并已结案的土地违法案件。

处理隐漏案件 是指报告期内对隐漏案件经过土地行政主管部门处理并已结案的土地违法案件。

处理本年发生案件 是指报告期内发生并经过土地行政主管部门处理，已结案的土地违法案件。

本年未结案件 是指当年不能结案需要转到下一年度继续处理的案件。

拆除构建物面积 是指对违法占地者所建的建筑物、构筑物依法拆除的面积。

没收构建物面积 是指对违法占地者所建的建筑物、构筑物依法没收的面积。

收回土地面积 是指在报告期内土地行政主管部门依法收回并已结案的土地面积。

罚没款 是指土地行政主管部门依法对报告期内已结案的案件进行经济处罚的实收金额。

其他（处理本年发生案件） 是指除买卖或非法转让、破坏耕地、未经批准占地、非法批地、低价出让土地以外的土地违法案件。

Explanatory Notes on Main Statistical Indicators

Approved Land-use Area—refers to the area of agricultural land transferred to other uses and land requisitioned (excluding the examination and approval of land supply) which have been subjected to government approval at and above provincial level (including the municipal-level people's government with districts established with due authorization from the people's government at the provincial government) according to the law.

Land Approved by the State Council—refers to the area of agricultural land transferred to other uses and land requisitioned which have been subjected to examination of the Ministry of Land and Resources and State Council approval .

Land Approved by Provincial Governments—refers to the area of agricultural land transferred to other uses and land requisitioned which have been subjected to examination of land and resources administration departments of provinces, autonomous regions, and municipalities directly under the central government and approval of people's governments at the same levels according to the law, including the area of land use approved by the municipal-level people's government with districts established with due authorization from the people's government at the provincial government.

Agricultural Land—refers to the agricultural land area in the approved area of land use.

Cultivated Land—refers to the cultivated land area in the approved area of land use.

Land for Construction in Cities, Towns and Villages—refers to the area of agricultural land transferred to other uses and land requisitioned for the implementation of overall planning for land use, which are within the use limits of land for the construction of cities, townships (towns), and villages stipulated by the overall planning and have been subjected to approval of the State Council and people's government at the provincial level (including the municipal-level people's government with districts established with due authorization from the provincial government) according to the law. The land includes land used for commercial services, manufacturing, mining and quarrying, warehousing, public utilities, public buildings and residential purposes.

Land Approved for Construction at Separate Selected Sites—refers to the land used by the construction of roads, pipelines, and basic infrastructure is beyond the land use limits for the construction of cities, townships (towns), and villages stipulated by the overall planning and has been subjected to approval of the State Council and the provincial government.

Land for Commercial and Service Uses—refers to the land used for buildings and relevant attachments of commerce, finance, catering and hotel trade, and other service trades.

Land for Industry, Mining and Warehousing—refers to the land used for manufacturing, mining and quarrying, and warehousing.

Land for Public Utilities—refers to the land used for the life of residents and public utilities for secondary and tertiary industrial services, as well as for tourism and rest and historic sites.

Land for Public Buildings—refers to the land used for buildings for cultural, sports, recreational, institutional, organizational, scientific and technological, design, educational, medical treatment and public health and charitable purposes.

Land for Residential Uses—refers to the land used for house sites for people's daily living and dwelling (including the independent yards if any).

Land for Transport—refers to land used for ground lines and stations of transportation and passage.

It includes land used for civil airports, harbors, wharfs, ground transport lines, and roads of settlements, as well as their relevant accessory installations.

Land for Water Conservancy Facilities—refers to land used for reservoir and hydrotechnical construction.

Requisitioned Land Area Approved—refers to the area of requisitioned land which has been subjected to examination of the State Council and the competent land administration departments at the provincial level and approval of the people's government at the same level.

Granting of Land Use Rights—refers to the act through which the state, in its capacity as the land owner, grants land users the land use rights for a certain period of time, and the users shall pay the state granting fees. Land-use right may be granted in the ways of agreement, bidding, auction and listing.

Granting Through Agreement—refers to the act through which the state grants land users the right to the land use for a certain period of time in the way of agreement, and the users shall pay the state granting fees.

Granting Through Bidding—refers to the act through which the land administration department of the people's government at the city or county level issues a notice of invitation for bid to invite specifically or not specifically designated citizens, legal persons, and other organizations to participate in the bidding of the state land-use right, and the land user is determined according to the result of the bidding.

Granting Through Auction—refers to the act through which the land administration department of the people's government at the city or county level issues a notice of invitation for auction, while the bidders participate in open competition at the specific time and location, the land user is determined according to the result of the price offer.

Granting Through Listing—refers to the act through which the land administration department of the people's government at the city or county level issues a notice of listing, draws up transaction terms of granting land plots in the time limit prescribed by the notice, lists them in public in a land trading house, receives the offer applications of the bidders, and renews the listed prices accordingly, and the land user is determined according to the price offer at the closing price and time of the listing time limit.

Allocation—refers to the act through which the people's government at and above the county level assigns a land plot to the land user after he/she pays land compensation and resettlement subsidies or assigns land-use right to the land user without compensation.

Lease (State as the Lessor)—refers to the act through which the state leases state-owned land to a land user, and the land user enters into a land leasing contract for a fixed number of years and pays rental. Statistics is made based on the actual area of land leased during the reporting period.

Other Land Supply Ways—refer to the ways other than granting, allocation, and lease, e.g. investment as a shareholder with state-owned land rights value and authorized operations of land.

Number of Plots (Land Supply)—refers to the number of plots of state-owned land supplied during the current year.

Land Area (Land Supply)—refers to the total area of state-owned land for construction supplied by the people's government of a city or county during the current year to an organization or individual.

Newly Increased (Land Supply)—refers to the area of transferred agricultural land and requisitioned land which have been subjected to approval and transferred to state-owned land used for construction according to the law during the reporting period. It includes the area of original state-owned agricultural land, unused land transferred to state-owned land used for construction after examination and approval of the transfer and the area of requisitioned land owned by the collectives.

Transaction Price Value—refers to the total amount of transaction of state-owned land granted by the people's government of a city or county in the ways of agreement, bidding, auction, and listing. The transaction price refers to the price of land on which infrastructure construction such as land development has been completed and construction conditions have been met.

Net Income—refers to the net income received by the government, i.e. the balance of the transaction price value after making an allowance for the cost paid by the government for land acquisition (including the cost of dismantlement and removal due to land requisition) and cost of land development.

Rent (State as the Lessor)—refers to the amount payable by a lessee to the state for acquisition of granted land-use right. The rent shall be based on the actual income obtained during the reporting period.

Land-use Type—refers to the types of land used for construction in The Notice on Issues Concerning the Trial Application of "Land-Use Classification" (GuoTuZiFa No. [2001] 255). Land for residential uses is subdivided into lands for villas and high-class apartments, common housings, economically affordable housing, and other housings.

Villas and High-class Apartment—refer to villas and apartments whose construction cost per unit area is more than double the average of construction cost for commercial housing in the equivalent section at the same place in question or the real estate investment project determined as villas and high-class residence housing by the examining and approving authority entitled to examination and approval of the real estate investment plan.

Common House—refers to houses built and sold or leased by real estate development enterprises.

Economically Affordable House—refers to houses built according to the state plan of economically affordable house construction. Their construction plan is assigned by the state and the land is generally allocated by administrative authorities. The land granting fees are exempted and various charges that have been subjected to approval are reduced by half. The selling price is determined based on the guidance price of government and in the principle of breakeven with a slight profit.

Other Houses—refer to houses that do not belong to those built for the mentioned uses above.

Case of Land Law Violations —refers to cases of violations of laws and regulations of land administration for which legal liabilities should be investigated.

Administrative Agencies at the Provincial, Municipal, County, and Township (town) Level—refer to party, government, and army administrative agencies at various levels that commit acts in violations of laws and regulations of land administration. The cases of illegal acts of land committed by agencies sent to other parts of the country from the central party, government, and army administrative agencies and mass organizations are categorized according to the levels of these agencies as those at relevant levels. Enterprises and institutions affiliated to agencies at various levels that violate land administration laws and regulations should be included in the column of "enterprises and institutions".

Land Area Involved—refers to the land area involved by the acts in violation of land administration laws and regulations committed by agencies at various levels, collectives of villages (teams), enterprises, institutions and individuals.

Cases Unsettled from Last Year—refer to cases that were not able to be settled from last year and are transferred to the current year and continue to be handled.

Violations of Law Discovered in the Current Year—refer to acts in violation of land laws and regulations discovered during the reporting period.

Cases Concealed and Not Discovered Over the Past Years—refer to the acts in violation of land laws and regulations that were committed before the reporting period but discovered during the reporting period.

Cases Filed This Year—refer to all the cases in violation of land laws and regulations filed for investigation and handling during the reporting period by competent land administration departments according to filing procedures after approval.

Cases Occurring This Year—refer to all the cases committed in violation of land laws and regulations filed during the reporting period for investigation and handling by competent land administration departments according to filing procedures after approval.

Cases Concealed and Not Discovered Over the Past Years—refer to filing all the cases in violation of land laws and regulations concealed and not discovered over the years for investigation and handling during the reporting period by competent land administration departments according to filing procedures after approval.

Illegal Purchase, Sale and Transfer—illegal purchase and sale of land refer to the act through which land ownership and land-use right are transferred to another person without a definite period of time for the purpose of profit, which is in violation of land administration laws and regulations; illegal transfer of land refers to the act through which land-use right is transferred to another person within a definite period of time, which is in violation of land administration laws and regulations.

Damage of Cultivated Land—refers to the illegal act through which organizations or individuals unlawfully encroach on land and build kilns and graves, build houses, dig sand and soil, excavate stone, and mine minerals on cultivated land without approval, thus destructing planting conditions.

Encroachment of Land Without Approval—refers to the illegal act through which organizations or individuals unlawfully encroach on land without approval, occupy land upon fraudulently obtained approval, occupy the amount of land exceeding the approved amount.

Unlawful Approval of Land Occupancy—refers to the illegal act through which organizations without authority to approve requisition or use of land approve occupancy of land or they approve occupancy of land by exceeding their authority of approval or in violation of the overall planning for land use and procedures for land approval prescribed by law.

Granting of Land at a Lower Price—refers to the illegal act through which organizations grant state-owned land-use right at a lower price in violation of land administration laws and regulations by abusing their authority, thus resulting in a drain on state-owned land and assets.

Others (Cases Occurring This Year)—refer to filing all the cases in violation of land laws and regulations except for those concerning land purchase and sale or illegal transfer, damage of cultivated land, encroachment on land without approval, unlawful approval of land occupancy, and granting of land at a lower prices.

Cases Settled This Year—refer to the cases in violation of land laws and regulations handled and settled by competent land administration departments during the reporting period.

Last Year's Unsettled Cases Handled—refer to last year's unsettled cases in violation of land laws and regulations handled and settled by competent land administration departments during the reporting period.

Concealed and Not Discovered Cases Handled—refer to the concealed and not discovered cases in violation of land laws and regulations handled and settled by competent land administration departments during the reporting period.

This Year's Cases Handled—refer to the cases in violation of land laws and regulations committed during the reporting period and handled and settled by competent land administration departments.

Cases Unsettled This Year—refer to cases that are not able to be settled in the current year and should be transferred to the next year and continue to be handled.

Area of Structures Demolished—refers to the area of land on which buildings or structures erected by illegal land occupants are demolished according to the law.

Area of Structures Confiscated—refers to the area of land on which buildings or structures erected by illegal land occupants are confiscated according to the law.

Area of Land Withdrawn—refers to the area of land withdrawn by the competent land administration departments according to the law during the reporting period and relevant case has been settled.

Amount of Fines—refers to the paid-in amount of fines imposed by the competent land administration departments according to the law for economic punishment from the case settled during the reporting period.

Others (This Year's Cases Handled)—refer to the other cases in violation of land laws and regulations except for sale or unlawful transfer of land, damage of land, occupancy of land without approval, unlawful approval of land occupancy, and granting of land at a lower price.

矿产资源管理

Mineral Resources Administration

矿产资源勘查许可证发证

Exploration Licenses

年份/地区	Year/Region	批准登记发证数（个）								
		合计 Total	能源矿产 Energy Minerals					黑色金属矿产		有色金属矿产 Nonferrous Metals
				煤 Coal	煤层气 Coal-bed Methane	石油天然气 Oil and Natural Gas	地热 Geothermals	Ferrous Metals	铁矿 Iron	
	1999①	4888	800	118	17	551	111	182		678
	2000①	5184	696	78	22	473	106	164		917
	2001①	6161	824	170	29	444	155	449		1394
	2002①	6356	933	323	47	399	154	617		1583
	2003①	7929	1472	692	19	520	212	874		2047
	2004②	16673	1915	1141	42	324	284	3064	2363	4501
	2005②	22467	3596	2056	84	1035	310	4275	3315	6700
	2006②	27447	4196	2573	100	1045	373	5128	4087	9035
	2007②	29364	3981	2353	46	1029	410	4814	3864	11499
	2008②	36745	5393	2730	152	2040	411	5052	3839	15665
国土资源部	MLR	3974	2843	648	152	2040	1	52	37	676
北京	Beijing	40	40				40			
天津	Tianjin	16	12				12			
河北	Hebei	78	10	10				46	42	4
山西	Shanxi	137	22	22				45	44	37
内蒙古	Inner Mongolia	3577	187	175			1	658	599	1846
辽宁	Liaoning	867	26	4			22	157	150	243
吉林	Jilin	741	33	28			3	108	102	256
黑龙江	Heilongjiang	288	13	11			2	11	3	134
上海	Shanghai	7	3				3			
江苏	Jiangsu	183	36	8			27	21	14	67
浙江	Zhejiang	390	10				10	5	3	181
安徽	Anhui	1455	42	29			13	343	274	687
福建	Fujian	1031	71	70			1	211	174	490
江西	Jiangxi	877	43				43	89	60	428
山东	Shandong	1694	170	86			83	255	250	115
河南	Henan	1055	128	118			6	247	230	415
湖北	Hubei	353	46	40			6	130	116	73
湖南	Hunan	89	17	17				19	9	36
广东	Guangdong	221	12				12	54	46	23
广西	Guangxi	1801	25	12			13	249	31	882
海南	Hainan	466	1				1	7	4	280
重庆	Chongqing	74	45	31			14	6	4	12
四川	Sichuan	1761	133	63			64	166	86	683
贵州	Guizhou	2117	220	193			27	255	151	1262
云南	Yunnan	4386	515	499				977	719	2105
西藏	Tibet	1024	6	5			1	138	55	693
陕西	Shaanxi	387	16	9				82	52	164
甘肃	Gansu	953	21	16			5	124	99	262
青海	Qinghai	365	23	22			1	22	22	182
宁夏	Ningxia	31	5	5						8
新疆	Xinjiang	6307	619	609				575	463	3421

注：① 为新发证；② 为登记的有效证。
Notes: ① Newly issued licenses; ② Valid licenses.

情况——按地区分列

Issued by Region

Number of Licenses Issued After Approval and Registration: 贵金属矿产 Noble Metals	金矿 Gold	稀有、稀土、稀散元素矿产 Rare Metal, Rare Earth, and Dispersed Elements Minerals	非金属矿产 Nonmetallic Minerals	水泥灰岩 Limestone for Cement	化工矿产 Chemical Minerals	水气矿产 Mineral Water, Groundwater and Carbon Dioxide Gas	批准登记面积(平方千米) Registered Area Approved (square kilometer)	探矿权使用费(万元) Exploration Right Royalties (10000 yuan)
2493	2356	31	506		142	198	1231325.20	5354.90
2493	2292	76	574		91	264	2542062.58	810.73
2187	2050	86	917		163	301	1835344.16	17303.77
1937	1725	83	946		176	259	1348413.61	1087.01
2309	1941	99	937		155	191	2325293.42	28329.41
5096	4393	107	1782	175	404	208	1463610.00	53686.64
5417	4834	139	2144	214	454	196	4781226.73	47854.77
6239	5603	104	2577	212	794	168	4888628.09	98401.47
6254	5817	169	2515	182	745	132	4799555.48	10101.61
7661	6986	226	2589	193	859	159	9227336.20	22519.57
348	331	37	18	1	13		8635882.52	9557.60
							35.75	0.72
1	1		1	1		2	681.34	14.57
10	9		8	4			220.56	4.62
20	18		13	2			1452.32	1295.11
662	467	12	197	12	55	15	96789.67	835.41
255	236	2	183	5	30	1	8699.64	688.79
253	236		70	35	12	21	13058.97	356.00
115	114		12			3	8145.09	163.69
			1			3	181.50	8.99
8	8	2	48	4	23	1	1011.08	237.65
31	12		162	1	2	1	3679.57	45.53
234	212	1	143	18	5	5	16077.63	151.44
185	136	3	70	4	5	1	10829.30	1370.00
224	200	28	65		19		9381.28	169.14
881	869	2	257	42		14	20149.68	669.30
193	171		70	7	32	2	10857.83	325.76
25	25	3	75	6	65	1	2569.66	35.62
16	16		1				479.75	4.88
90	24	9	30	3	2	3	2132.31	21.53
529	512	2	111	1	62	3	34502.04	656.90
155	137	4	19	2			8693.84	113.00
2		1	8	1	5		856.46	31.00
502	457	31	197	24	72	49	27878.31	331.26
259	259		121	3	93		30512.97	305.04
573	547	21	182	4	81	13	82264.84	1337.31
144	94	19	19		6	5	37543.56	567.57
109	102	2	13	1	6	1	6725.05	177.87
497	486	8	39	2	2	2	19619.31	663.01
96	90	1	37	2		4	10342.85	1990.82
5	5		12	2	2	1	458.63	19.39
1239	1212	38	407	6	267	8	125622.89	370.05

矿产资源采矿许可证发证
Mining Licenses

年份/地区	Year/Region	批准登记发证数（个）							
		合计 Total	能源矿产 Energy Minerals					黑色金属矿产	
				煤 Coal	煤层气 Coal-bed Methane	石油天然气 Oil and Natural Gas	地热 Geothermals	Ferrous Metals	铁矿 Iron
1999①		26608	3042	2380		535	127	618	
2000①		36378	2580	1889		576	115	1009	
2001①		32787	1545	1449		41	31	663	
2002①		29939	2037	1949	1	39	50	278	
2003①		35271	2656	2542	1	47	61	551	
2004②		114749	23007	22227		38	517	4238	3173
2005②		101916	19202	17919	2	634	521	3335	2670
2006②		111350	18229	16702	2	646	654	5105	4452
2007②		96028	12060	10445	2	609	691	3888	3147
2008②		97118	15067	12590	6	1229	701	3567	2829
国土资源部	MLR	1848	1665	430	6	1229		15	12
北京	Beijing	346	178	34			144	9	7
天津	Tianjin	419	264				264		
河北	Hebei	3037	283	219			56	478	463
山西	Shanxi	1327						1	1
内蒙古	Inner Mongolia	1342	670	638			2	289	284
辽宁	Liaoning	4477	649	590			19	405	371
吉林	Jilin	2605	263	243			5	121	108
黑龙江	Heilongjiang	1756	449	449				9	9
上海	Shanghai	94							
江苏	Jiangsu	1689	137	26			20	7	7
浙江	Zhejiang	2484	4	2			1	7	7
安徽	Anhui	5121	200	157			13	176	169
福建	Fujian	2824	405	364			28	121	103
江西	Jiangxi	6438	578	578				120	113
山东	Shandong	5861	332	265				238	217
河南	Henan	3771	737	732			5	172	171
湖北	Hubei	4024	490	477			13	110	102
湖南	Hunan	6285	978	946			3	277	24
广东	Guangdong	1919	45				40	65	62
广西	Guangxi	5103	130	124			4	196	66
海南	Hainan	376						5	2
重庆	Chongqing	2837	960	952			8	31	9
四川	Sichuan	7157	1499	1475			24	109	97
贵州	Guizhou	8432	1475	1344			4	105	48
云南	Yunnan	5741	1468	1432			36	219	166
西藏	Tibet	234	1	1				32	13
陕西	Shaanxi	2905	277	199				42	29
甘肃	Gansu	2732	369	360			9	46	33
青海	Qinghai	313	37	35			2	12	11
宁夏	Ningxia	663	114	113					
新疆	Xinjiang	2958	410	405			1	150	125

注：① 为新发证；② 为登记的有效证。
Notes: ① Newly issued licenses; ② Valid licenses.

情况——按地区分列
Issued by Region

Number of Licenses Issued After Approval and Registration								批准登记面积(平方千米) Registered Area Approved (square kilometer)	采矿权使用费(万元) Mining Right Royalties (10000 yuan)
有色金属矿产 Nonferrous Metals	贵金属矿产 Noble Metals	金矿 Gold	稀有、稀土、稀散元素矿产 Rare Metal, Rare Earth, and Dispersed Elements Minerals	非金属矿产 Nonmetallic Minerals	水泥灰岩 Limestone for Cement	化工矿产 Chemical Minerals	水气矿产 Mineral Water, Groundwater and Carbon Dioxide Gas		
406	650	643	180	21465		203	247	71065.31	4882.49
1071	344	314	14	31055		959	305	291753.79	3426.53
633	319	280	37	29383		713	207	30562.49	35434.22
306	185	148	22	26907		575	202	26230.07	2027.30
499	272	115	73	31036		273	184	20695.78	7327.43
2821	1915	1756	131	81500	6081	2049	1137	61959.44	22190.49
2775	1460	1309	236	73920	6561	1991	988	150302.34	42461.37
2655	1675	1582	234	82360	7007	2583	1092	152999.59	23897.19
2178	1533	1401	275	75121	7184	2269	973	203056.22	21618.92
3063	1601	1495	274	72564	6054	2333	982	308890.23	13175.44
45	38	36	3	71	5	12	11	237138.05	688.93
				109	50		50	287.68	41.15
				142	1		13	21.46	35.10
22	157	145	2	2065	571	195	30	1047.83	201.36
			3	1323	41			89.64	410.02
165	134	116	1	43	6	11	40	14326.22	
129	119	116		3074	126	105	101	6328.93	337.84
31	99	85	19	2023	132	3	49	773.43	177.30
3	3	3		1280			12	652.65	669.00
				79			15	19.45	5.50
5	1	1	37	1468	174	26	34	686.79	310.36
48	10	7		2359	229	7	56	362.34	125.85
158	36	34		4531	96	68	20	2617.76	394.73
110	22	21	7	2086	437	136	73	1419.88	307.02
187	61	54	96	5396	166	120		461.58	463.68
14	249	247	2	4909	153	143	117	3810.36	843.38
231	75	70		2540	148	17	16	3807.30	478.56
61	22	20	2	3306	235	260	33	1564.59	314.43
366	50	49	5	4602	920	45	7	6725.90	845.85
68	6	4	4	1612	195	75	119	550.16	84.16
201	88	84	1	4459	234	265	28	1832.47	1357.26
4	2	2		365	23			45.02	43.55
13			11	1815	393	15	7	1710.33	156.66
149	80	72	22	5238	443	211	60	3459.40	470.73
230	76	76		6528	667	367	18	5068.01	587.80
513	55	47	11	3429	66	56	46	3545.02	531.18
47	2	1		145	8	32	7	1503.35	160.90
57	31	28	25	2466	217	67	7	1402.77	241.51
66	85	85	1	2162	176	26	3	1210.07	324.92
27	8	8		225	35	15	4	3889.43	1075.05
11				534	24	24	4	272.01	278.46
102	92	84	22	2180	83	32	2	2260.33	1213.20

矿产资源勘查许可证及采矿许可证发证情况
Exploration Licenses and Mining Licenses

经济类型	Economic Type	合计 Total	能源矿产 Energy Minerals		
				煤 Coal	煤层气 Coal-bed Methane
总计	**Grand Total**	**133863**	**20460**	**15320**	**158**
勘查许可证	**Exploration Licenses**	**36745**	**5393**	**2730**	**152**
国有企业	State-owned Enterprises	10918	1959	1014	46
集体企业	Collective-owned Enterprises	383	73	45	
股份合作企业	Cooperative Stock Enterprises	459	38	33	
联营企业	Joint Ownership Enterprises	119	25	15	
有限责任公司	Limited Liability Corporations	16877	1330	1203	
股份有限公司	Share Holding Company Limited	2789	1629	128	106
私营企业	Private Enterprises	4463	287	254	
其他企业	Other Enterprises	352	24	18	
合资经营企业（港或澳、台资）	Enterprises of Joint Investment (with Investors from Hong Kong, Macao or Taiwan)	23	1	1	
合作经营企业（港或澳、台资）	Cooperative Enterprises (with Investors from Hong Kong, Macao or Taiwan)	13			
港、澳、台商独资经营企业	Enterprises with Funds Solely from Hong Kong, Macao or Taiwan	27	9	8	
港、澳、台商投资股份有限公司	Share holding Company Limited with Funds from Hong Kong, Macao or Taiwan	3	1	1	
中外合资经营企业	Chinese and Foreign Equity Joint Ventures	59	9	4	
中外合作经营企业	Chinese and Foreign Cooperative Joint Ventures	173			
外资企业	Foreign Funded Enterprises	82	8	6	
外商投资股份有限公司	Foreign-Funded Share Holding Company Limited	5			
采矿许可证	**Mining Licenses**	**97118**	**15067**	**12590**	**6**
国有企业	State-owned Enterprises	3809	1657	1272	2
集体企业	Collective-owned Enterprises	11897	2677	2417	
股份合作企业	Cooperative Stock Enterprises	1212	152	148	
联营企业	Joint Ownership Enterprises	409	64	59	
有限责任公司	Limited Liability Corporations	14913	4658	4335	
股份有限公司	Share Holding Company Limited	3532	1404	298	4
私营企业	Private Enterprises	56948	4092	3849	
其他企业	Other Enterprises	3909	273	167	
合资经营企业（港或澳、台资）	Enterprises of Joint Investment (with Investors from Hong Kong, Macao or Taiwan)	94	18	13	
合作经营企业（港或澳、台资）	Cooperative Enterprises (with Investors from Hong Kong, Macao or Taiwan)	9	4		
港、澳、台商独资经营企业	Enterprises with Funds Solely from Hong Kong, Macao or Taiwan	62	9	6	
港、澳、台商投资股份有限公司	Share Holding Company Limited with Funds from Hong Kong, Macao or Taiwan	11	2	1	
中外合资经营企业	Chinese and Foreign Equity Joint Ventures	170	26	11	
中外合作经营企业	Chinese and Foreign Cooperative Joint Ventures	34	8	2	
外资企业	Foreign Funded Enterprises	65	10	2	
外商投资股份有限公司	Foreign-Funded Share Holding Company Limited	44	13	10	

——按经济类型分列（2008年）
Issued by Economic Type (2008)

批准登记发证数（个）Number of Licenses Issued After Approval and Registration												批准登记面积(平方千米) Registered Area Approved (square kilometer)	探矿权采矿权使用费(万元) Exploration Right and Mining Right Royalties (10000 yuan)
石油天然气 Oil and Natural Gas	地热 Geothermals	黑色金属矿产 Ferrous Metals	铁矿 Iron	有色金属矿产 Nonferrous Metals	贵金属矿产 Noble Metals	金矿 Gold	稀有、稀土、稀散元素矿产 Rare Metal, Rare Earth, and Dispersed Elements Minerals	非金属矿产 Nonmetallic Minerals	水泥灰岩 Limestone for Cement	化工矿产 Chemical Minerals	水气矿产 Mineral Water, Groundwater and Carbon Dioxide Gas		
3269	**1112**	**8619**	**6668**	**18728**	**9262**	**8481**	**500**	**75153**	**6247**	**3192**	**1141**	**9536226.43**	**35695.01**
2040	**411**	**5052**	**3839**	**15665**	**7661**	**6986**	**226**	**2589**	**193**	**859**	**159**	**9227336.20**	**22519.57**
671	212	978	709	3997	3089	2842	64	782	91	183	49	3201833.08	11781.85
	13	64	57	92	104	99	5	39	3	9	6	4191.29	267.64
	5	90	81	195	95	85	4	30	1	12	7	8845.37	251.61
	10	21	18	43	14	13	2	12		2	2	1961.14	49.40
	109	2711	2047	8370	3192	2919	120	1084	63	355	70	329455.16	8071.23
1369	18	161	125	538	336	302	6	110	11	53	9	5599932.83	522.40
	31	920	716	2164	579	501	22	480	18	236	11	63319.24	1299.96
	6	91	72	157	52	43	3	24		7	1	4919.89	138.86
		6	6	6	9	8		1		1		595.62	9.97
				1	11	10		1				286.68	14.43
	1	1	1	7				8	1	1	2	803.44	5.08
				1				1	1			299.24	0.50
	5	6	6	21	20	18		3	2			1676.94	30.86
		1		38	124	116		9	1		1	5767.81	55.69
	1	1		35	33	27		4	1		1	3403.33	18.51
		1	1		3	3		1				45.15	1.58
1229	**701**	**3567**	**2829**	**3063**	**1601**	**1495**	**274**	**72564**	**6054**	**2333**	**982**	**308890.23**	**13175.44**
171	182	227	174	260	282	268	69	1184	205	142	130	51965.34	2961.03
	88	468	374	331	285	273	30	7996	566	277	110	3924.44	827.09
	3	61	39	68	27	26	2	890	205	27	12	352.46	122.70
	3	38	31	27	22	21	2	251	16	23	5	167.46	30.11
	253	1518	1203	1414	678	623	45	6136	601	695	464	31191.15	3089.21
1058	12	134	99	201	123	117	17	1597	210	157	56	202466.36	549.36
	25	1040	858	702	138	128	69	50776	4123	950	131	17490.58	5126.91
	99	45	38	28	25	19	37	3497	89	49	4	492.79	403.98
	5	25	7	9	1	1		37	4	3	4	242.37	21.90
	4							3			2	3.70	0.57
	3	2	2	1	1	1		41	5	3	8	58.96	7.82
	1			4				4		1	1	6.15	0.50
	15	7	4	12	6	6	3	86	16	1	30	202.56	17.38
	6	1		4	11	10		6		1	4	98.41	2.43
	1	1		1	1	1		42	11	4	10	55.23	4.95
	1			1	1	1		18	3		11	172.26	9.50

矿产资源勘查许可证及采矿许可证发证情况
Exploration Licenses and Mining Licenses Issued

登记类别	Registration Category	批准登记发证数（个）								
		合计 Total	能源矿产 Energy Minerals					黑色金属矿产 Ferrous Metals		有色金属矿产 Nonferrous Metals
				煤 Coal	煤层气 Coal-bed Methane	石油天然气 Oil and Natural Gas	地热 Geothermals		铁矿 Iron	
总 计	**Grand total**	**133863**	**20460**	**15320**	**158**	**3269**	**1112**	**8619**	**6668**	**18728**
勘查许可证	**Exploration Licenses**	**36745**	**5393**	**2730**	**152**	**2040**	**411**	**5052**	**3839**	**15665**
新立	Newly Created	3673	445	296	42	79	23	723	585	1376
变更	Changed	13505	2825	1494	68	1186	61	1925	1540	5765
延续	Renewed	7766	621	69		396	150	579	340	4449
其他	Others	11801	1502	871	42	379	177	1825	1374	4075
采矿许可证	**Mining Licenses**	**97118**	**15067**	**12590**	**6**	**1229**	**701**	**3567**	**2829**	**3063**
新立	Newly Created	10395	2170	2114		4	31	604	504	460
变更	Changed	38168	8322	6797	4	748	411	1813	1486	1729
延续	Renewed	11270	1127	524	2	448	39	431	301	340
其他	Others	37285	3448	3155		29	220	719	538	534

——按登记类别分列（2008年）
by Registration Category (2008)

Number of Licenses Issued After Approval and Registration							批准登记面积（平方千米） Registered Area Approved (square kilometer)	探矿权采矿权使用费（万元） Exploration Right and Mining Right Royalties (10000 yuan)
贵金属矿产 Noble Metals	金矿 Gold	稀有、稀土、稀散元素矿产 Rare Metal, Rare Earth, and Dispersed Elements Minerals	非金属矿产 Nonmetallic Minerals	水泥灰岩 Limestone for Cement	化工矿产 Chemical Minerals	水气矿产 Mineral Water, Groundwater and Carbon Dioxide Gas		
9262	**8481**	**500**	**75153**	**6247**	**3192**	**1141**	**9536226.43**	**35695.01**
7661	**6986**	**226**	**2589**	**193**	**859**	**159**	**9227336.20**	**22519.57**
821	738	21	280	23	104	7	459349.56	9040.58
1925	1751	55	972	54	415	38	5487992.97	6693.98
1467	1358	78	507	56	134	65	1561678.08	1533.95
3448	3139	72	830	60	206	49	1718315.59	5251.06
1601	**1495**	**274**	**72564**	**6054**	**2333**	**982**	**308890.23**	**13175.44**
287	271	42	6777	868	316	55	16946.17	2417.77
875	813	105	24644	1640	1081	680	183525.60	5260.46
124	111	22	9178	791	240	48	88332.20	1925.77
315	300	105	31965	2755	696	199	20086.26	3571.44

探矿权、采矿权出让

Exploration Rights and Mining

单位：宗、万元

年份/地区	Year/Region	探矿权 Exploration Rights									
		小计 Subtotal		申请审批 Examination and Approval of Application		招标 Granting Through Bidding		拍卖 Granting Through Auction		挂牌 Granting Through Listing	
		宗数 No. of Grantings	合同金额 Contracted Amount	宗数 No. of Grantings	合同金额 Contracted Amount	宗数 No. of Grantings	合同金额 Contracted Amount	宗数 No. of Grantings	合同金额 Contracted Amount	宗数 No. of Grantings	合同金额 Contracted Amount
2003		2915	99333.94	2666	74888.12	7	441.72	38	10037.20	204	13966.90
2004		5234	149784.24	4786	84683.51	1	158.00	108	28425.92	339	36516.81
2005		6002	146743.49	5657	54975.83	5	1335.00	99	62408.98	241	28023.68
2006		3182	514745.55	2651	160301.97	164	9847.80	114	321556.15	253	23039.63
2007		2970	291619.35	2259	101593.57	2	89.00	140	129253.00	569	60683.78
2008		2529	343303.05	1915	45015.49	7	6195.22	67	96961.60	540	195130.74
国土资源部	MLR	578	12239.19	577	3739.19			1	8500.00		
北京	Beijing	3	53.00	3	53.00						
天津	Tianjin	7	500.48	7	500.48						
河北	Hebei	7	449.00	2	53.00			2	128.00	3	268.00
山西	Shanxi										
内蒙古	Inner Mongolia	408	67330.20	43	1136.78	4	1150.92			361	65042.50
辽宁	Liaoning	10	2436.50	1	102.00			8	1034.50	1	1300.00
吉林	Jilin	33	6979.00	1	80.00					32	6899.00
黑龙江	Heilongjiang	288	5774.35	287	5736.05					1	38.30
上海	Shanghai										
江苏	Jiangsu	2	155.58	1	99.28	1	56.30				
浙江	Zhejiang	130	2685.02	121				3	1611.00	6	1074.02
安徽	Anhui	9	15314.79	6	11879.79			2	2769.00	1	666.00
福建	Fujian	37	10658.50			1	1988.00	16	6565.60	20	2104.90
江西	Jiangxi	1	3.00							1	3.00
山东	Shandong	6	1436.77	4	1278.77					2	158.00
河南	Henan	68	1432.96	65	1198.96					3	234.00
湖北	Hubei	6	17248.77	5	1048.77			1	16200.00		
湖南	Hunan	53	36195.00	13				9	12594.00	31	23601.00
广东	Guangdong	33	3120.00	31		1	3000.00			1	120.00
广西	Guangxi	134	1001.68	130	485.18					4	516.50
海南	Hainan	245	6705.00	242						3	6705.00
重庆	Chongqing										
四川	Sichuan	35	44885.62					18	32496.20	17	12389.42
贵州	Guizhou	277	16089.50	267				5	15056.00	5	1033.50
云南	Yunnan	5	22.98							5	22.98
西藏	Tibet	1		1							
陕西	Shaanxi	94	68363.00	78						16	68363.00
甘肃	Gansu	6	3254.14	5	3226.54					1	27.60
青海	Qinghai	24	15300.00	10	10762.00					14	4538.00
宁夏	Ningxia	14	33.32					2	7.30	12	26.02
新疆	Xinjiang	15	3635.70	15	3635.70						

情况——按地区分列
Rights Granted by Region

Unit: 10000 yuan

采矿权 Mining Rights									
小计 Subtotal		申请审批 Examination and Approval of Application		招标 Granting Through Bidding		拍卖 Granting Through Auction		挂牌 Granting Through Listing	
宗数 No. of Grantings	合同金额 Contracted Amount	宗数 No. of Grantings	合同金额 Contracted Amount	宗数 No. of Grantings	合同金额 Contracted Amount	宗数 No. of Grantings	合同金额 Contracted Amount	宗数 No. of Grantings	合同金额 Contracted Amount
26047	490828.61	15015	265101.02	2647	10259.11	1133	124301.92	7252	91166.56
33170	814320.09	20286	395185.62	2400	13572.07	898	268046.60	9586	137515.80
34995	971334.33	21831	537968.23	2146	24089.23	875	264843.30	10143	144433.57
34555	1117580.53	19919	695200.32	2797	26852.60	701	238818.81	11138	156708.80
25685	1462491.70	15398	1157998.99	1598	30460.32	576	109509.87	8113	164522.52
24052	1488322.97	14924	886668.36	1379	88837.59	480	100634.31	7269	257940.71
37	203865.58	37	203865.58						
16	216.00	16	216.00						
106	167089.97	35	786.64					71	12061.33
400	1542.29	218	565.01	16	12.45	33	467.90	133	496.93
1342	19305.70	910	11069.04			11	56.00	421	8180.66
1500	33567.86	1434	29887.58			7	1340.00	59	2340.28
1412	74363.55	40	123.01	1304	73174.13			68	1066.41
1756	69879.18	1756	69879.18						
1260	24224.98	116	17317.36	2	0.60	38	64.00	1104	6843.02
892	80425.09	373	21209.66	16	2229.83	29	9275.11	474	47710.49
49	65002.97	49	65002.97						
573	27653.32	440	20772.60			5	708.90	128	6171.82
814	106909.71	461	86218.89			6	108.50	347	20582.32
1906	25741.31	1401	5859.63	2	74.80	54	3450.81	449	16356.07
799	92978.56	497	78354.41					302	14624.15
1384	30242.60	1262	20927.29	7	75.40	3	7630.00	112	1609.91
1915	69017.34	1424	58059.94	14	181.78	39	7349.10	438	3426.52
505	85036.03	355	8546.53			1	58600.00	149	17889.50
2162	17491.06	1725	10950.46	5	3843.08	5	59.90	427	2637.62
128	6762.08	5	2120.40	5	289.80	1	3180.00	117	1171.88
1071	18772.47	653	1564.57	3	18.92	2	0.58	413	17188.40
729	26735.47	153	2399.88			189	6068.88	387	18266.71
666	24114.17	244	10161.44			16	76.70	406	13876.03
552	17142.41	53	888.66	5	8936.80	8	1154.18	486	6162.77
46		46							
468	35399.48	274	500.17			25	11.50	169	34887.81
370	11453.87	24	7964.70			3	710.58	343	2778.59
140	10772.85	54	9891.93			1	304.00	85	576.92
212	1293.21	55	953.35					157	339.86
842	141323.86	814	140611.48			4	17.67	24	694.71

探矿权、采矿权出让情况
Exploration Rights and Mining

单位：宗、万元

矿种	Mineral	探矿权 Exploration Rights							
		小计 Subtotal		申请审批 Examination and Approval of Application		招标 Granting Through Bidding		拍卖 Granting Through Auction	
		宗数 No. of Grantings	合同金额 Contracted Amount	宗数 No. of Grantings	合同金额 Contracted Amount	宗数 No. of Grantings	合同金额 Contracted Amount	宗数 No. of Grantings	合同金额 Contracted Amount
总　计	**Total**	**2529**	**343303.05**	**1915**	**45015.49**	**7**	**6195.22**	**67**	**96961.60**
煤	Coal	35	79815.97	33	6315.97			1	8500.00
油页岩	Oil Shale	3	4880.00						
石煤	Stone Coal								
油砂	Oil Sands	3	228.00	1					
天然沥青	Natural Asphalt	1	400.00					1	400.00
地热	Geothermals	34	1914.24	23	672.49	1	56.30	5	848.00
天然气水合物	Natural Gas Hydrate								
铁矿	Iron	129	47783.23	64	10829.23	1	3000.00	15	20965.00
锰矿	Manganese	56	2392.27	48	37.27			2	2162.00
铬铁矿	Chromite	1		1					
钛矿	Titanium	6	952.74	5	898.74				
钒矿	Vanadium	5		5					
铜矿	Copper	395	34324.19	344	17534.19			7	9594.00
铅矿	Lead	314	14231.86	297	2979.86			4	4195.00
锌矿	Zinc	50	501.89	46	156.37				
铅锌矿	Lead-Zinc	274	5976.10	260	1223.10			1	21.00
多金属矿	Polymetallic Ore	323	49571.31	59	128.31			2	8105.00
铝土矿	Bauxite	11	14640.01	8	0.01			3	14640.00
镍矿	Nickel	14	406.45	8	34.45				
钴矿	Cobalt	6		6					
钨矿	Tungsten								
锡矿	Tin	27	441.00	24					
钼矿	Molybdenum	116	20569.21	115	481.21				
汞矿	Mercury								
锑矿	Antimony	23	2165.00	12				1	321.00
金矿	Gold	386	5050.94	365	2569.44			5	1002.50
银矿	Silver	17	852.49	10	79.49			1	390.00
铌钽矿	Nb-ta Ore	31		31					
铌矿	Niobium Ore	1		1					
钽矿	Tantalum Ore								
铍矿	Beryllium Ore								
锂矿	Lithium	2	3748.15	1	248.15			1	3500.00
锆矿	Zirconium	2	6300.00						
锶矿	Strontium								

——按矿种分列（2008年）
Rights Granted by Mineral (2008)

Unit: 10000 yuan

挂牌 Granting Through Listing		采矿权 Mining Rights									
		小计 Subtotal		申请审批 Examination and Approval of Application		招标 Granting Through Bidding		拍卖 Granting Through Auction		挂牌 Granting Through Listing	
宗数 No. of Grantings	合同金额 Contracted Amount	宗数 No. of Grantings	合同金额 Contracted Amount	宗数 No. of Grantings	合同金额 Contracted Amount	宗数 No. of Grantings	合同金额 Contracted Amount	宗数 No. of Grantings	合同金额 Contracted Amount	宗数 No. of Grantings	合同金额 Contracted Amount
540	**195130.74**	**24052**	**1334080.97**	**14924**	**886668.36**	**1379**	**88837.59**	**480**	**100634.31**	**7269**	**257940.71**
1	65000.00	1369	627765.57	1026	537553.22	64	29714.90	4	906.00	275	59591.45
3	4880.00	54	4518.65	30	2360.00	2	1452.67	2	82.00	20	623.98
		30	2716.74	20	629.93			2	400.00	8	1686.81
2	228.00										
5	337.45	54	1382.03	44	970.05	4	45.53			6	366.45
		6	0.60	6	0.60						
49	12989.00	272	120048.80	230	85515.26	16	30362.43	8	1388.00	18	2783.11
6	193.00	68	2096.93	45	998.97			9	580.00	14	517.96
1	54.00	3	181.90	1						2	181.90
		2	1150.16	1	871.74					1	278.42
44	7196.00	74	78778.87	66	72480.13	1	22.94	2	1923.80	5	4352.00
13	7057.00	51	958.54	50	912.54					1	46.00
4	345.52	5	110.27	4	108.35					1	1.92
13	4732.00	64	7241.92	54	5929.31			1	1148.00	9	164.61
262	41338.00	57	2442.60	20	1553.22					37	889.38
		27	7913.03	26	7765.75					1	147.28
6	372.00	5	104.10	3		2	104.10				
		6	15377.26	5	1673.05					1	13704.21
3	441.00	11	916.39	11	916.39						
1	20088.00	10	64514.66	9	5914.66			1	58600.00		
		4	350.90							4	350.90
10	1844.00	5	397.58	2	151.79			3	245.79		
16	1479.00	142	24210.07	106	18178.29	20	5292.34	3	287.20	13	452.24
6	383.00	5	2990.17	3	2867.44					2	122.73
		1	1541.74	1	1541.74						
		1	102.19	1	102.19						
		4	653.21	2	304.21			1	231.00	1	118.00
2	6300.00	4	5157.00	1	1968.00			1	3180.00	2	9.00
		1	11.33							1	11.33

探矿权、采矿权出让情况
Exploration Rights and Mining

单位：宗、万元

矿种	Mineral	探矿权 Exploration Rights							
		小计 Subtotal		申请审批 Examination and Approval of Application		招标 Granting Through Bidding		拍卖 Granting Through Auction	
		宗数 No. of Grantings	合同金额 Contracted Amount	宗数 No. of Grantings	合同金额 Contracted Amount	宗数 No. of Grantings	合同金额 Contracted Amount	宗数 No. of Grantings	合同金额 Contracted Amount
轻稀土矿	Light Rare Earths	1	1988.00			1	1988.00		
矽线石	Sillimanite								
红柱石	Andalusite	2	73.30	1	35.00				
菱镁矿	Magnesite	6	253.00	1	1.00				
萤石(普通)	Fluorite (Common)	53	1274.74	46	35.74				
熔剂用石灰岩	Limestone for Flux	4	100.00						
冶金用白云岩	Metallurgical, Dolomite								
冶金用石英岩	Metallurgical, Quartzite	1	8.00						
冶金用砂岩	Sandstone for Metallurgy								
铸型用砂岩	Sandstone for Casting								
铸型用砂	Sand for Casting								
冶金用脉石英	Metallurgical, Vein Quartz								
耐火粘土	Fireclay								
铁矾土	Ferruginous Bauxite								
铸型用粘土	Clay for Casting								
硫铁矿	Greigite	29	744.59	25	291.09			2	350.00
钠硝石	Nitratite								
明矾石	Alunite								
芒硝(含钙芒硝)	Mirabilite (Including Glauberite)	1	99.28	1	99.28				
重晶石	Barite								
毒重石	Witherite								
颜料黄土	Sienna								
石灰岩	Limestone								
电石石灰岩	Tourmaline Limestone								
制碱石灰岩	Limestone for Alkali								
化肥用石灰岩	Limestone for Fertilizer	3	2795.00					2	2745.00
化肥用白云岩	Dolomite for Fertilizer								
化肥用石英岩	Quartzite for Fertilizer								
含钾岩石	K-Bearing Rock	1	25.00						
化肥用蛇纹岩	Serpentinite for Fertilizer								
泥炭	Peat								
岩盐	Halite	3	802.00	1					
湖盐	Lake Salt								
天然卤水	Natural Brine								
钾盐	Potash	1		1					
溴矿	Bromine								

——按矿种分列（2008年） 续表1

Rights Granted by Mineral (2008)　Continued 1

Unit: 10000 yuan

		采　矿　权 Mining Rights									
挂牌 Granting Through Listing		小计 Subtotal		申请审批 Examination and Approval of Application		招标 Granting Through Bidding		拍卖 Granting Through Auction		挂牌 Granting Through Listing	
宗数 No. of Grantings	合同金额 Contracted Amount	宗数 No. of Grantings	合同金额 Contracted Amount	宗数 No. of Grantings	合同金额 Contracted Amount	宗数 No. of Grantings	合同金额 Contracted Amount	宗数 No. of Grantings	合同金额 Contracted Amount	宗数 No. of Grantings	合同金额 Contracted Amount
		2	132.05	2	132.05						
		2	26.75	1	20.26					1	6.49
1	38.30	1	36.00							1	36.00
5	252.00	20	300.51	20	300.51						
7	1239.00	383	3438.69	328	1331.94	1	10.69	1	304.00	53	1792.06
4	100.00	23	309.45	6	76.78	14	74.35			3	158.32
		49	1197.84	33	321.24			1	18.00	15	858.60
1	8.00	83	1548.55	49	558.82			2	10.58	32	979.15
		10	50.52	8	12.02			1	20.00	1	18.50
		4	12.45	3	1.10					1	11.35
		31	810.39	18	53.65					13	756.74
		35	310.12	22	139.76	5	49.27	2	14.00	6	107.09
		226	2118.33	177	236.24	4	89.36	7	219.77	38	1572.96
		3	352.10							3	352.10
		99	68.36	65	62.13					34	6.23
2	103.50	27	6178.93	26	6078.82					1	100.11
		2	1834.40	1	236.74			1	1597.66		
		1	24.31	1	24.31						
		2	750.16	2	750.16						
		92	1321.68	35	685.10	4	24.98			53	611.60
		1	18.00							1	18.00
		8	2.20			8	2.20				
		21	3717.70	21	3717.70						
		5	1395.60					5	1395.60		
		21	441.10	18	334.90					3	106.20
1	50.00	23	2366.01	23	2366.01						
		2	305.43	2	305.43						
		14	93.86	13	68.96					1	24.90
1	25.00	5	115.85	1	2.00					4	113.85
		1	86.16	1	86.16						
		5	778.39	5	778.39						
2	802.00	7	20896.28	5	10193.28					2	10703.00
		6	1310.02	6	1310.02						
		110	271.19	110	271.19						
		1		1							
		20	36.00	20	36.00						

探矿权、采矿权出让情况
Exploration Rights and Mining

单位：宗、万元

矿种	Mineral	探矿权 Exploration Rights							
		小计 Subtotal		申请审批 Examination and Approval of Application		招标 Granting Through Bidding		拍卖 Granting Through Auction	
		宗数 No. of Grantings	合同金额 Contracted Amount	宗数 No. of Grantings	合同金额 Contracted Amount	宗数 No. of Grantings	合同金额 Contracted Amount	宗数 No. of Grantings	合同金额 Contracted Amount
硼矿	Boron								
磷矿	Phosphate Rock	6	16200.00	5				1	16200.00
石墨	Graphite								
硅灰石	Wollastonite	4	527.57					1	500.00
滑石	Talc								
石棉(温石棉)	Asbestos								
云母	Mica								
长石	Feldspar	2	24.00						
石榴子石	Garnet	1		1					
叶蜡石	Pyrophyllite	2	1267.40					1	1250.00
透辉石	Diopside								
蛭石	Vermiculite								
沸石	Zeolite	1	15.93	1	15.93				
石膏	Gypsum								
方解石	Calcite	2	13.07	2	13.07				
光学萤石	Optical Fluorite								
宝石	Gem								
玻璃用灰岩	Limestone for Glass								
水泥用灰岩	Limestone for Cement	25	13322.19	4	11.42			3	988.20
建筑石料用灰岩	Limestone for Building Stone	17	781.77	13				2	115.00
饰面用灰岩	Facing Limestone								
制灰用灰岩	Limestone for Mortar	1	1.00	1	1.00				
泥灰岩	Marlstone								
玻璃用白云岩	Dolomite for Glass								
建筑用白云岩	Dolomite for Building	3	18.78						
砖瓦用砂岩	Sandstone for Bricks and Tiles								
玻璃用石英岩	Quartzite for Glass								
玻璃用砂岩	Sandstone for Glass								
水泥配料用砂岩	Sandstone for Cement								

——按矿种分列（2008年） 续表 2
Rights Granted by Mineral (2008) Continued 2

Unit: 10000 yuan

挂牌 Granting Through Listing		采矿权 Mining Rights									
		小计 Subtotal		申请审批 Examination and Approval of Application		招标 Granting Through Bidding		拍卖 Granting Through Auction		挂牌 Granting Through Listing	
宗数 No. of Grantings	合同金额 Contracted Amount	宗数 No. of Grantings	合同金额 Contracted Amount	宗数 No. of Grantings	合同金额 Contracted Amount	宗数 No. of Grantings	合同金额 Contracted Amount	宗数 No. of Grantings	合同金额 Contracted Amount	宗数 No. of Grantings	合同金额 Contracted Amount
		22	291.04	22	291.04						
		11	4113.60	10	1113.60					1	3000.00
		21	1127.96	16	973.91	1	62.17			4	91.88
3	27.57	85	1753.06	68	821.09	7	529.27			10	402.70
		52	527.40	44	439.85					8	87.55
		3	638.03	3	638.03						
		6	3912.01	4	111.08					2	3800.93
2	24.00	82	1819.30	53	481.98	1	341.80			28	995.52
		2	31.27	1	16.27					1	15.00
1	17.40	18	227.95	11	176.75					7	51.20
		5	206.00	5	206.00						
		1	4.52							1	4.52
		8	180.06	5	22.20	2	142.52			1	15.34
		58	11800.16	38	10611.34	1	2.60	2	766.08	17	420.14
		199	1252.88	82	379.85	9	81.00	2	11.70	106	780.33
		1		1							
		22	322.68	22	322.68						
		16	79.36	3	35.86	12	9.90			1	33.60
18	12322.57	851	55672.38	486	13072.31	34	8971.49	20	2995.56	311	30633.02
2	666.77	4650	59105.77	3114	22262.71	50	620.02	63	10396.84	1423	25826.20
		6	77.80							6	77.80
		92	3664.56	57	611.25	7	39.61			28	3013.70
		23	205.90	7	25.50					16	180.40
		11	98.69	8	1.65					3	97.04
3	18.78	136	2666.60	78	474.54	1	22.75	4	911.00	53	1258.31
		191	897.88	86	121.28			33	246.90	72	529.70
		37	494.17	21	94.91			2	25.90	14	373.36
		3	57.42							3	57.42
		91	13069.26	61	4129.17					30	8940.09

探矿权、采矿权出让情况
Exploration Rights and Mining

单位：宗、万元

矿种	Mineral	探矿权 Exploration Rights							
		小计 Subtotal		申请审批 Examination and Approval of Application		招标 Granting Through Bidding		拍卖 Granting Through Auction	
		宗数 No. of Grantings	合同金额 Contracted Amount	宗数 No. of Grantings	合同金额 Contracted Amount	宗数 No. of Grantings	合同金额 Contracted Amount	宗数 No. of Grantings	合同金额 Contracted Amount
陶瓷用砂岩	Sandstone for Ceramics								
玻璃用砂	Sand for Glass								
建筑用砂	Sand for Building	5	14.40					2	7.30
水泥配料用砂	Sand for Cement								
水泥标准砂	Cement Standard Sand								
砖瓦用砂	Sand for Bricks and Tiles								
玻璃用脉石英	Vein Quartz for Glass	5	114.60					2	30.60
粉石英	Powdery Quartz								
硅藻土	Diatomite	2	1.00	2	1.00				
陶粒页岩	Haydite Shale								
砖瓦用页岩	Shale for Bricks and Tiles	1	1.00	1	1.00				
水泥配料用页岩	Shale for Cement								
高岭土	Kaolin	4	414.00	1				1	121.00
陶瓷土	Ceramic Clay	3	159.24	1	135.56				
凹凸棒石粘土	Attapulgite Clay								
伊利石粘土	Illite Clay								
膨润土	Bentonite	2	39.00						
砖瓦用粘土	Clay for Bricks and Tiles	20		20					
陶粒用粘土	Haydite Clay								
水泥配料用粘土	Clay for Cement								
水泥配料用红土	Laterite for Cement								
水泥配料用泥岩	Mudrock for Cement								
保温材料用粘土	Clay for Insulation	1	4.02						
建筑用橄榄岩	Peridotite for Building								
蛇纹岩	Serpentinite								
玄武岩	Basalt	34	4991.62	12	173.20	4	1150.92		
铸石用玄武岩	Basalt for Casting								
辉绿岩	Diabase								
建筑用辉绿岩	Diabase for Building								
饰面用辉绿岩	Facing Diabase								
安山岩	Andesite								
建筑用安山岩	Andesite for Building								

——按矿种分列（2008年） 续表3

Rights Granted by Mineral (2008) Continued 3

Unit: 10000 yuan

		采 矿 权 Mining Rights									
挂牌 Granting Through Listing		小计 Subtotal		申请审批 Examination and Approval of Application		招标 Granting Through Bidding		拍卖 Granting Through Auction		挂牌 Granting Through Listing	
宗数 No. of Grantings	合同金额 Contracted Amount	宗数 No. of Grantings	合同金额 Contracted Amount	宗数 No. of Grantings	合同金额 Contracted Amount	宗数 No. of Grantings	合同金额 Contracted Amount	宗数 No. of Grantings	合同金额 Contracted Amount	宗数 No. of Grantings	合同金额 Contracted Amount
		32	1270.91	23	531.88			1	188.00	8	551.03
		29	170.40	14	86.66					15	83.74
3	7.10	1871	17419.89	862	2650.90	209	4258.47	32	2240.38	768	8270.14
		8	81.20							8	81.20
		8	140.68	1	10.00					7	130.68
		89	677.32	52	337.21	1	1.80	2	19.80	34	318.51
3	84.00	33	2010.15	8	286.29	2	9.00	3	54.00	20	1660.86
		9	44.39	3	10.68	2	17.81			4	15.90
		2	159.28			2	159.28				
		3	673.44	2	12.25					1	661.19
		1358	8482.67	603	2586.93	9	38.77	101	924.17	645	4932.80
		35	598.32	13	245.66	1	7.52			21	345.14
2	293.00	66	3856.06	29	2088.81			3	663.00	34	1104.25
2	23.68	161	2434.70	88	805.16	1	6.55	3	54.25	69	1568.74
		2	37.67	1	34.60					1	3.07
		3	98.88	2	7.88	1	91.00				
2	39.00	38	854.19	28	471.19					10	383.00
		6053	12272.70	3727	7813.35	575	574.93	44	303.43	1707	3580.99
		10	613.45	3	1.25					7	612.20
		37	1012.15	9	125.70	1	1.34	1	18.00	26	867.11
		5	18.10	4	15.00					1	3.10
		18	209.44	3	67.24					15	142.20
1	4.02	18	16.18	18	16.18						
		1	33.54	1	33.54						
		5	10.50	5	10.50						
18	3667.50	183	2789.44	62	197.01	32	192.45	15	535.00	74	1864.98
		1	25.50			1	25.50				
		47	989.15	14	172.09	1	2.85	2	20.48	30	793.73
		42	123.52	30	92.78	1	2.74			11	28.00
		12	572.05	7	56.05					5	516.00
		168	751.86	126	494.79	11	124.64			31	132.43
		92	1040.28	3	12.88	65	490.91			24	536.49

探矿权、采矿权出让情况
Exploration Rights and Mining

单位：宗、万元

矿种	Mineral	探矿权 Exploration Rights							
		小计 Subtotal		申请审批 Examination and Approval of Application		招标 Granting Through Bidding		拍卖 Granting Through Auction	
		宗数 No. of Grantings	合同金额 Contracted Amount	宗数 No. of Grantings	合同金额 Contracted Amount	宗数 No. of Grantings	合同金额 Contracted Amount	宗数 No. of Grantings	合同金额 Contracted Amount
闪长岩	Diorite	1	20.00						
建筑用闪长岩	Diorite for Building								
花岗岩	Granite								
建筑用花岗岩	Granite for Building								
饰面用花岗岩	Facing Granite								
麦饭石	Medical Stone								
黑曜岩	Obsidian								
松脂岩	Pitch Stone								
浮石	Float-Stone								
水泥用粗面岩	Trachyte for Cement								
霞石正长岩	Nepheline Syenite								
凝灰岩	Tuff								
玻璃用凝灰岩	Tuff for Glass								
水泥用凝灰岩	Tuff for Cement								
建筑用凝灰岩	Tuff for Building	7	12.58						
大理石	Marble	2	1.36	2	1.36				
饰面用大理石	Facing Marble								
建筑用大理石	Marble for Building								
水泥用大理石	Marble for Cement	2	5.70	2	5.70				
板岩	Slate								
饰面用板岩	Facing Slate								
水泥配料用板岩	Slate for Cement								
片麻岩	Gneiss								
角闪岩	Amphibolite								
片石	Rubble								
矿泉水	Mineral Water	4	43.86	2	4.86			1	11.00
地下水	Groundwater	2	1.00	2	1.00				

——按矿种分列（2008年） 续表4
Rights Granted by Mineral (2008) Continued 4

Unit: 10000 yuan

		采　矿　权 Mining Rights									
挂牌 Granting Through Listing		小计 Subtotal		申请审批 Examination and Approval of Application		招标 Granting Through Bidding		拍卖 Granting Through Auction		挂牌 Granting Through Listing	
宗数 No. of Grantings	合同金额 Contracted Amount	宗数 No. of Grantings	合同金额 Contracted Amount	宗数 No. of Grantings	合同金额 Contracted Amount	宗数 No. of Grantings	合同金额 Contracted Amount	宗数 No. of Grantings	合同金额 Contracted Amount	宗数 No. of Grantings	合同金额 Contracted Amount
1	20.00	32	231.60	24	179.60	3	4.00			5	48.00
		33	214.51	3	16.68	24	102.62			6	95.21
		395	3362.47	300	1968.77	17	36.62	5	61.30	73	1295.78
		1162	15241.91	790	7159.60	100	772.00	4	3362.30	268	3948.01
		458	6736.11	357	3253.18	6	326.57	3	321.80	92	2834.56
		9	37.82	3	6.00					6	31.82
		9	104.71	7	9.11					2	95.60
		2	94.95							2	94.95
		2	19.64	1	3.84					1	15.80
		7	94.66							7	94.66
		1	13.80	1	13.80						
		58	247.13	29	98.57	6	4.00			23	144.56
		1	2.74			1	2.74				
		30	3647.62							30	3647.62
7	12.58	529	41668.77	223	13378.30	11	2112.27	59	3017.82	236	23160.38
		95	7910.82	46	367.88	1	2.00	7	491.00	41	7049.94
		18	290.88	10	173.52					8	117.36
		186	1484.19	157	954.64	13	103.80	7	302.40	9	123.35
		32	119.28	29	86.30	3	32.98				
		26	82.61	6	4.29			3	9.90	17	68.42
		14	21.11	13	18.91					1	2.20
		12	2.40	12	2.40						
		62	146.07	37	36.53					25	109.54
		10	221.34	6	130.54	2	74.80			2	16.00
		3	9.45	3	9.45						
1	28.00	44	2000.07	30	328.64	7	1188.74	2	141.90	5	340.79

探矿权、采矿权转让
Exploration Rights and Mining

单位：宗、万元

年份/地区	Year/Region	探矿权 Exploration Rights					
		小计 Subtotal		出售 Sale		作价出资 Investment with Rights Value	
		宗数 No. of Transfers	价款 Price Value	宗数 No. of Transfers	价款 Price Value	宗数 No. of Transfers	价款 Price Value
1999		197	20385.40	11	16273.00	15	4091.40
2000		45	35132.59	23	7287.22	18	27845.37
2001		54	10705.82	37	4819.67	10	5785.15
2002		163	53705.76	130	32245.14	21	16908.62
2003		493	95282.77	449	73037.14	26	14738.49
2004		711	269107.92	568	228522.58	114	32441.83
2005		675	204861.62	566	173383.23	49	8210.91
2006		897	296204.61	667	196922.62	95	67770.49
2007		1578	680896.11	1426	504530.26	125	175665.80
2008		1379	816339.24	1099	575411.28	165	228548.04
国土资源部	MLR	42		3		14	
北　京	Beijing						
天　津	Tianjin						
河　北	Hebei	70	5499.72	70	5499.72		
山　西	Shanxi	216	11621.13	154	6437.96	5	560.00
内蒙古	Inner Mongolia						
辽　宁	Liaoning	38	58147.48	29	2503.84	9	55643.64
吉　林	Jilin						
黑龙江	Heilongjiang						
上　海	Shanghai						
江　苏	Jiangsu	3	18151.21			3	18151.21
浙　江	Zhejiang	5	2139.00	3	2139.00		
安　徽	Anhui	39	39987.48	38	11567.48	1	28420.00
福　建	Fujian	110	70145.96	107	62606.26	3	7539.70
江　西	Jiangxi	10	59080.27	10	59080.27		
山　东	Shandong	55	245522.67	39	163259.08	16	82263.59
河　南	Henan	26	2065.00	26	2065.00		
湖　北	Hubei	12	8723.20	11	8577.00		
湖　南	Hunan	12	2847.99	12	2847.99		
广　东	Guangdong	24	3378.21	24	3378.21		
广　西	Guangxi	195	62895.98	177	57829.25	17	5027.18
海　南	Hainan	17	1867.00	1	10.00	13	1572.00
重　庆	Chongqing	2	50.00	1	20.00	1	30.00
四　川	Sichuan	64	59507.04	39	43580.98	19	12091.06
贵　州	Guizhou						
云　南	Yunnan	277	36531.37	213	30660.37	44	2420.00
西　藏	Tibet	22	7293.00	22	7293.00		
陕　西	Shaanxi	84	97108.69	66	82284.69	18	14824.00
甘　肃	Gansu	37	9958.66	35	9953.00	2	5.66
青　海	Qinghai	18	11218.18	18	11218.18		
宁　夏	Ningxia	1	2600.00	1	2600.00		
新　疆	Xinjiang						

情况——按地区分列
Rights Transferred by Region

Unit: 10000 yuan

		采矿权 Mining Rights							
其他 Others		小计 Subtotal		出售 Sale		作价出资 Investment with Rights Value		其他 Others	
宗数 No. of Transfers	价款 Price Value	宗数 No. of Transfers	价款 Price Value	宗数 No. of Transfers	价款 Price Value	宗数 No. of Transfers	价款 Price Value	宗数 No. of Transfers	价款 Price Value
171	21.00	540	11558.78	174	9741.18	5	1330.00	361	487.60
4		253	123301.03	156	25649.14	41	92697.99	56	4953.90
7	101.00	509	140950.60	444	114956.50	32	20665.17	33	5328.88
13	4552.00	2388	312949.32	514	91055.31	100	194668.33	1774	27225.68
18	7507.14	1006	373597.06	707	107224.35	94	218843.84	205	47528.87
29	8143.51	1487	406291.56	963	191068.60	99	200140.35	425	15082.61
60	23267.48	1411	463019.45	1126	339200.86	103	90401.87	182	33416.72
135	31511.50	908	231276.77	714	129978.81	66	29539.37	128	71758.59
27	700.05	975	358809.20	759	193698.70	52	49898.13	164	115212.37
115	12379.92	1091	515830.83	819	259129.91	96	170892.46	176	85248.46
25		4	7506.78	1	407.51	3	7099.27		
		149	38716.71	116	37108.71	31	1108.00	2	500.00
57	4623.17	36	11179.63	31	5692.48	5	4927.15		
		47	400.99	47	400.99				
		23	84196.86	16	16696.86			7	67500.00
		8	13095.00	8	13095.00				
2		6	582.07	4	220.38	1	242.00	1	119.69
		41	4035.00	41	4035.00				
		47	8670.33	47	8670.33				
		6	117.33	3	77.40	1	13.31	2	26.62
		56	117988.95	31	8610.00	19	105021.67	6	4357.28
		70	19192.03	70	19192.03				
1	146.20	23	7819.42	16	7785.09			7	34.33
		62	3619.11	5	3366.51			57	252.60
		1	100.00	1	100.00				
1	39.55	12	2128.79	10	1114.71	2	1014.08		
3	285.00	1	30.00					1	30.00
		32	4529.85	32	4529.85				
6	3835.00	229	86435.65	177	48740.74	22	35737.72	30	1957.19
		69	867.74	47	764.74	5	76.60	17	26.40
20	3451.00	92	73239.19	56	68163.89	4	2052.00	32	3023.30
		2	750.00	2	750.00				
		35	3225.30	34	3221.20			1	4.10
		20	8227.05	9	1924.10	2	2.00	9	6300.95
		16	18739.66	11	4025.00	1	13598.66	4	1116.00
		2	310.40	2	310.40				
		2	126.99	2	126.99				

探矿权、采矿权转让情况

Exploration Rights and Mining

单位：宗、万元

矿种	Mineral	探矿权 Exploration Rights					
		小计 Subtotal		出售 Sale		作价出资 Investment with Rights Value	
		宗数 No. of Transfers	价款 Price Value	宗数 No. of Transfers	价款 Price Value	宗数 No. of Transfers	价款 Price Value
总计	**Total**	**1379**	**816339.24**	**1099**	**575411.28**	**165**	**228548.04**
煤	Coal	43	200498.75	13	123182.57	5	77206.17
油页岩	Oil shale						
地热	Geothermals	3	930.00	2	630.00	1	300.00
铁矿	Iron	257	212831.81	211	124965.37	22	86076.44
锰矿	Manganese	74	17321.73	71	17161.73	2	110.00
铬铁矿	Chromite	2	250.00	2	250.00		
钛矿	Titanium	3	88.00	3	88.00		
钒矿	Vanadium	8	10112.20	7	9966.00		
铜矿	Copper	204	115757.84	163	107427.84	25	5559.00
铅矿	Lead	45	3829.45	44	3813.30	1	16.15
锌矿	Zinc	13	2604.35	9	1744.61	4	859.74
铅锌矿	Lead-zinc	140	68448.86	110	50168.15	13	15975.71
多金属矿	Polymetallic ore	91	27329.52	81	25365.84	2	1090.13
铝土矿	Bauxite	16	45079.52	16	45079.52		
镍矿	Nickel	4	900.00	2	726.00		
钨矿	Tungsten	5	2701.03	1	100.00	4	2601.03
锡矿	Tin	15	1695.70	14	1695.69	1	0.01
钼矿	Molybdenum	26	3514.10	19	1720.42	5	1712.01
汞矿	Mercury						
锑矿	Antimony	6	12269.00	5	2269.00	1	10000.00
铂矿	Platinum	2	4406.00	2	4406.00		
金矿	Gold	281	53273.59	220	32428.55	48	19682.04
银矿	Silver	16	2303.01	13	1403.00	3	900.01
锂矿	Lithium						
锗矿	Germanium	1	2000.00	1	2000.00		
萤石(普通)	Fluorite (common)	6	2097.49	5	2074.99		
熔剂用石灰岩	Limestone for Flux	1	42.00				
冶金用石英岩	Metallurgical, Quartzite						
铸型用砂岩	Sandsone for Casting						
耐火粘土	Fireclay						

——按矿种分列（2008年）
Rights Transferred by Mineral (2008)

Unit: 10000 yuan

		采矿权 Mining Rights							
其他 Others		小计 Subtotal		出售 Sale		作价出资 Investment with Rights Value		其他 Others	
宗数 No. of Transfers	价款 Price Value	宗数 No. of Transfers	价款 Price Value	宗数 No. of Transfers	价款 Price Value	宗数 No. of Transfers	价款 Price Value	宗数 No. of Transfers	价款 Price Value
115	**12379.92**	**1091**	**515830.83**	**819**	**259129.91**	**96**	**170892.46**	**176**	**85248.46**
25	110.01	262	252639.49	202	102559.54	27	121205.66	33	28874.29
		2	2700.00	2	2700.00				
		5	3260.00	3	1760.00	2	1500.00		
24	1790.00	125	108716.05	109	37133.05	12	26186.00	4	44837.00
1	50.00	10	1812.00	8	1570.00	1	22.00	1	220.00
		1	400.00	1	400.00				
1	146.20	3	240.00	3	240.00				
16	2771.00	24	10313.05	21	4629.83			3	5683.22
		9	2688.56	8	2568.56			1	120.00
		1	992.08			1	992.08		
17	2305.00	25	9067.12	22	6275.30	2	1300.00	1	1491.82
8	873.55	1	50.00	1	50.00				
		7	464.85	7	464.85				
2	174.00								
		4	45784.09	4	45784.09				
		1	350.00	1	350.00				
2	81.67	2	560.00	2	560.00				
		1	20.20	1	20.20				
13	1163.00	96	19400.06	86	17630.06	9	1170.00	1	600.00
		6	491.95	5	481.95	1	10.00		
		3	350.00	3	350.00				
1	22.50	22	241.54	17	141.54	5	100.00		
1	42.00	3	39.58	3	39.58				
		3	210.00	3	210.00				
		1	5.00			1	5.00		
		5	520.00	5	520.00				

探矿权、采矿权转让情况
Exploration Rights and Mining Rights

单位：宗、万元

矿种	Mineral	探矿权 Exploration Rights					
		小计 Subtotal		出售 Sale		作价出资 Investment with Rights Value	
		宗数 No. of Transfers	价款 Price Value	宗数 No. of Transfers	价款 Price Value	宗数 No. of Transfers	价款 Price Value
硫铁矿	Greigite	11	488.50	10	471.00	1	17.50
芒硝（含钙芒硝）	Mirabilite (Including Glauberite)						
重晶石	Barite	1	0.01			1	0.01
制碱用石灰岩	Limestone for Alkali						
化肥用石灰岩	Limestone for Fertilizer	1	1412.00	1	1412.00		
含钾岩石	Potassium bearing Rock						
含钾砂页岩	Potassium Bearing Sandsale						
化肥用蛇纹岩	Serpentinite for Fertilizer						
岩盐	Halite						
湖盐	Lake Salt						
钾盐	Potash						
磷矿	Phosphate Rock	9	7246.12	8	4486.12		
金刚石	Diamond	1	0.01				
石墨	Graphite	1	2300.00	1	2300.00		
硅灰石	Wollastonite	3	186.00	2	130.00		
云母	Mica	1	22.60	1	22.60		
长石	Feldspar	1	18.00	1	18.00		
石榴子石	Garnet						
沸石	Zeolite						
石膏	Gypsum	5	1790.67	4	1755.67		
方解石	Calcite	2	142.00	1	50.00	1	92.00
宝石	Gem						
玉石	Jade						
玻璃用灰岩	Limestone for Glass						
水泥用灰岩	Limestone for Cement	11	6847.42	8	629.92	3	6217.50
建筑石料用灰岩	Limestone for Building Stone						
饰面用灰岩	Facing Limestone						
制灰用灰岩	Limestone for Cement						
玻璃用白云岩	Dolomite for Glass						
建筑用白云岩	Dolomite for Building						

——按矿种分列（2008年） 续表1
Transferred by Mineral (2008) Continued 1

Unit: 10000 yuan

其他 Others		采矿权 Mining Rights							
		小计 Subtotal		出售 Sale		作价出资 Investment with Rights Value		其他 Others	
宗数 No. of Transfers	价款 Price Value	宗数 No. of Transfers	价款 Price Value	宗数 No. of Transfers	价款 Price Value	宗数 No. of Transfers	价款 Price Value	宗数 No. of Transfers	价款 Price Value
		27	15837.62	21	13005.22	6	2832.40		
		2	80.00	2	80.00				
		2	484.36	2	484.36				
		2	150.47	2	150.47				
		8	2677.58	8	2677.58				
		1	128.75			1	128.75		
		2	1.70	2	1.70				
		1	48.00	1	48.00				
		3	200.74	3	200.74				
		1	13598.66			1	13598.66		
		1	310.00					1	310.00
1	2760.00	9	5450.76	9	5450.76				
1	0.01	1	407.51	1	407.51				
		1	100.00	1	100.00				
1	56.00	2	80.00	1	50.00	1	30.00		
		5	190.00	5	190.00				
		1	550.00	1	550.00				
		1	23.00			1	23.00		
1	35.00	4	1923.30	2	643.30	2	1280.00		
		5	135.00	5	135.00				
		1	500.00					1	500.00
		2	118.00	2	118.00				
		1	40.00	1	40.00				
		14	1058.62	10	1012.90			4	45.72
		152	2060.73	66	1634.93	8	151.00	78	274.80
		1	8.00	1	8.00				
		2	126.00	2	126.00				
		1	4.00	1	4.00				
		15	433.17	9	119.86	5	33.31	1	280.00

探矿权、采矿权转让情况

Exploration Rights and Mining Rights

单位：宗、万元

矿种	Mineral	探矿权 Exploration Rights					
		小计 Subtotal		出售 Sale		作价出资 Investment with Rights Value	
		宗数 No. of Transfers	价款 Price Value	宗数 No. of Transfers	价款 Price Value	宗数 No. of Transfers	价款 Price Value
砖瓦用砂岩	Sandstone for Bricks and Tiles						
玻璃用石英岩	Quartzite for Glass	3	285.00	3	285.00		
水泥配料用砂岩	Sandstone for Cement	2	180.00	2	180.00		
陶瓷用砂岩	Sandstone for Ceramics						
建筑用砂	Sand for Building	21	131.36			21	131.36
水泥标准砂	Cement Standard Sand	2	150.00	2	150.00		
玻璃用脉石英	Vein Quartz for Glass	1	70.00	1	70.00		
粉石英	Powder Quartz	1	3.00	1	3.00		
硅藻土	Diatomite	1	200.00	1	200.00		
砖瓦用页岩	Shale for Bricks and Tiles						
高岭土	Kaolin	5	3387.08	5	3387.08		
陶瓷土	Ceramic Clay	3	615.56	3	615.56		
伊利石粘土	Illite Clay						
膨润土	Bentonite	1	25.00	1	25.00		
砖瓦用粘土	Clay for Bricks and Tiles	1	1.30			1	1.30
保温材料用粘土	Clay for Insulation						
玄武岩	Basalt	27	240.96	27	240.96		
建筑用辉绿岩	Diabase for Building						
花岗岩	Granite						
建筑用花岗岩	Granite for Building						
饰面用花岗岩	Facing Granite						
黑曜岩	Obsidian						
霞石正长岩	Nepheline Syenite	1	281.00	1	281.00		
凝灰岩	Tuff						
水泥用凝灰岩	Tuff for Cement						
建筑用凝灰岩	Tuff for Building						
大理石	Marble	1	31.80	1	31.80		
饰面用大理石	Facing Marble						
建筑用大理石	Marble for Building						
矿泉水	Mineral Water						

——按矿种分列（2008年） 续表 2
Transferred by Mineral (2008) Continued 2

Unit: 10000 yuan

		采矿权 Mining Rights							
其他 Others		小计 Subtotal		出售 Sale		作价出资 Investment with Rights Value		其他 Others	
宗数 No. of Transfers	价款 Price Value	宗数 No. of Transfers	价款 Price Value	宗数 No. of Transfers	价款 Price Value	宗数 No. of Transfers	价款 Price Value	宗数 No. of Transfers	价款 Price Value
		11	58.85					11	58.85
		4	5.08					4	5.08
		2	195.00	2	195.00				
		1	27.29	1	27.29				
		38	2139.14	18	392.54	5	22.60	15	1724.00
		5	130.00	5	130.00				
		1	50.00	1	50.00				
		38	451.06	26	390.60			12	60.46
		1	228.00	1	228.00				
		2	131.00	2	131.00				
		2	47.00	2	47.00				
		25	1231.60	23	1211.60			2	20.00
		1	10.00	1	10.00				
		5	22.17	4	17.17	1	5.00		
		8	9.23	7	6.23			1	3.00
		13	608.89	13	608.89				
		10	115.35	9	94.82			1	20.53
		2	12.00	1	2.00	1	10.00		
		2	45.00			2	45.00		
		1	15.00	1	15.00				
		3	200.00	3	200.00				
		2	342.00	1	100.00	1	242.00		
		2	20.00	2	20.00				
		1	4.50	1	4.50				
		12	1036.00	12	1036.00				
		9	655.08	8	535.39			1.00	119.69

矿产资源勘查、开采
Cases Handling of Illegal

单位：件

年份/案件类别	Year / Case Category	合计 Total
	2001	16247
	2002	23386
	2003	16669
	2004	14689
	2005	17179
	2006	15314
	2007	11769
	2008	9435
上年未结案件	**Cases Unsettled Last Year**	**560**
本年立案	**Cases Filed This Year**	**9990**
勘查	Exploration	441
无证勘查	Exploration Without Any License	233
越界勘查	Cross-border Exploration	56
非法转让探矿权	Illegal Transfer of Exploration Right	36
其他	Others (Exploration)	116
开采	Mining	9503
无证开采	Mining Without Any License	7143
越界开采	Cross-border Mining	1629
非法转让采矿权	Illegal Transfer of Mining Right	184
破坏性开采	Destructive Mining	42
其他	Others (Mining)	505
不按规定缴纳矿产资源补偿费	Failure to Pay Mineral Resources Compensation Fees According to the Rule	46
本年结案	**Cases Settled This Year**	**9435**
处理上年未结案	Last Year's Unsettled Cases Handled	365
勘查	Exploration	284
无证勘查	Exploration Without Any License	93
越界勘查	Cross-border Exploration	53
非法转让探矿权	Illegal Transfer of Exploration Right	33
其他	Others (Exploration)	105
开采	Mining	8745
无证开采	Mining Without Any License	6553
越界开采	Cross-border Mining	1509
非法转让采矿权	Illegal Transfer of Mining Right	163
破坏性开采	Destructive Mining	41
其他	Others (Mining)	479
不按规定缴纳矿产资源补偿费	Failure to Pay Mineral Resources Compensation Fees According to the Rule	41
本年未结案件	**Cases Unsettled This Year**	**1115**

违法案件查处情况

Exploration and Mining

Unite: case

省级机关 Provincial Level	市级机关 Municipal Level	县级机关 County Level	企事业单位 Enterprises and Institutions	外商 Foreign-funded	集体 Collective	乡村 Township	个人 Individual
4	86	384	279	2	2295	642	13199
		71	556	3	2527	1088	20232
		2	600	9	1690	544	14377
			738	6	1056	323	12895
			1133	11	1220	424	14826
			2049	38	1484	184	11781
			1841	9	799	150	9129
			1886	19	335	78	7214
			136		**36**	**9**	**388**
			1962	**21**	**382**	**103**	**7646**
			152		17	8	272
			45		12	8	176
			29		1		26
			15		4		17
			63				53
			1794	21	363	94	7346
			673	4	177	43	6293
			808	8	162	38	659
			127	8	15	13	42
			17				25
			169	1	9		327
			16		2	1	28
			1886	**19**	**335**	**78**	**7214**
			99		14	6	252
			127		9	1	148
			31		5	1	57
			26		1		26
			13		3		17
			57				48
			1645	19	311	70	6789
			606	4	156	29	5791
			755	7	138	32	616
			113	7	10	9	40
			16				25
			155	1	7		317
			15		1	1	25
			212	**2**	**83**	**34**	**820**

矿产资源勘查、开采违法案

Cases Handling of Illegal Ex-

单位：件

年份/案件类别	Year/Case Category	合计 Total	北京 Beijing	天津 Tianjin	河北 Hebei
	2001	16247	25	59	138
	2002	23386	4	54	392
	2003	16669	57	32	585
	2004	14689	136	9	732
	2005	17179	195	12	1010
	2006	15314	84	3	928
	2007	11769	136	6	786
	2008	9435	153	4	629
上年未结案件	**Cases Unsettled Last Year**	**560**	**2**	**2**	**27**
本年立案	**Cases Filed This Year**	**9990**	**154**	**2**	**610**
勘查	Exploration	441	1		10
无证勘查	Exploration Without Any License	233	1		3
越界勘查	Cross-border Exploration	56			
非法转让探矿权	Illegal Transfer of Exploration Right	36			2
其他	Others (Exploration)	116			5
开采	Mining	9503	153	2	598
无证开采	Mining Without Any License	7143	153	2	489
越界开采	Cross-border Mining	1629			93
非法转让采矿权	Illegal Transfer of Mining Right	184			2
破坏性开采	Destructive Mining	42			
其他	Others (Mining)	505			14
不按规定缴纳矿产资源补偿费	Failure to Pay Mineral Resources Compensation Fees According to the Rule	46			2
本年结案	**Cases settled This Year**	**9435**	**153**	**4**	**629**
处理上年未结案	Last Year's Unsettled Cases Handled	365		2	25
勘查	Exploration	284	1		9
无证勘查	Exploration Without Any License	93	1		2
越界勘查	Cross-border Exploration	53			
非法转让探矿权	Illegal Transfer of Exploration Right	33			2
其他	Others (Exploration)	105			5
开采	Mining	8745	152	2	593
无证开采	Mining Without Any License	6553	152	2	484
越界开采	Cross-border Mining	1509			93
非法转让采矿权	Illegal Transfer of Mining Right	163			2
破坏性开采	Destructive Mining	41			
其他	Others (Mining)	479			14
不按规定缴纳矿产资源补偿费	Failure to Pay Mineral Resources Compensation Fees According to the Rule	41			2
本年未结案件	**Cases Unsettled This Year**	**1115**	**3**		**8**

件查处情况 —— 按地区分列
ploration and Mining by Region

Unite: case

山西 Shanxi	内蒙古 Inner Mongolia	辽宁 Liaoning	吉林 Jilin	黑龙江 Heilongjiang	上海 Shanghai	江苏 Jiangsu	浙江 Zhejiang	安徽 Anhui	福建 Fujian	江西 Jiangxi	山东 Shandong
1395	268	368	165	133		159	231	172	938	995	636
2346	264	456	191	121	112	194	217	693	548	531	121
2581	366	583	155	161	1	87	213	186	548	231	1074
1217	378	718	107	81		90	232	188	545	218	918
2850	625	850	216	176		101	290	255	802	527	1242
2188	409	868	286	393		89	328	225	1040	519	781
1376	334	811	99	319		87	337	179	179	360	670
433	489	729	207	280		37	313	92	824	210	485
	3	**37**	**51**	**24**		**4**	**5**	**7**	**3**	**6**	**8**
581	**543**	**800**	**306**	**280**		**40**	**327**	**98**	**855**	**230**	**519**
124	10	42	19			1	2	2		2	3
108	3	32	6				2				2
9		10				1		1		1	
			4								
7	7		9					1		1	1
457	532	756	287	278		39	321	96	848	222	514
306	471	612	244	166		28	199	48	764	145	469
139	30	123	39	100		11	95	40	70	52	32
	3	3	1	2			1	6	1	3	4
	1										2
12	27	18	3	10			26	2	13	22	7
	1	2		2			4		7	6	2
433	**489**	**729**	**207**	**280**		**37**	**313**	**92**	**824**	**210**	**485**
		4	3	18		4	1	7	3	3	8
16	10	38	15			1		2		2	3
	3	28	3								2
9		10				1		1		1	
			3								
7	7		9					1		1	1
417	478	685	189	260		32	308	83	814	203	472
270	426	559	161	156		25	189	41	730	137	430
135	24	111	25	92		7	92	38	70	43	32
	3	3		2			1	3	1	2	1
	1										2
12	24	12	3	10			26	1	13	21	7
	1	2		2			4		7	2	2
148	**57**	**108**	**150**	**24**		**7**	**19**	**13**	**34**	**26**	**42**

矿产资源勘查、开采违法案

Cases Handling of Illegal Ex-

单位：件

年份/案件类别	Year/Case Category	河南 Henan	湖北 Hubei	湖南 Hunan	广东 Guangdong
2001		780	752	1913	306
2002		916	548	1353	436
2003		1114	398	921	261
2004		1059	491	1096	244
2005		954	282	1313	280
2006		997	244	1211	219
2007		724	198	1123	449
2008		197	84	1028	250
上年未结案件	**Cases Unsettled Last Year**	**22**	**5**	**184**	**40**
本年立案	**Cases Filed This Year**	**194**	**80**	**912**	**272**
勘查	Exploration	16	2	31	3
无证勘查	Exploration Without Any License	4	2	11	1
越界勘查	Cross-border Exploration	9		3	
非法转让探矿权	Illegal Transfer of Exploration Right			1	
其他	Others (Exploration)	3		16	2
开采	Mining	178	78	881	269
无证开采	Mining Without Any License	133	52	561	260
越界开采	Cross-border Mining	34	19	305	5
非法转让采矿权	Illegal Transfer of Mining Right	1	2	11	
破坏性开采	Destructive Mining				2
其他	Others (Mining)	10	5	4	2
不按规定缴纳矿产资源补偿费	Failure to Pay Mineral Resources Compensation Fees According to the Rule				
本年结案	**Cases settled This Year**	**197**	**84**	**1028**	**250**
处理上年未结案	Last Year's Unsettled Cases Handled	8	5	157	11
勘查	Exploration	15	2	27	1
无证勘查	Exploration Without Any License	3	2	7	
越界勘查	Cross-border Exploration	9		3	
非法转让探矿权	Illegal Transfer of Exploration Right			1	
其他	Others (Exploration)	3		16	1
开采	Mining	174	77	844	238
无证开采	Mining Without Any License	131	51	538	230
越界开采	Cross-border Mining	34	19	292	4
非法转让采矿权	Illegal Transfer of Mining Right	1	2	10	
破坏性开采	Destructive Mining				2
其他	Others (Mining)	8	5	4	2
不按规定缴纳矿产资源补偿费	Failure to Pay Mineral Resources Compensation Fees According to the Rule				
本年未结案件	**Cases Unsettled This Year**	**19**	**1**	**68**	**62**

件查处情况 —— 按地区分列 续表
ploration and Mining by Region Continued

Unite: case

广西 Guangxi	海南 Hainan	重庆 Chongqing	四川 Sichuan	贵州 Guizhou	云南 Yunnan	西藏 Tibet	陕西 Shaanxi	甘肃 Gansu	青海 Qinghai	宁夏 Ningxia	新疆 Xinjiang
1305	135	938	1028	2484	368		319	82	41	34	78
2923	168	1132	788	6998	1157	18	325	253	85	95	68
650	58	1059	977	2782	687		411	332	8	50	101
541	80	1758	773	1868	505	10	286	277	16	51	65
549	183	686	998	663	1402		500	153	10	32	23
639	157	415	584	1280	553		318	136	24	49	347
634	26	239	462	893	384		291	147	14	50	456
459	39	130	165	887	360		223	105	17	107	499
48	**2**	**3**		**31**	**1**		**10**			**3**	**32**
474	**50**	**138**	**182**	**919**	**465**		**217**	**117**	**25**	**104**	**496**
18		5	11	50	17		20	17			35
		4	2	15	9		4	12			12
1			3	3	4		8				3
6		1	1	14			5				2
11			5	18	4		3	5			18
456	50	128	167	863	447		196	100	25	103	459
420	44	59	76	354	410		100	89	23	85	381
10	6	68	64	176	18		64	7		5	24
2		1	10	112	5		6			3	5
				3						8	26
24			17	218	14		26	4	2	2	23
		5	4	6	1		1			1	2
459	**39**	**130**	**165**	**887**	**360**		**223**	**105**	**17**	**107**	**499**
39	2	3		22	1		9			3	27
18		1	7	43	9		19	17			28
				13	2		4	12			11
1			1	3	4		8				2
6		1	1	14			5				
11			5	13	3		2	5			15
402	37	121	154	816	349		195	88	17	103	442
372	31	56	75	344	315		100	77	15	85	371
9	6	64	53	153	17		64	7		5	20
1		1	10	105	3		5			3	4
				2						8	26
20			16	212	14		26	4	2	2	21
		5	4	6	1					1	2
63	**13**	**11**	**17**	**63**	**106**		**4**	**12**	**8**		**29**

矿产资源勘查、开采违法案件查处结果
Handling Results of Cases of Illegal Exploration and Mining

年份/地区	Year / Region	吊销勘查许可证（件） Revoked Exploration Licenses (Case)	吊销采矿许可证（件） Revoked Mining Licenses (Case)	罚没款（万元） Fine (10000 yuan)
2001			1481	4414.61
2002		10	1103	5483.77
2003		19	571	5872.98
2004		6	441	22237.84
2005		8	249	23216.21
2006		25	1030	35280.82
2007		8	966	31060.73
2008		3	41	40803.79
北京	Beijing			344.10
天津	Tianjin			
河北	Hebei			1092.95
山西	Shanxi			1195.92
内蒙古	Inner Mongolia		1	971.50
辽宁	Liaoning			5006.10
吉林	Jilin			216.88
黑龙江	Heilongjiang			621.03
上海	Shanghai			
江苏	Jiangsu			584.92
浙江	Zhejiang		2	12172.03
安徽	Anhui			1010.60
福建	Fujian		3	1095.72
江西	Jiangxi		7	230.43
山东	Shandong		1	579.55
河南	Henan			300.10
湖北	Hubei		1	217.80
湖南	Hunan	2		2405.20
广东	Guangdong			340.77
广西	Guangxi			547.28
海南	Hainan		1	30.94
重庆	Chongqing			151.43
四川	Sichuan		1	1060.76
贵州	Guizhou		24	4804.09
云南	Yunnan			345.23
西藏	Tibet			
陕西	Shaanxi			2494.35
甘肃	Gansu			50.90
青海	Qinghai			17.52
宁夏	Ningxia			372.52
新疆	Xinjiang	1		2543.15

主要统计指标解释

批准登记发证数 是指有管辖权的勘查登记管理机关、采矿登记管理机关，按照法定的审批、发证权限，依法颁发并在有效期内的勘查许可证、采矿许可证个数。

勘查、采矿登记类别 分有效、新立、变更、延续。

新立：是指勘查、采矿权人依据有关法规申请，报告期经审查批准设立的勘查、采矿权并颁发勘查、采矿许可证。

变更：是指矿业权人在勘查、采矿许可证有效期内发生：① 变更矿区（勘查区块）范围；② 变更主要开采矿种（勘查对象）；③ 变更开采方式；④ 变更矿山企业名称（矿业权人或地址）；⑤ 经依法批准转让探矿、采矿权五种情况之一，并经批准的探矿、采矿权。

延续：是指探矿、采矿权许可证期限已满，经向有关机构申请、批准延长有效期的勘查、采矿许可证。

其他：是指截至报告期止，本期未发生延续、变更行为的（除报告期内新设矿业权）具有法定资格的勘查、采矿许可证。

批准登记面积 是按勘查登记、采矿登记管理机关依法划定所有探矿权的区块面积、采矿权矿区面积的总和。分别填写其平方千米数。

探矿权使用费 是指国家将矿产资源探矿权出让给探矿权人，按法律规定向探矿权人收取的使用费。按报告期收取数统计。

采矿权使用费 是指国家将矿产资源采矿权出让给采矿权人，按法律规定向采矿权人收取的使用费。按报告期收取数统计。

探矿权、采矿权出让 是指一级市场发生的矿产资源探矿权、采矿权转移的各种行为。其出让方式包括申请审批、招标、拍卖和挂牌四种。

申请审批 是指受让方（探矿权、采矿权使用者）提出申请，出让方（政府）按照法定的审批权限，依法办理的探矿权、采矿权登记。

招标出让 是指主管部门发布招标公告，邀请特定或者不特定的投标人参加投标，根据投标结果确定探矿权、采矿权中标人的活动。

拍卖出让 是指主管部门发布拍卖公告，由符合探矿权申请人资质条件的竞买人在指定时间、地点进行公开竞价，根据出价结果确定探矿权、采矿权竞得人的活动。

挂牌出让 是指主管部门发布挂牌公告，在挂牌公告规定的期限和场所接受竞买人的报价申请并更新挂牌价格，根据挂牌期限截止时的出价结果，确定探矿权、采矿权竞得人的活动。

出让宗数 是指探矿权、采矿权的出让数量，以“宗”计量。

合同金额 指招标、拍卖、挂牌出让探矿权、采矿权合同中签订的合同金额。申请审批合同金额是指本期办理的探矿权、采矿权的矿业权使用费。

探矿权、采矿权转让 是指二级市场发生的矿产资源探矿权、采矿权转移的各种行为。其转让方式包括出售、作价出资和其他（合作、出租、抵押）三类。

出售 是指探矿权人、采矿权人依法将探矿权、采矿权作为买卖标的再转移的行为。

作价出资 是指探矿权人、采矿权人将其探矿权、采矿权作价，作为出资投入改组后的新设企业，该矿业权由新设企业持有，并依照法律法规的规定行使探矿权人、采矿权人的权利，履行探矿权人、采矿权人的义务。

其他 是指除出售、作价出资外的其他变更探矿权人、采矿权人的情况，如合作、出租、抵押等。

转让宗数 是指探矿权、采矿权的转让数量，以“宗”计量。

转让价款 是指探矿权、采矿权转让交易合同中签订的价款金额。

上年未结案件 是指上一年度对勘查、开采登记范围的案件已经立案，但尚未查处或未查处完毕，需在本年继续查处的案件数。

本年立案 是指本年度对勘查、开采登记违法案件立案查处的案件数。分为勘查和开采两类。以“件”计量。

无证勘查 是指未依法取得勘查许可证而进行勘查的活动。

越界勘查 是指探矿权人超越批准勘查的区块范围进行的勘查活动。

非法转让探矿权 是指违反《探矿权采矿权转让管理办法》规定的探矿权转让行为。

其他（矿产资源勘查） 是指上述各项之外的其他违法勘查活动。

无证开采 是指未依法取得采矿许可证的非法采矿活动。

越界开采 是指采矿权人超越批准的矿区范围进行的采矿活动。

非法转让采矿权 是指违背《探矿权采矿权转让管理办法》第三条第二款规定的其他采矿权转让的行为。

破坏性开采 是指采矿权人违背开采顺序、合理开采方法及工艺进行的采富弃贫、采易弃难等破坏矿产资源的开采活动。

不按规定缴纳矿产资源补偿费 指矿山企业没有按有关法规规定按期、足额缴纳矿产资源补偿费。

其他（矿产资源开采） 是指上述各项之外的违法采矿活动。

本年结案 是指本年内查处完毕并结案的案件数。

本年未结案件 是指当年不能结案需要转到下一年度继续处理的案件。

吊销勘查许可证 依法由原颁发勘查许可证的主管机关吊销勘查许可证的件数。

吊销采矿许可证 依法由原颁发采矿许可证的主管审批、发证机关吊销采矿许可证的案件数。

罚没款 是指各级地质矿产主管部门对矿产资源勘查、开采违法活动立案查处并处以罚款的处罚金额。

Explanatory Notes on Main Statistical Indicators

Number of Licenses Issued After Approval and Registration — refers to the number of exploration and mining licenses issued by the exploration and mining registration administrative agencies with jurisdictional power according to law within the prescribed limits of examining and approving and license-issuing authority.

Categories of Registration — include the valid, newly created, changed, and renewed categories.

Newly Created Category — refers to the exploration or mining right for which the exploration or mining right holder applies according to relevant laws and regulations and which is examined, approved, and created during the reporting period. The exploration or mining license is issued to the exploration or mining right holder.

Changed Category — refers to the exploration or mining right for which the exploration or mining right holder applies and which is approved, provided that any of the following cases occurs during the reporting period:

a. change in scope of the mining area (exploration block);

b. change in main mined mineral (exploration target);

c. change in mining method;

d. change in name of the mine enterprise (the exploration or mining right holder or his address);

e. transfer of the exploration or mining right approved according to law.

Renewed Category — refers to the exploration or mining license for which the exploration or mining right holder applies to the relevant agency when the license expires and the extension of its valid period is approved.

Others — refer to the exploration or mining licenses with legal qualification that has not been subjected to renewal or change at the end of the current period and by the end of the reporting period (except for the exploration and mining rights newly created during the reporting period).

Registered Area Approved — refers to the sum of the acreage of all the blocks with the exploration right and the acreage of the mining areas with the mining right delimited by the exploration and mining registration administrative agencies according to law. The acreage is expressed by square kilometers.

Exploration Right Royalty — refers to the royalty charged to the exploration right holder according to relevant regulations, when the mineral resource exploration right is granted by the government to the exploration right holder. Statistics is made based on the royalties charged during the reporting period.

Mining Right Royalty — refers to the royalty charged to the mining right holder according to relevant regulations, when the mineral resource mining right is granted by the government to the mining right holder. Statistics is made based on the royalties charged during the reporting period.

Granting of the Exploration and Mining Rights — refers to various acts through which the mineral exploration and mining rights are transferred in the primary markets. The ways of granting include examination and approval of application, bidding, auction and listing.

Application, Examination and Approval — mean that the licensor (government) keeps the register of the exploration and mining rights according to law within its prescribed limits of examining and approving authority when the licensee (users of the exploration right or mining right) applies for the right.

Granting Through Bidding — refers to the act through which the administrative authorities issue a notice of invitation for bid to invite specially or not specially designated bidders to participate in the bidding, and the awarded bidder for the exploration or mining right is determined according to the result of the bidding.

Granting Through Auction — refers to the act through which the administrative authorities issue a notice of invitation for auction, while the bidders qualified to be applicants for the exploration or mining rights may participate in open competition at the prescribed time and locality, and the warded bidder for the exploration or mining right is determined according to the result of the price offer.

Granting Through Listing — refers to the act through which the administrative authorities issue a notice of listing, and receive the offer applications of the bidders and renew the listed prices in the time limit and locality prescribed by the notice, and the warded bidder for the exploration or mining right is determined according to the price offer at the closing data and time of the listing time limit.

Number of Grantings — refers to the quantity of grantings of exploration and mining rights.

Contracted Amount — refers to the amount agreed on in the contracts of inviting to bid, auctioning and listing exploration and mining rights. The amount in the contract of application for examination and approval refers to the royalties of mineral rights including exploration and mining rights charged in the current period.

Transfer of the Exploration Rights and Mining Rights — refers to various acts through which the mineral exploration rights and mining rights are transferred in the secondary market. The ways of transfer include sale, investment with evaluated rights value, and others (cooperation, lease, and mortgage).

Sale — refers to the act through which the mineral exploration right or mining right is retransferred as the subject matter of sales by the mineral exploration right or mining right holder according to law.

Investment with Right Value — means that the mineral exploration right or mining right holder evaluates the mineral exploration right or mining right and invests with the evaluated rights value in the reorganized new enterprise. The newly established enterprise holds and exercises the right of the exploration right or mining right holder according to law and performs the obligations of a exploration right or mining right holder.

Others — refer to the changes of the exploration right or mining right holder other than sales and investment with evaluated right value, e.g. cooperation, lease, and mortgage.

Number of Transfers — refers to the quantity of transfers of exploration and mining rights.

Price Value of Transfer — refers to the price value amount for transfer agreed on in the transaction contract of exploration right or mining right transfers.

Cases Unsettled Last Year — refers to the cases that were filed in the scope of exploration and mining last year but have not been investigated or handled or whose investigation and handling have not been completed and should continue in the current year.

Cases Filed This Year — refers to the number of the illegal cases about registration of exploration and mining filed for investigation and handling during the current year. They include two categories: exploration and mining.

Exploration Without Any License — refers to exploration operations carried out without obtaining any exploration license according to law.

Cross-border Exploration — refers to exploration operations carried out by an exploration right holder beyond the approved limits of his exploration block.

Illegal Transfer of Exploration Right — refers to the act through which the exploration right is transferred in violation of the "Regulations for Transferring Exploration Rights and Mining Rights".

Others (Exploration) — refer to other illegal exploration operations except the above-mentioned items.

Mining Without Any License — refers to mining operations carried out without obtaining any license according to law.

Cross-border Mining — refers to mining operations carried out by a mining right holder beyond the approved limits of his mining area.

Illegal Transfer of Mining Right — refers to the act through which the mining right is transferred in violation of Section 2 of Article 3 of the "Regulations for Transferring Exploration Rights and Mining Rights".

Destructive Mining — refers to wasteful mining operations by a mining right holder that depart from the rational mining sequence and appropriate mining methods and technologies and are destructive to mineral resources.

Failure to Pay Mineral Resources Compensation Fees According to The Rule — refers to a mine enterprise that fails to pay full mineral resources compensation fees on schedule according to the rule.

Others (Mining) — refer to other illegal mining operations except the above-mentioned items.

Cases Settled This Year — refer to the number of cases investigated, handled and settled in the current year.

Cases Unsettled This Year — refer to the cases that are not able to be settled in the current year and need to be transferred to the next year and continue to be handled.

Revoked Exploration Licenses — refers to the number of exploration licenses revoked by the original exploration license-issuing authorities according to law.

Revoked Mining Licenses — refers to the number of mining licenses revoked by the original mining license-issuing authorities in charge of examining and approving and issuing licenses according to law.

Fine — refers to the paid-in amount of fines imposed by the geological and mineral resources authorities at various administrative levels for economic punishment of the filed, investigated, and handled illegal mineral exploration and mining operations.

地质环境管理

Geo-environmental Management

地 质 环
Geo-environment

年份/地区	Year/Region	监测机构（个） Monitoring Agency (number)			从业人员（人） Employees (person)
			地市级分站 Prefecture and Municipal Level Substations	县区级分站 County and District Level Substations	
	2001	290			2615
	2002	310			3122
	2003	338			3756
	2004	348	238	94	10367
	2005	379	227	126	4548
	2006	391	214	155	4756
	2007	427	228	176	4293
	2008	431	234	178	4528
北 京	Beijing	1	1		86
天 津	Tianjin	1	1		70
河 北	Hebei	12	11		173
山 西	Shanxi	7	5	1	92
内蒙古	Inner Mongolia	8	7		36
辽 宁	Liaoning	13	13		55
吉 林	Jilin	10	8	2	30
黑龙江	Heilongjiang	7	6		79
上 海	Shanghai	1			153
江 苏	Jiangsu	17	12	4	64
浙 江	Zhejiang	22	11	11	94
安 徽	Anhui	22	22		73
福 建	Fujian	8	5	2	40
江 西	Jiangxi				
山 东	Shandong	11	10		172
河 南	Henan	37	22	15	455
湖 北	Hubei	17	12	5	298
湖 南	Hunan	24	8	15	268
广 东	Guangdong	13	12		262
广 西	Guangxi	9	8	1	158
海 南	Hainan	1			30
重 庆	Chongqing	40	3	37	371
四 川	Sichuan	50	21	29	228
贵 州	Guizhou	5	5		475
云 南	Yunnan	8	7		102
西 藏	Tibet	4	3	1	15
陕 西	Shaanxi	65	10	55	471
甘 肃	Gansu	7			59
青 海	Qinghai	1	1		33
宁 夏	Ningxia	4	4		47
新 疆	Xinjiang	6	6		39

境 监 测
Monitoring

专业技术人员 Professional Technical Personnel	监测工作量 Amount of Monitoring Work			提交报告（份） Reports Submitted	发布公（简）报（份） Communiqués (Bulletins) Issued
	监测数据（组） Monitoring Data (set)	取样（个）Samples Collected			
		水样 Water Samples	岩（土）样 Rock (Soil) Samples		
1648	605637	8062	72	750	445
1755	522253	8728	50	967	495
2283	505989	11156	2079	1333	789
2046	943103	15831	213	2833	5867
2297	869172	11043	370	4358	2115
2364	932780	9044	219	2371	1584
2277	615315	6736	607	2883	1918
2593	674202	5640	587	22358	2074
70	880	300		2	3
46	24080	107	471	2	1
173	45202	386		12	12
57	12960	128		5	4
19	21048	393		1	1
41	1000	399		64	62
23	13745	87		10	
56	6932	261		17	27
119	20552	172		20	5
47	31496	187		6	17
69	16344	125		12	1
66	42355	178		30	3
26	14703	185		5	1
	4902	128		65	16
134	29173	101		27	24
232	1276	118	18	33	25
190	95274	257	4	811	273
161	6586	27		251	58
188	4194	148		60	1
124	18660	328		540	24
22	1106	38		5	1
321	174527	22		19725	
93	9363	92	4	529	706
18	22904	228	80	51	32
88	18172	418		4	582
8	6038	91		3	1
97	17949	108	10	53	130
24	7860	179		7	16
20	1814	159		4	48
27	154	154		4	
34	2953	136			

矿山环境保护

Protection of Mine Environment

年份/地区 Year/Region	矿山占用破坏土地（公顷） Land Occupied or Destructed by Mines (hectare)				矿山环境恢复治理 Rehabilitation and Improvement of Mine Environment				
		尾矿堆放 Tailings Piling	露天采坑 Open Pit Mining	采矿塌陷 Collapse Due to Mining	项目（个） Project (number)	投入资金（万元） Funds Invested (10000 yuan)	中央财政 Central Finance	地方财政 Local Finance	恢复面积（公顷） Area of Rehabilitation (hectare)
2003	560665	43815	144240	244713	1245	85760			16073
2004	452417	51673	134172	220084	2048	203123	26721	104543	27435
2005	1442519	894058	231990	213549	3097	246072	47419	161203	28768
2006	1545396	917393	229890	330255	2992	301878	81279	189755	44841
2007	1657928	908624	521944	203255	2355	405890	110550	295340	38291
2008	1739152	926162	536582	248459	3346	440865	108760	292312	43747
北京 Beijing	4898	311	3957	206	9	3180	3180		52
天津 Tianjin	1696	8	1688		10	7898	2410	5488	56
河北 Hebei	39185	9445	13626	16114	30	6720	3800	2920	999
山西 Shanxi	50603	4515	2909	43179	125	64536	4560	59976	1610
内蒙古 Inner Mongolia	79108	2609	47798	22621	26	10250	5150	5100	3214
辽宁 Liaoning	57385	18018	14671	17068	13	9450	5390	4060	448
吉林 Jilin	22674	2661	1874	13493	30	7973	4190	3783	1506
黑龙江 Heilongjiang	903451	832759	50863	19829	35	20918	4260	14818	2495
上海 Shanghai					1	200		200	
江苏 Jiangsu	27323	188	4779	21486	134	42258	3930	38328	1108
浙江 Zhejiang	6255	271	5952	31	486	22086	1360	20329	750
安徽 Anhui	58255	7953	17625	32677	70	16834	2110	14724	990
福建 Fujian	4311	802	2769	46	361	13533	3010	9169	808
江西 Jiangxi	40776	9489	25273	2464	532	8768	4330	2762	1419
山东 Shandong	6691	2071	1846	2774	719	52441	4940	16842	2837
河南 Henan	826	48	61	718	25	4567	3950	617	264
湖北 Hubei	1642	598	562	483	29	9928	3960	5968	161
湖南 Hunan	22667	9209	7419	6040	247	15939	4470	11469	433
广东 Guangdong	10995	2776	4398	3821	170	56660	3060	53600	1265
广西 Guangxi	20100	2291	17408	402	49	5431	2840	2083	1804
海南 Hainan	688	37	648	3	7	4016	350	3666	696
重庆 Chongqing					8	6475	3020	3455	
四川 Sichuan	17426	2027	11966	3433	14	6950	3590	3360	8174
贵州 Guizhou	8132	920	1580	5632	62	5479	4330	932	1195
云南 Yunnan	18459	3838	14005	616	77	10254	2330	5975	1059
西藏 Tibet	25		25		20	3140	3140		2638
陕西 Shaanxi	21735	2147	1324	18191	13	6443	4490	760	331
甘肃 Gansu	31495	5756	16637	9101	13	5510	4710	800	5800
青海 Qinghai	243130	4136	233887	1173	14	5320	5320		1177
宁夏 Ningxia	9739	671	4724	4344	8	3510	3510		
新疆 Xinjiang	29482	609	26309	2513	9	4198	3070	1128	459

地 质 遗 迹 保 护

Geoheritage Conservation

年份/地区	Year/Region	保护区(个) Conservation Area (number)	国家级 State-level	保护区面积(公顷) Area of Conservation Area (hectare)	国家级 State-level	保护区类别(个) Category of Conservation Area (number): 地质构造、剖面和形迹 Geological Structure,Section or Trace	古生物化石 Fossil	地质地貌景观 Geological-geomorphological Landscape	建设投资(万元) Investment in Construction (10000 yuan)	本年投资 Investment Current Year
	2001	390		2060595		40	25	325	15618	11391
	2002	426		4037064		46	36	344	39429	13529
	2003	387	16	2336349	149997	31	32	324	33954	9040
	2004	400	28	3340035	707830	36	30	334	61318	20209
	2005	412	36	3236140	405459	44	31	337	69764	10341
	2006	418	38	3521762	779828	39	32	347	101584	18073
	2007	130	33	2878329	463665	39	30	61	74632	9711
	2008	135	33	2898505	491181	43	32	60	74290	15633
北京	Beijing	3		5737		2	1		6527	600
天津	Tianjin	2	2	99900	99900	1		1	720	280
河北	Hebei	4	2	9047	7666	4			1411	217
山西	Shanxi								114	
内蒙古	Inner Mongolia	17	1	218567	46410	2	9	6	6057	3090
辽宁	Liaoning	9	1	1048313	4630	1	5	3	5034	
吉林	Jilin	4	2	54363	11765	1		3	3388	51
黑龙江	Heilongjiang	4	1	232776	106000	1	1	2	10943	6146
上海	Shanghai									
江苏	Jiangsu	1		19			1		2444	440
浙江	Zhejiang	2	1	2259	247	2			8228	1828
安徽	Anhui	2		2270		1	1		503	220
福建	Fujian	28	6	55072	13184	8	1	19	14744	
江西	Jiangxi									
山东	Shandong	5	1	1752	120	2	1	2	800	60
河南	Henan	1	1	78015	78015		1		1088	430
湖北	Hubei	5	1	5624	1019	1	2	2	330	
湖南	Hunan									
广东	Guangdong	8	1	41150	29000	3	3	2	6283	700
广西	Guangxi	7	1	46		7			574	350
海南	Hainan	10		3405				10		
重庆	Chongqing	1		29600		1			490	300
四川	Sichuan									
贵州	Guizhou	3	1	20020	20000		3		285	20
云南	Yunnan	1		60			1			
西藏	Tibet	3		560540		2		1	160	
陕西	Shaanxi	8	4	12166	10160	3	1	4	4168	901
甘肃	Gansu	4	4	398705	43965		1	3		
青海	Qinghai	2	2	19000	19000			2		
宁夏	Ningxia	1	1	100	100	1				
新疆	Xinjiang									

地 质 灾
Prevention and Control

年份/地区	Year/ Region	预报次数 Number of Predictions		避免损失 Loss Avoided		发生地质灾害数（起） Number of Geological Hazards				
			成功预报 Successful Predictions	人员伤亡（人） Casualties Avoided (person)	直接经济损失（万元） Direct Economic Loss Avoided (10000 yuan)		滑坡 Landslide	崩塌 Collapse	泥石流 Mudflow	地面塌陷 Surface Subsidence
	2001	1154	231		21204	5793	3034	583	1539	554
	2002	2435	703		23605	40246	31247	3097	4976	521
	2003	3911	1248	28930	61024	15489	10240	2604	1549	574
	2004	7494	965	65561	88116	13555	9130	2593	1157	445
	2005	4796	500	11376	34135	17751	9367	7654	566	137
	2006	5983	478	20566	23859	102804	88523	13160	417	398
	2007	6765	920	37926	55399	25364	15478	7722	1215	578
	2008	3913	478	20142	32156	26580	13450	8080	843	454
北　京	Beijing	2				8		6		2
天　津	Tianjin					1	1			
河　北	Hebei	9	6	10		39	6	15	4	5
山　西	Shanxi	135	1	15		18	3	7		4
内蒙古	Inner Mongolia	3	1	19	150	34	1	2	20	11
辽　宁	Liaoning	42		50		4	1			3
吉　林	Jilin					8	3	3	2	
黑龙江	Heilongjiang	1	1	23	30	6	1	1	4	
上　海	Shanghai									
江　苏	Jiangsu					5	5			
浙　江	Zhejiang	40	3	24	85	116	65	42	9	
安　徽	Anhui	17	5	381	494	556	247	285	8	16
福　建	Fujian	23	5		95	318	268	46	1	2
江　西	Jiangxi	38	27	214	185	826	551	236	7	32
山　东	Shandong	587	1			25	3	3		11
河　南	Henan	415	3	89	30	3	2	1		
湖　北	Hubei	45	18	1187	974	665	483	104	7	48
湖　南	Hunan	343	88	7685	5983	5648	4484	988	28	131
广　东	Guangdong	35	35	3170	4149	205	110	66	3	26
广　西	Guangxi	8	8	360	109	1076	409	567	11	75
海　南	Hainan	6	6		30	96	10	85		1
重　庆	Chongqing	176	176		13495	539	440	82	9	8
四　川	Sichuan	1014	29	1984	1916	6205	3395	2042	445	25
贵　州	Guizhou	70	7	1198	1062	381	257	77	5	23
云　南	Yunnan	523	27	623	760	1035	870	73	70	8
西　藏	Tibet	269	7	132	756	125	28	16	72	9
陕　西	Shaanxi	53	4	133	135	348	123	171	3	8
甘　肃	Gansu	40	20	2845	1718	8245	1667	3148	126	1
青　海	Qinghai	7				23	13	6	4	
宁　夏	Ningxia	12				1	1			
新　疆	Xinjiang					21	3	8	5	5

害 防 治
of Geological Hazards

造成直接经济损失（万元）Direct Economic Loss (10000 yuan)	造成人员伤亡（人）Casualties (person)			地质灾害防治 Prevention and Control of Geological Hazards				滑坡泥石流治理面积（公顷）Area of Landslides and Mudflows Controlled (hectare)
		死亡 Death	失踪 Missing	项目数（个）Number of Projects	投入资金（万元）Funds Invested (10000 yuan)	中央财政 Central Finance	地方财政 Local Finance	
348699	1675	788		999	44639			25714
509740	2759	853		1595	110022			29696
504325	1333	767	127	1815	166514			14450
408828	1407	734	124	2247	175231	56672	78091	11642
357677	1223	578	104	3179	166860	27240	127726	5316
431590	1227	663	111	2914	193570	40965	140476	70046
247528	1123	598	81	3492	244885	45914	183113	2592
326936	1598	656	101	5325	529939	197366	323109	7255
20					320		320	
				1	50		50	
95				22	2660	310	2350	2558
1352	40	38	2	31	9288		9288	106
2400	5	5		1	600		600	30
20	5	3		21	6385		6385	940
359				3	125		125	1
203				14	4514		4514	494
				3	4046	200	3846	
432				27	3241		3240	20
690	3	1		355	16251	51	16200	72
8753	3	2		164	14814	400	14414	190
900	3	3		266	18308	3537	13565	145
1620	16	11		284	3670	100	2588	360
697				205	10322	1390	5352	439
18				58	7787	240	7547	
7626	20	10		92	31199	25323	5874	200
56800	30	15	3	410	13905	440	13465	272
10875	47	33	4	252	48695	540	48155	155
6190	155	82		463	14729	8282	6373	91
446				10	1028	60	968	
53088	29	10		1445	26290	26290		
16844	264	124	35	377	128000	118000	10000	
3206	55	37	1	322	122117	2963	115626	126
109679	224	94	54	198	15624	1144	14480	671
1496				19	525	340	185	1
5035	63	29		239	21907	6500	15397	385
37327	634	157	2	4	1080	540	540	
394	2	2		16	706	496	130	
5				6	120	120		
364				17	1632	100	1532	

地质公园建设
Construction of Geoparks

年份/地区	Year/Region	地质公园（个） Geopark (number)		地质公园面积（公顷） Area of Geoparks (hectare)		地质公园类别（个） Categories of Geoparks (number)			建设投资（万元） Investment in Construction (10000 yuan)	
			国家级 State-level		国家级 State-level	地质构造、剖面和形迹 Geological Structure, Section or Traces	古生物化石 Fossil	地质地貌景观 Geological-geomor phological Landscape		本年投资 Investment Current Year
	2003	132	44	2370714	1665706	34	13	82	110917	29280
	2004	141	85	30497708	2788225	27	15	99	426684	59707
	2005	214	138	6988949	5666372	38	19	157	446188	94500
	2006	241	138	7243615	5433256	41	23	177	975822	151174
	2007	274	138	8834075	6401171	49	27	198	1162546	136711
	2008	292	138	8757678	5819621	55	25	212	1382736	214458
北京	Beijing	5	3	78040	56350	2	1	2	35047	1620
天津	Tianjin	1	1	34200	34200	1			4932	1300
河北	Hebei	15	7	332637	175750	15			66624	3198
山西	Shanxi	12	4	250818	143800	1	1	10	27379	9400
内蒙古	Inner Mongolia	8	3	570024	350239		3	5	5182	2100
辽宁	Liaoning	4	4	493600	493600		1	3	30649	1100
吉林	Jilin	7	1	264683	38278			7	4823	1139
黑龙江	Heilongjiang	14	5	721382	531186		1	13	31270	6946
上海	Shanghai	1	1	14500	14500			1	1680	880
江苏	Jiangsu	4	2	26498	17500			4	70338	1600
浙江	Zhejiang	5	4	55363	48023	1	2	2	68757	3270
安徽	Anhui	13	7	132262	112912	1		12	27764	6804
福建	Fujian	10	8	172882	143952	1		9	66598	24765
江西	Jiangxi	6	4	356550	210380			6	51430	41236
山东	Shandong	27	6	367718	231560	2	2	23	40247	27738
河南	Henan	19	11	610158	541015	5	1	13	135111	18073
湖北	Hubei	18	4	620446	251600		2	16	13317	1000
湖南	Hunan	17	6	652255	442912			17	94663	10586
广东	Guangdong	7	7	97270	97270	4		3	11523	3220
广西	Guangxi	8	5	112005	57940	1		7	28310	1740
海南	Hainan	3	1	10902	10800			3	12000	2500
重庆	Chongqing	3	3	94780	94780	3			36168	
四川	Sichuan	24	12	532741	325829	8	3	13	254858	24665
贵州	Guizhou	11	6	235454	173960	2	1	8	18893	5340
云南	Yunnan	8	6	328630	300200		2	6	213850	8077
西藏	Tibet	4	2	508680	462480	3		1	5405	440
陕西	Shaanxi	6	3	31170	24070	1		5	8558	2921
甘肃	Gansu	21	4	645857	51200	2	3	16	12486	1300
青海	Qinghai	4	4	174900	174900			4	2220	1000
宁夏	Ningxia	4	1	32633	9795	2	1	1	275	
新疆	Xinjiang	3	3	198640	198640		1	2	2380	500

主要统计指标解释

地质环境监测 是指为实施地质环境管理而进行的监测工作。其主要任务是对地质环境中主要要素的动态变化情况进行监测、分析和预测，为地质环境保护管理及地质灾害防治、地下水资源的合理开发利用和保护、国土资源整治等提供科学依据。

地质环境监测机构 是指各级政府设立的从事地质环境监测的事业单位。包括省级总站（院、中心）、市级分站、县级分站。

从业人员 是指专门从事地质环境监测工作的人员，不包括群测群防点的群众联络员。其中专业技术人员是指具有助理工程师及以上职称的人员。

监测数据 是指地质环境监测工作所获得的监测数据的数量。以“组”计量。以监测采集数据的次数为标准，1 次获得的数据为 1 组。

地质环境监测取样 是指在监测点或统测点采集的各类水样和岩（土）样品。

提交地质环境监测报告 是指年度内从事地质灾害、矿山环境、地下水等各类地质环境监测工作所形成的正式报告。

发布公（简）报 是指年度内就地质灾害防治、矿山环境保护、地质遗迹保护、地下水监测等各类地质环境工作状况向社会或主管部门发布的公（简）报。

矿山占用、破坏土地面积 是指报告期末矿山开发产生的尾矿、排放的固体废弃物、露天采矿或采矿塌陷等所造成的占用或破坏的全部土地面积。

矿山环境恢复治理项目 是指报告期内各级国土资源行政主管部门为恢复和治理矿山生态环境正式批准立项的项目。

矿山环境恢复治理面积 是指报告期内通过矿坑封闭、矸石利用、尾矿坝绿化、塌陷土地复垦、矿坑废水处理、边坡治理等方法，使开采矿产资源造成的生态环境破坏和环境污染得到治理，功能得以恢复的面积。包括复垦、还林、还草、建设使用等面积。

地质遗迹保护区 是指经国务院和省级政府有关主管部门对由地质作用形成的具有一定价值的地质遗迹资源进行保护的专门区域。主要包括具有代表性的地质剖面、地质构造、地质地貌景观、古生物化石及其遗迹产地等。

地质构造、剖面和形迹保护区 是指以具有一定价值并具有代表性的地质构造、地质剖面及其他地质形迹为主要保护内容的地质遗迹保护区。

古生物化石保护区 是指以古生物的化石或其遗迹为主要保护内容的地质遗迹保护区。

地质地貌景观保护区 是指以地质作用形成的重要地质地貌景观为主要保护内容的地质遗迹保护区。

地质遗迹保护区建设投资 是指历年来对地质遗迹保护区建设投入的全部资金。包括对硬件投资和软件投资。本年投资是指本年对于地质遗迹保护区建设投入的资金。

地质公园 是指以地质科学意义和独特的地质景观为主，融合自然景观与人文景观的自然公园。目前，已建成的有世界地质公园、国家地质公园、省级地质公园，已批准的世界地质公园仍纳入国家地质公园统计。

地质构造、剖面和地质形迹类地质公园 是指其主体是具有一定价值或典型代表意义的地质构造、地质剖面及其他地质形迹的地质公园。

古生物化石类地质公园 是指其主体是古生物的化石或其遗迹的地质公园。

地质地貌景观地质公园 是指其主体是地质作用形成的重要地质地貌景观的地质公园。

地质公园建设投资 是指历年来对地质公园建设投入的全部资金。包括对硬件投资和软件投资。本年投资是指本年度对地质公园建设投入的资金。

地质灾害预报　是指通过群测群防或专业监测对地质灾害发生的地点、时间及其灾害影响范围、强度进行预测，并向灾害影响范围内的群众和有关部门进行通报。地质灾害气象预警不纳入此统计。

成功预报　是指对地质灾害发生的时间、地点和范围、强度等的预测较为准确，并通过预报降低了灾害损失。

避免直接经济损失　是指用货币表现的，根据地质灾害预报，采取防范措施，避免的地质灾害对财产和环境造成的直接破坏损失情况。

避免人员伤亡　是指根据地质灾害预报，采取了防范措施，避免的人员受伤、死亡、失踪的数量。

滑坡　是指斜坡上不稳定的岩土体在重力作用下沿一定软弱面（或滑动带）整体向下滑动的物理地质现象。

崩塌　是指陡坡上大块的岩土体在重力作用下突然脱离母体崩落的物理地质现象。

泥石流　是指山地突然爆发的饱含大量泥沙、石块的特殊洪流。

地面塌陷　是指地表岩土体在自然或人为因素作用下向下陷落，并在地面形成塌陷坑（洞）的一种动力地质现象。

造成直接经济损失　是指用货币表现的因各类地质灾害造成的直接破坏损失。

造成人员伤亡　是指因发生各类地质灾害造成的人员受伤、死亡和失踪情况。

人员失踪　是指根据证据推断人员已经死亡，但是没有找到或确认死者的尸体。

地质灾害防治项目　是指各级政府及国土资源管理部门立项设立的，运用工程手段对由于地质作用导致的将要发生和已经发生的地质灾害进行预防和治理的项目。

地质灾害防治投入资金　是指为了防治地质灾害而开展必要的监测、勘查和治理工程，由中央和地方财政以及其他方面投入的资金。

滑坡、泥石流治理面积　是指报告期治理滑坡、泥石流面积之和。

Explanatory Notes on Main Statistical Indicators

Geo-environmental Monitoring — refers to the monitoring conducted for exercising geo-environmental management. Its main tasks are to monitor, analyze, and predict dynamic changes of main factors in the geo-environment and provide a scientific basis for the geo-environmental protection and management, prevention, and control of geological hazards, rational development, utilization, and protection of groundwater resources, and consolidation of land resources.

Monitoring Agency — refers to institutions engaged in geo-environmental monitoring established by governments at various levels, including provincial-level general stations (institutions and centers), municipal-level substations, and county-level substations.

Employees — refer to persons who specially work for geo-environmental monitoring, excluding local liaison persons at public monitoring and prevention sites. The professional technical persons refer to those who have an assistant engineer title or a title above this title.

Monitoring Data — refer to the quantity of monitoring data obtained by geo-environmental monitoring. The data are calculated in "set" and the data obtained in one time of monitoring are considered one set.

Sample Taken for Geo-environmental Monitoring — refers to various kinds of water samples and rock (soil) samples collected at monitoring sites.

Report Submitted — refers to the formal report written for various kinds of geo-environmental monitoring, such as geological hazard, mine environmental, and groundwater monitoring, carried out during the current year.

Communiqué Bulletin Issued — refers to the communiqués and bulletins on various kinds of geo-environmental monitoring work such as geological hazard prevention and control, mine environmental protection, geoheritage conservation, and groundwater monitoring published to the society and competent administrative departments.

Area of Land Occupied or Destructed by Mines — refers to the area of all land occupied or destructed by tailings and solid wastes discharged due to mine development and exploitation, open-pit mining, and collapses due to mining at the end of the reporting period.

Rehabilitation and Improvement of Mine Environment — refers to the project ratified and filed formally by competent administrative departments of land and resources at various levels during the reporting period for recovering and improving the mine eco-environment.

Area of Environmental Rehabilitation — refers to the area of land on which the damaged and polluted eco-environment caused by mining mineral resources is improved and its functions are restored through mine closing, waste rock use, tailings dam landscaping, reclamation of collapsed land, treatment of mine waste water, and control of side slopes during the reporting period for recovering and improving the mine eco-environment. It includes the area of land reclaimed, returned to forests and grassland, and used for construction.

Geoheritage Conservation Area — refers to special areas where geoheritages of certain value are protected by the State Council and relevant competent departments of governments at the provincial level. They mainly include sites of representative geological sections, geological structures, geological and geomorphological landscapes, and fossils and their traces.

Conservation Area of Geological Structure, Section, or Trace — refers to a geoheritage conservation area with representative geological structures, geological sections, and other geological traces of certain value as the main conservation content.

Fossil(Conservation Area)— refers to geoheritage conservation areas with fossils and their traces as the main conservation content.

Geological-geomorphological Landscape (Conservation Area) — refers to geoheritage conservation areas with important geological and geomorphological landscapes formed by geological processes as the main conservation content.

Investment in Construction (of Geoheritage Conservation Area)— refers to all the funds invested in the construction of geoheritage conservation areas over the years. It includes investments in hardware and softwares. Current investment refers to the funds invested in the construction of geoheritage conservation areas in the current year.

Geopark — refers to a natural park mainly encompassing a unique geological landscape of geoscientific significance, and integrated with the natural landscape and human landscapes. At present those that have been constructed include world geoparks, national geoparks, and provincial geoparks. The world geoparks that have been ratified are included in national geoparks in statistics.

Geopark of Geological Structure, Section, or Trace — refers to a geopark whose main part is geological structures, geological sections, or other geological features of particular value or typical significance.

Fossil Geopark — refers to a geopark whose main part is fossils or their traces.

Geopark of Geological and Geomorphological Landscapes — refers to a geopark whose main part is important geological and geomorphological landscapes formed by geological processes.

Investment in Geopark Construction — refers to all the funds invested in the construction of geoparks over the years. It includes investments in hardware and softwares. Current investment refers to the funds invested in the construction of geoparks in the current year.

Prediction of Geological Hazards — refers to the prediction of the site and time of occurrence of a geological hazard and its scope of influence and intensity through monitoring and control by the public or professional monitoring, of which a notice is circulated to the public within the scope of influence of the hazard and relevant departments. The meteorological early-warning of geological hazards is not included in the statistics.

Successful Prediction — refers to a relatively accurate prediction of the site and time of occurrence of a geological hazard and its scope of influence and intensity, through which the loss caused by the hazard is reduced.

Direct Economic Loss Avoided — refers to the direct economic loss caused by a geological hazard to properties and the environment avoided by taking precautionary measures according to the prediction of the geological hazard. It is expressed by currency.

Casualties Avoided — refer to the number of wounded, dead, and missing avoided by taking precautionary measures according to the prediction of the geological hazard.

Landslide — refers to the physical-geological phenomenon of en-masse downward slide of unstable soil and rock material on slopes along particular surfaces of weakness (or slide zones) under the force of gravity.

Collapse — refers to the physical-geological phenomenon that a large mass of soil or rock on steep slopes is suddenly divorced from its parent mass and falls under the force of gravity and form.

Mudflow — refers to the sudden rush of flood torrents containing large amounts of mud and rock debris that suddenly moves downslope in mountains.

Surface Subsidence — refers to the dynamic geological phenomenon of sinking of the land surface and formation of collapse caves or sinkholes under the action of natural or human factors.

Direct Economic Loss — refers to direct damages and losses caused by various kinds of geological hazards to properties, which are expressed by currency.

Casualties — refer to injuries, deaths, and missing caused by various kinds of geological hazards.

Missing — refers to the case of a missing person who is inferred according to evidence to be dead but whose corpse has not been found or identified.

Project for Geological Hazard Prevention and Control — refers to the project sponsored and filed by governments at various levels and competent administrative departments of land and resources for preventing and controlling, by engineering means, geological hazards caused by geological processes, which are about to occur and have occurred.

Funds Invested（in Geological Hazard Prevention and Control） — refer to the funds invested by the central and local public finances and other sources in necessary monitoring, surveying, and controlling engineering works for the prevention and control of geological hazards.

Area of Landslides and Mudflows Controlled — refers to the sum of land areas of landslides and mudflows controlled during the reporting period.

国土资源行政复议情况

Administrative Reconsideration of Land and Resources

全国国土资源
Administrative Reconsideration of

单位：件

年份/地区	Year/Region	申请行政复议 Application for Administrative Reconsideration							本年受理 Acceptance in the Current Year
		小计 Subtotal	行政处罚 Administrative Penalty	行政许可 Administrative Permission	行政收费 Administrative Charging	行政强制措施 Administrative Coercive Measures	不作为 Administrative Omission	其他 Others	
	2001	1390	792	90	13	50	33	412	1254
	2002	1393	787	105	18	131	48	304	1258
	2003	1517	754	169	17	194	51	332	1316
	2004	1743	732	153	28	186	65	579	1490
	2005	2172	757	204	4	77	82	1048	1787
	2006	2151	605	314	4	309	95	824	1776
	2007	2124	574	303	21	277	105	844	1632
	2008	2202	424	621	9	169	159	820	1534
国土资源部	MLR	197	13	35		1	43	105	14
北　京	Beijing								
天　津	Tianjin	16	1					15	16
河　北	Hebei	81	50	1			16	14	75
山　西	Shanxi	11	7	1			2	1	11
内蒙古	Inner Mongolia	11	11						11
辽　宁	Liaoning	39	15	3		11		10	29
吉　林	Jilin	17	2	5		7	3		17
黑龙江	Heilongjiang	1		1					1
上　海	Shanghai	212	4	8			1	199	160
江　苏	Jiangsu	108	14	15		14	19	46	71
浙　江	Zhejiang	609	23	497		3	42	44	357
安　徽	Anhui	61	27	7		12	2	13	47
福　建	Fujian	24	9	2				13	24
江　西	Jiangxi	19	3	3		4	3	6	14
山　东	Shandong	78	36	7		1	11	23	61
河　南	Henan	50	46	2		2			49
湖　北	Hubei	24	11	3	1		3	6	24
湖　南	Hunan	18	11			4		3	18
广　东	Guangdong	219	56	4		38	5	116	201
广　西	Guangxi	71	14	8		12	3	34	59
海　南	Hainan	12	5	1	2			4	11
重　庆	Chongqing	182	6	3		46	2	125	145
四　川	Sichuan	36	11	5	1	6	3	10	29
贵　州	Guizhou	46	17	4	5	5		15	37
云　南	Yunnan	28	12	1		1	1	13	22
西　藏	Tibet								
陕　西	Shaanxi	7	5	2					7
甘　肃	Gansu	3	2	1					3
青　海	Qinghai	1	1						1
宁　夏	Ningxia	4	3					1	4
新　疆	Xinjiang	17	9	2		2		4	16

行 政 复 议 情 况
Land and Resources in China

Unit: case

	本年审结 Conclusion of Examination in the Current Year						行政赔偿 Compensation	赔偿金额（万元）Amount of Compensation（10000 yuan）
	维持 Maintenance	责令履行 Ordering to Execution	变更 Change	确认违法 Confirmation of a Malfeasance	撤销 Cancellation	撤回申请 Withdrawal of an Application		
1221	695	37	32	47	246	155	3	2.00
1266	802	11	20	9	194	220	3	3.00
1246	811	19	16	8	162	172	1	120.00
1438	903	20	24	3	254	214	1	0.63
1802	1176	13	24	12	202	239		
1737	1057	21	20	35	173	258	1	1.00
1617	960	25	14	29	168	290	1	1.00
1593	947	35	10	8	117	225	6	50.00
16	7	3			4	2		
15	3							
80	42	3	7		17	7		
15	4			1	3	6		
11	2				4	4		
26	6	6			1	13		
19	11					8		
1						1		
197	106			1	5	23		
70	40		1		1	18		
353	221	15		3	4	17		
45	29	2			7	7		
27	21					2		
12	3	2			2	5		
65	30	1			4	24		
56	29	1	2		15	9		
28	19				3	6		
18	15	1			1	1		
182	125				15	14	1	50.00
57	36				1	17		
12	4				1	1		
162	131	1		2	2	14	5	
35	9				6	11		
37	25				9	3		
25	14				4	7		
6	2				3	1		
3	2					1		
1						1		
4	1			1	2			
15	10				3	2		

省级国土资源

Administrative Reconsideration of

单位：件

年份/地区	Year/Region	申请行政复议 Application for Administrative Reconsideration							本年受理
		小计 Subtotal	行政处罚 Administrative Penalty	行政许可 Administrative Permission	行政收费 Administrative Charging	行政强制措施 Administrative Coercive Measures	不作为 Administrative Omission	其他 Others	Acceptance in the Current Year
	2001	273	72	27	2	25	9	138	205
	2002	447	127	38	7	98	14	163	387
	2003	409	100	31	5	156	15	102	312
	2004	644	161	25		157	24	277	522
	2005	938	133	40	1	56	28	680	785
	2006	926	116	80	1	226	27	476	762
	2007	964	91	83	4	216	43	527	716
	2008	1057	79	527	2	32	69	348	678
北　京	Beijing								
天　津	Tianjin	16	1					15	16
河　北	Hebei								
山　西	Shanxi	1					1		1
内蒙古	Inner Mongolia	11	11						11
辽　宁	Liaoning	25	4			11		10	15
吉　林	Jilin	16	1	5		7	3		16
黑龙江	Heilongjiang								
上　海	Shanghai	212	4	8			1	199	160
江　苏	Jiangsu	50	1	5			14	30	18
浙　江	Zhejiang	557	2	495			40	20	323
安　徽	Anhui	25	9	3		9	1	3	18
福　建	Fujian	10	2	2				6	10
江　西	Jiangxi	9		2		3		4	4
山　东	Shandong	33	9	3		1	4	16	18
河　南	Henan	3	3						3
湖　北	Hubei	3	2				1		3
湖　南	Hunan								
广　东	Guangdong	29	9					20	14
广　西	Guangxi	13	3				3	7	9
海　南	Hainan	12	5	1	2			4	11
重　庆	Chongqing								
四　川	Sichuan	10	1	2				7	10
贵　州	Guizhou	11	7					4	8
云　南	Yunnan	3					1	2	2
西　藏	Tibet								
陕　西	Shaanxi	1	1						1
甘　肃	Gansu	1		1					1
青　海	Qinghai	1	1						1
宁　夏	Ningxia	4	3					1	4
新　疆	Xinjiang	1				1			1

行政复议情况
Land and Resources at Provincial-level

Unit: case

	本年审结 Conclusion of Examination in the Current Year						行政赔偿 Compensation	赔偿金额（万元） Amount of Compensation (10000 yuan)
	维持 Maintenance	责令履行 Ordering to Execution	变更 Change	确认违法 Confirmation of a Malfeasance	撤销 Cancellation	撤回申请 Withdrawal of an Application		
191	118	3	1	1	24	43		
390	246			5	34	102		
293	179	4		7	24	72		
439	284	6	8	1	62	77		
815	519	5	7	9	51	116		
753	411	3	4	20	38	125		
704	353	8	7	23	40	171		
718	391	16		5	25	80		
15	3							
1								
11	2				4	4		
15	3					12		
17	10					7		
197	106			1	5	23		
16	8				1	1		
320	200	15		3		11		
18	10				6	2		
13	9					1		
2					1	1		
24	4	1			2	11		
3	2				1			
4	4							
13	10							
9	6					1		
12	4				1	1		
11	1				2			
8	7					1		
2	1					1		
1						1		
1						1		
1						1		
4	1			1	2			

市级国土资源

Administrative Reconsideration of

单位：件

年份/地区	Year/Region	申请行政复议 Application for Administrative Reconsideration						
		小计 Subtotal	行政处罚 Administrative Penalty	行政许可 Administrative Permission	行政收费 Administrative Charging	行政强制措施 Administrative Coercive Measures	不作为 Administrative Omission	其他 Others
	2001	1100	717	58	11	25	23	266
	2002	912	659	56	11	29	28	129
	2003	1049	650	132	12	38	30	187
	2004	1016	565	126	28	29	35	233
	2005	1089	621	132	3	21	49	263
	2006	1072	482	206	3	82	35	264
	2007	999	481	197	17	59	38	207
	2008	948	332	59	7	136	47	367
北　京	Beijing							
天　津	Tianjin	81	50	1			16	14
河　北	Hebei	10	7	1			1	1
山　西	Shanxi	14	11	3				
内蒙古	Inner Mongolia							
辽　宁	Liaoning	1	1					
吉　林	Jilin	1		1				
黑龙江	Heilongjiang	58	13	10		14	5	16
上　海	Shanghai							
江　苏	Jiangsu	52	21	2		3	2	24
浙　江	Zhejiang	36	18	4		3	1	10
安　徽	Anhui	14	7					7
福　建	Fujian	10	3	1		1	3	2
江　西	Jiangxi	45	27	4			7	7
山　东	Shandong	47	43	2		2		
河　南	Henan	21	9	3	1		2	6
湖　北	Hubei	18	11			4		3
湖　南	Hunan	190	47	4		38	5	96
广　东	Guangdong	58	11	8		12		27
广　西	Guangxi	182	6	3		46	2	125
海　南	Hainan							
重　庆	Chongqing	26	10	3	1	6	3	3
四　川	Sichuan	35	10	4	5	5		11
贵　州	Guizhou	25	12	1		1		11
云　南	Yunnan	6	4	2				
西　藏	Tibet							
陕　西	Shaanxi	2	2					
甘　肃	Gansu	16	9	2		1		4
青　海	Qinghai							
宁　夏	Ningxia							
新　疆	Xinjiang							

行政复议情况

Land and Resources at Municipal-level

Unit: case

本年受理 Acceptance in the Current Year	本年审结 Conclusion of Examination in the Current Year							行政赔偿 Compensation	赔偿金额（万元） Amount of Compensation (10000 yuan)
		维持 Maintenance	责令履行 Ordering to Execution	变更 Change	确认违法 Confirmation of a Malfeasance	撤销 Cancellation	撤回申请 Withdrawal of an Application		
1041	1024	571	34	31	46	222	112	3	2.00
859	867	550	10	20	4	159	117	3	3.00
984	931	618	14	16	1	137	94	1	120.00
933	973	597	14	16	2	192	136	1	0.63
966	972	648	8	17	3	151	117		
990	948	627	18	16	15	128	129		
902	898	593	17	7	6	127	119	1	1.00
842	859	549	16	10	3	88	143	6	50.00
75	80	42	3	7		17	7		
10	14	4			1	3	6		
14	11	3	6			1	1		
1	2	1					1		
1	1						1		
53	54	32		1			17		
34	33	21				4	6		
29	27	19	2			1	5		
14	14	12					1		
10	10	3	2			1	4		
43	41	26				2	13		
46	53	27	1	2		14	9		
21	24	15				3	6		
18	18	15	1			1	1		
187	169	115				15	14	1	50.00
50	48	30				1	16		
145	162	131	1		2	2	14	5	
19	24	8				4	11		
29	29	18				9	2		
20	23	13				4	6		
6	5	2				3			
2	2	2							
15	15	10				3	2		

主要统计指标解释

国土资源行政复议统计范围是县级以上国土资源行政主管部门收到的全部申请复议事项。资料来源于行政复议记录。

申请行政复议 是指行政复议机关收到的公民、法人或其他组织认为具体行政行为侵犯其合法权益，而提出要求纠正行政违法或行政不当的申请。

根据申请行政复议事项的具体内容不同，分为：行政处罚、行政许可、行政收费、行政强制措施、不作为、其他。

行政处罚 是指申请人对行政机关作出的警告、罚款、没收违法所得、没收非法财物、责令停产停业、暂扣许可证、暂扣执照、行政拘留等行政处罚决定不服，申请复议的。

行政许可 是指申请人对行政机关作出的有关许可证、执照、资质证、资格证等证书颁发、变更、中止、撤销不服，申请复议的。

行政收费 是指申请人认为行政机关违法收取各种管理费、手续费等，申请复议的。

行政强制措施 是指申请人对行政机关作出的限制人身自由或者查封、扣押、冻结财产等强制措施决定不服，申请复议的。

不作为 是指申请人认为符合法定条件，申请行政颁发许可证、执照、资质证、资格证等证书，或者申请行政机关审批、登记有关事项，行政机关没有依法办理的；申请行政机关履行保护人身权利、财产权利、受教育权利的法定职责，行政机关没有依法履行的；申请行政机关依法发放抚恤金、社会保险金或者最低生活保障费，行政机关没有依法发放的。以上情况均统计为不作为。

其他 是指申请人认为行政机关的其他具体行政行为侵犯其合法权益，申请复议的。

受理（行政复议受理） 是指行政复议机关决定立案审查符合《中华人民共和国行政复议法》规定的受理条件的行政复议申请。

审结 是指行政复议机关经对受理的行政复议案件的审查，作出行政复议决定，终止行政复议。

维持 是指行政复议机关认为具体行政行为认定事实清楚，证据确凿，适用依据正确，程序合法，内容适当，决定坚持原行政行为。

责令履行 是指行政复议机关认为被申请人不履行或拖延履行法定职责的，责令其在一定期限内履行。

变更 是指行政复议机关认为具体行政行为适用依据错误、超越或滥用职权或具体行政行为的明显不当，需要重新作出行政决定的。

确认违法 是指行政复议机关对无法适用撤销的不作为或事实行为，决定确认其违法。

撤销 是指行政复议机关认为具体行政行为的主体事实不清、证据不足；适用依据错误；违反法定程序；超越或滥用职权；具体行政行为明显不当或在行政复议过程中，被申请人不依法提出书面答复、提交当初作出具体行政行为的证据、依据和其他有关材料的，视为该具体行政行为没有证据、依据，决定撤销该具体行政行为。

撤回申请 是指行政复议决定做出前，申请人说明理由，要求撤回行政复议申请的。凡撤回行政复议申请的，行政复议终止。

Explanatory Notes on Main Statistical Indicators

The statistical scope of administrative reconsideration of land and resources refers to all the matters of reconsideration application received by competent administration departments of land and resources at and above the county level. The data source is from the records of administrative reconsideration.

Application for Administrative Reconsideration — refers to the reconsideration application made by citizens, legal persons or other organizations for the correction of the administrative malfeasance or improper act when they consider their legal rights and interests infringed by a specific administrative act, which is received by an administrative reconsideration agency.

According to different matters of administrative reconsideration for which an application is made, administrative reconsideration may be divided into reconsideration of administrative penalties, administrative permission, administrative charging, administrative coercive measures, administrative omission, and others.

Administrative Penalty — refers to the reconsideration application if an applicant refuses to accept the decisions on such administrative penalties as giving a warning, imposing fines, confiscating unlawful proceeds, confiscating unlawful properties, ordering suspension of production or business operation, ordering temporary suspension or rescission of license or permit, and administrative detention made by an administrative agency.

Administrative Permission — refers to the reconsideration application if an applicant refuses to comply with such decisions as issuing, change, suspension, and revocation of such certificates as licenses, permits, qualification certificates, and credentials made by an administrative agency.

Administrative Charging — refers to the reconsideration application if an applicant thinks that an administrative agency collects various kinds of administrative services charges in violation of the law.

Administrative Coercive Measures — refer to the reconsideration application if an applicant refuses to comply with the decisions on execution of restriction of personal liberty or such coercive measures as seizure, attachment, or freezing of properties made by an administrative agency.

Administrative Omission — refers to the reconsideration application if an applicant thinks that an administrative agency fails to handle, according to the law, the matters relating to issuing such certificates as licenses, permits, qualification certificates, and credentials or relating to examination, approval, and registration for which an applicant applies to the administrative agency according to legal requirements, or that an administrative agency fails to execute, according to the law, lawful duties to protect the human right, property right, or right of education for which an applicant applies to the administrative agency according to legal requirements, or that an administrative agency fails to issue, according to the law, pensions for the disable or for the family of the deceased, social insurance money, or minimal living guarantee fees for which an applicant applies to the administrative agency according to legal requirements.

Others — refer to the reconsideration application made by an applicant who considers his/her legal rights and interests infringed by other acts from an administrative agency.

Acceptance (Acceptance of Administrative Reconsideration) — means that an administrative reconsideration agency decides to file and examine the application for administrative reconsideration as per filing requirements prescribed by the "Law of the People's Republic of China on Administrative Reconsideration".

Conclusion of Examination — means that an administrative reconsideration agency makes a decision of administrative reconsideration after examining the accepted administrative reconsideration case and concludes the administrative reconsideration.

Maintenance — means that an administrative reconsideration agency decides to maintain the original administrative act if the facts of the specific administrative act are clear, the evidence for the act is conclusive, the application of laws and regulations to the act is correct, the legal procedure is complied with, and the substances are proper.

Ordering to Execution — means that an order the party against whom an application is filed to perform its legal duties within a certain time period if the administrative reconsideration agency considers that the applicant fails to execute or delays of his/her legal duties.

Change — means that when the evidence for a specific administrative act is wrong, the authority is overstepped or abused, or the specific administrative act is explicitly improper, an administrative reconsideration agency considers that it is necessary to change the original administrative decision.

Confirmation of a Malfeasance — means that for an administrative omission or factual act to which cancellation is not applicable, the administrative reconsideration agency confirms that it is illegal.

Cancellation — means that if the main facts of the specific administrative act are not clear, the evidence for the act is insufficient, the application of laws and regulations to the act is wrong, the legal procedure is not complied with, the authority is overstepped or abused, the specific administrative act is explicitly improper or in the process of administrative reconsideration, the party against whom an application is filed does not make a written reply or submit the evidence, ground, and other relevant materials for undertaking the specific administrative act, then the administrative reconsideration agency considers that this specific administrative act has no evidence or grounds and decides to cancel it.

Withdrawal of an Application — refers to the request for a withdrawal of administrative reconsideration submitted by an applicant when he/she gives reason for the request before the administrative reconsideration is concluded. Once the application for an administrative reconsideration is withdrawn, the administrative reconsideration terminates.

海洋资源管理

Marine Resources Management

海洋监测、调查情况（2008年）
Marine Monitoring and Survey (2008)

		站点（船舶）数（个、艘） Number of Stations (vessels)	项目数（个） Number of Projects	实际获得数据量（个） Actual Data Quantity	发布公（简）报（期） Communique (Bulletin) Issued (issue)	提交报告（期） Report Submitted (issue)
海洋监测	**Marine Monitoring**	**420**	**270**	**13438873**	**1735**	
赤湖监测	Akashio Monitoring	123	57	65000	21	
断面监测	Sectional Monitoring	165	87	20711	8	
浮标监测	Buoy Monitoring	12	43	10985666		
海冰监测	Sea Ice Monitoring	26	15	211992	6	
船舶监测	Ship Monitoring	39	25	2102464	1500	
其他监测	Other Monitoring	55	43	53040	200	
海洋调查	**Marine Survey**	**站点数4002 船舶数49**	**314**	**43649**	**913**	**68**
大洋调查	Ocean Survey	站点数285 船舶数2	5	3	130	5
极地调查	Polar Survey	站点数132 船舶数1	22		93	6
专项调查	Specified Subject Investigation	站点数3584 船舶数46	286	39556	690	55
其他调查	Other Survey	站点数1	1	4090		2

海洋综合管理（2008年）
Comprehensive Marine Management (2008)

		总计 Grand Total	北海分局 SOA North Sea Branch	东海分局 SOA East Sea Branch	南海分局 SOA South Sea Branch
海域使用确权发证（本）	Marine Area Use Permit Issued (number)	**9120**①			
签发疏浚物海洋倾倒许可证（份）	Dredged Material Ocean Dumping Permit Issued (number)	**142**	69	16	57
海上倾废监督检查次数（次）	Waste Ocean Dumping Inspection (number)	**4294**	589	402	3303
海洋工程环境保护监督检查次数（次）	Maritime Engineering Environment Inspection (number)	**2183**	515	773	895
海底电缆管道检查次数（次）	Submarine Cable and Pipeline Inspection (number)	**351**	20	225	106

注：① 全国颁发海域使用许可证。

Note: ① Marine area use permits issued to the whole country.

SOA=State Oceanic Administration.

五、国土资源科学技术研究

Chapter 5 Scientific and Technological Research on Land and Resources

科学研究机构、
Institutions, Personnel and Achieve-

年份/单位名称	Year / Institution	从业人员（人） Employed Personnel (person)	专业技术人员 S & T Professional	从事科技活 Personnel Engaged in	科技管理人员 S & T Managerial Personnel
	2001	5102	3642	2884	478
	2002	4795	3050	1787	186
	2003	4938	3331	2889	516
	2004	4974	3626	3078	564
	2005	5049	3750	3135	538
	2006	5207	3985	3444	592
	2007	2698	2144	1840	248
	2008	2697	2034	1911	232
中国地质科学院机关	Headquarters of Chinese Academy of Geological Sciences (CAGS)	184	153	89	49
中国地质科学院地质研究所	Institute of Geology, CAGS	216	209	212	20
中国地质科学院地质力学研究所	Institute of Geomechanics, CAGS	199	183	136	3
中国地质科学院勘探技术研究所	Institute of Exploration Techniques, CAGS	214	45	51	
中国地质科学院矿产资源研究所	Institute of Mineral Resources, CAGS	260	219	229	25
中国地质科学院水文地质环境地质研究所	Institute of Hydrogeology and Environmental Geology, CAGS	263	217	193	20
中国地质科学院成都探矿工艺研究所	Chengdu Institute of Exploration Technology, CAGS	108	89	81	5
中国地质科学院广西岩溶地质研究所	Guangxi Institute of Karst Geology, CAGS	154	131	150	21
中国地质科学院郑州矿产综合利用研究所	Zhengzhou Institute of Multipurpose Utilization of Mineral Resources, CAGS	167	117	119	9
中国地质科学院成都矿产综合利用研究所	Chengdu Institute of Multipurpose Utilization of Mineral Resources, CAGS	180	154	150	16
中国地质科学院地球物理地球化学勘查研究所	Institute of Geophysical and Geochemical Exploration, CAGS	374	278	266	28
中国地质科学院北京探矿工程研究所	Beijing Institute of Exploration Engineering, CAGS	165	77	77	14
中国地质科学院国家地质实验测试中心	National Research Center for GeoAnalysis	110	98	98	12
中国地质博物馆	The Geological Museums of China	103	64	60	10

人员及成果

ments of Scientific Research

动人员（人） S & T Activities (person)	离退休	专业技术职称（人） Technical Professional Title (person)				科研课题数（项）	科技论文(篇)		科技著作	获奖成果数（项） Number of Awards		
课题活动人员 Personnel Engaged in Research Subject Activities	人员（人） Retirees (person)	小计 Subtotal	高级 Senior	中级 Intermediate	初级 Junior	Number of Research Subjects	S & T Papers	国外发表 Published Abroad	（种） S & T Works		国家级 State Level	部级 Ministerial Level
2303	4130	3481	1632	1210	639	939	1022	119	18	23	5	16
1601	4171	3208	1492	1145	571	817	1144	67	75	24		24
2304	3974	3271	1525	1126	620	759	1086	130	29	29	3	19
2495	3971	3436	1593	1163	680	839	1199	96	32	27	3	21
2566	3996	3483	1597	1072	814	897	1182	122	46	39	2	36
2767	4048	3640	1631	1064	945	978	1501	148	50	26	1	25
1495	2241	1962	897	644	421	882	1155	81	28	26	3	23
1640	2258	1923	874	626	423	693	959	124	33	22	4	18
40	237	117	43	44	30		4	1	1			
192	198	180	102	50	28	54	144	32	5	2	1	1
127	139	157	85	58	14	120	121	7	4	4	1	3
40	156	119	73	20	26	2	21			3	1	2
204	201	173	91	60	22	140	219	45	9	3	1	2
173	195	211	83	75	53	41	85	1	2	1		1
76	56	82	34	24	24	22	33					
124	126	129	72	46	11	72	87		2	3		3
98	114	148	39	50	59	24	27		1			
134	228	127	37	53	37	78	54		2			
238	334	273	129	72	72	59	54	11	4	4		4
63	86	68	22	22	24	1	15					
86	118	98	34	41	23	73	78	22	1	2		2
45	70	41	30	11		7	17	5	2			

主要统计指标解释

统计范围是国家及各省、自治区、直辖市国土资源部门所属从事国土资源科学研究、具有独立法人地位的科学研究机构。

从业人员 是指本机构直接组织安排工作并支付工资的各类人员总数。包括固定职工、在编制的合同制职工、招聘人员和返聘的离退休人员，不包括离退休人员、停薪留职人员。

科研专业技术人员 是指具有中专以上学历或初级以上技术职称（务）的干部以及从工作实践中提拔的专业技术人员，还包括已取得专业技术职称、从事科技管理工作的人员和从事与技术管理工作较为密切的党政领导工作的干部。

从事科技活动人员 是指从业人员中的科技管理人员、课题活动人员和科技服务人员。

科技管理人员 是指院、所领导及业务、人事管理人员。包括：直接从事科技计划管理、课题管理、成果管理、专利管理、科技统计、科技档案管理、科技外事工作、人事管理、教育培训、财务等与科技活动有关的人员。

课题活动人员 是指编制在研究室或课题组的人员。

一个人同时从事两种活动，如既从事科技管理，又进行课题活动，则按其编制填写，如编制属管理人员，就填在科技管理人员内。

离退休人员 是指历年由本机构离退休，并在本机构领取离退休费的人员。

专业技术职称 填报本机构从事科技活动人员中专业技术职称情况，未实行专业技术职务聘任的单位，按原技术职称填报。

高级 是指研究员、副研究员；教授、副教授；高级工程师；高级农艺师；正、副主任医（药、护、技）师；高级实验师；高级统计师；高级经济师；高级会计师；编审（正、副编审）；译审（正、副译审）；高级（主任）记者；正、副研究馆员等。

中级 指助理研究员；讲师；工程师；农艺师；主治医（药、护、技）师；实验师；统计师；经济师；会计师；编辑；翻译；记者；馆员等。

初级 是指研究实习员；助教；助理工程师、技术员；助理农艺师、农业技术员；医（药、护、技）师；助理实验师、实验员；助理统计师、统计员；助理经济师；助理会计师、会计员；助理编辑、见习编辑；助理翻译；助理记者；助理馆员、管理员等。

科研课题 是指本机构在本年度内为解决在学科（专业）上、科技活动的阶段属性上以及成果的主要表达形式上等方面相对单一（单纯）的科学技术问题而确定的任务。

课题数 只统计列入本机构计划或由本单位管理部门认可，在当年内进行的课题。包括当年新开课题和上年结转课题。

科技论文 在全国性学报或学术刊物上、省部属大专院校对外正式发行的学报或学术刊物上发表的论文，以及向国外发表的论文。

国外发表 包括在各种国际性学术会议、讨论会、讲座上以外文或外文摘要形式发表的论文，以及编入国际会议文集的论文和国际学术刊物（包括中国向国外发行的科技学术刊物）上发表的论文。

科技著作 是指经过正式出版部门编印出版的科技专著、大专院校教科书、科普著作。如果科技论文和科技著作系与本机构外的同行数人合著，为避免重复统计，只统计以本机构科技人员为第一作者的论文和著作。同一书名为一种，与书的发行量无关。

获奖成果数 填报本年度内本机构作为第一完成单位从地（市）及地（市）以上政府科技管理部门获得的各种科技成果奖的项数。

国家级奖励 是指国家自然科学奖、国家技术发明奖、国家科技进步奖。

部级奖励 是指以国务院各部门名义颁发的或省、自治区、直辖市政府（科委）名义颁发的重大科技成果奖和科技进步奖等。

Explanatory Notes on Main Statistical Indicators

The statistical scope encompasses scientific research institutions affiliated to the land and resources departments of the state, various provinces, autonomous regions, and municipalities directly under the central government that engage in land and resources scientific research and are independent legal persons.

Employed Personnel — refer to the total sum of persons of various kinds who are organized and arranged and paid for work directly by an institution, including permanent staff and workers, contract labors, recruited workers and reemployed retirees, but excluding retirees and persons whose job is retained but salary is suspended.

S & T (Scientific and Technological) professional — refer to professional technical persons with an education background at and above the technical secondary school level or the junior technical title (post) and those promoted from working practice. They also include cadres who have obtained professional technical titles and conduct science and technology management or Party and government leading work closely related to science and technology management.

Personnel Engaged in S & T Activities — refer to the personnel engaged in science and technology management, research subject activities, and related services among the employees.

S & T Managerial Personnel — refers to presidents of academies, directors of institutes, and personnel in charge of professional and personnel administration, including personnel directly engaged in such work related to science and technology activities as plan management, research subject management, research results management, patent management, statistics, archives management, foreign affaires related to science and technology, personnel administration, education and training, and finance.

Personnel Engaged in Research Subject Activities — refer to the personnel who belong to the establishment of research sections or subject teams.

If one person undertakes two activities simultaneously, e.g. both science and technology management and research subject activity, he/she will be listed in the line according to his /her establishment; for example, if he/she belongs to the establishment of managerial personnel, he/she will be listed in the line of science and technology managerial personnel.

Retirees — refer to persons who retired from an organization and get their pensions in the organization over the years.

Technical Professional Title — refers to the professional technical title of a person engaged in science and technical activities in an organization. For an organization that has not implemented the system for appointment of technical professional posts, the line will be filled up according to the original technical professional title.

Senior — refers to senior researchers and associate senior researchers, professors and associate professors, senior engineers, senior agronomists, chief and deputy chief doctors (physicians, surgeons, pharmacists, nurses, and technicians), senior experimenters, senior statisticians, senior economists, senior accountants, senior editors and associate senior editors, senior translators and associate senior translators, senior (chief) correspondents (reporters), and senior librarians and associate librarians.

Intermediate — refers to assistant researchers, lecturers, engineers, agronomists, doctors (physicians, surgeons, pharmacists, nurses, and technicians) in charge, experimenters, statisticians, economists, accountants, editors, translators, correspondents (reporters), and librarians.

Junior — refers to research assistants, tutors, assistant engineers and technicians, assistant agronomists and agricultural technicians, practitioners (pharmacists, nurses, and technicians) (generally with secondary medical school education), assistant experimenters and junior experimenters, assistant statisticians and junior statisticians, assistant economists, assistant accountants and junior accountants, assistant editors and editors on probation, assistant translators, assistant correspondents (reporters), and assistant librarians and keepers (managerial persons).

Research Subject — refers to the task determined by an organization in the current year for solving special (specific) science and technology problems with respect to disciplines (specialties), relevancy of stages of science and technical activities, and main expression form of research results.

Number of Research Subjects — refers to the research subjects/projects included in the plan of an organization or recognized by the administration department of an organization and undertaken in the current year, including new subjects/projects initiated in the current year and those transferred from last year.

S & T Papers — refer to articles published in national academic journals and those formally distributed by universities and colleges affiliated to provinces and ministries and published in foreign journals.

Published Abroad — refers to articles published as foreign-language papers or abstracts in various international academic conferences, meetings, symposia, and lectures and articles included published in international proceedings and international academic journals (including academic journals distributed abroad by China).

S & T Works — refer to scientific and technological monographs, text-books of universities and colleges, and popular science books compiled, printed, and published by formal publishing establishments. If scientific and technological papers and works are co-written with other colleagues outside the organization, in order to prevent from duplicated statistics, only the papers and works whose first authors are scientific and technological persons of the organization are included in statistics. The books with the same title are considered to be one entry, which is unrelated to the amount of distribution of the book.

Number of Awards — refers to the number of various scientific and technological results prizes won as the first completion organization in the current year from science and technology administration departments of governments at and above the prefecture (municipal) level.

State Level Awards — refers to the National Natural Science Prize, State Invention Prize, State Scientific and Technological Progress Prize, and State Scientific and Technological Results Prize.

Ministerial Level Awards — refers to important scientific and technological results prizes and scientific and technological progress prizes issued in the name of various department of the State Council or issued in the name of governments (commissions of science and technology) of provinces, autonomous regions, or municipalities directly under the central government.

六、测　绘
Chapter 6　Surveying and Mapping

大地测量情况
Geodetic Survey

年份/地区	Year /Region	GPS 测量（点） GPS (station)	三角测量（点） Triangulation (station)	导线测量（点） Traversing (station)	基线测量（条） Baseline Survey (line)	水准测量（千米） Leveling (kilometer)	重力测量（点） Gravity Survey (station)
1999		9831	134	2522	6	26241	211
2000		20448	319	6375	7	24875	141
2001		21949	100	2099	9	42136	387
2002		26176	30	8964	5	44153	15
2003		32363	12	40965	9	58681	
2004		29734	16	13302	8	76233	14
2005		47508		9664	10	144031	62
2006		54053		5552	12	203191	3066
2007		44455	69	1994	48	81363	7
2008		55254		1606	23	96364	25
北　京	Beijing	3850		500		2133	
天　津	Tianjin	2133				5790	
河　北	Hebei	3891				8513	
山　西	Shanxi	2060				1735	
内蒙古	Inner Mongolia	1259				1872	
辽　宁	Liaoning	10160				8755	
吉　林	Jilin						
黑龙江	Heilongjiang	383				7210	
上　海	Shanghai						
江　苏	Jiangsu	1309				11056	
浙　江	Zhejiang	4524				2439	
安　徽	Anhui	3397				935	
福　建	Fujian	393				2081	
江　西	Jiangxi	2150				400	
山　东	Shandong	659				1727	
河　南	Henan	2966		648		7332	
湖　北	Hubei	1175				3100	
湖　南	Hunan	592				4200	
广　东	Guangdong	704				280	
广　西	Guangxi	2275				3523	
海　南	Hainan	154				300	
重　庆	Chongqing	228		25		1920	
四　川	Sichuan	1111				9846	
贵　州	Guizhou	1227					
云　南	Yunnan	818		433		2876	
西　藏	Tibet	131				109	
陕　西	Shaanxi	1118			23	2952	25
甘　肃	Gansu						
青　海	Qinghai	2509				1072	
宁　夏	Ningxia	66				80	
新　疆	Xinjiang	3364				2208	
重庆测绘院	Chongqing Institute of Surveying and Mapping	624				1920	
国家基础地理信息中心	National Geomatics Center of China						
中国测绘科学研究院	Chinese Academy of Surveying and Mapping	24					
中国地图出版社	SinoMaps Press						

数字成果
Digital

单位：幅

年份/地区	Year/Region	数字线划地图（DLG）Digital Line Graphic (DLG)						
			1:50000	1:10000	1:5000	1:2000	1:1000	1:500
	1999	45214		385	635	8498	9415	23031
	2000	46400		1103	749	6139	12718	19338
	2001	39583		1652	198	4567	8308	19623
	2002	50268	209	8699	175	3932	6821	17721
	2003	38252	80	4487	662	3237	6469	12853
	2004	27006	187	5814	28	1033	1999	12609
	2005	30744		9177	156	2777	2089	8054
	2006	14859		1892	100	1248	963	5052
	2007	199534	7044	25392	1525	34124	49878	79706
	2008	252812	6944	34050	1841	44241	43503	80122
北　京	Beijing	11389				2066	181	9142
天　津	Tianjin							
河　北	Hebei	11616		2078	102	1110	6576	1750
山　西	Shanxi	4449		293		2766		1390
内蒙古	Inner Mongolia	2546	30	1978		290	248	
辽　宁	Liaoning	16701	34	523	12	3701	6420	6011
吉　林	Jilin	4855		845			538	3472
黑龙江	Heilongjiang	69015	3157	12298		7246	1110	3438
上　海	Shanghai	37280	35	130		5519	11382	20214
江　苏	Jiangsu	2240		620		326	1294	
浙　江	Zhejiang	2512	69	743	316	1324	60	
安　徽	Anhui	6080		560	16	280	4772	452
福　建	Fujian	1149		217	837	95		
江　西	Jiangxi	13360	41	1028		927	5278	6086

生产情况（2008年）
Products (2008)

Unit: sheet

数字高程模型（DEM）Digital Elevation Model (DEM)							数字正射影像（DOM）Digital Orthophoto Map (Dom)				
	1:50000	1:10000	1:5000	1:2000	1:1000	1:500		航片 Acial Photo		卫片 Satellite Photo	
									1:10000		1:10000
8361	4819	2442		550							
18659	12441	3518		230							
8702	919	4912		20							
8563	13	8550									
8571	152	8184									
9656	394	4883		4379							
5065		5042		23							
3227		2494									
100630	1996	12306	1189	12474	5442	4694	245677	235283	23956	10394	8581
62843	4102	18753	1998	15826	5824	7816	204490	165972	33709	38518	30798
18		18					33022	33022			
457		200			257		895	895	638		
7571		641		6930			10539	10539	3361		
2008	30	1978					2077	2077	1978		
2291		643		1648			2476	2476	782		
845		845									
11908	2083	823		497			48602	34762	823	13840	12869
							5037	5037			
							18663	18463	433	200	
1059		743	316				5768	5459	2490	309	
2387		1112			1256		3391	3095	2062	296	296
392		392					16	16	16		
1028		1028					4627	3095	3095	1532	1532

数字成果
Digital

单位：幅

年份/地区	Year/Region	数字线划地图（DLG）Digital Line Graphic (DLG)						
			1:50000	1:10000	1:5000	1:2000	1:1000	1:500
山　东	Shandong	12859	523	808	65	1379	696	9388
河　南	Henan	3177		1201	74	24	415	1463
湖　北	Hubei	3010		921	5	524	960	600
湖　南	Hunan	4651	14	880		323	1852	1582
广　东	Guangdong	2562		2562				
广　西	Guangxi	4568		238		1434	92	2804
海　南	Hainan	995	179	778		15	23	
重　庆	Chongqing	3608	83	207		2000		1318
四　川	Sichuan	5622	1259	717	25	1755	270	1353
贵　州	Guizhou	6446				83	378	5985
云　南	Yunnan	937		460	28	127		322
西　藏	Tibet							
陕　西	Shaanxi	12462	1173	1695	288	8262	576	420
甘　肃	Gansu	2301	129	698	30	310	154	926
青　海	Qinghai	299		299				
宁　夏	Ningxia	100		100				
新　疆	Xinjiang	2640	122	1060	33	77	228	1120
重庆测绘院	Chongqing Institute of Surveying and Mapping	3383	96	113	10	2278		886
国家基础地理信息中心	National Geomatics Center of China							
中国测绘科学研究院	Chinese Academy of Surveying and Mapping							
中国地图出版社	SinoMaps Press							

生产情况（2008 年）　续表

Products (2008)　Continued

Unit: sheet

数字高程模型（DEM）Digital Elevation Model (DEM)							数字正射影像（DOM）Digital Orthophoto Map (Dom)				
	1:50000	1:10000	1:5000	1:2000	1:1000	1:500		航片 Acial Photo		卫片 Satellite Photo	
									1:10000		1:10000
1728		808		600	320		4385	3925	1370	460	
800						800	2863	800		2063	2063
886		806		80			1001	1001	806		
							2405	1584	562	821	821
2376		2286		90			11399	7279	7189	4120	4120
							1278	412	412	866	866
1854	154	1700					1163	1009	936	154	
3088		207		1440		1441	800	800			
1026	1026						8431	6716	970	1715	287
5575						5575	8075	8075	112		
408		408					1263	1263			
10068	57	40	1658	4322	3991		11029	7232	40	3797	
1740	588	1128	24				2083	2044	1614	39	
268		268					299	155	155	144	144
298		298					298	298	298		
1098	100	998					9404	1514	1504	7890	7800
1666	64	1383		219			2521	2249	1383	272	
							680	680	680		

地图编制情况
Map Compilation

年份/地区	Year/Region	地形图（幅） Topographic Map (sheet)						专题地图 Thematic Map		地图集（册） Atlas (copy)
			1:50000	1:10000	1:2000	1:1000	1:500	幅 (sheet)	册 (copy)	
	1999	6138	277	983	1364	339	3008	242	1391914/2	61
	2000	4104	220	904	403	1262	1081	298	1243775/9	105
	2001	2867	58	625	1155	364	560	478	3327	97
	2002	8980	41	1488	3339	2130	1593	566	3568	111
	2003	2731		76	1403	407	464	788	2443	86
	2004	15179	29	4441	1352	6400	2677	754	2858	118
	2005	4185	268	1497	219	479	1355	636	2530	91
	2006	12626	505	2110	3990	3943	1915	757	2845	154
	2007	17203	713	855	4329	4244	5537	3885	75	368
	2008	10213	774	1457	1168	2677	3086	4056	54	285
北　京	Beijing							95		9
天　津	Tianjin	117	50	50	17			2		
河　北	Hebei	35						17	1	3
山　西	Shanxi	973	24	949				1263		9
内蒙古	Inner Mongolia							20	1	
辽　宁	Liaoning	5604	34	368	723	2677	1786	27		
吉　林	Jilin									
黑龙江	Heilongjiang							70		7
上　海	Shanghai	57	1		56			19		1
江　苏	Jiangsu	108	103		5			5	2	2
浙　江	Zhejiang							114		2
安　徽	Anhui	60	30	30				22	1	1
福　建	Fujian	107						128		4
江　西	Jiangxi	41	41					32	1	1
山　东	Shandong							60	3	
河　南	Henan	131	79	19				87	2	1
湖　北	Hubei	5	5					37		4
湖　南	Hunan							351	43	
广　东	Guangdong	206	6		200			54		55
广　西	Guangxi	808			63			332		2
海　南	Hainan							247		1
重　庆	Chongqing	45		20				88		2
四　川	Sichuan	290	290					152		72
贵　州	Guizhou							21		3
云　南	Yunnan	20	20					113		5
西　藏	Tibet									
陕　西	Shaanxi							222		85
甘　肃	Gansu	228	80	10	78			119		2
青　海	Qinghai	1267					1267	31		
宁　夏	Ningxia	7						4		
新　疆	Xinjiang	22	11	11				173		2
重庆测绘院	Chongqing Institute of Surveying and Mapping	61			26		33	2		
国家基础地理信息中心	National Geomatics Center of China									
中国测绘科学研究院	Chinese Academy of Surveying and Mapping	18						12		1
中国地图出版社	SinoMaps Press	3						137		11

地图数字化情况
Map Digitization

单位：幅 Unit: sheet

年份/地区	Year/Region	数字线划地图（DLG）Digital Line Graphic (DLG)			数字高程模型（DEM）Digital Elevation Model (DEM)			数字栅格地图（DRG）Digital Raster Graphic (DRG)		
			1:50000	1:10000		1:50000	1:10000		1:50000	1:10000
	1999	45214	385	3154	8361	4819	2442	15833	14806	708
	2000	46400	1103	6271	18659	12441	3518	13501	2338	2963
	2001	39583	1652	5139	8702	919	4912	12174	654	7789
	2002	50268	8699	11017	8563	13	8550	32603	3249	24526
	2003	38252	4487	10316	8571	152	8184	12314	3029	5358
	2004	27006	5814	5022	9656	394	4883	29308	935	27937
	2005	30744	9177	7484	5065		5042	11463	2679	7935
	2006	14859	1892	4780	3227		2494	1820	812	603
	2007	15602	36	7540	746	587	159	4316	761	2365
	2008	19094	280	3655	6866	179	1641	12154	300	9918
北 京	Beijing									
天 津	Tianjin	8798			18		18			
河 北	Hebei	2908								
山 西	Shanxi							241		
内蒙古	Inner Mongolia									
辽 宁	Liaoning	2115		26	2089			6485	40	6445
吉 林	Jilin									
黑龙江	Heilongjiang									
上 海	Shanghai									
江 苏	Jiangsu									
浙 江	Zhejiang									
安 徽	Anhui	120						873		873
福 建	Fujian									
江 西	Jiangxi	286		286						
山 东	Shandong									
河 南	Henan									
湖 北	Hubei	50								
湖 南	Hunan	180								
广 东	Guangdong	278		278				2706	106	2600
广 西	Guangxi	66		66	155		155			
海 南	Hainan	1194	280	883	179	179		154	154	
重 庆	Chongqing	300			2500					
四 川	Sichuan	355		355	457			315		
贵 州	Guizhou	267								
云 南	Yunnan									
西 藏	Tibet	40		40						
陕 西	Shaanxi	1668		1555	1468		1468	1380		
甘 肃	Gansu									
青 海	Qinghai									
宁 夏	Ningxia	16		3						
新 疆	Xinjiang	444		162						
重庆测绘院	Chongqing Institute of Surveying and Mapping	9		1						
国家基础地理信息中心	National Geomatics Center of China									
中国测绘科学研究院	Chinese Academy of Surveying and Mapping									
中国地图出版社	SinoMaps Press									

公开版地图、测
Publishing of Maps and Books

年份/地区 Year /Region		品种（种） Kinds				总印张 Number of Printed	
		地图 Map		图书 Book	电子地图 Electronic Map	地图 Map	
		新版 New Edition	重版 Reprint			新版 New Edition	重版 Reprint
1999		653	835	359	7	68396.0	610762.0
2000		661	712	241	7	1776.1	32095.8
2001		576	695	315		35751.4	228602.6
2002		729	894	322	2	11075.9	287659.7
2003		643	946	450	1	53870.0	283629.0
2004		785	1047	463	2	46206.0	361611.0
2005		732	1028	504	2	45594.1	444419.0
2006		674	1129	628	2	27892.4	364725.3
2007		647	1270	412	2	26788.7	330626.9
2008		589	1296	358	48	35432.0	318317.8
黑龙江	Heilongjiang	75	46	73		3206.7	4095.7
福　建	Fujian	12	30	19		454.4	657.0
山　东	Shandong	44	52	29		890.0	3018.0
湖　南	Hunan	107	34	49		1143.5	606.0
广　东	Guangdong	18	85	5		247.4	11072.6
四　川	Sichuan	82	139	3		1148.5	5404.7
陕　西	Shaanxi	84	127	142		1953.8	5135.8
中国地图出版社	SinoMaps Press	167	783	38	48	26387.7	288328.0

绘图书出版情况
of Surveying and Mapping

（千印张）Sheets (1000 sheets)		总印数（万幅/万册）Total Number of Copies (10000 sheets/10000 copies)			总定价（万元）Price (10000 yuan)			
		地图 Map			地图 Map			
图书 Book	电子地图 Electronic Map	新版 New Edition	重版 Reprint	图书 Book	新版 New Edition	重版 Reprint	图书 Book	电子地图 Electronic Map
36166.0	26500.0	1055.0	27359.0	190.0	7467.0	77290.0	2620.0	295.0
1929.8	3.6	605.6	14098.1	96.0	7825.7	52666.7	1796.0	164.8
14999.9		1369.1	9074.8	374.5	12916.2	40121.4	4958.6	
14454.1		2540.6	12147.2	3743.7	12822.3	51654.1	3572.7	13.6
29877.0	4.0	2260.0	10139.0	188.0	13658.0	50542.0	5890.0	3.0
16917.0	1006.0	2290.0	13778.0	173.0	15810.0	61344.0	7680.0	38.0
27858.6	26.0	1577.2	15640.1	439.9	13020.9	70342.3	9768.5	7.5
36212.4	3.4	1348.7	13208.5	405.7	9479.4	60383.7	9717.5	10.5
17082.0	12.0	1056.1	11945.4	197.4	9488.7	53724.0	4479.2	32.0
13754.0		1691.4	12422.5	183.1	12392.4	54135.6	4202.1	
2563.5		256.0	76.4	17.8	2048.7	1016.1	284.8	
863.8		16.5	38.6	10.0	137.5	398.7	427.9	
2038.0		82.0	306.0	48.0	478.0	1362.0	982.0	
2913.2		108.5	55.4	39.2	523.3	251.5	904.9	
151.7		49.8	1031.0	30.0	246.7	2765.1	10.5	
58.5		67.5	256.8	0.7	566.5	1734.8	34.3	
3849.1		104.5	202.6	26.9	1627.9	1979.6	1226.6	
1316.2		1006.6	10455.7	10.5	6763.8	44627.8	331.1	

测绘成果提供情况（2008年）

Surveying and Mapping Products (2008)

地 区	Region	地形图（张）Topographic Maps (sheet)			大地成果（点）Geodetic Surveying (station)	航摄成果（片）Aerophotogrammetry (sheet)	挂图（张）Wall Map (sheet)	地图集（册）Atlas (volume)
			1:10000	1:50000				
合 计	Total	**523036**	**164585**	**116944**	**178353**	**461087**	**32774**	**3213**
北 京	Beijing	37218	620		11402			
天 津	Tianjin				489			
河 北	Hebei	3654	3059	457	2588	56	36	27
山 西	Shanxi	9137	7403	1541	1620	13908	1485	242
内蒙古	Inner Mongolia	26666	1744	22024	10324	10778		
辽 宁	Liaoning	5086	3557	1487	2680	2781		
吉 林	Jilin	5207	2565	1980	4379	11158	359	235
黑龙江	Heilongjiang	22106	12339	9201	7792	37401	16	
上 海	Shanghai	170435	550	67	4015			
江 苏	Jiangsu	4709	3703	915	2183	115	238	42
浙 江	Zhejiang	10539	9745	602	3195	40963		
安 徽	Anhui	7367	6824	527	3624	3187		
福 建	Fujian	4884	3878	833	2301	8403		
江 西	Jiangxi	17525	15336	2016	7929	12355		
山 东	Shandong	5635	4747	706	14387	816		
河 南	Henan	2238	1871	365	723	747	27050	
湖 北	Hubei	1904	1682	176	1501	140		
湖 南	Hunan	10603	9627	757	2351	627		
广 东	Guangdong	4180	3656	499	2101	6697		
广 西	Guangxi	22038	20623	1263	18017	29830		
海 南	Hainan	212	212		62	5058	1502	1283
重 庆	Chongqing							
四 川	Sichuan	17338	9959	5016	3396	22083		
贵 州	Guizhou	25696	20600	4464	1063	7361	10	
云 南	Yunnan	9032	4414	4493	2749	2227	127	
西 藏	Tibet	2181	518	375	275		1254	975
陕 西	Shaanxi	13089	10396	2489	2476	3289		
甘 肃	Gansu	3517	451	1367	1228	11600		
青 海	Qinghai	4018	327	1327	1727	647	389	54
宁 夏	Ningxia	3727	2395	1204	296	15499		
新 疆	Xinjiang	27621	1784	15675	23991	7587	308	355
国家基础地理信息中心	National Geomatics Center of China	45474	35118	37489	205774			

附：其他资料

Appendix: Other Data

我国主要矿产品进
China's Imports and Exports of

矿产品名称	Mineral Commodity	进口		Imports	
		国家（地区）	Country (Region)	数量（吨） Quantity (ton)	占总量（%） Percentage
煤炭	**Coal**	**合计**	**Total**	**43655965**	**100.0**
		越南	Vietnam	16905840	38.7
		印度尼西亚	Indonesia	14083053	32.3
		蒙古	Mongolia	4128585	9.5
		澳大利亚	Australia	3544030	8.1
		朝鲜	Korea, D.P.Rep.	2539566	5.8
		俄罗斯联邦	Russian Federation	777582	1.8
		菲律宾	Philippines	634911	1.5
		加拿大	Canada	560077	1.3
		其他国家或地区	Other Countries or Regions	482320	1.1
石油原油	**Crude Oil**	**合计**	**Total**	**178883909**	**100.0**
		沙特阿拉伯	Saudi Arabia	36368395	20.3
		安哥拉	Angola	29894398	16.7
		伊朗	Iran	21322400	11.9
		阿曼	Oman	14581538	8.2
		俄罗斯联邦	Russian Federation	11637808	6.5
		苏丹	Sudan	10500378	5.9
		委内瑞拉	Venezuela	6463395	3.6
		科威特	Kuwait	5896301	3.3
		哈萨克斯坦	Kazakhstan	5670590	3.2
		阿拉伯联合酋长国	United Arab Emirates	4578884	2.6
		刚果（布）	Congo	4370954	2.4
		也门共和国	Yemen	4131011	2.3
		利比亚	Libya	3189131	1.8
		巴西	Brazil	3021772	1.7
		赤道几内亚	Equatorial Guinea	2709361	1.5
		伊拉克	Iraq	1860080	1.0
		印度尼西亚	Indonesia	1392836	0.8
		哥伦比亚	Columbia	1140813	0.6
		其他国家或地区	Other Countries or Regions	10153864	5.7
铁矿砂及其精矿	**Iron Ore Fines and Concentrate**	**合计**	**Total**	**443505080**	**100.0**
		澳大利亚	Australia	183400058	41.4
		巴西	Brazil	100619615	22.7
		印度	India	90963204	20.5
		南非	South Africa	14523975	3.3

出口情况（2008年）
Major Mineral Commodities (2008)

		出　口 Exports					
金额（千美元）Value (US$1000)	占总值(%) Percentage	国家（地区）	Country (Region)	数量（吨）Quantity (ton)	占总量(%) Percentage	金额（千美元）Value (US$1000)	占总值(%) Percentage
3729803	**100.0**	**合计**	**Total**	**45456915**	**100.0**	**5242826**	**100.0**
1126786	30.2	韩国	Korea, Rep.	16547745	36.4	1944480	37.1
1156232	31.0	日本	Japan	13366993	29.4	1833087	35.0
244284	6.5	中国台湾省	Taiwan, China	10601100	23.3	893476	17.0
532542	14.3	菲律宾	Philippines	1120127	2.5	87385	1.7
202303	5.4	土耳其	Turkey	1058008	2.3	107089	2.0
154191	4.1	印度	India	1005627	2.2	130941	2.5
38623	1.0	中国香港	Hongkong, China	475176	1.0	40437	0.8
165607	4.4	朝鲜	Korea, D.P.Rep.	231804	0.5	44437	0.8
109234	2.9	其他国家或地区	Other Countries or Regions	1050335	2.3	161493	3.1
129330290	**100.0**	**合计**	**Total**	**4161270**	**100.0**	**2979552**	**100.0**
25816711	20.0	日本	Japan	1269496	30.5	1011166	33.9
22358968	17.3	韩国	Korea, Rep.	786930	18.9	509910	17.1
15765833	12.2	美国	American	613722	14.7	417837	14.0
11245064	8.7	朝鲜	Korea, D.P.Rep.	528577	12.7	414310	13.9
8586621	6.6	新加坡	Singapore	358826	8.6	261930	8.8
6285913	4.9	印度尼西亚	Indonesia	260775	6.3	154329	5.2
3653812	2.8	泰国	Thailand	175732	4.2	106400	3.6
4279021	3.3	马来西亚	Malaysia	167213	4.0	103670	3.5
4172746	3.2						
3355750	2.6						
3086844	2.4						
3150940	2.4						
2552201	2.0						
1886871	1.5						
2103865	1.6						
1311306	1.0						
1149424	0.9						
782351	0.6						
7786047	6.0						
60553407	**100.0**	**合计**	**Total**	**9645**	**100.0**	**2036**	**100.0**
22447295	37.1	土库曼斯坦	Turkmenistan	5330	55.3	1069	52.5
14940815	24.7	日本	Japan	1555	16.1	187	9.2
13391744	22.1	韩国	Korea, Rep.	1402	14.5	400	19.7
1908485	3.2	其他国家或地区	Other Countries or Regions	1358	14.1	381	18.7

我国主要矿产品进出
China's Imports and Exports of

矿产品名称	Mineral Commodity	进口 Imports			
		国家（地区）	Country (Region)	数量（吨） Quantity (ton)	占总量（%） Percentage
		印度尼西亚	Indonesia	6756925	1.5
		俄罗斯联邦	Russian Federation	5790016	1.3
		秘鲁	Peru	5341970	1.2
		伊朗	Iran	5144032	1.2
		乌克兰	Ukraine	4596880	1.0
		加拿大	Canada	3710411	0.8
		智利	Chile	3579471	0.8
		哈萨克斯坦	Kazakhstan	3189947	0.7
		委内瑞拉	Venezuela	3185870	0.7
		毛里塔尼亚	Mauritania	2492590	0.6
		朝鲜	Korea, D.P. Rep.	1881901	0.4
		其他国家或地区	Other Countries or Regions	8328217	1.9
锰矿砂及其精矿	**Manganese Ore Fines and Concentrate**	**合计**	**Total**	**7570540**	**100.0**
		澳大利亚	Australia	2303941	30.4
		南非	South Africa	1985124	26.2
		加蓬	Gabon	1097195	14.5
		巴西	Brazil	584219	7.7
		缅甸	Myanmar	356500	4.7
		马来西亚	Malaysia	285303	3.8
		印度尼西亚	Indonesia	154306	2.0
		摩洛哥	Morocco	135436	1.8
		其他国家或地区	Other Countries or Regions	668516	8.8
铜矿砂及其精矿	**Copper Ore Fines and Concentrate**	**合计**	**Total**	**5191469**	**100.0**
		智利	Chile	1520068	29.3
		秘鲁	Peru	940026	18.1
		澳大利亚	Australia	551461	10.6
		蒙古	Mongolia	532650	10.3
		美国	United States	258029	5.0
		墨西哥	Mexico	221404	4.3
		毛里塔尼亚	Mauritania	159435	3.1
		土耳其	Turkey	133921	2.6
		哈萨克斯坦	Kazakhstan	130959	2.5
		加拿大	Canada	129440	2.5
		其他国家或地区	Other Countries or Regions	614102	11.8
镍矿砂及其精矿	**Nickel Ore Fines and Concentrate**	**合计**	**Total**	**12319315**	**100.0**
		印度尼西亚	Indonesia	7397069	60.0
		菲律宾	Philippines	4011577	32.6
		新喀里多尼亚	New Caledeonia	275386	2.2

口情况（2008年） 续表 1

Major Mineral Commodities (2008) Continued 1

金额（千美元） Value (US$1000)	占总值（%） Percentage	出口 Exports 国家（地区）	Country (Region)	数量（吨） Quantity (ton)	占总量（%） Percentage	金额（千美元） Value (US$1000)	占总值(%) Percentage
609035	1.0						
967505	1.6						
668864	1.1						
852912	1.4						
813948	1.3						
762438	1.3						
550408	0.9						
443361	0.7						
589064	1.0						
328296	0.5						
172494	0.3						
1106744	1.8						
3468939	**100.0**	合计	**Total**	**2290**	**100.0**	**694**	**100.0**
1187546	34.2	意大利	Italia	1620	70.7	495	71.4
967004	27.9	日本	Japan	390	17.0	153	22.1
606510	17.5	韩国	Korea, Rep.	160	7.0	17	2.5
345329	10.0	其他国家或地区	Other Countries or Regions	120	5.3	29	4.0
40097	1.2						
51139	1.5						
47048	1.4						
36981	1.1						
187285	5.4						
10425473	**100.0**	合计	**Total**	**2410**	**100.0**	**7889**	**100.0**
3431990	32.9	韩国	Korea,rep.	2404	99.8	7886	99.9
1877646	18.0						
1102520	10.6						
863069	8.3						
562414	5.4						
456636	4.4						
331401	3.2						
189378	1.8						
227204	2.2						
267178	2.6						
1116036	10.7						
2055810	**100.0**	合计	**Total**	**4211**	**100.0**	**4630**	**100.0**
819240	39.9	巴西	Brazil	4027	95.6	4539	98.0
312555	15.2	其他国家或地区	Other Countries or Regions	184	4.4	91	2.0
44879	2.2						

我国主要矿产品进出
China's Imports and Exports of

矿产品名称	Mineral Commodity	进口 国家（地区）	Imports Country (Region)	数量（吨）Quantity (ton)	占总量（%）Percentage
		澳大利亚	Australia	216278	1.8
		博茨瓦纳	Botswana	109325	0.9
		西班牙	Spain	104042	0.8
		其他国家或地区	Other Countries or Regions	205639	1.7
钴矿砂及其精矿	**Cobalt Ore Fines and Concentrate**	合计	**Total**	**254499**	**100.0**
		刚果（金）	Congo, D.R.	206156	81.0
		刚果（布）	Congo	30233	11.9
		古巴	Cuba	9224	3.6
		南非	South Africa	4060	1.6
		赞比亚	Zambia	2187	0.9
		加拿大	Canada	898	0.4
		比利时	Belgium	377	0.1
		墨西哥	Mexico	369	0.1
		其他国家或地区	Other Countries or Regions	994	0.4
氧化铝	**Alumina**	合计	**Total**	**4586007**	**100.0**
		澳大利亚	Australia	3889681	84.8
		印度	India	635477	13.9
		日本	Japan	25493	0.6
		几内亚	Guinea	8655	0.2
		西班牙	Spain	8562	0.2
		法国	France	5957	0.1
		韩国	Korea, Rep.	5210	0.1
		其他国家或地区	Other Countries or Regions	6972	0.2
铅矿砂及其精矿	**Lead Ore Fines and Concentrate**	合计	**Total**	**1443910**	**100.0**
		美国	United States	261931	18.1
		秘鲁	Peru	220095	15.2
		澳大利亚	Australia	129341	9.0
		韩国	Korea, Rep.	96546	6.7
		印度	India	93804	6.5
		俄罗斯联邦	Russian Federation	90385	6.3
		伊朗	Iran	44960	3.1
		德国	Germany	41901	2.9
		朝鲜	Korea, D.P. Rep.	41269	2.9
		加拿大	Canada	40742	2.8
		其他国家或地区	Other Countries or Regions	382936	26.5
锌矿砂及其精矿	**Zinc Ore Fines and Concentrate**	合计	**Total**	**2384878**	**100.0**
		澳大利亚	Australia	821317	34.4
		秘鲁	Peru	510884	21.4

口情况（2008年） 续表2

Major Mineral Commodities (2008) Continued 2

		出口 Exports						
金额（千美元） Value (US$1000)	占总值（%） Percentage	国家（地区）	Country (Region)	数量（吨） Quantity (ton)	占总量（%） Percentage	金额（千美元） Value (US$1000)	占总值（%） Percentage
439720	21.4						
138988	6.8						
186225	9.1						
114202	5.6						
1088530	**100.0**						
855135	78.6						
120813	11.1						
85551	7.9						
13206	1.2						
5465	0.5						
251							
1950	0.2						
1014	0.1						
5144	0.5						
1775485	**100.0**	合计	**Total**	**44142**	**100.0**	**29558**	**100.0**
1461167	82.3	朝鲜	Korea, D.P. Rep.	26435	59.9	13192	44.6
249073	14.0	马来西亚	Malaysia	3552	8.0	2402	8.1
21873	1.2	印度尼西亚	Indonesia	2669	6.0	1387	4.7
1298	0.1	其他国家或地区	Other Countries or Regions	11487	26.0	12577	42.6
3540	0.2						
4510	0.3						
3192	0.2						
30831	1.7						
1639020	**100.0**						
268949	16.4						
449788	27.4						
125556	7.7						
19419	1.2						
139947	8.5						
116623	7.1						
48908	3.0						
46467	2.8						
11277	0.7						
42301	2.6						
369786	22.6						
1108013	**100.0**						
381161	34.4						
278148	25.1						

我国主要矿产品进出
China's Imports and Exports of

矿产品名称	Mineral Commodity	进口 国家（地区）	Imports Country (Region)	数量（吨） Quantity (ton)	占总量（%） Percentage
		印度	India	128649	5.4
		蒙古	Mongolia	126931	5.3
		墨西哥	Mexico	98157	4.1
		土耳其	Turkey	95614	4.0
		印度尼西亚	Indonesia	87057	3.7
		伊朗	Iran	63851	2.7
		朝鲜	Korea, D. P. Rep.	63403	2.7
		其他国家或地区	Other Countries or Regions	389015	16.3
锡矿砂及其精矿	**Tin Ore Fines and Concentrate**	**合计**	**Total**	**7157**	**100.0**
		越南	Vietnam	2371	33.1
		玻利维亚	Bolivia	2168	30.3
		缅甸	Myanmar	1169	16.3
		比利时	Belgium	539	7.5
		马来西亚	Malaysia	371	5.2
		其他国家或地区	Other Countries or Regions	538	7.5
铬矿砂及其精矿	**Chromite Ore Fines and Concentrate**	**合计**	**Total**	**6838547**	**100.0**
		南非	South Africa	2600825	38.0
		土耳其	Turkey	1178624	17.2
		阿曼	Oman	810426	11.9
		印度	India	550098	8.0
		巴基斯坦	Pakistan	379173	5.5
		菲律宾	Philippines	344151	5.0
		哈萨克斯坦	Kazakhstan	203934	3.0
		其他国家或地区	Other Countries or Regions	771316	11.3
钨矿砂及其精矿	**Tungsten Ore Fines and Concentrate**	**合计**	**Total**	**10132**	**100.0**
		加拿大	Canada	3184	31.4
		俄罗斯联邦	Russian Federation	2310	22.8
		泰国	Thailand	1411	13.9
		刚果（布）	Congo	1003	9.9
		卢旺达	Rwanda	611	6.0
		朝鲜	Korea,D.P.Rep.	520	5.1
		其他国家或地区	Other Countries or Regions	1093	10.8
钼矿砂及其精矿	**Molybdenum Ore Fines and Concentrate**	**合计**	**Total**	**4880**	**100.0**
		蒙古	Mongolia	2272	46.6
		智利	Chile	823	16.9
		朝鲜	Korea,D.P.Rep.	519	10.6
		秘鲁	Peru	224	4.6
		加拿大	Canada	211	4.3

口情况（2008年） 续表 3

Major Mineral Commodities (2008) Continued 3

		出口 Exports					
金额（千美元） Value (US$1000)	占总值（%） Percentage	国家（地区）	Country (Region)	数量（吨） Quantity (ton)	占总量（%） Percentage	金额（千美元） Value (US$1000)	占总值（%） Percentage
79603	7.2						
71338	6.4						
51203	4.6						
31055	2.8						
22766	2.1						
31289	2.8						
6657	0.6						
154793	14.0						
33120	**100.0**						
1021	3.1						
21258	64.2						
3475	10.5						
3179	9.6						
1486	4.5						
2701	8.2						
2713079	**100.0**						
920163	33.9						
590903	21.8						
182111	6.7						
335754	12.4						
177436	6.5						
62611	2.3						
114856	4.2						
329244	12.1						
94657	**100.0**	**合计**	**Total**	**31**	**100.0**	**563**	**100.0**
38352	40.5						
23619	25.0						
4914	5.2						
9978	10.5						
5525	5.8						
1634	1.7						
10636	11.2						
84104	**100.0**	**合计**	**Total**	**23626**	**100.0**	**865929**	**100.0**
32388	38.5	荷兰	Netherlands	14341	60.7	522493	60.3
25970	30.9	韩国	Korea, Rep.	6200	26.2	232070	26.8
9318	11.1	日本	Japan	984	4.2	37797	4.4
4995	5.9	印度	India	413	1.7	17295	2.0
4568	5.4	澳大利亚	Australia	340	1.4	14362	1.7

我国主要矿产品进出
China's Imports and Exports of

矿产品名称	Mineral Commodity	进口 国家（地区）	Imports Country (Region)	数量（吨） Quantity (ton)	占总量（%） Percentage
		澳大利亚	Australia	191	3.9
		韩国	Korea,Rep.	153	3.1
		其他国家或地区	Other Countries or Regions	488	10.0
钛矿砂及其精矿	**Titanium Ore Fines and Concentrate**	**合计**	**Total**	**1067053**	**100.0**
		越南	Vietnam	547111	51.3
		澳大利亚	Australia	328064	30.7
		印度	India	44406	4.2
		加拿大	Canada	41307	3.9
		斯里兰卡	Sri lanka	25137	2.4
		冈比亚	Gambia	19617	1.8
		其他国家或地区	Other Countries or Regions	61412	5.8
铌钽钒矿砂及其精矿	**Nb-Ta-V Ore Fines and Concentrate**	**合计**	**Total**	**10748**	**100.0**
		朝鲜	Korea,D.P.Rep.	1949	18.1
		越南	Vietnam	1662	15.5
		卢旺达	Rwanda	1656	15.4
		泰国	Thailand	1328	12.4
		巴西	Brazil	1325	12.3
		尼日利亚	Nigeria	555	5.2
		澳大利亚	Australia	453	4.2
		其他国家或地区	Other Countries or Regions	1820	16.9
锑矿	**Antimony**	**合计**	**Total**	**19306**	**100.0**
		塔吉克斯坦	Tajikistan	4883	25.3
		澳大利亚	Australia	3256	16.9
		缅甸	Myanmar	3026	15.7
		加拿大	Canada	3026	15.7
		哈萨克斯坦	Kazakhstan	1734	9.0
		其他国家或地区	Other Countries or Regions	3380	17.5
稀土金属矿	**Rare Earths**	**合计**	**Total**	**188**	**100.0**

口情况（2008年） 续表 4

Major Mineral Commodities (2008) Continued 4

		出口 Exports					
金额（千美元）Value (US$1000)	占总值（%）Percentage	国家（地区）	Country (Region)	数量（吨）Quantity (ton)	占总量（%）Percentage	金额（千美元）Value (US$1000)	占总值（%）Percentage
156	0.2	巴西	Brazil	310	1.3	13502	1.6
4098	4.9	塔吉克斯坦	Tajikistan	238	1.0	7457	0.9
2611	3.1	其他国家或地区	Other Countries or Regions	800	3.4	20953	2.4
1806796	**100.0**	合计	**Total**	**1831**	**100.0**	**921**	**100.0**
678390	37.5						
769244	42.6						
89064	4.9						
96938	5.4						
43983	2.4						
25721	1.4						
103457	5.7						
98025	**100.0**						
195	0.2						
567	0.6						
23866	24.3						
4465	4.6						
8660	8.8						
7857	8.0						
17537	17.9						
34877	35.6						
40116	**100.0**						
6509	16.2						
12033	30.0						
2229	5.6						
13748	34.3						
2266	5.6						
3331	8.3						
2354	**100.0**	合计	**Total**	**6936**	**100.0**	**162999**	**100.0**
		日本	Japan	5921	85.4	149628	91.8
		荷兰	Netherlands	216	3.1	1925	1.2
		比利时	Belgium	142	2.0	928	0.6
		挪威	Norway	140	2.0	725	0.4
		德国	Germany	124	1.8	4428	2.7
		美国	United States	100	1.4	2012	1.2
		英国	United Kingdom	83	1.2	1776	1.1
		印度	Italia	52	0.7	96	0.1
		加拿大	Canada	42	0.6	313	0.2
		其他国家或地区	Other Countries or Regions	117	1.7	1167	0.7

我国主要矿产品进出
China's Imports and Exports of

矿产品名 称	Mineral Commodity	进 口 Imports			
		国家（地区）	Country (Region)	数量（吨） Quantity (ton)	占总量（%） Percentage
稀土化合物及混合物	**REE Compounds and Mixtures**	**合计**	**Total**	**2721**	**100.0**
		日本	Japan	1291	47.4
		法国	France	389	14.3
		中国台湾省	Taiwan, China	131	4.8
		荷兰	Netherlands	122	4.5
		中华人民共和国	PRC	114	4.2
		俄罗斯联邦	Russian Federation	113	4.1
		美国	United States	94	3.5
		爱沙尼亚	Estonia	91	3.3
		其他国家或地区	Other Countries or Regions	376	13.8
磷矿	**Phosphate Rock**	**合计**	**Total**	**1247**	**100.0**
		越南	Vietnam	746	59.8
		荷兰	Netherlands	480	38.5
		其他国家或地区	Other Countries or Regions	21	1.7
磷肥	**Phosphate Fertilizer**	**合计**	**Total**	**113660**	**100.0**
		摩洛哥	Morocco	62782	55.2
		突尼斯	Tunisia	33000	29.0
		美国	United States	8183	7.2
		乌兹别克斯坦	Uzbekistan	7847	6.9
		哈萨克斯坦	Kazakhstan	1547	1.4
		日本	Japan	229	0.2
		其他国家或地区	Other Countries or Regions	73	0.1
钾肥	**Potash Fertilizer**	**合计**	**Total**	**5442807**	**100.0**
		俄罗斯联邦	Russian Federation	2504186	46.0
		加拿大	Canada	1326120	24.4
		白俄罗斯	Belarus	754808	13.9
		以色列	Israe	300127	5.5
		德国	Germany	224392	4.1
		约旦	Jordan	219724	4.0
		美国	United States	53600	1.0
		智利	Chile	29744	0.5

口情况（2008年） 续表 5

Major Mineral Commodities (2008) Continued 5

		出 口 Exports					
金额（千美元） Value (US$1000)	占总值（%） Percentage	国家（地区）	Country (Region)	数量（吨） Quantity (ton)	占总量（%） Percentage	金额（千美元） Value (US$1000)	占总值（%） Percentage
22693	**100.0**	合计	**Total**	**44964**	**100.0**	**404428**	**100.0**
11474	50.6	日本	Japan	22094	49.1	220339	54.5
2946	13.0	美国	United States	10435	23.2	75995	18.8
1828	8.1	法国	France	6431	14.3	30305	7.5
216	1.0	意大利	Italia	1835	4.1	16414	4.1
557	2.5	荷兰	Netherlands	906	2.0	18622	4.6
183	0.8	德国	Germany	757	1.7	19805	4.9
1579	7.0	英国	United Kingdom	584	1.3	3778	0.9
1055	4.6	中国台湾省	Taiwan, China	338	0.8	2812	0.7
2855	12.6	其他国家或地区	Other Countries or Regions	1584	3.5	16359	4.0
298	**100.0**	合计	**Total**	**2000814**	**100.0**	**402713**	**100.0**
24	8.1	韩国	Korea, Rep.	712263	35.6	145325	36.1
262	88.1	印度尼西亚	Indonesia	381268	19.1	67384	16.7
12	3.8	日本	Japan	326860	16.3	72655	18.0
		印度	India	214550	10.7	36785	9.1
		新西兰	New Zealand	110501	5.5	31129	7.7
		菲律宾	Philippines	71362	3.6	12329	3.1
		马来西亚	Malaysia	61469	3.1	12685	3.1
		其他国家或地区	Other Countries or Regions	122540	6.1	24440	6.1
133666	**100.0**	合计	**Total**	**3365374**	**100.0**	**2197854**	**100.0**
82809	62.0	印度	India	481815	14.3	460842	21.0
42874	32.1	巴西	Brazil	399803	11.9	282794	12.9
5005	3.7	孟加拉国	Bangladesh	333963	9.9	235871	10.7
1799	1.3	印度尼西亚	Indonesia	328090	9.7	164364	7.5
562	0.4	越南	Vietnam	311148	9.2	176098	8.0
443	0.3	泰国	Thailand	258605	7.7	138699	6.3
175	0.1	其他国家或地区	Other Countries or Regions	1251950	37.2	739187	33.6
2959749	**100.0**	合计	**Total**	**371171**	**100.0**	**89536**	**100.0**
1380634	46.6	越南	Vietnam	143415	38.6	31959	35.7
805879	27.2	孟加拉国	Bangladesh	81268	21.9	18543	20.7
323136	10.9	日本	Japan	52021	14.0	14817	16.5
187888	6.3	泰国	Thailand	43012	11.6	10123	11.3
107034	3.6	马来西亚	Malaysia	25667	6.9	5022	5.6
94064	3.2	韩国	Korea, Rep.	5636	1.5	1334	1.5
17852	0.6	菲律宾	Philippines	4262	1.1	1626	1.8
27280	0.9	印度尼西亚	Indonesia	3258	0.9	1461	1.6

我国主要矿产品进出
China's Imports and Exports of

矿产品名称	Mineral Commodity	进口 国家（地区）	Imports Country (Region)	数量（吨） Quantity (ton)	占总量（%） Percentage
		印度	India	25333	0.5
		其他国家或地区	Other Countries or Regions	4775	0.1
盐	**Salt**	**合计**	**Total**	**1944003**	**100.0**
		澳大利亚	Australia	1209712	62.2
		墨西哥	Mexico	478120	24.6
		国别（地区）不详	Unknow Countries or Regions	210100	10.8
		沙特阿拉伯	Saudi Arabia	22584	1.2
		印度	India	16400	0.8
		韩国	Korea, Rep.	2172	0.1
		巴基斯坦	Pakistan	1200	0.1
		其他国家或地区	Other Countries or Regions	3715	0.2
硫磺	**Sulfur**	**合计**	**Total**	**8418451**	**100.0**
		加拿大	Canada	2155502	25.6
		沙特阿拉伯	Saudi Arabia	1462451	17.4
		日本	Japan	1046719	12.4
		伊朗	Iran	691496	8.2
		阿拉伯联合酋长国	United Arab Emirates	486351	5.8
		美国	United States	369114	4.4
		卡塔尔	Qatar	368285	4.4
		哈萨克斯坦	Kazakhstan	365607	4.3
		韩国	Korea, Rep.	341367	4.1
		中国台湾省	Taiwan, China	303677	3.6
		其他国家或地区	Other Countries or Regions	827881	9.8
天然石墨	**Natural Graphite**	**合计**	**Total**	**61570**	**100.0**
		朝鲜	Korea, D.P. Rep.	60200	97.8
		日本	Japan	402	0.7
		德国	Germany	293	0.5
		加拿大	Canada	239	0.4
		美国	United States	233	0.4
		瑞士	Switzerland	92	0.1
		韩国	Korea, Rep.	32	0.1
		其他国家或地区	Other Countries or Regions	78	0.1
高岭土	**Kaolin**	**合计**	**Total**	**363901**	**100.0**
		美国	United States	244430	67.2
		巴西	Brazil	81782	22.5
		比利时	Belgium	12192	3.4
		英国	United Kingdom	4970	1.4
		泰国	Thailand	4461	1.2

口情况（2008年） 续表6
Major Mineral Commodities (2008) Continued 6

		出口 Exports					
金额（千美元） Value (US$1000)	占总值（%） Percentage	国家（地区）	Country (Region)	数量（吨） Quantity (ton)	占总量（%） Percentage	金额（千美元） Value (US$1000)	占总值（%） Percentage
13151	0.4	巴基斯坦	Pakistan	2163	0.6	957	1.1
2831	0.1	其他国家或地区	Other Countries or Regions	10468	2.8	3694	4.1
79942	**100.0**	**合计**	**Total**	**966962**	**100.0**	**60596**	**100.0**
50386	63.0	韩国	Korea, Rep.	384593	39.8	21423	35.4
15909	19.9	日本	Japan	184791	19.1	15275	25.2
7988	10.0	中国台湾省	Taiwan, China	96098	9.9	4144	6.8
832	1.0	朝鲜	Korea, D. P. Rep.	60560	6.3	2390	3.9
395	0.5	越南	Vietnam	56762	5.9	3643	6.0
2360	3.0	菲律宾	Philippines	50196	5.2	3137	5.2
189	0.2	中国香港	Hongkong, China	44732	4.6	2940	4.9
1884	2.4	其他国家或地区	Other Countries or Regions	89231	9.2	7644	12.6
3860865	**100.0**	**合计**	**Total**	**40783**	**100.0**	**27778**	**100.0**
933451	24.2	印度尼西亚	Indonesia	22160	54.3	16935	61.0
791011	20.5	菲律宾	Philippines	5394	13.2	3999	14.4
383027	9.9	缅甸	Myanmar	4846	11.9	1109	4.0
340628	8.8	安哥拉	Angola	3099	7.6	2222	8.0
237457	6.2	其他国家或地区	Other Countries or Regions	5283	13.0	3512	12.6
212235	5.5						
149414	3.9						
118114	3.1						
136486	3.5						
142157	3.7						
416883	10.8						
11518	**100.0**	**合计**	**Total**	**597334**	**100.0**	**163970**	**100.0**
4566	39.6	日本	Japan	322730	54.0	91865	56.0
4705	40.8	韩国	Korea, Rep.	55881	9.4	13610	8.3
885	7.7	荷兰	Netherlands	44167	7.4	10868	6.6
215	1.9	美国	United States	34204	5.7	10240	6.2
486	4.2	印度尼西亚	Indonesia	25048	4.2	4401	2.7
291	2.5	中国台湾省	Taiwan, China	19841	3.3	3837	2.3
137	1.2	意大利	Italia	12472	2.1	3777	2.3
233	2.0	其他国家或地区	Other Countries or Regions	82991	13.9	25372	15.5
83910	**100.0**	**合计**	**Total**	**1276502**	**100.0**	**96276**	**100.0**
51810	61.7	中国台湾省	Taiwan, China	290495	22.8	6737	7.0
18518	22.1	日本	Japan	234060	18.3	30810	32.0
2863	3.4	中国香港	Hongkong, China	184801	14.5	2627	2.7
1765	2.1	越南	Vietnam	94747	7.4	4318	4.5
485	0.6	韩国	Korea, Rep.	63942	5.0	6129	6.4

我国主要矿产品进出
China's Imports and Exports of

矿产品名称	Mineral Commodity	进口 Imports			
		国家（地区）	Country (Region)	数量（吨） Quantity (ton)	占总量（%） Percentage
		日本	Japan	4283	1.2
		中国台湾省	Taiwan, China	2833	0.8
		澳大利亚	Australia	1649	0.5
		新西兰	New Zealand	1594	0.4
		西班牙	Spain	1265	0.3
		其他国家或地区	Other Countries or Regions	4442	1.2
重晶石	**Barite**	**合计**	**Total**	**961**	**100.0**
大理石	**Marble**	**合计**	**Total**	**5092886**	**100.0**
		土耳其	Turkey	1668820	32.8
		埃及	Egypt	1218757	23.9
		西班牙	Spain	556168	10.9
		伊朗	Iran	497003	9.8
		意大利	Italia	302147	5.9
		希腊	Greece	183025	3.6
		其他国家或地区	Other Countries or Regions	666965	13.1
花岗石	**Granite**	**合计**	**Total**	**3041219**	**100.0**
		印度	India	1641975	54.0
		巴西	Brazil	481229	15.8
		芬兰	Finland	199814	6.6
		挪威	Norway	177036	5.8
		沙特阿拉伯	Saudi Arabia	174982	5.8
		南非	South Africa	67465	2.2
		葡萄牙	Portuguese	55869	1.8
		西班牙	Spain	51177	1.7
		日本	Japan	50671	1.7
		美国	United States	40826	1.3
		其他国家或地区	Other Countries or Regions	100176	3.3
菱镁矿及制品	**Magnesite Products**	**合计**	**Total**	**98147**	**100.0**

口情况（2008年）　续表7

Major Mineral Commodities (2008)　Continued 7

		出口 Exports					
金额（千美元） Value (US$1000)	占总值（%） Percentage	国家（地区）	Country (Region)	数量（吨） Quantity (ton)	占总量（%） Percentage	金额（千美元） Value (US$1000)	占总值（%） Percentage
3634	4.3	泰国	Thailand	63768	5.0	5943	6.2
1647	2.0	菲律宾	Philippines	55805	4.4	2291	2.4
658	0.8	马来西亚	Malaysia	47753	3.7	4486	4.7
687	0.8	朝鲜	Korea, D.P.Rep.	40653	3.2	512	0.5
484	0.6	印度尼西亚	Indonesia	23986	1.9	3966	4.1
1359	1.6	其他国家或地区	Other Countries or Regions	176492	13.8	28456	29.6
528	**100.0**	合计	**Total**	**3844533**	**100.0**	**201267**	**100.0**
		美国	United States	2803945	72.9	129101	64.1
		荷兰	Netherlands	272847	7.1	21397	10.6
		印度尼西亚	Indonesia	116170	3.0	5574	2.8
		沙特阿拉伯	Saudi Arabia	91256	2.4	4187	2.1
		日本	Japan	77870	2.0	6419	3.2
		墨西哥	Mexico	72347	1.9	3611	1.8
		科威特	Kuwait	65982	1.7	3289	1.6
		其他国家或地区	Other Countries or Regions	344117	9.0	27688	13.8
868677	**100.0**	合计	**Total**	**68597**	**100.0**	**11128**	**100.0**
306489	35.3	中国台湾省	Taiwan, China	44325	64.6	2328	20.9
130384	15.0	中国香港	Hongkong, China	6753	9.8	1165	10.5
105680	12.2	泰国	Thailand	1795	2.6	234	2.1
88598	10.2	意大利	Italia	1523	2.2	339	3.0
80061	9.2	印度	India	1356	2.0	1357	12.2
39119	4.5	荷兰	Netherlands	1283	1.9	244	2.2
118345	13.6	其他国家或地区	Other Countries or Regions	11562	16.9	5462	49.1
644426	**100.0**	合计	**Total**	**713431**	**100.0**	**31835**	**100.0**
305292	47.4	中国台湾省	Taiwan, China	261218	36.6	8179	25.7
127092	19.7	日本	Japan	148610	20.8	1825	5.7
40451	6.3	中国香港	Hongkong, China	54541	7.6	1161	3.6
49821	7.7	德国	Germany	48628	6.8	2335	7.3
32919	5.1	荷兰	Netherlands	46349	6.5	3203	10.1
17354	2.7	美国	United States	36297	5.1	882	2.8
10056	1.6	韩国	Korea, Rep.	23426	3.3	3331	10.5
11104	1.7	泰国	Thailand	13471	1.9	1613	5.1
15975	2.5	意大利	Italia	13106	1.8	734	2.3
11392	1.8	比利时	Belgium	11770	1.6	659	2.1
22971	3.6	其他国家或地区	Other Countries or Regions	56013	7.9	7913	24.9
34087	**100.0**	合计	**Total**	**2328961**	**100.0**	**520629**	**100.0**

我国主要矿产品进出
China's Imports and Exports of

矿产品名称	Mineral Commodity	进口 Imports			
		国家（地区）	Country (Region)	数量（吨） Quantity (ton)	占总量（%） Percentage
		朝鲜	Korea, D.P.Rep.	76721	78.2
		日本	Japan	10967	11.2
		荷兰	Netherlands	2889	2.9
		奥地利	Austria	1562	1.6
		加拿大	Canada	1219	1.2
		以色列	Israel	968	1.0
		韩国	Korea, Rep.	924	0.9
		美国	United States	800	0.8
		中华人民共和国	PRC	594	0.6
		墨西哥	Mexico	372	0.4
		其他国家或地区	Other Countries or Regions	1131	1.2
石膏	**Gypsum**	**合计**	**Total**	**13985**	**100.0**
		日本	Japan	3278	23.4
		泰国	Thailand	3272	23.4
		美国	United States	2525	18.1
		中国香港	Hongkong,China	2066	14.8
		法国	France	956	6.8
		英国	United Kingdom	548	3.9
		德国	Germany	450	3.2
		韩国	Korea, Rep.	302	2.2
		其他国家或地区	Other Countries or Regions	587	4.2
石棉	**Asbestos**	**合计**	**Total**	**299911**	**100.0**
		俄罗斯联邦	Russian Federation	250036	83.4
		哈萨克斯坦	Kazakhstan	44866	15.0
		巴西	Brazil	4060	1.4
		加拿大	Canada	780	0.3
		津巴布韦	Zimbabwe	162	0.1
		韩国	Korea, Rep.	5	
		其他国家或地区	Other Countries or Regions	2	
水泥	**Cement**	**合计**	**Total**	**617092**	**100.0**
		日本	Japan	550316	89.2
		中国台湾省	Taiwan, China	51176	8.3
		泰国	Thailand	4609	0.8
		荷兰	Netherland	2352	0.4

口情况（2008年） 续表 8
Major Mineral Commodities (2008) Continued 8

		出口 Exports					
金额（千美元） Value (US$1000)	占总值(%) Percentage	国家（地区）	Country (Region)	数量（吨） Quantity (ton)	占总量(%) Percentage	金额（千美元） Value (US$1000)	占总值（%） Percentage
11851	34.8	日本	Japan	572343	24.6	83639	16.1
10690	31.4	荷兰	Netherlands	536799	23.0	153718	29.5
1735	5.1	美国	United States	454882	19.5	116042	22.3
564	1.7	中国台湾省	Taiwan, China	166986	7.2	11749	2.3
512	1.5	韩国	Korea, Rep.	106678	4.6	27066	5.2
2885	8.5	俄罗斯联邦	Russian Federation	68535	2.9	28328	5.4
950	2.8	马来西亚	Malaysia	56381	2.4	4254	0.8
1106	3.2	墨西哥	Mexico	41710	1.8	14039	2.7
631	1.9	泰国	Thailand	40405	1.7	3789	0.7
433	1.3	南非	South Africa	32794	1.4	6626	1.3
2730	8.0	其他国家或地区	Other Countries or Regions	251448	10.8	71379	13.7
5102	**100.0**	**合计**	**Total**	**416917**	**100.0**	**19888**	**100.0**
902	17.7	越南	Vietnam	168748	40.5	2863	14.4
829	16.2	韩国	Korea, Rep.	159902	38.4	6935	34.9
1830	35.9	中国香港	Hongkong, China	17154	4.1	1504	7.6
23	0.4	日本	Japan	11713	2.8	1537	7.7
380	7.4	刚果（布）	Congo	10630	2.5	764	3.8
373	7.3	中国台湾省	Taiwan, China	9648	2.3	1110	5.6
285	5.6	蒙古	Mongolia	8113	1.9	242	1.2
118	2.3	泰国	Thailand	3832	0.9	580	2.9
362	7.1	其他国家或地区	Other Countries or Regions	27175	6.5	4353	21.9
78353	**100.0**	**合计**	**Total**	**14492**	**100.0**	**5337**	**100.0**
65905	84.1	印度尼西亚	Indonesia	8946	61.7	3404	63.8
10492	13.4	越南	Vietnam	1611	11.1	434	8.1
1370	1.7	朝鲜	Korea, D.P.Rep.	1501	10.4	458	8.6
340	0.4	缅甸	Myanmar	1195	8.2	554	10.4
228	0.3	泰国	Thailand	526	3.6	147	2.8
8		哈萨克斯坦	Kazakistan	318	2.2	195	3.6
10	0.1	其他国家或地区	Other Countries or Regions	396	2.7	144	2.7
28998	**100.0**	**合计**	**Total**	**26038018**	**100.0**	**1098795**	**100.0**
21049	72.6	阿拉伯联合酋长国	United Arab Emirates	3348622	12.9	123027	11.2
2008	6.9	西班牙	Spain	3151897	12.1	107917	9.8
695	2.4	美国	United States	2241519	8.6	97277	8.9
1567	5.4	安哥拉	Angola	2053867	7.9	102416	9.3

我国主要矿产品进出
China's Imports and Exports of

矿产品名称	Mineral Commodity	进口 国家（地区）	Imports Country (Region)	数量（吨） Quantity (ton)	占总量（%） Percentage
		美国	United States	1795	0.3
		法国	France	1720	0.3
		克罗地亚	Croatia	1425	0.2
		中华人民共和国	PRC	695	0.1
		其他国家或地区	Other Countries or Regions	3003	0.5
滑石	**Talc**	**合计**	**Total**	**34516**	**100.0**
		朝鲜	Korea, D.P.Rep.	15889	46.0
		韩国	Korea, Rep.	4952	14.3
		日本	Japan	4544	13.2
		美国	United States	4139	12.0
		中国台湾省	Taiwan, China	1813	5.3
		中华人民共和国	PRC	522	1.5
		奥地利	Austria	506	1.5
		其他国家或地区	Other Countries or Regions	2151	6.2
萤石	**Fluorite**	**合计**	**Total**	**47497**	**100.0**
		蒙古	Mongolia	45955	96.8
		美国	United States	1193	2.5
		中国台湾省	Taiwan, China	266	0.6
		其他国家或地区	Other Countries or Regions	84	0.2
天然硼砂及精矿	**Natural Borax and Concentrate**	**合计**	**Total**	**20465**	**100.0**
		土耳其	Turkey	9666	47.2
		玻利维亚	Bolivia	5620	27.5
		俄罗斯联邦	Russian Federation	3800	18.6
		美国	United States	1072	5.2
		马来西亚	Malaysia	140	0.7
		其他国家或地区	Other Countries or Regions	167	0.8
天然硼酸盐及硼酸	**Natural Borate and Boric Acid**	**合计**	**Total**	**237319**	**100.0**
		土耳其	Turkey	233141	98.2
		阿根廷	Argentina	2158	0.9
		玻利维亚	Bolivia	1819	0.8
		智利	Chile	152	0.1
		韩国	Korea, Rep.	39	
		其他国家或地区	Other Countries or Regions	11	

资料来源：中国海关统计数据。
Source：China Customs statistical data.

口情况（2008年） 续表 9

Major Mineral Commodities (2008) Continued 9

		出口 Exports					
金额（千美元） Value (US$1000)	占总值（%） Percentage	国家（地区）	Country (Region)	数量（吨） Quantity (ton)	占总量（%） Percentage	金额（千美元） Value (US$1000)	占总值（%） Percentage
893	3.1	中国台湾省	Taiwan, China	1992953	7.7	69787	6.4
595	2.1	俄罗斯联邦	Russian Federation	1223068	4.7	70104	6.4
476	1.6	尼日利亚	Nigeria	1211566	4.7	46740	4.3
29	0.1	科威特	Kuwait	1134133	4.4	40183	3.7
1685	5.8	其他国家或地区	Other Countries or Regions	9680392	37.2	441345	40.2
16207	**100.0**	**合计**	**Total**	**699326**	**100.0**	**133022**	**100.0**
1543	9.5	日本	Japan	233250	33.4	57096	42.9
1890	11.7	美国	United States	124801	17.8	18371	13.8
5466	33.7	泰国	Thailand	74893	10.7	15219	11.4
2679	16.5	荷兰	Netherlands	50856	7.3	8418	6.3
1106	6.8	意大利	Italia	48366	6.9	6577	4.9
1031	6.4	马来西亚	Malaysia	24340	3.5	3094	2.3
509	3.1	韩国	Korea, Rep.	16835	2.4	2525	1.9
1983	12.2	其他国家或地区	Other Countries or Regions	125985	18.0	21721	16.3
5991	**100.0**	**合计**	**Total**	**657528**	**100.0**	**190606**	**100.0**
5277	88.1	日本	Japan	217938	33.1	63767	33.5
673	11.2	美国	United States	201458	30.6	60521	31.8
11	0.2	意大利	Italia	61175	9.3	20260	10.6
31	0.5	荷兰	Netherlands	58043	8.8	14317	7.5
		加拿大	Canada	53442	8.1	14371	7.5
		印度	India	29404	4.5	9683	5.1
		韩国	Korea, Rep.	10604	1.6	1896	1.0
		突尼斯	Tunisia	6242	0.9	1311	0.7
		其他国家或地区	Other Countries or Regions	19222	2.9	4480	2.4
9564	**100.0**	**合计**	**Total**	**1830**	**100.0**	**522**	**100.0**
4748	49.6	韩国	Korea, Rep.	1250	68.3	195	37.3
1454	15.2	日本	Japan	180	9.8	115	21.9
2294	24.0	朝鲜	Korea,D.P. Rep.	115	6.3	47	9.0
902	9.4	马来西亚	Malaysia	50	2.7	29	5.6
83	0.9	印度	India	42	2.3	49	9.3
82	0.9	其他国家或地区	Other Countries or Regions	193	10.5	87	16.7
98092	**100.0**	**合计**	**Total**	**74**	**100.0**	**41**	**100.0**
96858	98.6						
746	0.8						
414	0.4						
51	0.1						
17							
6	0.1						